삼국사기 유리창을 깨다 II

백제 역사의 통곡

백제 역사의
통곡

정재수 지음

논형

백제 역사는 왜 통곡하는가?

　　한반도 지도를 펼쳐 놓고 보면 서쪽은 초록색이고 동쪽은 고동색이다. 한반도 지형이 평야지대와 산악지대로 확연히 구분된다. 2,000여 년 전, 서쪽 평야지대는 백제가, 동쪽 산악지대는 신라가 각각 건국한다. 또한 북쪽은 고구려가 있다. 우리는 세 나라를 가리켜 삼국이라 하고, 이들이 우리 땅 한반도를 지배한 700년 세월을 삼국시대라고 한다. 예나 지금이나 평야지대는 매력적인 땅이다. 곡창지대이니만큼 먹고사는 문제는 자연스레 해결된다. 개인이든 국가이든 반드시 소유하고 싶은 알토란같은 땅이다. 그런데 『삼국사기』를 보면 이 매력적인 땅에 사람이 살았다는 기록이 없다. 충청남도와 전라남·북도의 땅은 역사기록의 공백지대이다. 왜 그럴까?

　　중국사서인 『삼국지』〈위서〉를 보면, 한반도 서쪽 평야지대에 소재한 마한 54개국이 나온다. 일종의 도시국가(city state)인 소국들이 평야지대에 오밀조밀 퍼져있다고 한다. 그런데 『삼국사기』는 이들에 대한 설명이 없다. 대신 백제라는 나라가 처음 충청남도 북부지역인 천안(직산) 정도에서 시작하여 남쪽이 아닌 북쪽으로 이동하여 경기도 한강유역에 터전을 마련한다. 당시 백제는 남쪽 마한을 지배할 엄두도 못 낸다. 정말로 이 매력적인 땅에 대한 역사는 없는 것일까? 기록이 없다면 이는 어떻게 이해하고 받아들여야 하는가?

　　역사를 보는 시각은 크게 두 가지로 나눈다. 하나는 사람중심이고 또 하나는 공간중심이다. 예를 들어 한 사람이 중국에서 태어나 한국에서 살다가 또 일본으로 건너가 생을 마감한다고 가정하자. 사람중심의 역사는 중국의 역사이고, 한국의 역사이며 또한 일본의 역사이다. 이에 반해 공간중심의 역사는 말 그대로 공간에 한정한다. 만약 이 사람의 생애를 우리 역사에 포함한다면 한국의 역사만 기록으로 남는다. 『삼국사기』는 공간중심의 역사서이다. 한반도라는 특정한 공간에 집중한 역사서이다. 그래서 혹자는 『삼국사기』를 가리켜 「반도사관」에 집착한 역사기록이라고 혹평한다. 백제의 역사는 『삼국사기』가 독점한다. 『삼국사기』〈백제본기〉는 백제의 건국부터 멸망까지 역대 왕들의 역사를 편년체 형식으로 일목요연하게 정리하고 있다. 그런데 〈백제본기〉를 읽다보면 아쉬움과 허전함이 몰려온다. 무언인가 부족하다. 당연히 기록이 있을 법한 부분에 기록이 없는 경우가 허다하다. 선의든 선의가 아니든 어떤 의도가 있어 삭제한 듯 보인다. 그래도 『삼국사기』를 이해하자. 그저 나름의 편집원칙에 충실한 역사서라고 위안을 삼자. 그럼에도 아쉬움은 떨쳐낼 수가 없다. 『삼국사기』는 후세에 무얼 전하고자 한 것일까?

백제의 시조는 3명이다. 온조와 비류, 그리고 구태이다. 온조와 비류는 형제로서 고구려가 기원이고 구태는 부여가 기원이다. 『삼국사기』〈백제본기〉는 온조와 비류의 고구려계 역사서이다. 구태의 부여계 역사는 기록 자체가 없다. 그럼에도 단서는 남아있다. 〈백제본기〉 건국서문에 중국기록을 인용하여 구태를 언급한다. 덧붙여 '믿을 수 없다'고 주석을 단다. 정말 믿을 수 없는 것일까? 구태를 언급한 중국기록은 참으로 많다. 『삼국지』〈위서〉, 『주서』, 『북사』, 『수서』 등 중국 정사와 『당회요』, 『통고』, 『책부원귀』 등에 줄줄이 나온다. 내용은 이렇다. 중국대륙의 동북방에 부여왕족 출신 구태가 있었는데, 그의 후손집단이 백가재해百家濟海한다. 100개의 가家를 거느리고 바다 건너 한반도로 망명한다. 대규모 인구가 한반도로 이동한다. 또한 백제百濟의 국호는 백가제해에서 따왔다고 부연한다. 이들이 망명해온 한반도는 어디일까?

에가미 나미오江上波夫의 「기마민족정복설」이 있다. 일본 고대국가 야마토(大倭, 大和) 지배세력의 기원을 밝힌 학설이다. 만세일계의 일본 천왕가 역사의 원류이다. 이에 따르면, 대륙의 북방기마민족이 일본으로 건너와 야마토를 세운다. 그런데 이를 보완한 대표적인 학자가 레드야드(Gari Keith Ledyard)와 코벨(Jon Carter covell)이다. 두 사람은 야마토를 세운 북방기마민족을 구체적으로 지목한다. 중국대륙을 출발하여 한반도 서남지방에 일정기간 정착한 후 다시 일본으로 건너간 '백제라 부른 부여전사'로 규정한다. 이들이 바로 구태의 백제세력이다. 마한을 일거에 정복한 한반도의 진정한 강자이다. 서남지방은 바로 충청남도, 전라남·북도, 그리고 넓게는 경상남도 남해안까지를 포함한다. 이를 지역 명칭이 『일본서기』에 구체적으로 나온다.

결론적으로, 『삼국사기』는 구태의 백제세력을 기록에서 삭제한다. 그래서 한반도의 매력적인 땅의 역사가 아예 없다. 구태의 백제세력은 중국의 역사이고, 한국의 역사이며, 일본의 역사이다. 오로지 『삼국사기』만이 외면한 진짜 백제의 역사이다. 《광개토왕릉비》는 이들 구태의 백제세력이 고구려 광개토왕에게 깨져 한반도에서 밀려나 일본열도로 망명해가는 과정을 처절하게 기록하고 있다. 참고로 훗날 구태의 백제세력은 백제왕실을 완전히 접수한다. 백제는 온조, 비류의 고구려계에서 구태의 부여계로 왕조가 교체된다. 그래서 백제 성왕은 국호를 백제에서 남부여로 바꾼다. 이것이 바로 잃어버린 백제 역사의 본질이며 또한 실체이다.

이 책은 「삼국사기 유리창을 깨다」 시리즈의 두 번째 백제편이다. 제목은 『백제 역사의 통곡』이다. 통곡의 단어가 무겁다. 그럼에도 필자는 통곡할 수밖에 없는 백제 역사를 애절한 심정으로 공유하고자 한다. 『삼국사기』를 비롯하여 중국 정사와 『일본서기』를 포함하는 한중일의 고대 문헌기록을 참조하였다. 특히 남당필사본의 백제기록인 『백제왕기』, 『백제서기』를 비롯하여 고구려의 『고구려사략』과 신라의 『신라사초』도 조심스런 입장에서 참고하였다. 이들 사서는 백제, 고구려, 신라인들이 남긴 자국의 역사서이다. 『삼국사기』가 정사로 자리매김하며 탈락한 우리 삼국의 소중한 역사기록이다. 마지막으로 필자의 역사적 해석과 해설은 오류가 있을 수 있다. 나머지 부분은 독자 여러분의 노고에 맡긴다. 참고로 한반도가 아닌 중국과 일본의 지명이 종종 나온다. 중국 3성과 일본의 지도를 옆에 두고 보면 공간을 이해하는데 도움이 될 것이다. 그래도 『삼국사기』를 같이 보면 더욱 좋다.

【백제왕 계보도】

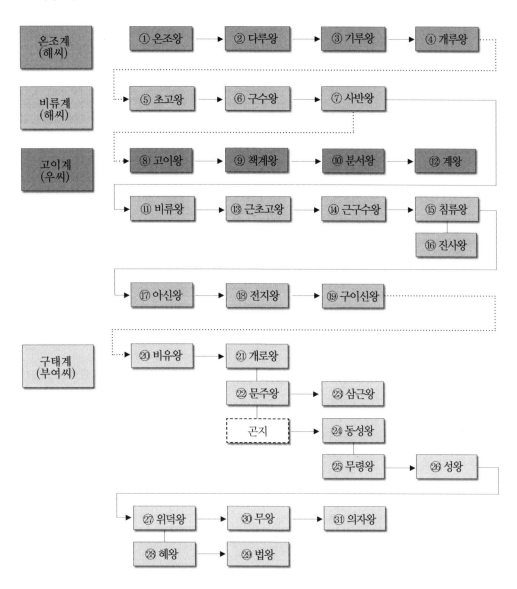

차례

1장
창업자들
온조와 비류 그리고 구태

1. 시조형제신화의 사실성

백선생 : 서기전18년입니다. 2천년이 넘는 까마득한 옛날입니다. 우리 땅 한반도 중앙에 한 나라가 건국합니다. 역사는 백제라고 기록합니다. 그 백제가 7백년의 장구한 세월을 면면히 이어오다 어느 날 역사 밖으로 사라집니다. 그리고 과거 속에 잠들어 누군가를 애타게 기다립니다. 이제 백제를 깨우려 합니다. 잠들어있는 역사를 찾기 위해 과거로의 여행을 떠나고자 합니다.

김기자 : 두 분 선생님과 함께 백제의 역사여행을 떠나게 되어 무엇보다 기쁘고 설레는군요. 궁금한 것이 참 많은데요. 우선 시조를 포함한 백제의 건국과정과 아직도 풀지 못하고 있는 백제의 첫 도읍지 하남위례성의 위치에 대해서 알고 싶군요.

소교수 : 백제 역사는 『삼국사기』 기록이 대변합니다. 단재 신채호(1880~1936)는 『조선상고사』에서 '고구려사나 백제사는 소멸된 것이 많지만, 신라사는 위조된 것이 많아서 사료로 삼을 만한 것이 매우 적다.'고 『삼국사기』 기록의 부족함을 지적합니다. 백제 역사를 오랫동안 연구해온 역사학자로서 전적으로 공감합니다. 백제 역사는 아직도 정확히 해석하지 못하는 부분이 적잖이 존재합니다. 이번 역사 찾기 여행을 통해 백제 역사의 실체적인 진실에 한 발짝 더 다가서는 소중한 시간이 되길 기대합니다.

백선생 : 백제의 건국과정은 『삼국사기』〈백제본기〉 시조 온조왕 기록에 잘 정리되어 있습니다. 건국서문입니다. 시조를 온조溫祚, 비류沸流, 구태仇台 등 3명으로 구분하여 설명합니다.

> ①-1. **백제의 시조는 온조왕溫祚王이다. 아버지는 추모鄒牟 혹은 주몽朱蒙이다. 주몽이 북부여北扶餘에서 난을 피하여 졸본부여卒本扶餘에 이르니 부여왕은 아들은 없고 딸만 셋이 있는데, 주몽이 보통 사람이 아님을 알고 둘째 딸로 아내를 삼게 하였다. 얼마 후 부여왕이 죽고 주몽이 뒤를 이었다. 주몽이 아들 둘을 낳았는데, 첫째는 비류沸流이고 둘째는 온조溫祚이다.〔혹은 주몽이 졸본에 이르러 월군越郡의 딸에게 장가를 들어 두 아들을 낳았다고 한다.〕주몽이 북부여에 있을 때 낳은 아들이 찾아와서 주몽은 태자로 삼았다. 비류와 온조는 태자에게 받아들여지지 않을 것을 두려워하**

여 오간烏干, 마려馬黎 등 10명 신하들과 남쪽으로 떠났는데 따르는 백성이 많았다. 드디어 한산漢山에 이르러 부아악負兒嶽에 올라 살만한 땅을 찾아보았다. 비류가 바닷가에 거처를 정하려고 하자 10명의 신하가 간하였다. "이 강 남쪽 땅은 북쪽으로는 한수漢水가 흐르고, 동쪽으로는 높은 산이 둘러 있으며, 남쪽으로는 비옥한 들판을 바라보고, 서쪽으로는 큰 바다로 가로막혀 있으니 얻기 어려운 형세라 할 수 있습니다. 이곳에 도읍을 정하는 것이 좋지 않겠습니까?" 비류는 듣지 않고 백성을 나누어 미추홀弥鄒忽로 가서 살았다. 온조는 하남위례성河南慰禮城에 도읍을 정하고 10명 신하의 보필을 받아 나라 이름을 십제十濟라 하였다. 이때가 전한前漢 성제成帝 홍가3년(서기전18년)이다. 비류는 미추홀의 땅이 습기가 많고 물이 짜서 편안히 살 수 없었다. 위례성으로 와서 도읍이 안정되고 백성들이 편안히 지내는 것을 보고는 후회하다 죽었다. 비류의 백성들이 모두 위례성으로 돌아왔다. **온조가 처음 올 때 백성이 즐겁게 따랐다하여 국호를 백제百濟로 고쳤다. 온조의 조상은 고구려와 같이 부여에서 나왔으므로 성씨를 부여扶餘로 삼았다.**

①-2. 일설에는, 시조는 비류왕沸流王이다. 그 아버지 우태優台는 북부여왕 해부루解扶婁의 서손庶孫이고, 어머니 소서노召西奴는 졸본卒本사람 연타발延陀勃의 딸이다. 소서노가 우태에게 시집가서 아들 둘을 낳았는데, 첫째가 비류이고 둘째가 온조이다. 우태가 죽자 졸본에서 과부로 살았다. 그 후 주몽이 부여에서 받아들여지지 못하자 전한前漢 건소2년(서기전37년) 봄 2월에 남쪽으로 달아나 졸본에 이르러 도읍을 정하고, 나라 이름을 고구려라 하고 소서노를 왕비로 삼았다. 나라를 세우는 데 소서노의 내조가 많기에 주몽은 그녀를 매우 사랑하였고, **비류와 온조를 친아들처럼 대하였다.** 주몽이 부여에 있을 때 예씨禮氏와의 사이에 낳은 유류孺留가 오자, 태자로 삼아 위位를 잇게 하였다. 그래서 **비류가 동생 온조에게 말하였다. "처음에 대왕(주몽)께서 이곳으로 도망왔을 때, 어머니는 집안의 전 재산을 내놓아 나라의 기틀을 다지는 데에 공을 세웠다. 대왕이 돌아가시고 나라는 유류에게 돌아가니 우리가 여기 남아 답답하게 지내기보다는 어머니를 모시고 남쪽으로 가서 좋은 땅을 찾아 따로 나라를 세우는 것이 좋겠다."** 그리고 동생과 함께 무리를 거느리고 패수浿水와 대수帶水 두 강을 건너 미추홀에 와서 살았다는 이야기도 있다.

①-3. 『북사』와 『수서』에는 '동명東明의 후손 구태仇台가 있었는데 어질고 신의가 있었다. 처음으로 대방帶方의 옛 땅에 나라를 세웠다. 한漢의 요동태수 공손도公孫度가 그의 딸을 아내로 주어 드디어 동쪽 나라의 강국이 되었다.' 하였다. 어느 쪽이 옳은지 모르겠다. 『삼국사기』 시조 온조왕

편의상 세 단락으로 나눕니다. 첫째 단락은 시조 온조왕 기록이며(①-1), 둘째 단락은 시조 비류왕 기록입니다(①-2). 두 기록은 백제의 건국과정이 북부여에서 졸본국(①-1은 졸본부여, ①-2는 졸본)

으로 내려온 주몽이 고구려를 건국하는 과정에서 파생된 것과 두 시조가 형제라는 점이 같습니다. 단지 차이점은 온조왕 기록은 두 시조의 생부를 주몽으로, 비류왕 기록은 우태優台로 설정합니다. 생모는 비류왕 기록의 소서노召西奴(①-1은 월군의 딸)입니다. 통상적으로 온조왕 기록은 「고구려계통설」이고, 비류왕 기록은 「부여계통설」입니다. 『삼국사기』 편찬자는 온조왕을 시조로 확정합니다. 정설定說입니다. 비류왕은 '일설一說'이라 하여 이설異說로 취급합니다. 셋째 단락은 중국사서를 인용한 시조 구태왕의 설명입니다(①-3). 『삼국사기』 편찬자는 '어느 쪽이 옳은지 모르겠다.〔未知 孰是〕'고 푸념을 놓습니다.

소교수 : 시조신화는 크게 두 가지 형태입니다. 첫째는 '천손天孫신화'입니다. 하늘에서 내려온 경우로 주로 북방유목민족에서 많이 나타납니다. 대표적인 경우가 고구려 시조 주몽왕의 선조인 해모수입니다. 해모수는 오룡거(다섯마리 용이 끄는 수레)를 타고 하늘에서 내려와 북부여를 건국합니다. 둘째는 '난생卵生신화'입니다. 알에서 태어난 경우로 남방농경민족에서 주로 나타납니다. 신라의 시조 박혁거세와 금관가야 시조 김수

천손신화와 난생신화 분포지역

로는 공히 난생설화의 대표적인 경우입니다. 그러나 백제는 전혀 다릅니다. 온조와 비류 두 형제의 이야기입니다. 「시조형제신화」입니다.

백선생 : 어느 나라이건 건국시조 기록은 비교적 상세합니다. 건국 당시가 아니더라도 중요하다고 판단되면 후대에 시조의 기록에 삽입합니다. 이는 시조의 권위와 건국의 정당성을 확보하기 위한 일종의 사서편찬의 원칙입니다. 『삼국사기』 역시 마찬가지입니다. 『삼국사기』는 편년체編年體 사서입니다. 즉 몇 년 몇 월의 날짜와 해당 사건 내용을 기록합니다. 그러나 건국서문은 편년체 방식이 아닙니다. 건국관련 여러 사정과 사실을 한꺼번에 일괄 종합해서 정리합니다.

김기자 : 삼국의 시조를 보면, 고구려는 2명(해주몽, 고궁(태조왕)), 신라는 3명(박혁거세, 석탈해,

김알지)임에도 단일 시조로 설정하고 있는데요. 백제는 처음부터 3명인 이유는 무엇입니까?

백선생 : 시조가 여러 명일 경우 다양한 해석이 가능합니다. 우선 왕통의 변화를 들 수 있습니다. 각각의 시조를 원조로 하는 집단이 왕통계보를 이었다고 봅니다. 백제는 온조계, 비류계, 구태계가 왕통을 이었거나 혹은 중간에 교체됩니다. 건국서문 온조왕 기록(①-1)은 온조계의 기록입니다. 철저히 온조 중심으로 건국과정을 설명합니다. 예를 들면 비류와 온조가 한반도로 남하하여 처음 한산의 부아악負兒嶽에 올라 살만한 곳을 찾는데, 비류는 바닷가 미추홀彌鄒忽을 선택하고 온조는 하남위례성河南慰禮城을 선택합니다. 훗날 비류가 온조의 위례성으로 찾아와서 백성들이 편안히 사는 모습을 보고 후회하다 죽었다고 설명합니다. 그러나 비류계 기록인 건국서문 비류왕 기록(①-2)은 비류가 어머니 소서노를 모시고 미추홀에 내려와 살았다고만 기록합니다. 앞으로 검토하겠지만 비류와 온조 두 사람은 처음 미추홀에 도착하여 일정기간 같이 살았고, 이후 온조가 미추홀의 비류로부터 독립합니다. 따라서 온조왕 기록(①-1)처럼 처음부터 두 사람이 따로따로 살 만한 장소를 선택한 것과 비류가 온조의 위례성을 보고 후회하다 죽었다는 것은 모두 시조를 비류가 아닌 온조로 재편하는 과정에서 정리된 기록입니다.

김기자 : 온조와 비류의 생부는 누구입니까?

백선생 : 『삼국사기』가 두 시조의 생부를 주몽과 우태로 분리해 놓아 참으로 난감합니다. 생부만이라도 두 사람 중 한 사람으로 통일하여 기록했다면 큰 혼란은 없습니다. 두 시조의 생부를 다르게 기술한 것은 시조역사를 정리할 당시의 백제 지배층의 고민이 반영된 결과입니다. 이는 백제의 근원에 관한 문제입니다. 온조왕 기록(①-1)은 주몽이 북부여에서 내려왔다고만 기록합니다. 주몽이 북부여 왕족출신이라고 말하지 않습니다. 그러나 비류왕 기록(①-2)은 우태가 북부여왕 해부루의 서손이라고 명확히 규정합니다. 다시 말해서 우태는 북부여 왕족출신이라는 얘기입니다.[1] 따라서 온조계는 백제의 출발을 고구려에서 찾고, 비류계는 부여에서 찾습니다.

---

1 『삼국사기』 ①-1은 '주몽이 북부여에서 난을 피하여 졸본부여에 이르니.〔朱蒙 自北扶餘逃難 至卒本扶餘〕'이며, ①-2는 '아버지 우태는 북부여왕 해부루의 서손이고.〔其父優台 北扶餘王解夫婁庶孫 〕'이다. 그러나 고구려 시조 주몽은 북부여가 아닌 동부여에서 난을 피하여 졸본부여로 오고, 해부루는 북부여왕이 아니라 동부여왕이다. 동부여는 북부여에서 갈려 나온다. 다만, 후대에 백제 건국과 시조의 기록을 정리하면서 부여의 기원인 북부여에 맞춰 조정한 듯하다.

김기자 : 주몽은 북부여 왕족출신이 아닙니까?

소교수 : 『삼국사기』〈고구려본기〉를 보면, 주몽은 북부여의 창업자 해모수의 아들로 나옵니다. 정확히 말하면 아들이 아니고 후손입니다. 북부여의 해모수와 동부여의 해부루는 같은 성씨입니다. 동부여는 북부여에서 갈려 나온 나라입니다. 따라서 주몽은 북부여 왕족 출신입니다. 그럼에도 『삼국사기』〈백제본기〉는 주몽을 북부여 왕족출신이라 명시하지 않습니다. 이는 온조의 출신을 부여가 아닌 고구려에 묶어두기 위한 장치입니다. 전반적으로『삼국사기』의 기록들이 너무 압축되어 있어 모호한 경우가 더러 있습니다. 이런 이유로 일부 연구가들은『삼국사기』기록을 부분적으로 부정하기도 하지만『삼국사기』만큼 정확한 사서도 보기 드뭅니다.

백선생 : 『삼국사기』는 1145년(고려 인종 23년) 김부식이 70세 고령에 편찬한 삼국의 역사서입니다. 기록에 따르면 10명의 별도의 편사관이 김부식을 보좌합니다. 당시『삼국사기』편찬자들은 8종의 국내문헌과 9종의 중국문헌을 참조합니다. 국내문헌은『고기』,『삼한고기』,『신라고사』,『구삼국사』와 김대문의『고승전』,『화랑세기』,『계림잡전』그리고 최치원의『제왕연대력』등입니다. 신라측 사서가 主를 이룹니다. 이에 반해 일제강점기 남당 박창화朴昌和 (1889~1962)선생이 일본 왕실도서관에서 필사해온 고사서가 있습니다. 남당 필사본[2] 또는 남당유고南堂遺稿라 합니다. 주로 삼국의 사서인데 고구려편 은『유기추모경』,『고구려사략』,『개소문전』,『을불대왕전』,『천강태후기』 이며, 백제편은『백제왕기』,『백제서기』이고, 신라편은『신라사초』,『위화 진경』,『상장돈장』,『화랑세기』등 입니다. 앞으로 일부는 종종 인용합니다.

남당 박창화

김기자 : 남당선생은『화랑세기』필사본을 세상에 알린 분이 아닙니까? 한때 진위여부를 두고 논란이 일었던 것으로 기억하는데요. 위서僞書(가짜)가 아닙니까?

백선생 : 사서에는 위서가 있을 수 없습니다. 당대 역사에 대한 편찬자의 시각과 평가만이 존재

---

2 남당필사본은 남당선생이 일제강점기 일본 왕실도서관(궁내청 서릉부)에서 필사해온 삼국의 역사서와 개인 문집 등 총 86권의 서책으로 구성되어 있다. 2001년 국사편찬위원회가 남당의 후손 박인규가 소장하고 있는 유고서책 일부 를 촬영하여 보관중이다.

합니다. 후대가 사서의 내용을 두고 진위여부를 가리는 자체가 잘못입니다. 이는 편찬자에 대한 결례이며 중대한 모욕을 주는 행위입니다. 다만 후대의 몫은 올바른 해석을 통해서 당대의 역사를 정확히 이해하는 것입니다. 남당필사본이 우리나라에서 발견되지 않고 모두 일본 왕실도서관이 소장하고 있다는 점은 매우 아쉬운 부분입니다.[3] 그러나 한편으론 소실되지 않고 남아있어 다행입니다.

김기자 : 일제강점기가 남긴 우리 근대사의 아픔이군요.

백선생 : 백제 시조에 대한 기록은 남당필사본『백제왕기百濟王記』와『백제서기百濟書記』에도 자세히 나옵니다. 『삼국사기』 시조 기록과 비교하면 아래와 같습니다.

사서	시조	왕력	재위		생부	비고
			기간	년수		
『삼국사기』	온조왕	온조왕	전18 ~ 28	46	주몽	건국서문 ①-1
	비류왕	—	—	—	우태	건국서문 ①-2
『백제왕기』	온조왕	온조왕	전18 ~ 28	46	주몽	
	비류왕	비류왕	전18 ~ 전2	17	우태	
		온조왕	전2 ~ 28	30		
『백제서기』	우태왕	우태왕	전47 ~ 전41	7	금와	동부여
		비류왕	전18 ~ 전2	17	우태	졸본부여

먼저 『백제왕기』는 시조편 기록이 2개입니다. 온조왕과 비류왕입니다. 이 중 온조왕편은『삼국사기』 시조 온조왕 건국서문 기록(①-1) 뿐 아니라 기년[4] 기록까지도 거의 동일합니다. 둘 다 주체

---

3 2001년 서지학자 박상국의 조사에 따르면, 일본 왕실도서관이 소장하고 있는 우리고서는 639종 4,678권이다. 이 중 일본이 강탈해간 사실이 확인된 「조선총독부 기증」의 도장이 찍힌 661권은 우선적으로 반환해야 할 고서이다.

4 기년(紀年)은 왕의 재위년도를 말한다. 표기방식은 ○○왕, '○○년 ○○월'이다. 서양식 연대 서력(西曆-서기전/서기후)이 도입되기 이전의 동양식 연대는 60간지(六十干支)이다. ○○왕, '○○년 갑자 ○월'이다. 간지기년(干支紀年)이라고도 한다. 편년(編年)은 서력연대순으로 표기한 방식이다. ○○왕, '서기○○년 ○월'이다.

는 온조왕입니다.『백제왕기』가『삼국사기』기록을 차용하거나 또는 그 반대입니다. 그러나『백제왕기』비류왕편은 전혀 다릅니다. 주체는 비류왕입니다. 왕력은 〈비류왕 → 온조왕〉 순입니다. 건국서문은『삼국사기』시조 비류왕 건국서문 기록(①-2)과 비슷합니다. 기년은 비류왕과 온조왕으로 나누는데, 서기전18년~서기전2년까지는 비류왕의 기년이고, 이후 서기전2년~28년까지는 온조왕의 기년입니다. 마지막으로『백제서기』입니다. 아예 시조가 우태왕(또는 우대優臺)입니다. 왕력은 〈우태왕 → 비류왕〉 순이며 온조왕은 기록자체가 없습니다. 기년은 서기전47년~서기전2년까지만 존재합니다. 기록내용도『백제왕기』비류왕편과 거의 동일합니다. 생부는 시조에 따라 다릅니다. 온조왕으로 설정한 기록은 주몽이고, 비류왕으로 설정한 기록은 우태입니다.

김기자 : 복잡하군요. 기록들이 다른 이유는 무엇입니까?

백선생 :『삼국사기』는 온조왕의 후계자들이 정리한 온조계 기록이고,『백제왕기』와『백제서기』는 비류왕의 후계자들이 정리한 비류계 기록입니다. 이들 기록 중 어느 한쪽이 맞고 틀리고를 따지는 문제는 판단의 대상이 아닙니다. 모두 백제의 역사입니다.

소교수 : 남당선생의 필사본에 대해서는 좀 더 관심을 기울이겠습니다. 참고로 과거에 분서焚書사건이 있었습니다. 고구려를 멸한 당唐의 이세적은 중국보다 위대한 우리의 역사와 문물을 질투하여 668년 평양에서 동방의 전적典籍을 모아 불태우고, 또 936년 후백제의 견훤도 삼국의 사서들을 불태운 것으로 전해집니다.[5]

백선생 : 아무리 사서를 불태워도 누군가는 이를 보존하고 또 필사하여 후대에 남깁니다. 이는 역사의 힘입니다. 우리는 5천년 역사를 가진 위대한 민족입니다. 장구한 세월의 역사를 기억하는 것은 군이 기록이 남아있지 않더라도 바로 우리의 DNA가 이를 증명합니다. 우리민족은 위대한 역사를 기록하고 또한 남길 줄 아는 민족입니다. 이 지구상 어디에도 우리민족처럼 위대한 역사를 가진 민족은 없습니다. 기자님께 질문합니다. 두 시조의 생부는 누구라고 생각합니까?

김기자 : 글쎄요?

---

5 조선후기 실학자 이덕무(1741~1793)가 편찬한『기년아람紀年兒覽』서문에 이만운(李萬運)의 말이라 하여 기록해 놓은 내용이다.

백선생 : 우태입니다. 『백제왕기』와 『백제서기』 기록이 사실에 가깝습니다. 주몽은 두 시조의 생부가 아니라 양부입니다. 소서노가 주몽에게 재가하면서 비류와 온조는 주몽의 양자로 입적됩니다. 소서노는 둘째 온조보다 첫째 비류를 우선시합니다. 비록 주몽에게 본거지인 졸본땅을 넘기지만 소서노는 비류를 통해 잃어버린 졸본국 재건에 몸부림칩니다. 한반도로의 남하는 피할 수 없는 운명입니다. 그러나 최종 승자는 비류가 아닌 온조입니다. 온조의 후계자들은 과감히 생부 우태를 버리고 양부 주몽을 선택합니다.

김기자 : 우태에 대해 좀 더 알 수 있습니까?

백선생 : 우태는 동부여(북부여) 해부루왕의 서손입니다. 『백제서기』 건국서문입니다.

①-4. **우대왕優臺王**(우태왕優台王)**은 북부여 해부루왕의 서손이다.** 해부루왕이 일신日神이 강령하여 덕을 베푸니 북방 천하가 태평하였다. 왕자들을 나누어 열국列國으로 보내어 백성들이 병들고 고통에 빠져있는지 살피게 하였다. **이때 졸본태수卒本太守 연타발延陀勃에게 소서노召西奴라는 딸이 있는데 매우 아름다웠다.** 우태優台가 그 소리를 듣고 혼인을 청하려 졸본으로 가려하자, 해부루왕이 우태의 어머니를 불러 두 사람의 혼인을 허락하지 않았다. **우태는 사사로이 졸본으로 가서 소서노와 정을 통하였다.** 연타발은 해부루왕이 허락하지 않았다하여 혼인시키지 않자, 두 사람은 태백산太伯山 골짜기 **비류천沸流川으로 도피하였다. 하신河神에게 제를 올려 아들을 낳으니 이름을 비류沸流라 하였다.** 연타발이 그 소식을 듣고 사람을 보내어 졸본땅으로 맞이하였다. **때는 한漢 효원제 초원2년* 갑술년이다. 이 해에 해부루왕의 태자 금와金蛙가 왕위에 올랐다. 바로 우태의 아버지다. 우태에게 명하여 졸본의 왕 노릇을 하게하였다.** 『백제서기』 우태왕

☞ *서기전47년

우태에 대한 정보가 비교적 상세합니다. 동부여 금와왕(제2대)이 우태의 생부입니다. 우태는 졸본태수 연타발의 딸 소서노와 눈이 맞아 아들 비류를 얻고, 이후 왕이 되어 백제의 모체인 졸본부여를 출발시킵니다. 졸본부여의 명칭은 부여왕족 출신인 우태가 졸본 왕이 되면서 생겨난 이름입니다. 이해는 서기전47년입니다. 주몽이 고구려를 건국한 서기전37년보다 10년 정도 빠

릅니다.

【부여, 백제, 고구려의 건국자 계보도】

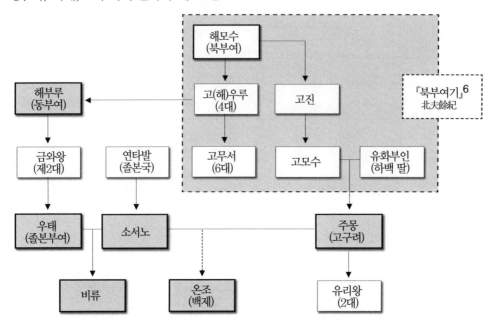

2. 백제 건국의 미스터리

백선생 : 다음은 비류와 온조의 출생시기입니다. 『고구려사략』[7] 기록에 따르면 비류는 서기전36
년, 온조는 서기전33년 출생합니다(『삼국사기』〈고구려본기〉 시조 동명성왕(주몽왕) 기록에는 비류와 온조의 출

---

6 『북부여기北夫餘紀』는 고려말 범장(范樟)이 저술한 북부여 역사서이다. 이에 따르면, 북부여는 서기전239년 해모수에
의해 건국된 후 모수리 → 고해사 → 고우루 → 고두막 → 고무서 등으로 왕통을 이어오다 서기전58년 제6대 고무서
가 사망하면서 막을 내린다. 북부여의 역사기간은 180년이다.

7 남당필사본의 고구려 사서이다. 『고구려사략高句麗史略』은 제1대 추모(주몽)왕으로부터 제23대 안원왕까지(제21대
문자명왕은 없음)의 편년체 기록이다. 『고구려사초高句麗史抄』로 분류한 기록도 있으나, 『고구려사략』과 내용이 거의
동일하다. 『고구려사략』으로 통칭한다. 『고구려사략』에는 백제와 신라의 역사기록도 많이 들어있다.

생기록이 없다). 주몽이 서기전37년 고구려를 건국하고 소서노를 왕후로 맞아들이니 일견 타당합니다. 두 시조는 3살 터울입니다. 그러나 앞의 『백제서기』 기록(①-4)에서 보듯이, 비류는 서기전47년, 온조는 서기전44년에 출생합니다. 두 기록의 차이는 11년입니다. 참고로 소서노는 서기전6년에 61세로 사망합니다. 역으로 환산하면 소서노는 서기전67년에 출생합니다. 당시 습속으로 보아, 소서노는 20대 때에 우태왕에게 시집을 가서 서기전47년에 비류를 낳고, 또 서기전44년에 온조를 낳았다고 보는 것이 지극히 자연스럽습니다. 주몽이 고구려를 건국한 서기전37년은 비류의 나이 10세입니다.

김기자 : 『고구려사략』이 두 시조를 주몽의 아들로 설정한 이유는 무엇입니까?

백선생 : 《광개토왕릉비》에 단서가 있습니다. '백제와 신라는 옛적부터 속민이다.〔百殘新羅舊是屬民〕'이라는 비문 기록입니다. 고구려 입장에서 보면 백제는 처음부터 고구려의 속국屬國입니다. 고구려는 백제의 근원을 발아래 놓고자 합니다. 졸본부여 우태왕이 죽어 비류가 뒤를 이을 찰나에 북부여(실제는 동부여임)에서 주몽이란 걸출한 사내가 졸본부여로 내려옵니다. 과부인 소서노는 주몽을 남편으로 받아들입니다.[8] 이어 주몽은 졸본부여를 인수하고 고구려를 건국합니다. 이때가 서기전37년입니다. 소서노는 비류가 아직은 어리고(당시 10세) 주몽의 다른 가족이 알려지지 않은 까닭에 비류를 태자로 삼는 조건으로 주몽에게 졸본부여를 넘깁니다.[9] 그러나 소서노의 판단은 주몽의 전처 예씨부인이 낳은 유리琉璃(유류)가 동부여에서 주몽을 찾아오면서 어그러집니다. 16년이 흐른 서기전21년입니다. 주몽은 소서노와 졸본세력을 견제하는 개국공신들의 입김에 서기전19년 정월, 덜컹 유리를 태자로 삼고, 9월 명을 달리합니다. 주몽의 나이 40세입니다.

---

8 『유기추모경』(남당필사본) 기록에는 우태왕이 죽은 것이 아니라, 소서노가 살아있는 우태왕을 버리고 주몽을 새로 맞이하였다고 한다.

9 『백제서기』 기록이다. '11년(서기전37년) 갑신 1월, 소서노가 주몽을 왕으로 세우고, 비류를 태자로, 온조를 왕자로 하였다. 우대(우태)의 구신과 졸본의 제신이 주몽의 신하와 혼인하여 친척이 되게 하였다. 나라이름을 고구려로 고쳤다.〔十一年 甲申 正月 召西奴立朱蒙爲王 而沸流爲太子 溫祚爲王子 命憂臺旧臣卒本諸臣與朱蒙之臣 相婚 爲親戚 改國號曰 高句麗〕'

논하길 "동명은 세상에 다시는 없을 뛰어난 왕이다. 나이 40세 이전에 동쪽 땅을 석권하여 7백년의 기초를 열었다. 가히 성인이라 할 만하다. 후세의 아골타阿骨打*나 홀필렬忽必烈**도 이에 미치지 못하는 곳이 있다. 다만, 아직 속하지 않은 미개척지가 남아 있다. 처음에 후비后妃 제도가 시원스럽지 못하여 후에 폐단을 낳았다. 나라를 창업하는 것이 급하기에 자신의 수명을 극복하지 못한 것이 애석하도다." 『고구려사략』 추모대제기

☞ *금金 태조 완안 아골타 **원元 세조(몽골 제5대 칸) 쿠빌라이.

『고구려사략』 편찬자의 사론史論(사관의 논평)입니다. 주몽의 단명을 애석해한 점이 눈길을 끕니다.

김기자 : 주몽은 너무 일찍 죽었군요.

백선생 : 주몽의 뒤를 이어 유리왕(제2대)이 즉위하자, 소서노와 비류, 온조 두 형제는 유리왕 밑에서 살 것인지 아니면 딴 살림을 차릴 것인지 선택의 기로에 맞닥뜨립니다.

김기자 : 백제를 창업하게 된 배경입니까?

백선생 : 처음에 소서노와 두 사람은 고구려를 떠날 생각이 없습니다. 고구려가 되어버린 졸본땅[10]은 소서노의 본거지입니다. 대대손손 이어온 모든 기반을 하루아침에 버린다는 것은 결코 쉬운 일이 아닙니다. 소서노와 두 사람은 유리왕과의 타협을 모색합니다. 일단 고구려에서의 삶을 선택합니다. 『고구려사략』에 흥미로운 기록이 있습니다.

①-5. 3년(서기전17년) 정월, 순노順奴와 불노艴奴는 비류에게 다스리게 하고 도읍을 미추홀彌鄒忽로, 관노灌奴와 계루桂婁는 온조에게 다스리게 하고 도읍을 우양牛壤으로 하였으며, 연노涓奴와 황룡黃龍, 행인荇人, 구다句茶, 비리卑離는 상*이 소召황후**와 함께 다스리기로 하여 소황후의 마음을 위로하였다. 『고구려사략』 광명대제기

☞ *고구려 유리왕 **소서노

---

10 졸본은 고구려의 건국지로 지금의 요하(遼河)서쪽이다. 고구려 최초도읍지는 홀승골성(紇升骨城)으로 지금의 중국 요녕성 북진(北鎭) 서쪽 의무려산(醫巫閭山)이다. 일제 식민사학자들은 홀승골성을 지금의 압록강 지류인 혼강(渾江)유역의 요녕성 환인현(桓仁縣) 오녀산성(五女山城)으로 비정한다. 고구려 역사와 강역은 처음부터 잘못된다.

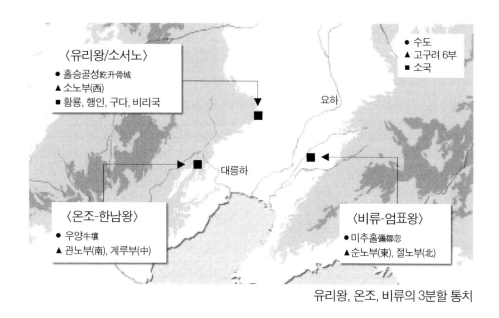

유리왕, 온조, 비류의 3분할 통치

고구려 유리왕(제2대)은 즉위 3년째인 서기전17년 정월, 비류와 온조와 함께 고구려를 3분할하여 통치합니다. 고구려 지배층은 5부족 연맹의 대호족 집단입니다. 중앙의 계루부를 중심으로, 동쪽은 순노부, 서쪽은 소노부(연노부), 남쪽은 관노부, 북쪽은 절노부(불노부)가 위치합니다. 비류는 미추홀彌鄒忽을 중심으로 동쪽과 북쪽을, 온조는 우양牛壤을 중심으로 중앙과 남쪽을 담당합니다. 당시 비류와 온조의 직책은 「엄표왕淹㴲王」과 「한남왕汗南王」입니다. 엄표와 한남은 고구려 강역내의 지역명칭입니다. 참고로 황룡국, 행인국, 구다국, 비리국 등은 고구려 초기 주몽이 복속시킨 주변국입니다.[11]

김기자 : 유리왕이 고구려를 분할 통치한 이유는 무엇입니까?

백선생 : 유리왕은 고구려 개국공신[12]의 도움으로 즉위하지만, 근본적으로 동부여 출신인 까닭에 고구려내 정치기반이 매우 취약합니다. 비류는 순노부와 절노부, 온조는 관노부와 계루부라는

---

11 정재수, 『고구려 역사의 부활』(논형, 2018) 제1장 참조.
12 주몽이 동부여를 탈출할 때 처음부터 동행한 오이, 마리, 협보, 부분노 등과 중간에서 합류한 재사, 묵골, 묵거 등이다.

막강한 지지 세력을 가지고 있습니다.

김기자 : 미추홀과 우양은 어디입니까? 미추홀은 인천으로 알고 있는데요. 그렇다면 경기도 지역까지 고구려의 강역입니까?

백선생 : 여기서 말하는 미추홀은 한반도의 미추홀이 아닙니다. 정확한 위치는 알 수 없으나 당시 고구려 강역 내에 소재합니다. 우양은 소서노의 본거지인 옛 졸본국 수도로 추정됩니다. 지금의 중국 요녕성 조양朝陽이 유력합니다. 참고로 졸본은 홀본忽本의 또 다른 표현입니다. '卒'은 '갑자기, 돌연히'의 뜻이 있어 '忽'과 같습니다. 다만 '卒'은 졸병의 의미를 내포하고 있어 졸본은 '졸병의 본거지'가 됩니다. 다소 비속어적 표현입니다. '忽'은 우리말의 고을, 마을 등을 나타내는 '골'과 같습니다. 홀본은 '마을의 본거지'로 사람들이 모여 사는 '도성'을 의미합니다.[13] 홀본이 아닌 졸본이란 용어가 어떤 사유로 사용된 것인지 정확히 알 수 없습니다. 더구나 '卒'에는 '죽는다.'는 뜻도 있어 처음 개국하는 고구려가 하필이면 '卒'자를 썼는지 의구심마저 듭니다. 졸본보다는 홀본이 좋습니다.

소교수 : 미추홀의 '忽'이 고구려 언어인 점을 들어 한반도의 지명이 아닐 수도 있다는 조심스런 견해가 있습니다. 특히 마한과 백제의 '부리夫里'라든가 진한과 신라의 '벌伐'이라는 '마을'을 나타내는 삼한의 토착어와 비교됩니다. 미추홀이 인천이 된 것은 『삼국사기』와 『세종실록』〈지리지〉, 『신증동국여지승람』 등에 전하는 기록입니다. 그러나 고고학적 증거가 박약薄弱하여 다소 부정적인 의견도 적잖습니다. 『삼국유사』는 충남 아산군 인주면 밀두리密頭里를 미추홀로 비정합니다.

미추홀(충남 아산 인주면)

---

13 '홀(忽)'을 '해'로 읽어야 한다는 견해도 있다. 홀본 즉 해본은 태양(광명)의 근원지이다. 해본은 또한 일본(日本)이다. 일본은 우리민족의 광명사상을 국호로 삼는다.

백선생 : 동의합니다. 한반도 미추홀은 『삼국유사』가 비정한 밀두리입니다.[14] 참고로 『삼국사기』는 미추홀을 '금인주今仁州'로 표기합니다. 편찬당시의 인주입니다. 『삼국사기』는 지금의 인천이 당시에는 인주로 불린 까닭에 미추홀을 인천으로 비정합니다.

3. 한반도 선택과 남하 과정

백선생 : 『백제서기』 비류왕 원년(서기전18년) 기록입니다.

①-6. **원년**(서기전18년) 1월, **비류**沸流**가 동쪽으로 가다가 남으로 대수**帶水**를 건너 미추홀**彌鄒忽**에 이르러 그곳에서 살기를 원했다. 온조**溫祚**는 오간**烏干, 마려**馬黎**와 순서**薁西**에서 남으로 가다가 패하**浿河**를 건너 역시 미추홀에서 모였다. 비류를 왕으로 세웠다.** 『백제서기』 비류왕

유리왕의 분할통치 기간이 채 1년을 넘기지 못하고 갑자기 멈춥니다. 그리고 비류가 엄표淹淲를 정리하고 먼저 고구려를 떠나 남하합니다. 뒤이어 온조도 한남汗南을 정리하고 비류를 따라 남하합니다. 그리고 한반도 미추홀에 도착하여 비류를 왕으로 세웁니다. 남하하는 과정은 각각 대수와 패하를 건넙니다.

김기자 : 대수와 패하는 어느 강입니까?

백선생 : 대수帶水와 패하浿河는 대동강과 예성강입니다. 이는 비류와 온조의 남하 동선動線에서 확인할 수 있습니다. 비류는 '동쪽으로 가다가 남쪽으로 대수를 건너〔東行 南渡帶水〕', 온조는 '남쪽으로 가다가 패하를 건너〔南行 而渡浿河〕'입니다. 이는 중요한 역사적 사실 하나를 내포합니다.

김기자 : 무엇입니까?

---

14 『삼국사기』〈지리지〉에 '단밀현(單密縣-경북의성)은 본시 무동미지(武冬彌知)'라는 기록이 있다. '彌'는 '密'과 같다. 또한 '鄒'는 '頭'와 동음어이다. 따라서 彌鄒는 密頭이다. 『고구려사략』은 고구려 미추홀을 밀산(密山)으로 표기한다.

백선생 : 『태백일사』[15] 기록입니다.

①-7.고주몽高朱蒙이 재위할 때 일찍이 말하였다. "만약 적자嫡子 유리琉璃가 오면 마땅히 태자로 봉할 것이다." 소서노는 장차 두 아들*에게 이로울 것이 없을 것을 염려하고 **기묘년己卯** **3월에** 사람들로 부터 패대浿帶***의 땅이 기름지고 물자가 풍부하다는 말을 듣고 남쪽으로 달려가 진번辰番**** 사이의 바다 가까운 외진 땅에 이르렀다. 그 곳에서 10년을 살면서 밭을 사서 장원莊園을 설치하고 재산을 모아 몇 만금에 이르니 멀리서 소문을 듣고 찾아오는 사람들이 많았다. 북北으로는 대수帶水에 이르고 서西로는 대해大海의 끝까지 5백여리 땅이 모두 그녀의 땅이었다. 『태백일사』〈고구려국본기〉

☞ *비류와 온조. **서기전31년. ***패수와 대수. ****진한과 번한.

〈고구려국본기〉에 나오는 내용입니다. 소서노는 장차 유리가 태자로 봉해질 것을 예상하고 두 아들의 장래를 염려하여 한반도 미추홀 땅을 확보합니다. 패대浿帶(패하와 대수)의 땅에 대한 설명이 나옵니다. 예성강과 대동강 사이이니 지금의 황해도와 평안북도 일대입니다. 땅이 기름지고 물자가 풍부하니 알토란같은 곡창지대입니다. 처음 소서노는 이 땅을 얻을 요량입니다. 그러나 이 땅을 취하지 못하고 더 남쪽으로 내려가 미추홀을 개척합니다.

김기자 : 소서노가 패대의 땅을 얻지 못한 것은 무슨 이유입니까?

백선생 : 낙랑과 대방으로 통칭되는 평안도와 황해도 지역에 선주先住한 세력집단 때문입니다. 소서노는 이들의 힘이 너무 강하여 감히 이 지역을 차지할 엄두도 내지 못합니다. 비류와 온조의 남하 동선에 대수와 패하가 언급된 이유입니다. 아마도 처음 비류는 대수지역에 온조는 패하지역에 정착을 시도했을 겁니다.

김기자 : 그렇지 않아도 비류와 온조가 어떻게 한반도 미추홀 땅을 확보했는지 궁금했는데요. 한바탕 토착민과 전쟁이라도 치른 줄 알았더니 소서노가 이전부터 확보해 놓은 땅이군요.

백선생 : 분명한 것은 한반도에 소서노가 마련한 땅이 있고, 그 땅의 이름이 미추홀입니다. 엄표

---

15 『태백일사太白逸史』는 조선전기 이맥(李陌)이 편찬한 사서이다. 삼신오제본기, 환국본기, 신시본기, 삼한관경본기, 고구려국본기, 대진국본기, 고려국본기 등 태초로부터 고려에 이르기까지의 방대한 우리역사 기록이다. 천부경, 삼일신고 등 단군신화의 경전교리를 다룬 소도경전본훈도 있다.

왕 비류가 치소治所로 삼은 고구려 강역내의 미추홀이 한반도로 이어집니다. 지명이 이동합니다.

김기자 : 그런데 이상한 점이 있군요. 유리왕의 분할통치 시기가 서기전17년이고, 비류와 온조가 고구려를 떠나 남하한 시기는 서기전18년인데요. 오히려 두 사람의 남하시기가 1년 빨라서 시기적으로 앞뒤가 맞지 않군요.

백선생 : 모든 기록은 백제의 출발을 서기전18년에 고정합니다. 백제 건국원년입니다. 기록의 차이는 모든 출발을 건국원년으로 소급했기 때문입니다. 부연하면 비류와 온조가 고구려에서 엄표왕과 한남왕으로 각각 봉해졌을 때가 바로 백제의 건국년도입니다. 비류의 남하시기는 서기전17년 후반입니다. 온조는 그 이후입니다.

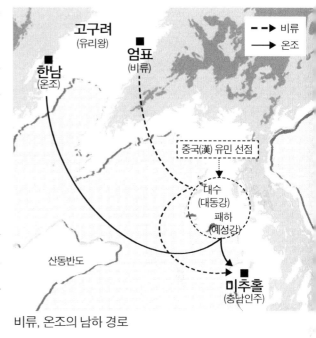

비류, 온조의 남하 경로

김기자 : 온조가 아닌 비류가 왕이 된 이유는 무엇입니까?

백선생 : 한반도 미추홀에 먼저 도착한 사람은 비류입니다. 당연히 비류에게 우선권이 있습니다. 『백제왕기』는 두 사람의 성품을 기록합니다. 비류는 '심성이 착하고 인자하며 효성이 지극하고 우애가 있다.〔柔仁孝友〕'이고, 온조는 '부모에게 효도하고 형제간에 우애하며 백성을 다스림에 선하며 웅대한 계략이 있다.〔孝友善御衆有雄略〕'입니다. 둘 다 좋은 성품입니다. 효성과 우애가 공통으로 들어 간 점이 특이합니다. 그럼에도 두 사람의 서열은 명확합니다. 비류가 첫째이고 온조는 둘째입니다. 더구나 비류는 소서노의 절대적인 지지를 받고 있습니다.

김기자 : 옛날이나 지금이나 장자우선 원칙은 변함이 없군요.

백선생 : 아마도 비류가 먼저 왕이 되지 못했다면 비류의 미추홀은 한반도에 존재할 수 없습니다. 대신 온조가 먼저 왕이 되었다면 오늘날의 미추홀은 온조의 우양일 겁니다.

4. 온조의 독립과 비류의 좌절

백선생 : 미추홀에 정착한 온조는 이후 비류로부터 독립합니다. 그러나 선행조건이 필요합니다. 반드시 온조만의 새로운 땅이 있어야합니다. 『백제서기』 기록입니다.

> ①-8. 5년(서기전14년) 4월, 왕이 동생 온조를 마한馬韓에 보내 땅을 빌렸다. 당시 마한은 쇠락하여 말갈靺鞨, 낙랑樂浪, 가야伽倻가 점점 번성하는 것을 두려워하였다. 마한은 왕이 말갈과 낙랑을 제어하기를 바랐다. 이에 동북 1백리 땅을 허락하였다. 또한 철을 캐내어 병과兵戈를 주조하는 일을 허락하였다. 온조가 후한 대접을 받고 돌아왔다. 『백제서기』 비류왕

서기전14년입니다. 건국원년 서기전18년으로부터 4년이 지난 시점입니다. 비류왕은 온조를 마한에 파견하여 마한으로부터 땅을 빌립니다. 그런데 마한이 땅을 빌려준 사유가 명확합니다. 마한은 비류왕이 말갈과 낙랑을 견제해주기를 희망합니다.

김기자 : 말갈은 어떤 세력입니까?

백선생 : 『삼국사기』 기록을 보면 말갈이 자주 등장합니다. 백제는 처음부터 이들 말갈과 만나며 끊임없이 싸웁니다. 백제 초기의 역사는 말갈과의 전쟁사라고 해도 과언이 아닙니다. 당시 말갈은 백제의 최대 경쟁상대입니다. 교수님께 설명을 부탁드립니다.

소교수 : 백제 초기에 출현하는 말갈은 우리가 일반적으로 알고 있는 숙신肅慎 → 읍루挹婁 → 물길勿吉 → 말갈로 이어지는 북방의 여진족女眞族이 아닙니다. 강원도 강릉이북과 함경남도 일대의 예濊족으로 이해합니다. 『삼국사기』가 편찬될 당시의 고려조정은 여진족 문제로 골머리를 앓고 있는 상황이어서 여진족 계통을 잘 아는 김부식이 이들을 모두 말갈로 통칭한 듯합니다. 말갈의 명칭은 6세기 중반에 공식적으로 등장합니다.

백선생 : 『삼국사기』 기록을 면밀히 살펴보면, 당시 백제가 만나는 말갈은 국가개념이 없습니다. 지도자는 왕이 아닌 추장입니다. 추장하면 선뜻 인디언 추장이 떠오릅니다. 당시 말갈은 떠돌이 집단처럼 묘사되고 있어 농경보다는 유목의 성격이 강합니다. 백제보다 먼저 북방에서 한반도로 건

너온 족속입니다. 이들 말갈은 마한을 끊임없이 괴롭히고 마한은 말갈을 견제하기 위해 백제를 받아들입니다. 역설적으로 말갈은 백제가 한반도에 정착할 수 있도록 계기를 마련해준 세력입니다.

김기자 : 낙랑은 또 어떤 세력입니까? 평안도 평양에 존재한 낙랑입니까?

백선생 : 평양의 낙랑이 아닙니다. 『삼국지』〈위서〉 기록에 당시의 말갈과 낙랑의 위치가 나옵니다.(아래 ①-9 참조) 백제의 북쪽에는 말갈이, 동쪽에는 낙랑이 각각 위치합니다. 당시 백제의 소재지를 충남 북부지역(미추홀, 충남 인주면 밀두리)으로 설정하면 방위개념상 말갈은 경기지역이며 낙랑은 충북지역입니다. 이 낙랑은 진한辰韓의 낙랑입니다. 한반도 중부지역에 존재한 낙랑입니다.[16] 이들 역시 말갈과 마찬가지로 백제보다 먼저 한반도에 들어와 정착합니다. 참고로 『삼국사기』 기록을 보면 낙랑은 말갈을 지배하고 조종합니다. 낙랑은 말갈보다 선진화된 문화를 가진 세력집단입니다.

김기자 : 진한은 경북지역에 존재한 삼한(마한, 변한, 진한)의 하나로 알고 있는데요. 낙랑이 바로 진한입니까?

백선생 : 진한 낙랑의 존재는 『삼국지』〈위서〉 동이전에 나옵니다.

①-9. **진한**辰韓**은 마한**馬韓**의 동쪽에 있다.** 노인이 대대로 전해지는 바를 말하기를 옛날 망인亡人이 진秦의 부역을 피해 한국韓國에 오니 마한이 그 동쪽 경계의 땅을 떼어 주었다고 한다. …(중간생략) ·· **낙랑사람을 일러 아잔**阿殘**이라 부르는데 동방**東方**사람이 자신들을 가리켜 아**阿**라 하니, 낙랑사람은 본래 아잔인**阿殘人**으로 지금 진한**秦韓**이라 부르는 사람이다.** 처음에 6국이었는데 점점 나뉘어져 12국이 되었다. 『삼국지』〈위서〉 동이전 한전

낙랑을 진한이라 부르게 된 연유입니다. 『백제서기』도 낙랑을 진한으로 기록합니다.[17] 이 기록

---

16 서울 경기 및 영서를 포함하는 한반도 중부지역 전역에 걸쳐 낙랑계 토기가 적잖이 출토된다. 한반도 낙랑의 위치를 한반도 북부인 평안도 평양지역으로 고착시키는 것은 크나 큰 잘못이다.

17 『백제서기』 기록이다. '4년(서기전15년) 8월, 사신을 낙랑에 보내어 우의를 다졌다. 낙랑은 진한이다. 우리의 동남쪽 경계에 있으면서 함께 말갈을 막았는데, 이는 마한을 섬겼던 까닭이다.〔四年 丙午 八月 遣使于樂浪 而修好 樂浪者辰韓也 在我東南界 共拒末曷 而事馬韓故也〕' 이에 대응하는 『삼국사기』 기록은 '4년 가을 8월, 사신을 낙랑에 보내어 우의를 다졌다.〔四年 秋八月 遣使樂浪修好〕'이다.

은 진한의 형성과정을 설명합니다. 낙랑인(진한인)은 진秦(서기전221년~서기전206년)의 부역을 피해 중국대륙에서 한반도로 건너온 유민입니다. 낙랑인의 호칭은 이들의 출처가 중국대륙 낙랑지역이기 때문입니다. 또한 이들은 동방사람(동이족)의 후예(아잔인)입니다. 낙랑인이 처음 정착한 곳은 한반도 북부 평안도지역입니다. 이들 중 상당수가 남하하며 마한으로부터 동쪽 땅을 할양받고 한반도 중부지역으로 들어옵니다. 참고로 신라의 시조 박혁거세는 북방에서 한반도로 내려와 이들 낙랑인 무리에 섞여 남하합니다.[18]

김기자 : 낙랑은 한반도 중부지역에도 존재했군요.

백선생 : 온조는 서기전14년에 마한으로부터 땅을 빌리는데 성공하지만(①-8) 곧바로 이동하지 못합니다. 서기전6년에 비류로부터 독립합니다. '한산漢山천도'입니다.

①-10. 13년(서기전6년) **2월, 왕도에서 늙은 할멈이 남자로 변하였다. 호랑이 다섯 마리가 성 안으로 들어왔다. 왕의 어머니가 61세로 죽었다.** 5월, 왕이 신하들에게 말하였다. "나라의 동쪽에는 낙랑이 있고 북쪽에는 말갈이 있어 국경을 침범하니 편한 날이 없다. 하물며 요즘은 요상한 징조가 자주 나타나고 어머니마저 돌아가시니 형세가 불안하여 **반드시 도읍을 옮겨야겠다. 내가 어제 순시하여 한강의 남쪽을 살폈는데 토지가 매우 비옥하다.** 그곳에 도읍을 옮겨 오랫동안 편안할 계획을 세울 것이다." 7월, 한산漢山 아래에 목책을 세우고 위례성의 백성들을 옮겼다. 8월, 마한에 사신을 보내어 도읍을 옮길 것을 알렸다. 드디어 경계를 그어 국경을 정하였으니, **북쪽으로는 패하, 남쪽으로는 웅천熊川, 서쪽으로는 대해大海, 동쪽으로는 주양走壤에 이르렀다.** 9월, 성과 궁궐을 쌓았다. 『삼국사기』 시조 온조왕

①-11. 13년(서기전6년) **2월, 늙은 할멈이 남자로 변하였다. 호랑이 다섯 마리가 성 안으로 들어왔다. 왕의 어머니 소서노가 죽었는데 나이 61세이다.** 5월, 왕의 동생 온조가 한산漢山 아래쪽을 다녀오더니 그 신하들에게 말하였다. "말갈과 낙랑이 계속 왕도와 영토를 침략하고, 요망한 징조가 자주 나타나며, 어머니마저 돌아가시어 형세가 불리하니 기름진 땅으로 옮겨야겠다. **형왕兄王*은 천도할 뜻이 없다. 우리들이 이 땅에 백성을 나누어 살게 하는 것이 어떻겠는가?**" 무리가 동의하였다. 7월 온조가 한산漢山 아래에 목책을 세우고 나누어살기를 청하였다. 비류왕이 허락하여 위례성의 백성들

---

18 정재수, 『신라 역사의 명암』(논형, 2018) 제1장 참조.

을 나누었다. 8월 마한에 사신을 보내 옮겨 살 것을 알리고 주변 경계의 땅을 빌려줄 것을 청하였다. 『백제왕기』 비류왕

☞ *비류왕.

『삼국사기』와 『백제왕기』 공히 한산(한산아래 목책성)천도 배경을 설명합니다. 소서노의 죽음이 결정적입니다.[19] '늙은 할멈이 남자로 변하고 호랑이 다섯 마리가 성 안으로 들어왔다.〔嫗化爲男 五虎入城〕'는 표현은 '소서노가 남장을 하고 호랑이로 표현된 다섯 명의 장수들과 함께 성안으로 들어왔다.'고 해석합니다. 이 사건이 왜 일어났으며, 또한 어떤 일들이 벌여졌는지 구체적인 내용은 알 수 없습니다. 그러나 이로 인해 소서노는 한 많은 생을 마감합니다. 소서노의 죽음은 곧바로 온조의 독립을 촉발합니다. 7월 기록입니다. 『삼국사기』는 '한산 아래를 취하여 목책을 설치하고 위례성 백성들을 옮겼다.〔就漢山下 立柵 移慰禮城民戶〕' 하고, 『백제왕기』는 '온조가 한산 아래에 목책을 세우고 나누어살기를 청하였다. 비류왕이 허락하여 위례성 백성들을 나누었다.〔溫祚立柵 於漢山下 請分居 王許之 分慰禮城民戶與之〕'고 합니다. 온조는 위례성 백성을 옮기고(移), 비류는 위례성 백성들을 나눕니다(分). 바로 '分'자가 결정적인 단서입니다. 온조의 독립 요청을 받아들인 비류는 위례성 백성들을 나눕니다. 온조는 위례성 백성 일부를 비류로부터 인수받아 한산에 도읍을 정하고 백제를 출발시킵니다.

김기자 : 비류와 온조가 위례성의 백성을 나눴다면 위례성은 이전부터 존재한 겁니까?

백선생 : 위례성 기록은 이전에도 나옵니다. 서기전11년입니다. 온조가 한산으로 천도하기 5년

---

19 『백제서기』 비류왕 13년(서기전6년) 2월 기록이다. '늙은 할멈이 남자의 복장(男)을 하고 다섯 마리 호랑이와 함께 성 안으로 들어왔다. 왕이 동명수왕(東明樹王) 아래에서 제사(禳)를 지냈다. 얼마 지나지 않아 태후가 병이 들어 돌아가셨다. 춘추 61세이다. 나라사람들이 태후의 사당을 세우고 제사를 지냈다. 태후는 연타발(延陁勃)대왕의 셋째 딸로 키가 크고 아름다웠다. 떠오르는 태양과 같은 형세(權)가 여러 영웅(卵人)들을 길러냈다. 우태(優台)왕과 더불어 졸본국을 다스려 인심을 얻었고 또 주몽(朱蒙)왕과 고구려국을 다스리며 나라사람들의 기대를 받았다. 유리(琉璃-유리왕)가 배반함에 다투지 않고 나라를 맡겼다. 또 두 아들과 남쪽으로 내려와 백제국을 다스렸다. 태후는 3국(졸본,고구려,백제)의 백성 모두에게 신처럼 존중되었다.〔嫗化爲男 五虎入城 王禳之 於東明樹王 未幾太后得疾 而薨 春秋六十一 國人立召西奴祠 而祀之 后以延陁勃大王第三女 身長而美 旦有權 數養卵人 與優台王經營卒本國 得人心 且與朱蒙王 經營高句麗國 亦得衆望 及類利背叛 不與之爭 委之以國 又與二子 南渡經營百濟國 太后三國人皆 尊之如神〕' 소서노는 참으로 위대한 여인이다. 그녀의 끝없는 도전과 벤처정신이 오늘의 우리 역사를 만든다.

전입니다. 말갈병 3천이 침입하여 위례성을 포위합니다. 『삼국사기』 기록입니다.

①-12. 8년(서기전11년) 2월, **말갈병 3천이 침입하여 위례성을 포위하니 왕은 성문을 닫고 나가지 않았다.** 열흘이 지나 적병이 군량미가 떨어져 돌아가므로, 왕이 날쌘 병사를 이끌고 추격하여 대부현大斧峴에서 크게 싸워 죽이고 사로잡은 자가 5백이었다. 『삼국사기』 시조 온조왕

이 기록은 『백제왕기』, 『백제서기』에도 동일하게 나옵니다. 다만 두 사서의 주체는 온조가 아닌 비류입니다. 위례성은 온조가 한산천도를 단행한 서기전6년 이전에 어딘가에 분명히 존재합니다.

김기자 : 위례성은 어디입니까?

백선생 : 위례성을 찾는 문제는 잠시 뒤로 미룹니다. 먼저 교수님께 질문을 드립니다. 위례를 어떻게 보십니까? 특정지역을 나타내는 지명입니까?

소교수 : 위례는 특정장소를 가리키는 지명이 아닙니다. 위례에 대해서는 다양한 해석이 있습니다. 첫째는 '울타리'입니다. 위례는 사방을 널리 둘러싼다는 뜻의 위리圍籬와 음이 비슷하여 목책을 세우고 흙을 쌓아 만든 '담'으로 이해합니다. 둘째는 한강 옆에 쌓은 성입니다. 위례를 욱리하, 아리수로 표기되는 한강의 이두吏讀식 이름으로 봅니다. 셋째는 왕이 거주하는 성입니다. 중국사서 『주서』에 '왕호는 어라하於羅瑕인데 백성들은 건길지鞬吉支라고 부른다. 중국말로 왕이다.〔號於羅瑕 民呼爲鞬吉支 夏言並王也〕'는 기록이 있습니다. 위례를 '어라'로 보고 '왕' 내지는 '크다'는 뜻으로 해석합니다. 그런 측면에서 위례성은 왕성 혹은 큰 성大城으로 이해합니다. 이 중 첫 번째 해석이 가장 유력합니다. 위례는 특정지명이 아닌 '담'이나 '울타리'를 나타내는 일반명사입니다.

백선생 : 『삼국사기』 건국서문(15쪽 ①-1)과 온조의 한산천도를 알린 『삼국사기』(①-10)와 『백제왕기』(①-11)를 비교하면, 3개 기록이 완전히 겹칩니다. 건국서문의 '하남위례성河南慰禮城'이 바로 '한산漢山'입니다. 하남위례성은 온조가 한산으로 천도하고 명명한 이름입니다. 한산 즉 하남위례성의 천도가 실질적인 온조의 출발입니다. 일반적으로 우리는 하남위례성을 한강 이남의 위례성으로 이해합니다. '河南'의 '河'를 한강으로 고정시킵니다. 그러나 하남위례성의 명칭에는 온조의 과거사

가 담겨있습니다. 온조는 한반도 미추홀로 남하하기 전에 고구려의 한남汗南지역을 다스린 한남왕입니다. 마지막 치소로 삼은 곳이 위나성입니다.[20] '위례'와 '위나'는 같은 어원입니다. 또한 '우두머리'를 뜻하는 '汗'은 '물기가 촉촉이 젖어있는 모양'을 나타내기도 합니다. '河'와 같습니다. 따라서 '하남위례성'은 '한남의 위나성'입니다. 온조의 후계자들은 바로 자신들의 시조인 온조의 과거사를 기록으로 남깁니다. 만약 온조가 아닌 비류가 최종 시조로 선정되었다면, 그의 후계자들 역시 비류의 과거사를 기록으로 남겼을 겁니다. '엄표미추성'이 어떨지 모르겠습니다.

김기자 : 재미있는 추론이군요.

백선생 : 다시 처음으로 돌아갑니다. 『삼국사기』 건국서문 온조왕 기록(15쪽, ①-1)을 봅니다. 온조는 10명의 신하와 한산의 부아악에 올라 주변을 살피고 살만한 곳이라 여겨 이곳에 도읍을 정하기로 결정합니다. 그러나 이는 도읍을 처음 정한 것이 아니라 도읍을 새로 옮길 것을 정한 겁니다. 이때 10명 신하의 보필을 받아 국호를 '십제十濟'라고 합니다. 십제의 국호선정은 나름 시사하는 바가 큽니다. '10명 신하'로 통칭되는 온조를 따르는 무리들의 힘이 반영된 국호입니다. 어찌 보면 온조의 한산천도는 온조 스스로의 결정보다도 신하들의 결정일지도 모릅니다.

김기자 : 옛날이나 지금이나 지도가가 스스로 결정할 수 있는 것은 많지 않은 것 같군요.

백선생 : 역사는 항상 뒷면을 숨기고 앞면만을 기록하지만 어떤 형태로든지 뒷면이 노출됩니다. 백제의 옛 국호 십제가 나와서 교수님께 또 질문을 드립니다. 혹 '우두머리 伯'자를 쓰는 伯濟를 아십니까?

소교수 : 『삼국지』〈위서〉 동이전에 나오는 경기지역에 소재한 마한 54국 중의 하나입니다.

백선생 : 이병도 박사는 마한 소국 伯濟가 百濟가 되었다고 설명합니다. 이는 어떻게 생각하십니까?

소교수 : 추정은 가능하지만 학계의 공식입장은 아닙니다.

---

20 『고구려사략』 광명대제기(유리왕) 3년(서기전17년) 7월 기록이다. '한남왕(汗南王) 온조가 입조하여 위나성(尉那城)으로 도읍을 옮기겠다고 청하여 왕이 허락하였다.〔汗南王溫祚入朝 請移都于尉那城 許之〕' 비류와 온조가 고구려를 떠나기 한 해 전이다.

사실 마한의 한 나라로서의 伯濟國과 삼국의 百濟가 동일한 실체인지는 확실하지 않으나 현재 학계에서는 같은 성격의 것으로 파악하고 있다. 그러나 현재까지 이들이 같다고 증명할 만한 자료는 없다. 다만 伯濟와 百濟가 음이 유사하고 또한 伯濟가 여러 소국을 합병하였기 때문에 百濟라고 이름을 바뀌었을 가능성은 있으나 이것도 추측에 지나지 않는다.

『조선정사조선전역주』 제1권 (국사편찬위원회, 1987년)

백선생 : 처음에는 이병도 박사의 억지 주장이라 판단했는데, 뜻밖에도 『고구려사략』에 온조가 국호를 바꾼 기록이 있습니다.

①-13. 2년(19년) 정월, **한남**汗南**이** 가물고 황충이 일어 백성들이 굶주리다가 찾아와서 의지하려는 자들이 1천여 호가 되었다. 이들에게 먹을 것을 주고 서하西河땅에 살게 하였다.… (중간생략)… **온조**溫祚**가 나라이름을 백제**伯濟**로 바꾸었다.** 『고구려사략』 대무신제기

이병도 박사가 이 기록을 보지 않았겠지만 놀라운 해석입니다. 백제는 처음 고구려 강역에서 汗南(한남)의 국호로 출발합니다. 한반도로 건너온 후 온조는 비류로부터 독립하여 하남위례성에 새로이 도읍을 정하고 국호를 十濟(십제)로 바꿉니다. 그리고 이 시기 다시 伯濟(백제)로 바꿉니다. 『삼국지』〈위서〉가 기록한 마한 54개 소국 중의 하나인 伯濟입니다.[21]

5. 하남위례성의 위치

백선생 : 하남위례성은 서기전5년 온조가 새로운 도읍을 정하고 천도한 곳입니다. 한산입니다. 앞서 하남위례성과는 전혀 다른 또 하나의 위례성 존재를 확인했습니다. 서기전11년 말갈에게 포

---

21 『삼국지』는 진수(陳壽, 233~297)가 편찬한 〈위서〉, 〈촉서〉, 〈오서〉 등의 삼국의 역사서이다. 편찬 시기는 3세기 중반이다. 이 중 〈위서〉 동이전에 당시 한반도에 존재한 마한 54개 소국이 기록되어 있다. 진수는 이들 54개 소국이 마치 마한의 연맹체인 것처럼 묘사한다. 그러나 당시 백제(伯濟)는 마한 연맹체의 일원이 아니다. 이미 경기지역의 마한을 제압하고 한강을 포함한 경기도 일대를 장악한다. 마한연맹체의 일원이 아닌 엄연한 독립국이다. 진수의 판단은 제3자의 시각이다.

위된 위례성입니다.(①-12) 이 위례성은 두 가지 해석이 가능합니다. 첫째는 온조의 위례성입니다. 온조가 마한으로부터 땅을 빌린 시점이 서기전14년입니다. 따라서 서기전14년~서기전11년 사이 온조가 비류로부터 독립하여 마한으로부터 빌린 땅에 위례성을 세웠다고 볼 수 있습니다. 둘째는 비류의 위례성입니다. 이는 『백제왕기』와 『백제서기』에 근거합니다. 두 사서는 공히 서기전11년 말갈에 포위된 위례성을 비류의 위례성으로 설명합니다. 또한 앞의 『백제왕기』 기록(①-11)에는 온조가 한산으로 독립하면서 위례성 백성을 비류왕과 나눈(分) 내용도 있습니다. 바로 비류의 위례성입니다. 미추홀에 소재한 위례성입니다.

　김기자 : 미추홀의 위례성은 처음 듣는군요.

　백선생 : 『백제왕기』와 『백제서기』 기록이 무조건 옳다는 것은 아닙니다. 두 사서 역시 비류를 시조로 설정하고, 후대에 기록을 정리하는 과정에서 부분적으로 왜곡될 수 있습니다. 위례성은 특정 지명을 나타내는 고유명사는 아니라 울타리와 담을 나타내는 일반명사입니다. 그러한 측면에서 위례성의 해석은 한 지역에 고정시키지 않고 폭넓게 해석해야 합니다. 위례성의 위치비정은 「천안 직산稷山설」과 「경기 하남河南설」이 병존합니다. 온조가 천도한 한산(하남위례성)을 경기 하남의 남한산(남한산성)으로 보고, 한산 천도 이전을 충남 천안 직산의 위례산(위례산성)으로 보면 자연스럽게 연결됩니다. 그럼에도 『삼국사기』 외의 기록들은 위례성이 미추홀에 있다고 설명합니다.

　김기자 : 교수님께서는 어떻게 보십니까?

　소교수 : 「천안 직산설」은 『삼국유사』 기록,[22] 「경기 하남설」은 『신증동국여지승람』 기록에 근거합니다. 「서울 송파설」은 기록은 없으나 풍납토성의 유물 발굴을 통해 부분적으로 입증됩니다. 20세기 들어 고고학이란 학문이 도입된 이후로 기존 문헌기록의 한계를 발굴 유물의 검토를 통해 극복하려는 시도가 계속 이어져 왔습니다. 한때 경기 하남이 하남위례성으로 주목을 끌었습니다. 왕궁터로 추정되는 하남시 춘궁리 일대를 집중 발굴했는데 백제시대 유물은 거의 나오지 않았습니

---

22 『삼국유사』〈왕력〉 백제편이다. '제1대 온조왕. 동명왕의 셋째 아들이다. 둘째 아들이라고도 한다. 계묘년(서기전18년) 즉위하고 재위는 45년이다. 위례성(慰禮城)에 도읍하였는데 사천(蛇川)이라고도 한다. 지금의 직산(稷山)이다.〔第一 溫祚王 東明第三子 一云第二 癸卯立 在位四十五 都慰禮城 一云蛇川 今稷山〕'

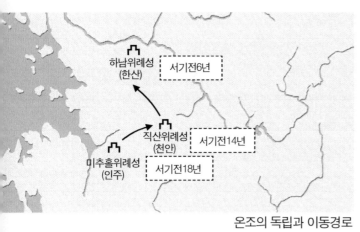

온조의 독립과 이동경로

다. 고고학적 뒷받침이 약하여 다소 수그러든 모양새이나 여전히 강력한 후보지입니다. 온조왕이 사용한 어용샘이 근처에 있고 구전口傳이지만 남한산성내 온조왕의 궁궐도 전해집니다. 천안 직산의 경우도 마찬가지입니다. 위례산이 엄연히 존재하고 온조를 따른 10명 신하를 조상으로 하는 직산 조씨(조성趙成), 천안전씨(전섭全攝), 목천마씨(마려馬黎)의 본가가 있습니다. 『세종실록』을 보면, 당시 천안 직산을 백제의 초도初都로 결정한 기록이 나옵니다. 또한 '백제의 근원이 시작되었다'는 뜻에서 세워진 제원루濟源樓도 있습니다. 따라서 양쪽이 고고학적 증거는 아니더라도 역사적 기록과 유적을 가지고 팽팽히 맞서는 형국입니다. 대체적으로 학계는 다소 중용의 입장입니다. 서기전6년 온조의 한산천도 이전의 위례성을 천안 직산으로 보고, 한산천도 이후 위례성을 경기 하남이나 서울시 송파구로 봅니다.

김기자 : 하남위례성의 위치를 찾는 과정 자체가 또 하나의 역사이군요.

소교수 : 참고하여, 『충남전설집』(충청남도향토문화연구소, 1986년) 하권에 '위례성의 우물'이라는 설화가 실려 있습니다. 내용은 이렇습니다. 온조왕이 강변에서 용이 되어 물살을 헤집고 있을 때, 마침 어머니 소서노가 큰 아들 비류가 고생하는 것을 보고 작은 아들 온조와 합칠 것을 권하기 위해 위례성을 찾습니다. 온조의 움막에 들어가 보니 온조는 없고 행

위례성의 우물(천안 직산 위례산)

방조차 아무도 모르는지라 소서노는 반란군이 온조를 죽였다고 판단합니다. 그리하여 함께 온 비류의 부하들로 하여금 온조의 부하들을 무찌르게 합니다. 온조의 부하들은 비류가 온조를 쳐부수러 온 것이라 판단하고 힘껏 싸워 비류의 부하뿐 아니라 소서노까지 죽입니다. 나중에 이 사실을 알게 된 온조는 부하들로 하여금 돌을 날라 오게 하고 위례성 우물에 돌을 던져 북쪽과 남쪽으로 통하는 물줄기를 막습니다. 이후 온조는 왕이 되어 한강변 광주(하남)땅에 다시 위례성을 세우는데 그 이후로 위례산의 위례성 우물은 흙탕물이 고이게 되었다고 합니다. 이 설화는 소서노의 죽음이 온조의 무리들에 의해 저질러진 내용으로, 역시 하남위례성과 다른 또 하나의 위례성 존재를 증언합니다.

6. 세 번째 시조 구태의 비밀

김기자 : 세 번째 시조 구태仇台는 누구입니까?

백선생 : 구태를 백제의 시조로 설정한 기록은 모두 중국사서에만 나옵니다. 『삼국사기』가 인용한 『북사』와 『수서』를 비롯하여, 『삼국지』〈위서〉와 『주서』, 『통고』, 『당회요』, 『책부원귀』 등에 기록이 있습니다.

①-14. **부여는 원래 현도군에 속하였다.** 후한 말에 현도태수 공손도公孫度가 요동 땅을 넓히니 바깥의 오랑캐들이 무서워하며 복속하였다. **부여왕 위구태尉仇台는 다시 요동군에 속하였다.** 이때에 고구려와 선비鮮卑가 강하였는데, 공손도는 고구려와 선비 사이에 있는 부여에게 종녀宗女를 처로 주었다. 『삼국지』〈위서〉 동이전 부여

①-15. 백제의 선조는 대개 마한의 속국이고 부여의 별종이다. 구태仇台라는 자가 있어 나라를 대방帶方에서 시작하였다. 『주서』

①-16. **백제는 후한 말 부여왕 위구태尉仇台의 후예이다.** 『통고』

위구태

ⓘ-17. **백제는 본래 부여의 별종으로** 마한馬韓의 옛 지역이다. **구태**仇台**라는 사람이 고구려의 침략**
을 받아 백가제해百家濟海**하였는데 백제**百濟**의 국호는 이에 따른다.** 동북쪽으로 가면 신라에 닿는다.
『당회요』

ⓘ-18. 동진 간문제 함안2년(372년) 정월, 백제가 사신을 보내어 조공하고 방물을 바쳤다. **6월 사신을**
보내어 백제왕 여구餘句**에게 작위를 내렸다. 생각하건대, 백제는 부여왕 위구태**尉仇台**의 후예이다.**
고로 부여扶餘**를 성씨로 삼았다.** 『책부원귀』

구태는 북부여 왕족출신으로, 후한 말기인 2세기 전반에 중국 요동지역에서 활동한 위구태尉仇
台입니다. 위구태는 요서지역의 대방 땅에 서부여(122년 건국)를 건국한 창업자로 당시 선비족의 일
파인 공손公孫씨의 지도자인 공손도의 딸을 처로 맞이하며 혼인 동맹을 맺습니다. 공손씨는 선비족
의 한 일파로 후한 말기에 중국의 동북방 지역을 장악한 군벌세력입니다. 공손도 → 공손강 → 공
손강 → 공손연으로 이어오다 조조의 위魏(220~265)에 의해 정복당하며 막을 내립니다.

김기자 : 위구태가 한반도로 건너와 백제왕이 된 겁니까?

백선생 : 아닙니다. 4세기 전반에 위구태의 후손 중 한 무리가 바다건너 한반도로 건너옵니다.
『북사』, 『수서』의 백제전을 보면, '처음 백가百家가 바다를 건너왔기에 백제百濟를 국호로 삼았
다.〔初以百家濟海 因號百濟〕'는 기록이 있습니다. '백가제해百家濟海'의 용어를 사용합니다. '100개
가家가 바다를 건넜'고 풀이합니다. 대규모 망명 집단입니다. '백제百濟'의 국호는 백가제해의 줄
임말입니다.

김기자 : 그렇다면 백제의 국호는 시조 구태에서 비롯된 겁니까?

백선생 : 구태가 시조가 된 것은 비단 백제의 국호 때문만은 아닙니다. 이들 백가제해집단은 한
반도의 기존 백제(비류/온조의 해씨왕조)를 무너뜨리고 새로운 백제(구태의 부여씨왕조)를 건설합니다.
『삼국사기』 건국서문 온조왕 기록(15쪽, ⓘ-1) 말미에 '성씨를 부여扶餘씨로 하였다.〔故以扶餘爲氏〕'
는 기록의 근거입니다. 백제 성왕(제26대)은 사비(충남부여)로 천도하고 국호를 남부여南扶餘로 변경합
니다. 백제의 근원이 부여임을 재차 천명합니다. 『삼국사기』 편찬자는 중국문헌을 보고 적잖이 놀
랐을 겁니다. 백제의 시조가 온조와 비류 말고도 구태가 있습니다. 그렇다고 무시할 수도 없습니

다. 그래서 '어느 쪽이 옳은지 모르겠다.〔未知孰是〕'고 푸념을 놓습니다.

소교수 : 「기마민족정복설」이 있습니다. 에가미 나미오江上波夫가 처음 주창한 학설로, 일본 고대국가 야마토(大倭, 大和)를 세운 왕조세력을 북방기마민족에서 찾는 해석입니다. 4세기 중후반 퉁구스계통의 북방기마민족이 일본열도로 직접 건너왔다는 주장입니다. 물론 나중에 직접 건너온 것이 아니고 한반도를 경유해 건너왔다고 일부 수정합니다. 이 학설의 옳고 그름을 떠나 우리 삼국시대를 「기마민족정복설」에 가까운 방식으로 해석하는 경우가 더러 있습니다. 예를 들면 무덤양식의 변화를 들 수 있습니다. 서울 송파구(백제)의 돌무지무덤(기단식적석총), 경주 황남동(신라)의 돌무지덧널무

『기마민족정복왕조설』

덤(적석목곽분), 김해 대성동(가야)의 덧널무덤(목곽분) 등은 이전과 다른 새로운 형태입니다. 이들 무덤양식의 출현은 북방기마민족이 한반도로 내려와 기존 토착민세력을 정복한 결과로 이해합니다.

백선생 : 「기마민족정복설」을 좀 더 보충합니다. 게리 레드야드(Gary Ledyard)와 존 카터 코벨(Jon Carter Covell)은 이들 북방기마민족을 '대륙의 부여 전사들'로 이해하고, 그 실체는 '4세기 중후반에 한반도 서남부를 거쳐 일본을 점령한 백제세력'이라고 규정합니다.

김기자 : 「기마민족정복설」의 실체가 시조 구태와 연관됩니까?

백선생 : 대륙의 부여전사들은 바로 서부여 구태계이며, 한반도로 건너온 백가제해세력입니다. 구태는 백제의 진정한 시조입니다. 그 후손인 구태계가 한반도로 이동하여 기존의 온조계 백제를 장악하고 우리가 아는 위대한 백제로 재탄생합니다. 구태계는 백제가 멸망할 때까지 왕통을 이어갑니다. 또한 그 후손 중 일부는 일본열도로 건너가 야마토(大倭, 大和)를 창건합니다. 그런 사유로 백제와 야마토는 한 핏줄의 형제국으로 깊은 우호관계를 지속합니다. 5세기 이후 동아시아의 역사는 두 형제국의 처절한 아픔을 전합니다. 고구려의 남진과 신라의 성장 앞에 백제는 끊임없이 추락하며 멸망의 길로 들어섭니다. 야마토는 아무런 대가없이 마지막까지 백제를 적극 지원합니다.[23] 그

---

23 백강(白江-백촌강) 전투이다. 663년 지금의 전북 동진강 하구에서 벌어진 전투이다. 백제를 구원하러 야마토(일본)의 함선 400척과 군사 1만5천이 나당연합군에게 전멸한다.

리고 한반도 백제가 수명을 다하자, 야마토는 본격적으로 「일본화 과정」을 밟습니다. 이것이 우리가 아는 오늘의 일본입니다.

김기자 : 일본이 백제와 연결되는군요. 이제 시작인데 마치 종착역에 다다른 느낌이네요. 앞으로의 시간들이 기대되는군요.

백선생 : 시작이 너무 길었습니다. '시작이 반이다.'라는 말로 위안을 삼습니다. 백제의 시조와 건국관련 기록들이 유독 많습니다. 비교적 내용도 상세합니다. 기록이 많다는 것은 당시 백제인이 자신의 뿌리를 기록으로 남기기 위해 부단히 노력한 증거입니다. 뿌리를 소중하게 여긴 백제인의 열망이 너무나도 강렬합니다. 기자님께 질문합니다. 백제는 무엇입니까? 백제의 국호에는 무엇이 담겨있다고 보십니까?

김기자 : 백가제해百家濟海에서 연유한다 하니 수많은 집단이 망명하여 세운 나라가 아니겠습니까? 또 다른 뜻이 있습니까?

백선생 : 백제의 국호를 다르게 해석한 기록도 있습니다. 『백제서기』는 '백제는 대신수大神水(큰 신령스러운 물)의 뜻이다.〔百濟者大神水之義也〕' 하고, 『백제왕기』는 '濟는 제사에 쓰이는 물이고 이를 나라이름으로 사용한 것은 물가에 살았기 때문이다. 百은 크다는 뜻이다.〔濟者祭水也以濟爲號者居於水邊故也 百者大也〕' 합니다. 이는 '대(大) 해상제국'을 지향하는 백제의 실제 모습입니다. 또한 『한원』백제 조에는 백제를 가리켜 '부여의 여러 나라를 모은 것〔輯扶餘之曹〕'이라고 합니다. 부여에서 파생된 여러 왕조국가들을 하나로 묶은 것이 백제입니다. 백제는 부여 제국諸國(여러 나라)을 통할하는 근원국가의 역사성을 담고 있습니다. 참고로 남당선생이 『백제서기』말미에 남긴 백제에 대한 설명입니다.[24]

> **대개 마한 54개국을 살펴보면 '伯濟'라는 나라가 있다.** 마한왕이 백제왕을 책망하여 말하였다. "왕이 처음 강을 건너 왔을 때 발 디딜 만한 곳도 없어서 내가 동북쪽의 100리의 땅을 떼어 주어 편히 살게 하

---

24 남당은 '濟'를 해석함에 있어 백제의 기원을 압록강, 두만강에서 찾는다. 고구려 건국 장소를 지금의 압록강 이북인 길림성 환인현, 집안현 일대로 잘못 비정한 일제식민사학자들의 영향을 받은 듯하다. 심백강은 '濟'의 출원을 중국 춘추전국시대 전국7웅의 하나인 제(濟)가 소재한 중국 산동반도로 지정한다.

였다." 백제는 마한의 동북에서 일어남이 분명하다. '濟'의 자는 '齊水'이다. 온조와 비류라는 이름도 모두 '溫河'에서 이름을 취하였다. 溫河는 지금의 백두산 북쪽 溫河의 땅이다. 모두 그 고향의 이름이다. 남쪽으로 두만강과 압록강을 건너 함경도와 평안도 사이, 압록강과 두만강 사이에 많은 '水'들을 백제라고 칭했음이 옳다. '百'자는 본래 숫자가 아니라, 크다는 뜻이다. 이런 까닭으로 역시 '伯'자가 옳다. 후대의 사람들이 '多水'를 풀이 하면서 '百'으로 고쳐 풀이하였다. '十濟'설은 추측하건데 부당한 것이다. '齊水'의 뜻은 본래 강을 건넌다는 뜻이 아니라, '제사 지내는 물의 신祭水之神'이라는 뜻이다. '百濟'라는 뜻은 '太山'과 같으며, 서로 겉과 속의 관계이다. '熊津大川'은 모두 백제와 더불어 뜻이 같다. 이것은 모두 옛날 음양가의 비전祕傳이다. 지금 많은 사람들이 풀이하지 못하는 것은 단지 본래의 뜻을 쉽게 취한 까닭이다. 『백제서기』

김기자 : 한반도 지도를 펼쳐놓고 보면 서쪽은 평야지대로 충청 남부지역과 전라도지역은 한반도의 곡창지대인데요. 백제가 굳이 경기 서부지역에 터를 잡은 이유는 무엇입니까?

백선생 : 경기 서부지역은 한반도의 중간지대입니다. 또한 한반도 전체를 아우를 수 있는 전략적 중심지역입니다. 중국대륙과 물자의 교류가 용이한 것도 강점입니다. 당시 충남과 전라도는 마한의 세력이 절대적으로 강합니다. 비류, 온조 세력은 경기 서부지역 말고는 달리 선택의 여지가 없습니다. 이는 마한이 말갈과 낙랑을 견제하기 위해 온조에게 선뜻 땅을 빌려준 사실이 이를 증명합니다. 결과적으로 백제에게는 행운입니다. 경기 서부지역에 정착한 백제는 향후 삼국의 중심으로 우뚝 솟을 수 있는 입지를 마련합니다. 예를 들어 백제가 물자 생산이 풍부한 전라도나 경상도 남해안 등 한반도의 외곽에 정착했다면 백제는 결코 마지막까지 살아남지 못했을 겁니다. 성경의 한 구절로 대신합니다. '네 시작은 미약하나 그 끝은 창대하리라.'(구약성서 욥기 8장).

2장

희미한 불빛 아래

3루왕의 비밀

1. 3루왕 프롤로그

백선생 : 지금까지 시조 온조왕이 고구려를 떠나 한반도로 남하하여 하남위례성에 정착하기까지 일련의 건국과정을 살펴보았습니다. 온조왕의 뒤를 이은 왕은 다루왕多婁王(제2대), 기루왕己婁王(제3대), 개루왕蓋婁王(제4대)입니다. 모두 '婁'자가 들어가 있어 편의상 '3루왕'이라 칭합니다.

김기자 : '婁'자에는 특별한 의미가 있습니까?

백선생 : '婁'자가 들어간 이유는 명확하지 않습니다. 이들 3루왕의 이름이 휘諱인지 아니면 시호諡號인지조차 불분명합니다. 다만《광개토왕릉비》에 나오는 백제의 성城이름 중에 '婁'자가 들어간 성이 적잖이 나와서 '婁'자는 백제에서 좋은 의미로 쓰인 글자입니다.

소교수 : '婁'자는 인명에서도 확인됩니다. 동부여의 창업자 해부루解夫婁를 비롯하여 『삼국사기』〈고구려본기〉에 적잖이 나옵니다. 고구려 모본왕(제5대)과 봉상왕(제14대)의 이름은 각각 해애루解愛婁, 삽시루歃矢婁입니다. 좌보 목도루穆度婁, 국상 고우루高優婁, 국상 상루尙婁 등도 있습니다. 모두 고위급 신료들입니다.

김기자 : 결국 '婁'자는 부여, 고구려와 직간접적으로 연결되는군요.

백선생 : 다루왕의 출생을 다룬 『백제서기』 기록입니다.

②-1. 3년(서기전16년) 5월, **감아甘兒*가 아들 다루多婁를 낳았다.** 당시 왕후 벽라碧蘿**는 딸 셋을 낳았으나 아들이 없었다. **태후가 다루를 택하여 왕자로**, 벽라의 딸 와씨蛙氏를 처로 삼으라고 명하였다. 『백제서기』 비류왕

☞ *온조왕의 처(주몽의 딸), **비류왕의 처(행인국의 왕녀).

서기전16년(온조3) 온조의 처 감아가 다루多婁를 낳자, 소서노는 비류가 아들이 없는 관계로 온

조의 첫째 아들 다루를 비류의 아들로 입적시킵니다. 또한 서기전14년(온조5) 감아는 마루馬婁를 낳습니다. 온조의 둘째 아들입니다. 온조의 첫째 아들 다루가 비류의 양자가 되니 이제 온조의 공식적인 아들은 마루입니다. 『백제왕기』에 '다루多婁는 마루馬婁로 읽고, 산원山原의 뜻에서 취한다.〔多婁當 讀馬婁 取山原之義也〕'는 기록이 있습니다. 마루가 다루인 셈입니다. 산원은 우리말 '산마루'입니다. 참고로, 다루왕의 뒤를 이은 기루왕과 개루왕의 이름 소개도 『백제왕기』에 나옵니다. '기루己婁는 마땅히 가을(갈)加乙이라고 해야 한다. 개구리의 뜻에서 취한 것이다.〔己婁當 作加乙 取蛙之義也〕'이고, '개루盖婁는 붉은 개구리의 뜻이다.〔盖婁赤蛙義也〕'입니다. 기루와 개루 둘 다 '개구리'와 연관됩니다. 동부여 해부루왕의 뒤를 이은 왕은 금와왕金蛙王입니다. 말 그대로 '금개구리' 왕입니다.[1]

김기자 : 개구리는 어떤 의미입니까?

백선생 : 고구려 고분벽화를 보면 해와 달의 그림이 나옵니다. 해 속에는 삼족오가, 달 속에는 개구리가 그려져 있습니다. 삼족오는 천신天神과 관계된 양陽의 매개체라면 개구리는 지신地神과 관계된 음陰의 매개체입니다. 또한 개구리는 서식지의 특성상 물과 깊은 연관을 맺고 있어 수신水神의 보호자이기도 합니다. 『삼국사기』〈제사〉에 따르면 고구려에는 부여신扶餘神과 고등신高登神을 모시는 두 개의 신묘가 있습니다.(『북사』 인용). 부

개구리 벽화(쌍영총)

여신은 수신水神인 하백의 딸 유화부인이고, 고등신은 부여신의 아들인 고구려 시조 주몽입니다. 수신의 상징인 개구리를 나타내는 '婁'자에는 부여의 계승의식이 담겨있습니다.

김기자 : 개구리를 말씀하시니, 문득 "두껍아! 두껍아! 헌집 줄께 새집 다오."라는 전래동요가 생각나는군요. 동네아이들이 냇가 모래밭에 옹기종기 모여 모래집을 짓고 새집 달라며 부르던 노래

---

1 시조 비류와 온조의 생부는 우태이다. 우태의 생부는 금와왕이며 조부는 해부루왕이다. 비류와 온조의 후손들 이름에 '개구리(蛙)'를 나타내는 '婁'자가 삽입된 이유는 백제 건국주체의 혈통 기원이 부여왕족임을 강조하기 위한 표식이 아닐까 싶다.

지요. 어린 시절 추억이 새록새록하군요.

백선생 : 지신地神의 매개체인 두꺼비(개구리)를 통해 새집의 허락을 구하는 장면입니다. 개구리는 우리 민족의 생활습속에 뿌리깊이 내재된 염원적 신앙 대상입니다.

김기자 : 삼족오의 다리가 세 개인 이유는 무엇입니까?

소교수 : 태양에 까마귀가 산다는 신앙은 중국의 『산해경』에 나옵니다. 세 발 달린 까마귀 설화는 전한前漢(서기전202~8)시대부터 시작된 것으로 추정합니다. 삼족오의 이름은 태양 안에 있는 흑점이 까마귀처럼 보인 데서 유래합니다. 발이 세 개인 것은 양陽을 나타내는 수數라는 설과 태양을 달리 일컫는 말이라는 설 등이 있습니다. 그럼에도 삼족오는 여러 고구려 고분벽화에서 실물이 확인됩니다. 대개는 공작 벼슬을 달고 있으며, 날아오르려는 모양이거나 또는 날개를 접고 얌전히 서 있는 모양입니다. 삼족오 다리 3개는 천계의 사자使者, 군주君主, 천제天帝 등을 상징합니다. 고조선시대 사용된 삼족정三足鼎도 다리가 3개입니다. 이는 모두 우리 민족의 원형문화인 「3수數」문화와 맥을 같이 합니다. 「삼신일체사상」도 마찬가지입니다.

삼족오 벽화(각저총)

백선생 : 『삼국사기』 3루왕 시기의 기록들을 살펴보면 몇 가지 특징이 있습니다. 첫째는 3루왕의 재위기간이 너무 깁니다. 전체 재위기간은 28년~166년까지 138년으로 평균 재위기간은 대략 46년입니다. 통상적으로 직계혈통으로 이어간다면 한 세대를 30년 정도로 예상합니다. 이를 고려하면 3루왕의 재위기간은 상식에서 벗어납니다. 둘째는 3루왕의 전체 재위기간 138년 기록이 시조 온조왕의 재위기간 46년 기록보다 절대적으로 적습니다. 기록이 적다는 것은 이 시기 백제의 국력이 시조 온조왕 시기보다 못하다는 것을 의미입니다. 셋째는 백제가 만나는 주변국입니다. 말갈과 신라입니다. 말갈의 경우 건국초기 온조왕 시기에 만났던 말

구분	즉위년도	퇴위년도	재위기간(년)
다루왕	28	77	50
기루왕	77	128	52
개루왕	128	166	39

같이 계속 나타납니다. 마수성과 우곡성에서 말갈과 전투를 벌입니다. 두 성은 황해 남부지역과 경기 북부지역입니다. 이는 백제가 북쪽으로 영토를 확장해 가는 과정으로 이해합니다. 신라는 건국 이후 처음으로 만납니다. 초기에는 우호적인 관계이나 점진적으로 신라와 전쟁을 하며 적대적인 관계로 변화합니다. 주로 충북지역에서 전투가 벌어집니다. 마지막으로 마한입니다. 『삼국사기』 기록은 없지만 당시 마한은 한반도의 실질적인 맹주입니다.

2. 신라와 첫 만남 속으로

백선생 : 다루왕多婁王은 제2대 왕으로 28년~77년까지 재위기간은 50년입니다. 『삼국사기』는 다루왕을 온조왕의 첫째 아들로 설정하나 『삼국유사』는 둘째 아들입니다. 다루왕의 출생년도는 다루를 비류왕에게 입적한 첫째 아들로 보느냐, 아니면 둘째 아들 마루를 다루왕으로 보느냐에 따라 다릅니다. 2년 차이가 납니다. 둘째 아들 마루를 다루왕으로 본다면, 다루왕은 서기전14년(온조5)에 태어나, 10년(온조28) 25세에 태자가 되고, 온조왕이 사망한 28년(온조46) 43세로 즉위합니다. 그리고 77년(다루50) 92세로 사망합니다. 지금도 92세는 장수이지만, 당시의 식습관이나 의약술을 감안하면 다루왕은 고구려 장수왕(제20대.98세) 못지않게 장수한 왕입니다. 『삼국사기』는 다루왕이 '도량이 넓고 후덕하며 위엄이 있다.〔器宇寬厚 有威望〕'고 인물평을 합니다.

김기자 : 후덕한 성품이 장수의 비결이군요.

백선생 : 아래는 『삼국사기』 다루왕 기록 중 전투관련 내용을 정리한 도표입니다. 전반부는 말갈과 접전을 벌이고 후반부는 신라를 만나면서 전투를 시작합니다. 63년(다루36)이 분기점입니다. 백제는 건국이후 처음으로 신라를 만나는데, 다루왕은 신라왕에게 만남을 요구했다가 거절당합니다. 그리고 이듬해부터 신라와 전투를 벌입니다.

김기자 : 만남 제안을 거절한다고 해서 하루아침에 견원지간犬猿之間이 된 것이군요. 이유는 무엇입니까?

년도	말갈	신라	내용
30년(다루 3)	마수산		승리함
31년(다루 4)	고목성		승리함
34년(다루 7)	마수성, 책성		함락당함
55년(다루28)	북쪽변경		쳐들어옴
56년(다루29)	우곡성		쌓음
63년(다루36)	신라왕에게 만남을 요청하나 거절당함		
		낭자곡성	개척함
64년(다루37)		와산성, 구양성	공격함
66년(다루39)		와산성	함락 후 철수함
75년(다루49)		와산성	함락 후 빼앗김

백선생 : 2년 전입니다. 61년(다루34) 큰 사건이 하나 발생합니다. 마한 장수 맹소孟召가 복암성(충북영동,정약용 비정)을 신라에 바치고 자신도 망명합니다. 이는 『삼국사기』〈백제본기〉가 아닌 〈신라본기〉에 기록이 나옵니다. 이 사건은 마한왕을 극도로 자극하고 결국 마한왕은 백제를 앞세워 신라에게 배신자 맹소와 복암성을 되돌려 달라 요구합니다. 백제는 엉겁결에 마한-신라와의 갈등에 휘말립니다. 이 문제를 해결하기 위해 다루왕은 신라왕에게 협상을 요구하나 신라왕은 백제가 개입할 문제가 아니라는 이유를 들어 거절합니다. 결국 엉뚱하게도 마한-신라의 문제가 백제-신라의 문제로 비화합니다.

김기자 : 백제는 마한의 요구를 거부할 수 없는 겁니까?

백선생 : 이 사건은 당시 백제와 마한과의 관계를 단적으로 보여줍니다. 백제는 마한의 요구를 거부할 수 없습니다. 마한의 힘이 백제보다 월등히 강합니다. 백제는 낭자곡성(충북청주)[2]까지 내려와 신라의 와산성(충북 보은)과 구양성(충북옥천) 등을 공격합니다. 모두 충북지역에 위치합니다. 하남 위례성이 있는 경기 중부지역에서 충북지역까지는 상당히 먼 거리입니다. 참으로 먼 지역까지 내려와서 백제는 자신의 일도 아닌데 신라와 거칠게 싸웁니다. 장장 12년입니다.

김기자 : 와산성과 구양성이 신라의 성이라면 신라는 충북지역까지 진출한 겁니까?

---

2 낭자곡성(娘子谷城)은 충북 청주와 충주, 두 가지 위치비정이 있다. 『삼국사기』는 낭자곡성을 낭성(娘城)으로도 기록한다. 『신증동국여지승람』의 청주목 군명에 낭비성(娘臂城)과 낭성이 나온다. 낭자곡성은 청주이다. 그러나 『증보문헌비고』의 충주목의 연혁에는 "본래는 임나국(任那國)이었는데 백제의 영토가 되어서는 낭자곡성이라 하였다. 낭자성(狼子城)이라고도 하고, 미을성(未乙省)이라고도 한다." 는 기록이 있다. 낭자곡성을 충주라고 한다. 조선시대의 문헌도 각기 다르게 비정한다. 필자는 당시의 낭자곡성을 충북 청주로 이해한다.

백선생 : 이 부분은 신라의 역사를 이해해야 합니다. 당시 신라는 석昔씨 왕조의 시조인 탈해왕(제4대)입니다. 『삼국사기』〈신라본기〉를 보면 탈해왕의 기록은 이원화되어 있습니다. 경주에 위치한 탈해왕의 기록과 당시 충북지역에 위치한 시조 박혁거세 계열의 박씨왕조 기록으로 나뉩니다.[3] 원래 신라는 처음부터 경주에서 시작한 것이 아닙니다. 경기도 북동부 지역이 출발지입니다.[4] 이 시기 박씨왕조

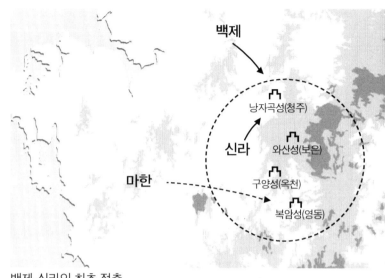

백제-신라의 최초 접촉

의 신라는 남하하여 충북지역에 도달합니다. 박씨왕조의 신라가 최종적으로 경주에 안착한 시기는 파사왕(제5대) 때인 101년입니다. 마한 장수 맹소가 신라로 망명한 것은 당시의 신라 중심이 충북지역에 위치하기 때문입니다. 그렇지 않고서는 다루왕이 낭자곡성에 와서 신라왕과의 면담을 요구한 사실을 설명하기 어렵습니다. 신라왕이 경주가 아닌 충북지역에 위치하기에 가능한 일입니다.

김기자 : 백제와 신라의 첫 만남 속에도 뜻밖의 비밀이 숨겨져 있군요.

백선생 : 백제는 하남위례성에 터를 잡고 막 성장기에 접어들지만 여전히 마한의 영향력 하에 존재합니다. 백제는 마한 연맹체의 한 소국입니다. 부연하면 3루왕 시기의 백제는 마한의 한 소국으로 존재합니다. 고이왕(제8대)이 출현하는 3세기 중엽 무렵에 마한으로부터 완전히 독립합니다. 이후 백제는 역으로 마한을 제압하면서 삼국의 일원으로 성장해 나갑니다.

---

3 정재수, 『신라 역사의 명암』(논형, 2018) 제1,2장 참조.

4 『북사』 신라전에 '신라는 그 선조가 본래 진한의 종족이다. 그 땅은 고구려 동남쪽에 있는데, 한(漢)대의 낙랑(樂浪)지역이다.〔新羅者其先本辰韓種也地在高麗東南居漢時樂浪地〕'는 기록이 있다. 신라는 서기전57년 박혁거세에 의해 한반도 중부지역에서 서나벌의 국호로 건국한다. 신라의 최초 건국지에 대해서 이병도는 경기도 북부로, 김성호는 황해도 남부로 각각 추정한다.

소교수 :『삼국사기』온조왕 기록을 보면, 9년(온조27)에 '마한의 원산과 금현 두 성이 항복하여 그 백성을 한산의 북쪽으로 옮겼다. 이것으로 마한이 드디어 멸망하였다.〔圓山錦峴二城降移其民於漢山之北馬韓遂滅〕'는 기록이 있습니다. 이는 마한 멸망의 기록이지만, 이 시기 백제가 마한 전체를 완전히 멸망시킨 것으로 보지 않습니다. 원산성과 금현성(충북진천)은 충북지역입니다. 온조왕은 하남위례성에 정착한 이후 주변 마한을 무력으로 병합하며 영토를 넓혀간 것으로 이해합니다. 그러나 충남지역을 포함하여 전라도지역의 마한은 여전히 백제보다 우위에 있습니다.

3. 고구려 땅의 백제 분국

백선생 : 다루왕 시기『고구려사략』에 눈에 확 들어오는 기록이 하나 있습니다.

②-2, 15년(32년*) 9월, **다루多婁가 한남汗南의 옛 땅을 고구려에 바치고 남쪽으로 내려갔다. 군사를 보내 신라를 쳐서, 다루를 도왔다.**『고구려사략』대무신제기

☞ *원문은 42년이다.『고구려사략』과『삼국사기』〈고구려본기〉의 대무신왕 기년은 10년 차이가 난다.

32년(다루5)입니다. 다루왕이 한남汗南의 옛 땅을 고구려 대무신왕(제3대)에 넘기고 남쪽으로 내려갑니다. 이때 대무신왕이 백제의 신라 공격에 군사를 보내어 다루왕을 돕습니다. 한남의 옛 땅은 시조 온조왕이 한반도로 남하하기 전에 다스린 땅입니다.

김기자 : 백제 땅이 고구려 영토 내에 있는 겁니까?

백선생 :『삼국사기』와『고구려사략』의 기록입니다.

②-3, 37년(19년) 4월, 가뭄이 들었는데, 6월이 되어서야 비가 왔다. **한수漢水의 동북 마을에 흉년이 들어 민가 1천여 호가 고구려로 도망가니 패수浿水와 대수帶水 사이가 텅 비어 사는 사람이 없게 되었다.**『삼국사기』시조 온조왕

②-4. 2년(19년) 정월, **한남汗南이 가물고 황충이 일어 백성들이 굶게 되자, 찾아와 의지하려는 이들이 1천여 호가 되었다. 이들에게 먹을 것을 주고 서하西河에 살게 하였다.**『고구려사략』대무신제기

19년(온조37)입니다. 백제에 흉년이 들어 백제 백성 1천여 호가 고구려로 망명한 사건 기록입니다. 기본적인 내용은 같으나 대상은 다소 차이를 보입니다. 『삼국사기』는 한수(한강)의 동북마을 백성입니다. 이들의 망명으로 인해 패수와 대수 사이가 텅 빕니다.(『삼국사기』〈고구려본기〉는 백제 백성 1천여 호가 고구려로 망명한 사실만 기록함) 그러나 『고구려사략』은 동북마을 백성이 아니라 한남지역 백성입니다. 고구려는 망명해온 백제 백성을 서하로 이주시켜 살도록 조치합니다.

김기자 : 그렇다면 백제와 고구려가 국경을 맞대고 있는 겁니까?

백선생 : 있을 수 없는 일입니다. 당시 고구려의 중심지는 중국의 요녕성 요하遼河[5]유역입니다. 한반도내에 고구려 영토는 없습니다. 고구려는 압록강을 경계선으로 북쪽의 만주지역입니다. 『삼국사기』 기록대로라면 고구려로 망명한 백제 백성은 해상을 이용하던지 아니면 육상을 이용해야 합니다. 육상을 이용한다고 가정하더라도 수 천리를 북으로 이동해야 합니다. 특히, 한수의 동북이라면 경기도 동북부지역을 지칭한다고 볼 수 있는데, 결과는 엉뚱하게도 패수와 대수 사이가 텅비게 됩니다. 패수는 예성강, 대수는 대동강으로 추정되어(제1장 28쪽 참조), 두 강 사이의 지역이 텅 빈다는 자체도 모순입니다. 이 지역은 한반도 낙랑세력의 거주지입니다. 따라서 『삼국사기』 기록은 백제 백성이 고구려로 망명한 사실 말고는 지역 설정 등이 잘못된 겁니다. 『고구려사략』의 한남에 속한 백제 백성이 고구려로 망명한 것이 역사적 사실입니다. 한남은 지금의 요녕성 조양朝陽 일대입니다. 당시는 고구려 영토에 속합니다.

김기자 : 한남의 실체는 무엇입니까?

백선생 : 한남은 옛 홀본국(졸본국) 땅으로 백제 건국의 요람입니다. 온조왕이 형 비류와 고구려 유리왕 등과 함께 고구려를 3분할 통치할 때 한남왕의 봉함을 받고 직접 통치한 지역입니다.(제1장 25쪽 참조) 온조왕이 백제를 건국하며 고구려에서 빠져나갔음에도 불구하고 한남은 여전히 백제의 영향력하에 존재합니다. 백제의 자치권이 보장된 일종의 분국分國입니다. 앞의 『고구려사략』 기록(②-2)

---

5 요하는 중국 동북지방의 평원을 북에서 남으로 가로질러 발해만으로 흘러드는 길이 1,400km의 강이다. 대흥안령산맥에서 발원하는 서요하와 장백산맥에서 발원하는 동요하가 삼강구 근처에서 합쳐 하나의 요하를 이룬다. 고구려 역사의 숨결이 면면히 흐르는 강이다. 요하유역은 고구려의 발원지이다.

을 보면, 다루왕이 남쪽으로 내려갔다는 표현이 나옵니다. 다루왕의 행적입니다. 다루왕은 신라를 치기 위해 고구려를 찾아왔고, 한남 땅과 고구려의 군사 지원 문제를 놓고 대무신왕과 빅딜big deal을 성사시킵니다.

김기자 : 그렇다면 『삼국사기』는 무슨 이유로 이들 장소를 한반도로 설정한 겁니까?

백선생 : 두 가지 가능성이 있습니다. 하나는 〈백제본기〉가 원기록을 의도적으로 수정한 경우이고, 또 하나는 원기록 그대로이나 지명에 대한 위치비정을 잘못한 경우입니다. 전자의 가능성도 없진 않으나 후자에 무게를 둡니다. 결과적으로 패수, 대수는 한반도에 소재한 강이 아닐 수도 있습니다. 예를 들어 패수(패하)는 『삼국사기』뿐 아니라 중국사서에도 자주 언급됩니다. 한반도의 경우, 압록강, 청천강(한백겸,이병도 비정), 대동강, 예성강 등 한반도 북쪽의 모

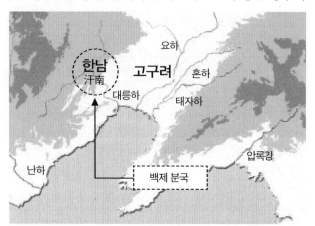

백제 분국(고구려 영토)

든 강이 망라될 정도로 다양하게 비정됩니다. 중국 대륙은 대릉하大凌河와 난하灤河가 대표적입니다. 대릉하는 옛 홀본국의 터전입니다. 한남으로 비정되는 요녕성 조양은 대릉하의 중류지역입니다.

박기자 : 그렇다면 패수와 대수는 한반도에 있고, 중국대륙에도 있는 겁니까?

백선생 : 그렇습니다. 사람의 이동은 필연적으로 지명의 이동을 수반합니다. 중국대륙의 패수와 대수에 살던 사람들이 한반도로 이동하면서 패수와 대수의 명칭도 함께 가져옵니다. 그래서 중국대륙과 한반도에 동일한 명칭이 동시에 존재하는 현상이 발생합니다. 대표적인 예가 미추홀입니다. 미추홀은 중국대륙의 고구려영토 내에도 있고, 한반도의 백제영토 내에도 있습니다. 백제 건국집단이 중국대륙에서 한반도로 이동하면서 지명 또한 함께 가져옵니다. 참고로, 하나의 지명이 중국대륙과 한반도에 동시 존재할 경우, 우리는 위치 비정을 놓고 어느 한쪽을 일방으로 강요받습니다. 중국대륙의 명칭인지 아니면 한반도의 명칭인지 극단의 선택을 합니다. 그 선택의 결과는 고대

역사의 실체를 온통 혼란에 빠뜨립니다. 지명에 대한 위치 비정은 현재의 시각이 아닌 당대의 시각으로 판단하고 이해해야합니다.

　박기자 : 교수님께서는 어떻게 보십니까?

　소교수 : 동의합니다. 다만, 비록 백제가 고구려에 뿌리를 두고 있지만 적어도 건국초기에는 고구려와의 유기적 관계가 없다고 보는 것이 통설입니다. 이는 『삼국사기』에 양국의 교류를 짐작할 수 있는 정황과 기록이 전혀 없기 때문입니다. 그러나 『고구려사략』에 군사 지원과 같은 양국의 교류 기록이 있다면 기존의 해석은 재고해야 합니다. 패수와 대수의 위치비정도 마찬가지입니다. 지금과 같이 한반도의 예성강과 대동강으로 각각 비정한다면, 패수와 대수 사이는 〈백제본기〉가 기록한 동북지역이 아니라 서북지역이 되어야 합니다. 방위자체가 정반대로 설정되는 모순이 있습니다.

　백선생 : 건국초기 백제가 고구려의 군사적 도움을 받은 기록은 『고구려사략』에 또 나옵니다. 7년 기록으로 고구려 유리왕(제2대) 26년, 온조왕 25년에 해당합니다. '병사와 식량을 보내서 온조의 한韓(마한) 정벌을 도왔다. 3년을 계속하였다.〔遣兵及粮于溫祚 以助伐韓 三年継之〕'는 기록입니다. 이는 『삼국사기』 온조왕 기록에 나오는 마한정벌 기록과 맥을 같이 합니다.[6]

4. 중국대륙에 등장한 마한세력

　백선생 : 『삼국사기』〈고구려본기〉 기록을 보면 마한이 뜬금없이 중국대륙에 툭 튀어 나옵니다.

　②-5. 69년(121년) 12월, 왕이 마한馬韓과 예맥穢貊의 기병 1만을 거느리고 나아가 현도성玄菟城을 포위하였다. 부여왕이 아들 위구태尉仇台를 보내 군사 2만을 거느리고, 한漢의 군사와 힘을 합쳐 막고 싸우니 우리 군사가 크게 패하였다. 『삼국사기』〈고구려본기〉 태조대왕

　②-6. 10년(121년) 12월, 요광姚光이 구려勾麗의 거수 도리屠利를 꼬드겨서 현도도위玄菟都尉로 삼고서, 비리卑離의 반적反賊 위구태尉仇台와 함께 모의하여 자몽고지紫蒙故地를 회복하려고 천서川西에 새로

---

6 『삼국사기』〈백제본기〉 기록을 보면, 온조왕은 7년(온조25) 마한을 멸망시킬 계획을 세우고, 8년(온조26) 마한을 습격하여 병합하며, 9년(온조29) 마한의 원산과 금현 2성이 마지막으로 항복하며 드디어 마한이 멸망한다. 온조왕의 마한 정벌은 3년에 걸쳐 완성된다.

이 현도부玄菟府를 두고 그곳에 머물렀다. 상이 마한馬韓, 개마盖馬의 기병 1만을 이끌고 천서川西를 공격하였으나, 이기지 못하고 돌아왔다. 『고구려사략』 태조황제기

제1장에서 설명한 백제의 세 번째 시조 구태에 대한 기록입니다.(제1장 40쪽 참조) 배경지역은 중국 동북방 요동에 있는 현도성입니다. 『삼국사기』 기록(②-5)은 『후한서』와 『자치통감』에도 나옵니다. 121년으로 고구려 태조왕(제6대), 백제는 기루왕 시기입니다. 전투를 벌인 두 세력은 고구려 태조왕의 '고구려-마한-예맥'의 1만과 부여왕자 위구태의 '부여-후한'의 2만입니다. 전쟁의 결과는 고구려 태조왕의 패배로 끝납니다.

김기자 : 마한이 중국대륙에도 존재한 겁니까?

백선생 : 한반도의 마한입니다. 『고구려사략』 기록(②-6)은 보다 내용이 상세합니다. 요광은 현도태수로 당시 후한의 지방관입니다. 한 가지 특이한 점은 위구태를 비리卑離의 반적反賊으로 규정한 대목입니다.

김기자 : 비리는 무엇입니까?

백선생 : 비리는 옛 비리국을 말합니다. 고구려 건국 초기 시조 주몽이 병합한 요동지역의 고구려 제후국으로 당시는 나라는 없어지고 이름만 존재합니다. 위구태를 비리의 반적으로 규정한 것은 위구태가 원래는 비리와 같은 편인데, 비리를 버리고 후한과 연합한 것을 두고 한 말입니다. 『삼국지』 〈위서〉 동이전을 보면, 마한의 54개 소국 중에 비리국이 8개가 나옵니다. 한반도 비리국입니다. 이들은 요동의 옛 비리국 후예들이 한반도로 건너와 세운 비리국들입니다. 비리국(전북군산)[7], 여래비

한반도 비리국의 분포도(전북지역)

---

[7] 2001년 이후 전북 군산 일대의 17개 지역 고분에서 옛 마한의 지배자 무덤으로 추정되는 말무덤 20기가 확인된다. 군산지역은 한반도에서 말무덤의 밀집도가 가장 높은 지역이다. 북방유목민족의 상징인 말이 산악지대도 아닌 평야지대에서 집중적으로 발견된 점이 특이하다. 전북지역 마한세력과 중국대륙 동북방세력과의 유기적 관계를 단적으로 보여주는 고고학적 증거이다.

리국(전북익산), 내비리국(전북완주), 벽비리국(전북김제), 고비리국(전북부안), 초산도비리국(전북정읍), 모로비리국(전북고창), 감해비리국(충남홍성) 등 입니다. 감해비리국을 제외하고 7개 비리국의 위치가 모두 전북지역입니다. 당시 전북지역은 마한연맹의 비리국들로 가득 채워집니다. 위구태의 배신행위에 분개한 요동의 비리가 고구려 태조왕과 연합하고 한반도 비리국들을 동원합니다.

　김기자 : 요동의 비리와 한반도 마한연맹의 비리국들이 연계되었다는 추론은 혁명적인 해석이군요. 이를 뒷받침할 수 있는 근거는 있습니까?

　백선생 : 『삼국사기』〈고구려본기〉 기록을 보면, 태조왕은 114년(태조62) 8월~10월까지 3개월간 남해南海를 순행하고 돌아옵니다. 고구려에 있어 남해는 말 그대로 고구려영역을 벗어나는 먼 남쪽 바다입니다. 3개월의 긴 시간입니다. 태조왕은 한반도 전북지역의 마한연맹 비리국들에 잠행하여 군사연합을 실현합니다. 그 결실은 7년 후인 121년(태조69) 고구려가 동원한 마한과 예맥의 실체로 드러납니다. 예맥은 『고구려사략』 기록(②-6)에 나오는 개마입니다.

　김기자 : 개마는 또 무엇입니까?

　백선생 : 개마는 비리국과 마찬가지로 고구려 제후국인 옛 개마국입니다.[8] 고구려 대무신왕(제3대) 때인 226년(대무신9) 고구려의 공격을 받아 멸망하여 고구려에 흡수됩니다. 당시는 비리국과 마찬가지로 이름만 존재합니다. 개마를 예맥으로 표기한 것은 『삼국사기』가 중국사서의 표현을 그대로 따른 겁니다.[9]

　소교수 : 『삼국사기』 기록(②-5)은 우리 삼국사의 미스터리 기록 중의 하나입니다. 고구려가 바다 건너 멀리 떨어져 있는 한반도의 마한을 요동의 현도성 전투에 동원한 자체가 공간적으로 이해할 수 없습니다. 이를 두고 여러 해석들이 있지만 『삼국사기』 편찬자가 백제를 마한으로 오기誤記한 것으로 보는 시각이 지배적입니다.

---

8 개마국을 함경북도 개마고원 일대로 비정하기도 한다. 이는 잘못이다. 개마국은 원래 북부여의 제후국으로 지금의 중국 하북성 난하(灤河)유역 북쪽에 위치한다. 고구려가 건국되면서 고구려에 흡수된다.

9 예맥(穢貊)은 중국에서 부르는 이름으로 개마(蓋馬)를 지칭한다. 『고구려사략』은 구려(勾麗) 또는 개마로 부른다. 동일 지역을 놓고 중국은 예맥으로 쓰고 고구려는 개마로 쓴다. 고구려는 예전부터 개마와 깊은 관계를 맺어 왔기에 본래의 이름을 쓰고, 중국은 변방의 일이기에 통속적으로 써온 예맥으로 표현한다. 『삼국사기』의 통찰이 아쉽다.

백선생 : 마한을 백제로 보는 것은 잘못된 해석입니다. 마한은 결코 백제가 될 수 없습니다. 이 시기 마한의 힘은 백제보다 절대적으로 우위에 있습니다. 마한이 백제를 동원할 수 있어도 백제가 마한을 동원할 수는 없습니다. 적어도 이 부분만큼은 『삼국사기』가 정확합니다. 한반도의 마한이 고구려 요동의 현도성 전투에 참가한 것은 부동의 역사적 사실입니다.[10]

김기자 : 앞의 『삼국사기』〈고구려본기〉 기록(②-5)을 보면 위구태는 부여왕의 아들로 나오는데요. 부여는 이미 멸망하고 고구려가 부여를 승계한 것이 아닙니까?

백선생 : 부여(북부여)의 후손입니다.

②-7. 건무25년(49년) **부여왕이 사신을 보내 조공을 바치자, 광무제**光武帝**가 후하게 답을 보내니**, 이로부터 사신을 보내 해마다 왕래하였다.

②-8. 안제安帝 영초5년(111년), **부여왕 시**始**가 보병과 기병 7~8천을 거느리고 낙랑**樂浪**을 노략질하여 관리와 백성들을 죽였으나**, 그 뒤에 다시 귀부歸附하였다.

②-9. 영녕원년(120년), **부여왕이 사자**嗣子* **위구태**尉仇台**를 보내어** 궁궐에 이르러 조공을 바치자, **천자가 위구태에게 인수**印綬**와 금채**金綵**를 주었다.** 『후한서』 동이열전 부여

☞ *후계자

『후한서』〈동이열전〉 기록입니다. 부여왕이 나옵니다. 49년 후한에 사신을 보내고,(②-7) 111년 부여왕 시始(위구태의 아버지)가 요서지역의 낙랑군을 공격합니다.(②-8) 120년 위구태가 후한에 가서 인수(도장)와 금채도 받습니다.(②-9) 『후한서』는 중국대륙에 부여의 이름으로 후한과 교통한 세력이 있음을 증언합니다. 이 부여세력은 북부여왕족의 후손집단입니다.[11] 별도의 정치체제를 갖춘

---

10 정재수, 『고구려 역사의 부활』(논형, 2018) 제3장 참조.

11 『고구려사략』 추모대제기 11년(서기전27년) 5월 기록이다. '양맥곡(梁貊谷)에 행차하였는데, 비리국(卑離國)왕 소노(素奴)와 마주쳤다. 소노가 불경하여 동도(東都)로 잡아왔다. 송양(松讓)이 북부여 선종(仙宗)이라 망령되이 칭하니, 소노도 북부여의 적손(嫡孫)이라 망령되이 칭하였다.〔幸梁貊谷 遇卑離主素奴相見 以其不敬 拿米東都 松讓妄稱 北扶余之仙宗 素奴妄稱嫡孫〕' 북부여가 멸망하고 그 자리에 추모왕이 고구려를 건국하면서 북부여왕족 중 일부가 떨어져 나와 요서지역으로 이동하여 비리국과 연합한다. 원래 비리국은 북부여의 제후국이나 이후 고구려의 제후국으로 편입된다.

집단인지는 불분명하나 당시에는 비리국과 일체화된 세력입니다.

김기자 : 『삼국사기』에는 기록이 있습니까?

백선생 : 『삼국사기』뿐 아니라 우리 사서의 어떤 기록에도 나오지 않습니다. 우리 사서는 『후한서』가 기록한 중국대륙에 존재한 부여를 우리 스스로 부정한 꼴입니다. 또 하나 기록을 봅니다. 앞의 『고구려사략』 기록(②-6)에서 계속 이어지는 장면입니다.

②-10. 11년(122년) 2월, 상이 **다시금 마한馬韓, 구다勾茶, 개마盖馬 3국의 군대를 이끌고 천서川西와 구려勾麗를 쳐서 빼앗았다.** 요광姚光은 달아나다 제 부하에게 죽고 **위구태尉仇台는 서자몽西紫蒙으로 피해 들어가 서부여西扶餘를 자칭하였다가** 훗날 우문宇文씨에게 쫓겨났다.

『고구려사략』 태조황제기

위구태의 서부여 개국을 알리는 매우 중요한 기록입니다. 시기는 이듬해인 122년입니다. 앞서 121년 전투에서 태조왕은 '고구려-마한-개마(예맥)'의 고구려연합군을 동원하여 패하지만 122년 전투에서는 태조왕이 승리합니다. 다만 새로이 구다가 추가됩니다.[12] 고구려연합군에 패한 후한의 요광(현도태수)은 달아나다 제 부하에게 죽고, 위구태는 서자몽(자몽의 서쪽)[13]

요서전쟁 (위구태 ↔ 태조왕)

으로 피해 들어갑니다. 그리고 위구태는 서부여를 개국합니다. 다만, 훗날 선비족의 한 일파인 우

---

12 고구려의 제후국인 옛 구다국(勾茶國)을 말한다. 『삼국사기』 기록에 따르면, 대무신왕(제3대) 때인 26년(대무신9) 고구려에 완전히 병합된다. 소재지는 지금의 대릉하 하류인 요녕성 금주(錦州)지역이다.

13 고구려의 제후국인 옛 자몽국(紫蒙國)의 서쪽 지역이다. 『고구려사략』에 따르면, 자몽국은 유리왕(재2대) 때인 14년(유리33) 오이(烏伊)가 이끄는 고구려 군사 2만에 의해 완전히 평정된다. 자몽지역은 지금의 베이징 동북방에 위치한 하북성 승덕(承德-청더) 일대이다. 한의 현도군이 소재한 곳으로 지역내에는 서천과 구려가 있다.

문宇文씨에게 쫓겨납니다. 3세기 중후반쯤 우문부가 서자몽을 정복하면서 서부여는 다시금 비리가 있는 요서지역으로 이동합니다.

5. 왕통계보의 의문점

백선생 : 다루왕의 뒤를 이은 왕은 제3대 기루왕己婁王입니다. 재위기간은 77년~128년까지 52년입니다. 『삼국사기』는 기루왕을 다루왕의 원자元子로 설정하고, '뜻과 식견이 크고 넓어서 조그마한 일에는 마음을 쓰지 않는다.〔志識宏遠 不留心細事〕'고 평합니다. 도량이 넓고 후덕한 아버지 다루왕과 별반 다르지 않습니다. 그런데 『삼국사기』 기록대로라면 기루왕의 나이에 문제가 있습니다. 예를 들어 기루왕은 33년(다루6)에 태자가 되고 다루왕이 죽은 77년(다루50)에 보위를 잇습니다. 기루왕이 태자가 된 33년은 다루왕의 나이 49세입니다. 원자가 맞다면 기루왕은 다루왕이 25세 정도에 낳았다고 최소 추정할 수 있습니다. 태자가 될 시기 기루왕의 나이는 24세(49-25-1)입니다. 그리고 기루왕이 다루왕의 뒤를 이은 77년은 태자가 된 시기의 나이 24세와 다루왕의 남은 재위기간 44년을 감안하면 기루왕이 보위에 오른 나이는 대략 67세(24+44-1)입니다. 또한 기루왕은 128년까지 장장 52년을 재위하고 죽습니다. 재위기간까지 고려하면 기루왕은 118세(67+52-1)까지 삽니다. 참으로 장수를 해도 너무 장수한 기루왕입니다.

김기자 : 산술적으로 계산해 보아도 기루왕이 나이가 너무 많군요.

백선생 : 일반적으로, 왕통은 성씨가 바뀌지 않는 한 동일계열로 이해합니다. 우리는 일본왕실의 '만세일계萬世一系'의 단일혈통을 믿지 않습니다.[14] 『일본서기』가 일본왕실의 권위와 정통성을 강조하기 위해 의도적으로 조작한 것으로 해석합니다. 『삼국사기』도 『일본서기』와 마찬가지로 왕통계보를 중요시 합니다. 『삼국사기』 기록대로라면, 백제는 시조 온조왕으로부터 마지막 의자왕까지 31명 왕은 단일혈통입니다.

---

14 일본인들은 『일본서기』 기록에 의거하여 제1대 신무(神武-진무)왕으로부터 현재의 제125대 명인(明仁-아키히토)왕에 이르기까지 오로지 한 가문의 혈통으로 왕이 이어져 내려왔다고 믿는다.

김기자 : 『삼국사기』 기록이 잘못된 겁니까?

백선생 : 분명한 것은 3루왕 모두 온조왕의 직계후손입니다. 『삼국사기』 기루왕 기록에 특이한 내용이 있습니다. 97년(기루21) 4월입니다. '용 두 마리가 한강에 나타났다.〔二龍見漢江〕'는 기록입니다. 용은 왕을 말합니다. 온조의 직계인 2명의 왕자가 보위를 놓고 서로 다툰 사건입니다. 두 마리 용이 나타나게 된 배경은 전임 왕이 죽었기 때문입니다. 전임 왕은 77년~97년까지 재위한 왕입니다. 편의상 '前'자를 붙여 '전기루왕'이라 칭합니다. 『삼국사기』 기록에는 전기루왕이 직접 행한 일은 없습니다. 예를 들어 왕이 사냥을 했다는 사소한 기록조차 없습니다. 모두 왕의 행위와는 무관한 자연현상에 관한 기록입니다. 지진과 가뭄, 일식에 관한 내용입니다. 왕의 활동이 없는 진공상태입니다. 한강에 나타난 두 마리 용은 자웅을 겨룹니다. 누군가는 승자가 되고 그리고 왕이 됩니다. 그 왕은 전기루왕의 뒤를 이어 집권한 왕입니다. 편의상 '後'자를 붙여 '후기루왕'이라 칭합니다. 후기루왕은 97년~128년까지 31년을 재위합니다. 후기루왕의 편년기록 중 눈에 띄는 대목은 신라와의 관계가 정반대로 변화합니다. 후기루왕은 신라에 사신을 보내어 화친을 청하는 등 우호적인 정책을 펼칩니다. 급기야 125년(기루49)에는 말갈이 신라를 침범하자 신라는 급히 백제에 지원을 요청하고, 후기루왕은 5명의 장군을 보내 신라를 구원합니다.

김기자 : 백제의 대 신라정책이 바뀐 배경은 무엇입니까?

백선생 : 전기루왕은 전임 다루왕의 정책을 유지하고, 후기루왕은 그 정책을 뒤집습니다. 전기루왕이 다루왕의 원자이며 『삼국사기』가 설정한 진짜 기루왕입니다. 앞서 검토한 기루왕의 출생 시기를 감안한다면 전기루왕은 90세 전후에서 죽습니다. 고령으로 인한 자연사일 가능성이 높습니다. 그럼에도 전기루왕은 대단히 장수한 왕입니다. 다음은 후기루왕입니다. 역시 온조의 혈통이지만 직계보다는 방계일 확률이 큽니다. 후기루왕은 전임 왕의 대 신라정책을 과감히 바꿉니다. 후기루왕 자신의 판단보다 친신라 정책을 선호한 조정세력의 입김이 더 크게 작용합니다. 이 세력이 후기루왕을 옹립합니다.

소교수 : 『삼국사기』 기루왕 기록에 대해서는 이견이 많습니다. 기루왕의 출생 시기와 사망 시기를 고려한다면 결코 한 사람의 기록으로 볼 수 없습니다. 용의 출현과 대 신라정책의 급격한 변

화 등이 이를 증명합니다. 참고하여, 『신찬성씨록』[15] 〈좌경제번〉에 '백제조신百濟朝臣'과 '백제공百濟公'의 성씨가 나옵니다. 둘 다 백제왕족출신입니다. 백제조신은 '백제국 도모왕都慕王의 30세손인 혜왕惠王'을, 백제공은 '백제국 도모왕의 24세손 문연왕汶淵王'을 각각 성씨의 시조로 합니다. 도모왕은 고구려 시조 주몽입니다. 『삼국사기』가 설정한 백제의 왕통계보에 대비해 보면 혜왕은 시조 온조로 시작하여 28대이고, 문연왕(문주왕)은 22대입니다. 따라서 『삼국사기』와 『신찬성씨록』 사이에 1대의 왕력 차이가 납니다. 기루왕을 전기루왕과 후기루왕으로 분리

『신찬성씨록』

한다면, 『삼국사기』와 『신찬성씨록』의 왕력 차이를 극복할 수 있습니다.

백선생 : 백제 덕좌왕德佐王이 있습니다. 『신찬성씨록』 〈우경제번〉 기록입니다. '백제기百濟伎의 출자는 백제국 도모왕의 손孫 덕좌왕이다.〔百濟伎 出自百濟國都慕王孫德佐王也〕' 백제기 씨족의 조상은 덕좌왕입니다. 도모왕(고구려 시조 주몽왕)의 손자이니 시조 온조왕의 아들입니다. 덕좌왕은 『삼국사기』 왕력에 나오지 않습니다. 후기루왕으로 추정합니다.

김기자 : 일본 기록에 왕력에서 빠진 백제왕이 있다니 참으로 놀랍군요.

백선생 : 다음은 제4대 개루왕蓋婁王입니다. 재위기간은 128년~166년까지 39년입니다. 『삼국사기』 개루왕 기록 전체입니다.

개루왕은 기루왕의 아들이다. 성품이 공손하고 행동이 발랐다. 기루왕이 재위 52년에 돌아가시자 왕위를 이었다.

---

15 『신찬성씨록新撰姓氏錄』은 815년 편찬한 일본 고대 씨족의 일람서(족보)이다. 전체 1,182씨족을 황별(皇別-황실 자손) 335씨족, 신별(神別-일본신 자손) 404씨족, 제번(諸蕃-도래인 자손) 326씨족으로 분류하여 씨족의 조상과 씨족명칭의 유래 등을 기술하고 있다. 제번의 경우, 백제 104씨족, 고구려 41씨족, 신라 9씨족, 가야 9씨족이 포함된다. 또한 어디에도 분류되지 않는 117씨족은 미정잡번으로 따로 분리한다. 『신찬성씨록』은 고대 한일 간의 인적 교류를 알 수 있는 귀중한 자료이다.

4년(131년) 4월, 왕이 한산漢山에서 사냥하였다.

5년(132년) 2월, 북한산성北漢山城을 쌓았다.

10년(137년) 8월, 경자일에 형혹성熒惑星이 남두성南斗星을 침범하였다.

②-11. **26년(155년) 정월, 그믐 병신일에 일식이 있었다. 10월, 신라의 아찬阿飡 길선吉宣이 반역을 도**
모하다가 탄로나 도망쳐왔다. 신라왕이 글을 보내어 길선을 돌려달라고 청했으나 왕이 보내지 않았
다. 신라왕이 분노하여 군대를 내어 쳐들어왔으나 모든 성을 굳게 지키고 나가지 않으니 신라군은 양
식이 떨어져 돌아갔다.

39년(166년), 왕이 돌아가셨다. 『삼국사기』 개루왕

개루왕은 39년의 재위기간 치고는 너무나도 기록이 없습니다. 131년(개루4)과 132년(개루5), 한산
에서 사냥하고 북한산성을 쌓은 것으로 보아 이 시기 백제가 한강이북을 확실히 장악한 것으로 보
입니다. 이후 아무 기록이 없습니다. 마치 어떤 중대한 역사적 사건을 기다리는 듯 고요합니다. 그
리고 오랜 기다림을 깨고 155년(개루28), 신라 아찬(6등급) 길선吉宣이 백제로 망명합니다.(②-11) 23
년만의 일입니다. 그러나 개루왕과 백제는 돌변합니다. 기존 신라와의 우호적 관계를 생각하면 얼
마든지 망명사건을 원만히 해결할 수 있는데도 상황은 급변합니다. 다시 백제는 신라와 등을 지고
적대적 관계로 돌아섭니다. 어떤 연구가들은 앞의 기루왕과 마찬가지로 왕의 교체로 이해합니다.
개루왕 역시 중간에 왕이 바뀌었다는 시각입니다.

김기자 : 그렇게 해석하는 분도 있습니까?

백선생 : 정책이 정반대로 바뀌었으니 중간에 왕이 교체되었다고 볼 수도 있습니다. 그러나 이 경
우는 신라 길선의 망명이라는 특수한 상황이 만든 결과입니다.

②-12. **12년(165년) 겨울 10월, 아찬 길선吉宣이 반란을 꾀하다가 발각되자 죽임을 당할까 두려워**
하여 백제로 도망쳤다. 왕이 글을 보내 그를 요구하였으나 백제가 허락하지 않았다. 왕이 노하여
군사를 내어 정벌하였는데, 백제는 성 안에서 지키기만 하고 나오지 않았다. 우리 군사는 양식이 떨어
져 돌아왔다. 『삼국사기』〈신라본기〉 아달라이사금

『삼국사기』〈신라본기〉 아달라왕(제8대) 기록입니다. 사건 내용은 〈백제본기〉와 동일하나 발생년도가 다릅니다. 〈백제본기〉는 155년이고, 〈신라본기〉는 165년입니다. 10년 차이가 납니다. 『삼국사기』가 사건 발생년도조차 차이가 나게 기록한 점은 유감이지만, 이 사건으로 인해 백제와 신라의 관계가 틀어진 것은 사실입니다. 길선이 신라에서 반역을 도모합니다. 반역 행위는 길선 자신이 왕이 되는 것을 말합니다. 신라 아달라왕 입장에서는 길선은 역적입니다. 그러나 개루왕과 백제는 신라와의 관계가 악화될 줄 알면서도 길선을 받아줍니다. 여기에는 또 다른 이면이 존재합니다.

김기자 : 어떤 이면입니까?

백선생 : 다른 기록을 봅니다.

②-13. **38년(165년) 을사 10월, 신라 아찬 길선**吉宣**이 투항해 왔다. 신라가 그를 요구하였으나 보내지 않았다. 신라가 분노하여 군사를 이끌고 쳐들어왔다. 모든 성을 굳게 지키고 나가지 않으니 신라군이 양식이 떨어져 돌아갔다.** 『백제왕기』 개루왕

②-14. **36년(223년) 계묘 2월, 길선**吉宣**을 상좌평**上佐平**으로 삼고 군사**軍事**를 맡겼다.** 길선이 그의 여동생과 딸을 우리에게 시집보내고, 양국兩國에 큰 저택과 처첩妻妾을 두고 왕래하니 예사롭지 않았다. 신라의 신군新君*은 그를 의심하여 중용하지 않았다. 길선은 스스로 지마祗摩**의 자손이라 칭하며, 왕을 대함에 자못 불쾌한 마음이 있었다. 왕이 그를 훈계하며 말하였다. "왕은 하늘의 명으로 서는 것이다. 사람의 힘으로 구할 수 있는 것이 아니니 망동妄動하지 않는 것이 좋다." **38년(225년) 을사 10월,** 길선은 일이 실패하여 도망하여 돌아왔다. 신라왕이 그를 잡으려 하자, 왕이 답하였다. "신하가 되어 불충함은 죄줄만하나, 그의 딸이 소국小國의 내군內君***을 위해 행幸****한 일은 소국을 위한 일이니 만큼 용서해 준다." 신라왕은 노하여 듣지 않고 장군 대해大解를 보내 쳐들어왔으나 불리하여 돌아갔다. 『백제왕기』 구지왕

☞ *신라 아달라왕(8대). **신라 지마왕(6대) ***신라 태자. ****육체관계를 맺는 것.

②-15. **12년(224년)** 10월, 길선吉宣이 모반한 일이 드러나 부여*로 도망갔다. 왕이 길선을 돌려 보내달라 요구하였으나 부여가 듣지 않았다. 왕이 대노하여 대해大解로 하여금 서로군西路軍으로 부여를 치도록 명하였다. 길선은 길문吉門의 손자로 밀화密華의 아들이다. 딸을 부여로 시집보내고 부여의 좌평左平이 되었다. 부여의 골녀骨女에게 장가서 자녀 10명을 낳고 부여의 도읍에 넓은 저택을 두었다. 왕이 괴이한 계책을 의심하여 병사兵事에 관한 일을 맡기지 않았다. **이때에 이르러 결과적**

으로 반역하여 양국이 화친을 잃게 되었다. 『신라사초』 아달라기

☞ *백제

『백제왕기』와 『신라사초』입니다. 『신라사초』[16]는 처음 인용하는 사서입니다. 『삼국사기』 정사로 자리매김하며 탈락한 남당필사본의 신라 기록입니다. 이 기록들은 앞서 길선 망명사건을 언급한 『삼국사기』와 동일하나 내용은 좀 더 구체적이고 상세합니다. 먼저 『백제왕기』 기록을 보면, 길선 망명사건 기록이 2개입니다. 하나는 개루왕 기록(②-13)이고, 또 하나는 구지왕 기록(②-14)입니다. 개루왕 기록은 『삼국사기』 기록(②-11)과 같습니다. 발생년도는 165년입니다. 이에 반해 구지왕 기록은 길선의 행적과 망명사건의 배경과 망명이후의 처리과정 등이 상세합니다. 발생년도는 225년입니다. 『신라사초』 기록(②-15)과 맥을 같이합니다.(『신라사초』는 224년임)

김기자 : 복잡하군요. 길선 망명사건의 발생년도는 언제입니까?

백선생 : 165년입니다. 앞의 『삼국사기』〈신라본기〉 기록(②-12)과 『백제왕기』 개루왕 기록(②-13)이 맞습니다. 『삼국사기』〈백제본기〉 기록(②-11)의 155년 설정은 김부식과 편찬자들의 착오입니다. 비록 발생년도는 다르나(223년, 224년) 『백제왕기』 구지왕 기록(②-14)과 『신라사초』 기록(②-15)을 토대로 길선 망명사건을 정리하면 이렇습니다. 길선은 신라 왕족출신(지마왕(제6대)의 자손)으로 여동생과 딸을 백제왕에게 시집보내고, 또 다른 딸은 신라태자에게 바칩니다. 이런 연유로 백제와 신라 양국에 저택과 처첩을 두고 막강한 권세를 누립니다. 특히 백제에서는 상좌평(『신라사초』는 좌평)[17]의 관직을 받습니다. 그러나 길선은 이에 만족하지 않고 자신이 신라왕이 될 목적으로 반역을 꾀하다 오히려 신라 아달라왕에게 제압되어 백제로 망명합니다. 문제는 개루왕의 태도입니다. 개루왕은 길선의 행위가 도에 어긋나지만 길선이 매형이자 장인인 까닭에 감히 인정을 끊지 못하고 길선

---

16 『신라사초新羅史抄』는 신라 역대왕의 기록으로 남당필사본의 신라편 사서 중 하나이다. 제5대 파사왕부터 제23대 법흥왕까지의 기록이다. 전체적으로 『삼국사기』 기록과는 다소 차이를 보인다. 그러나 내용은 『삼국사기』 기록보다 상세하고 풍부하다. 『삼국사기』가 정사가 되면서 탈락한 신라의 사서이다.

17 상좌평(上佐平)은 좌평들 중 최고인 재상이다. 지금의 국무총리 격이다. 『삼국사기』 기록은 전지왕 때(408년)에 처음으로 도입한 것으로 나온다. 다만, 좌평은 고이왕 때(260년) 관제를 정립하면서 내신좌평 등 6좌평을 둔 것으로 나온다. 좌평의 관직은 고이왕 이전부터 있었을 것으로 추정된다.

의 보호막 역할을 선택합니다. 결국 신라 아달라왕은 개루왕이 길선을 돌려주지 않자 백제를 공격하고 백제와 신라와의 관계는 급속도로 악화됩니다. 『신라사초』는 '이때에 이르러 결과적으로 반역하여 양국이 화친을 잃게 되었다.〔至是果反兩國失和〕'고 기록합니다.

6. 왕력에 없는 구지왕의 비밀

김기자 : 구지왕은 처음 들어 보는군요.

백선생 : 솔직히 구지왕의 존재를 밝히는 것 자체가 무척 조심스럽습니다. 구지왕은 현존하는 우리 사서 어디에도 나오지 않고 오로지 『백제왕기』에만 언급된 백제왕입니다. 먼저 남당선생이 일본 왕실도서관에서 필사해온 『백제왕기』 기록에 대해 좀 더 알아봅니다. 『삼국사기』〈백제본기〉와 『백제왕기』의 비교표입니다.

대수	『삼국사기』〈백제본기〉			『백제왕기』					
				A형			B형		
	왕명	재위기간	년수	왕명	재위기간	년수	왕명	재위기간	년수
1	온조왕	전18~28	46년	비류왕	전18~전2	17년			
				온조왕	전2~28	30년			
2	다루왕	28~77	50년	다루왕	28~77	50년			
3	기루왕	77~128	52년	기루왕	77~128	52년			
4	개루왕	128~166	39년	개루왕	128~166	39년			
							구지왕	188~226	39년
5	초고왕	166~214	49년	초고왕	–	–	초고왕	226~254	29년
6	구수왕	214~234	21년	구수왕	214~234	21년	구수왕	254~264	11년
7	사반왕	234	1년	사반왕	234	1년	사반왕	264	1년
8	고이왕	234~286	53년	고이왕	234~286	53년	고이왕	264~286	23년
9	책계왕	286~298	13년	책계왕	286~298	13년			

『백제왕기』는 〈A형〉과 〈B형〉 2개의 기록이 있습니다. 〈A형〉은 『삼국사기』 〈백제본기〉와 왕력, 기년, 편년기록 등이 모두 일치합니다. 기록내용도 대부분 동일합니다. 다만, 시조부문 기록이 〈백제본기〉와 달리 비류왕과 온조왕으로 분리되어 있으며 기록내용도 〈백제본기〉와 상당부분 다릅니다. 〈B형〉은 구지왕~고이왕까지만 존재합니다. 〈B형〉은 〈백제본기〉와 기년 자체가 다르며 편년 기록도 일부를 제외하고 완전히 다른 내용입니다.

김기자 : 2개의 기록이 각기 따로 존재하는 이유는 무엇입니까?

백선생 : 『백제왕기』 원본은 『삼국사기』 〈백제본기〉와 동일한 〈A형〉으로 추정합니다. 처음 남당선생이 『백제왕기』를 필사하는 과정에서 〈B형〉의 사료가 추가적으로 발견되어 〈A형〉에 별도로 삽입한 듯합니다. 근거는 앞서 신라 길선의 망명사건 내용이 〈A형〉의 개루왕 기록(②-13)과 〈B형〉의 구지왕 기록(②-14)에 동시 언급된 점과 〈A형〉의 구수왕~고이왕까지의 기록에 대응하는 〈B형〉의 초고왕~고이왕까지의 기록이 각각 따로 존재하는 점입니다.(〈A형〉 초고왕 기록 없음) 따라서 『백제왕기』 〈A형〉과 〈B형〉은 계통을 달리하는 완전히 다른 사서입니다.

김기자 : 구지왕은 어떤 왕입니까? 실재한 것입니까?

백선생 : 『백제왕기』 〈B형〉에 따르면, 구지왕은 왕통계보상으로 개루왕과 초고왕 사이에 존재합니다. 재위기간은 188년~224년까지 39년입니다. 구지왕의 즉위전 기록입니다.

②-16. **휘諱는 백고伯古이다. 기루왕己婁王의 7번째 아들이며, 개루왕盖婁王의 배다른 동생이다. 너** 그럽고 인자하며 성덕이 있어 **국인國人이 경모하며 말하였다. "구대왕仇臺王이 다시 왔구나."** 이때 개루왕의 동모同母 동생들이 모두 왕의 은총을 믿고 위세를 마음대로 하여 인심을 얻지 못하였다. 개루왕이 이를 심히 걱정하여 죽음에 임하여 왕후王后 사씨沙氏에게 말하였다. **"내 아우들이 비록 많으나, 오로지 백고가 제일 현명하다.** 내가 죽고 나면 너의 아들은 모두 어린데다 만약 여러 아우들이 뜻을 이루려 하면 필시 너의 아들들에게 불리할 터이니 백고를 맞아 들여 너의 계부繼夫*로 삼음이 좋을 것이다." 사씨는 깊은 밤에 몰래 궁중을 접수하였다. 이날 밤 눈이 한 길 넘게 내려, 왕의 여러 동생들은 모두 알 수 없었다. 『백제왕기』 〈B형〉 구지왕

☞ *의붓아버지

구지왕은 기루왕의 동생입니다. 이는 구지왕이 기존의 온조계 혈통과는 관계없는 인물임을 나타냅니다. 기록 중에 '구대왕仇臺王이 다시 왔구나.[仇臺王復來矣]'는 표현이 있습니다. 구지왕은 구대왕의 혈통입니다. 구지왕 못지않게 구대왕의 실체 또한 의문투성이입니다.

김기자 : 구대왕은 혹시 세 번째 시조 구태입니까?

백선생 : 그렇습니다. 고구려 태조왕(제6대)과 맞붙어 패한 이후에 서자몽으로 피신하여 서부여를 개국한 위구태입니다.(59쪽 참조)

②-17. **부여扶餘는 원래 현도玄菟에 속하였다. 후한 말 공손도公孫度가 해동에 웅거하며 세력을 확장하고 외이外夷들을 위력으로 복속시켰다. 부여왕扶餘王 위구태尉仇台는 다시 요동遼東에 속하였다. 이때에 고구려와 선비鮮卑가 강성하여 공손도는 고구려와 선비 사이에 끼어 있는 부여에게 종녀宗女를 주어 처로 삼게 하였다.** 『삼국지』〈위서〉 동이전 부여

②-18. 3년(190년) 경오 3월, **공손도公孫度왕이 딸 보루宝婁를 왕에게 시집보내며 말하였다. "왕께서 아직 실가室家가 없다고 들어서 감히 천한 자식을 보내니 건즐巾櫛*로 삼고 행여 버리지 말기를 원합니다." 왕이 이내 백마白馬 3쌍을 폐물로 삼고 보루를 취하였다.** 『백제왕기』〈B형〉 구지왕

☞ *아내(부인)

『삼국지』〈위서〉와 『백제왕기』〈B형〉입니다. 두 기록 공히 공손도의 딸을 처로 맞이합니다. 다만, 대상에 있어서 『삼국지』〈위서〉는 부여 위구태왕이고, 『백제왕기』〈B형〉은 백제 구지왕입니다. 공손도公孫度(189~204)는 후한(23~220) 말기에 중국대륙 요동지역에서 활동한 공손씨 정권의 창업자입니다. 그런데 공손도가 딸을 위구태에게 시집보낸 190년과 위구태가 서부여를 개국한 122년은 시간적으로 68년의 차이가 납니다. 따라서 『삼국지』〈위서〉의 위구태가 공손도의 딸을 처로 맞이한 기록자체가 의문입니다.[18] 이에 반해 『백제왕기』〈B형〉은 공손도 딸의 이름이 보루宝婁이며, 백제 구지왕의 처가 되었다고 명확히 설명합니다. 구지왕은 위구태가 아니라 위구태

---

18 위구태의 활동시기는 2세기 전반이고 공손도는 2세기 후반이다. 두 사람은 결코 동시대의 사람이 될 수 없다. 위구태가 공손도보다 최소 한 세대가 **빠르다**. 더구나 공손도의 딸은 공손도보다 한 세대가 더 늦다. 위구태와 공손도의 딸을 동시대 사람으로 묶는 것은 생물학적으로 불가능하다. 중국사서의 오류이다. 중국사서는 여러 구전(舊傳)을 일괄 정리하여 기록으로 남긴 듯하다.

의 직계 자손(아들 또는 손자)입니다. 앞의 구지왕 즉위전 기록(②-16)에 나오는 "구대왕仇臺王이 다시 왔구나."는 표현은 위구태의 직계 자손인 구지왕이 서자몽(②-17 현도)을 떠나 요동지역(실재는 대방고지임, 이하 ②-19)[19]으로 이동한 사실을 반영합니다.

서부여 이동 경로

김기자 : 그렇다면 구지왕이 어떻게 해서 백제왕이 된 겁니까? 구지왕이 한반도로 건너온 겁니까?

백선생 : 『백제왕기』〈B형〉 기록(②-17)은 『삼국사기』가 기록하지 않은 백제역사의 비밀을 온전히 담고 있습니다.

김기자 : 어떤 비밀입니까?

백선생 : 백가제해세력의 한반도 출현입니다.

②-19. **동명**東明의 후손인 **구태**仇台가 있어 매우 어질고 신의가 두터웠는데, 처음에 대방고지帶方故地에 나라를 세웠다. 한漢의 요동태수 공손도公孫度가 그의 딸로 아내를 삼게 하였다. 점차 번창하고 강성해져 드디어 동이東夷의 강국强國이 되었다. **처음 백가**百家가 바다를 건너왔다고 하여 국호를 **백제**百濟라고 불렀다. 『수서』 열전 백제

『수서』 백제전(『북사』 백제전도 동일함)입니다. 이 기록은 구태 한 사람의 기록으로 일목요연하게 기술하고 있으나, 실상은 구태와 그의 후손들에게 일어난 역사적 사실들을 압축한 겁니다. 이를 좀 더 풀어봅니다. 첫째, 구태는 위구태를 말합니다. 위구태는 122년 고구려 태조왕(제6대)에게

---

19 오늘날 요동지역과 요서지역의 구분은 요하를 중심으로 동쪽과 서쪽을 각각 가리킨다. 거란이 세운 요(遼)때 부터이다. 그러나 당시의 요서지역은 대릉하과 난하 사이의 평야지대이다. 요동지역은 요서지역의 서북쪽 산악지대이다.

패해 서자몽으로 들어가 서부여를 건국합니다. 둘째, 대방고지帶方故地[20]에 나라를 세우고(서부여의 연장) 공손도의 딸을 아내로 맞이한 사람은 위구태의 직계후손인 구지왕입니다.(188년, 구지왕 즉위년) 셋째, 백가제해百家濟海집단의 한반도 출현입니다.

김기자 : 백가제해집단을 이끈 지도자는 누구입니까? 구지왕입니까?

백선생 : 아닙니다. 구지왕이 아니라 구지왕의 후손입니다. 백가제해 시기는 구지왕이후 100여년이 지난 4세기 전반에 이루어집니다. 제4장에서 자세히 검토합니다.

김기자 : 그렇다면 구지왕은 어떻게 해서 백제왕이 된 겁니까?

백선생 : 결론적으로, 구지왕은 백제왕이 아닙니다. 서부여왕입니다. 『백제왕기』〈B형〉과 중국사서 기록은 구지왕을 시조(원조는 위구태)로 하는 구태계 집단이 한반도로 백가제해한 후 백제왕실마저 장악한 사실을 증언합니다. 『백제왕기』〈B형〉은 구태계가 백가제해하면서 한반도로 가져온 구태계의 역사기록입니다.

김기자 : 교수님은 어떻게 보십니까?

소교수 : 구지왕에 대해서는 들은 바 있습니다. 그러나 학계의 공식입장은 구지왕의 존재 자체를 부정합니다. 다만, 구지왕의 실존여부와는 상관없이 백가제해집단을 추정할 수 있는 단서는 있습니다. 에가미 나미오江上波夫의 「기마민족정복설」입니다.(제1장 41쪽 참조) 일본 고대국가 야마토(大倭, 大和)를 세운 왕조세력집단을 북방기마민족에서 찾는 해석입니다. 4세기 중후반 퉁구스계통의 북방기마민족이 일본열도로 직접 건너왔다는 학설입니다. 이를 보완한 학자는 레드야드(Gary Ledyard)와 코벨(Jon carter Covell)입니다. 두 사람은 북방기마민족을 '대륙의 부여전사들'로 이해하고, 그 실체는 '4세기 중후반에 한반도 서남부를 거쳐 일본을 점령한 백제세력'으로 규정합니다. 이들 백제세력은 중국대륙에서 한반도로 건너온 백가제해집단일 가능성이 높습니다.

김기자 : 구지왕에 대해 좀 더 알 수 있습니까?

백선생 : 『백제왕기』〈B형〉 구지왕 기록을 보면, 요동지역의 공손씨 정권과 한반도의 신라 접촉 기록으로 확연히 분리됩니다. 아래는 공손씨 정권과의 교류기록입니다. 모두 『삼국사기』에 없는

---

20 '대방의 옛 땅'이다. 훗날 백제군(요서군)이 설치된 지역으로 지금의 중국 하북성 진황도시와 당산시 일대이다.

기록입니다.

년도	『백제왕기』〈B형〉 구지왕
189년 (구지2)	2월, 요동태수遼東太守 공손도公孫度왕이 사신을 보내어 화친을 청하였다. 왕 또한 포제胞弟(동복아우) 대지大知를 파견하여 방물을 보냈다.
190년 (구지3)	3월, 공손도公孫度왕이 딸 보루宝婁를 왕에게 시집보내며 말하였다. "왕께서 아직 실가室家가 없다고 들어서 감히 천한 자식을 보내니 건즐巾櫛(아내)로 삼고 행여 버리지 말기를 원합니다." 왕이 이내 백마白馬 3쌍을 폐물로 삼고 보루를 취하였다. 10월, 왕이 요부산遼富山에서 군대를 도와 많은 전리품을 얻고 승리하였다.
197년 (구지10)	5월, 고구려의 연우延優(제10대 산상왕)가 형(발기)을 내쫓고, 형수(우씨 왕후)를 빼앗았다. 공손도왕이 죄를 묻고자 우리에게 출병을 요구하였으나, 왕은 동조同祖의 나라끼리 상잔相殘은 할 수 없다며 거부하였다. 공손도왕은 좋아하지 않았다.
204년 (구지17)	9월, 공손도왕이 죽었다. 태자 공손강公孫康이 즉위하였다. 왕이 사신을 보내어 조문하고 위로하였다.
209년 (구지22)	10월, 고구려왕 연우가 환도丸都로 도읍을 옮겼다. 비사卑詞(비리의 사신)가 화친을 청하였다. 왕이 공손강왕을 두려워하여 감히 들어 내놓고 대접하지 못하였다. 태자 백인苩仁에게 명하여 그 사신을 국경에서 은밀히 대접하고 돌려보냈다.
217년 (구지30)	3월, 공손강왕이 대방왕帶方王을 칭하였다. 다시 여동생 보고宝皐(공손도 막내딸)를 왕에게 보냈다. 이때 조정에는 한인漢人의 기용이 자못 많았는데 요동왕遼東王(공손강)을 많이 따랐다. 이런 연유로 보루宝婁와 보고宝皐를 아꼈으나 아들이 없었다.
221년 (구지34)	7월, 대방왕 공손강이 죽고, 동생 공손공公孫恭이 즉위하였다. 공손강의 아들 공손황公孫晃을 한왕漢王에게 볼모로 보냈다. 사신을 보내어 조문하였다.

7개 기록입니다. 중국대륙 공손씨 정권[21]의 역사적 부침을 한눈에 펼쳐보는 듯합니다. 공손씨 정권은 공손도 → 공손강 → 공손공으로 이어지는데, 구지왕은 그때마다 사신을 보내 죽은 전임자를

---

21 후한 말기부터 삼국(위,촉,오)시대까지 요동에 근거지를 두고 활동한 공손씨 일족의 정권이다. 공손연(公孫燕) 또는 동연(東燕)이라고도 한다. 중심지는 양평성이다. 창업자 공손도는 후한의 요동태수로 있다가 189년 왕을 자칭하며 독립한다. 공손도 → 공손강 → 공손공 → 공손연 등 4대에 걸쳐 이어오다, 238년 위(魏)의 사마의(司馬懿)에 의해 토벌되며 멸망한다.

조문하고 후임자의 즉위를 축하합니다. 공손씨와의 첫 만남은 189년입니다. 이해는 구지왕이 서자몽을 떠나 대방고지에 서부여를 재건국(188년)한 이듬해입니다. 공손도는 왕을 자칭하고 후한으로부터 독립한 직후 구지왕에게 사신을 보내 화친을 제안하고 구지왕 또한 이에 답례합니다. 그리고 이듬해인 190년 공손도는 자신의 딸을 구지왕에게 시집보내며 양국은 혼인동맹을 체결합니다. 혼인동맹은 곧바로 효력을 발휘합니다. 구지왕은 공손도를 도와 요부산遼富山(요동의 부산, 요산과 부산으로 나누기도 함)에서 승리하고 전리품까지 챙깁니다. 부산富山은《광개토왕릉비》에도 나오는 지명으로 요서지역에 소재합니다.[22] 구지왕의 활동공간을 가늠할 수 있습니다. 197년은 공손강이 고구려를 공격하면서[23] 출병을 요구하지만 구지왕은 고구려와 동조同祖(조상이 같음)임을 내세워 거부하기도 합니다. 또한 중국기록과는 달리 구지왕의 아내가 된 공손도의 딸은 한 명이 아닌 두 명(보루,보고)입니다. 이들 기록의 역사공간은 모두 중국대륙입니다.

김기자 : 신라와의 교류는 어떤 기록이 있습니까?

백선생 : 앞서 살펴본 길선의 망명사건 기록이 핵심입니다. 그 연장선상에서 구지왕이 길선의 여동생 물씨勿氏와 딸 전씨田氏를 비로 맞이한 기록이 있습니다. 또한 신라 일성왕(제7대)이 죽어서 구지왕이 동생 고시凸尸를 신라에 파견하여 조문하며(212년), 『신라사초』에는 구지왕이 백제여인 천을天乙과 지을地乙을 신라 아달라왕(제8대)에게 바친 기록도 나옵니다(213년). 이 또한 『삼국사기』에 없는 기록들입니다.

김기자 : 구지왕 기록들이 『삼국사기』에 없는 이유는 무엇입니까?

백선생 : 판단하기 어렵습니다. 다만, 『삼국사기』와 그 원사료인 『구삼국사』의 편집방향을 고려해 볼 수 있습니다. 『구삼국사』는 기록이 있을 수도 있고 또한 없을 수도 있습니다. 그러나 『삼국사

---

22 《광개토왕릉비》 기록이다. '영락5년(395년) 을미, 왕은 비려(碑麗)가 □□를 멈추지 않아 친히 군사를 이끌고 토벌하였다. 부산(富山)과 부산(負山)을 지나 염수(鹽水)에 이르러 부락 6~7백 영(營)을 깨뜨렸다.〔永樂五年 歲在乙未 王以碑麗不息□□躬率往討 過富山負山至鹽水上 破其丘部落六七百營〕' 부산(富山)은 고구려 광개토왕이 비려(비리-卑離)를 토벌하면서 확보한 지역이다. 지금의 요녕성 조양시 건평현 부산향(富山鄕)이다.

23 고구려는 고국천왕(제9대)에서 산상왕(제10대)으로 교체되는 시기이다. 산상왕은 고국천왕의 차자(둘째)인데, 장자인 발기가 왕권을 되찾겠다는 명분으로 공손도를 끌어들여 반란을 일으킨다. 발기의 반란은 실패로 돌아가나, 그 여파로 고구려는 지금의 중국 대릉하와 난하사이의 고구려 영토 상당부분을 공손도에게 빼앗긴다.

기』는 김부식과 편찬자들이 일관되게 적용한 편집원칙이 있습니다.『삼국사기』는 백제의 시조가 3명임에도 불구하고 왕통계보를 온조계의 단일혈통으로 일원화합니다. 바로 이 점이 구태계 기록을 삭제한 주된 이유입니다. 또한『삼국사기』는 특별한 경우를 제외하고 역사공간을 모두 한반도에 국한합니다. 중국대륙에서의 활동을 담은 구태계 기록은 당연히 고려대상이 아닙니다. 이의 연장선상에서 구태계의 한반도 기록(신라 교류)도『삼국사기』편집원칙상 삭제될 수밖에 없는 운명입니다.

김기자 :『삼국사기』가 백제의 역사를 상당부분 없앤 것이군요.

백선생 : 백제 역사기록의 소멸은『삼국사기』역사관이 남긴 안타까운 유산입니다. 또 하나 기록을 봅니다.

②-20. 13년(225년) 5월, **길선昔宣이 부여夫余에서 죽었다. 부여왕 구지仇知가 태공太公의 예로 장사 지냈다.** 길선의 딸 전씨田氏는 구지의 처로 왕의 총애를 받았다. 그래서 구지의 딸 백씨苩氏가 길선의 처가 되었다.『신라사초』아달라기

『신라사초』입니다. 백제로 망명한 길선의 죽음을 언급한 기록입니다. 이 내용은『백제왕기』〈B형〉에도 나옵니다. 다만,『신라사초』는 백제를 가리켜 부여로 기록합니다.(『신라사초』는 백제를 모두 부여로 표기함) 또한 당시의 백제왕은 개루왕이 아닌 구지왕입니다.

김기자 : 이는 또 무슨 경우입니까?

백선생 :『신라사초』는 신라인이 작성한 사서입니다.『백제왕기』〈B형〉와 마찬가지로『삼국사기』가 정사로 자리매김하면서 탈락한 사서입니다.『신라사초』는 구지왕을 백제왕으로 표기합니다. 이는 또 다른 의구심을 자아냅니다. 만약『백제왕기』와『신라사초』의 기록대로 구지왕이 백제왕으로 실재했다면 기존의 역사해석은 재검토해야 합니다. 중국사서가 기록한 백가제해 시기를 구지왕 때로 앞당겨야 합니다. 또한 초기백제의 강역은 한반도 뿐 아니라 중국대륙으로까지 확대됩니다. 더구나 백제 왕통계보상 구태계가 초기부터 백제왕실을 장악한 셈이 되어, 시조를 온조로 설정한『삼국사기』의 명분마저 퇴색하게 됩니다. 만약 구지왕이 진짜 백제왕으로 실재했다면, 우리가 알고 있는 기존의 백제 역사는 완전히 다시 써야합니다.

김기자 : 백제 역사의 진실 찾기가 너무 어렵군요.

백선생 : 신라 길선의 백제 망명사건을 살펴보다가 뜻밖에도『백제왕기』〈B형〉이 기록한 새로운 역사우물을 파고 말았습니다. 이 우물은『삼국사기』가 기록하지 않은 구지왕을 포함하는 중국대륙의 서부여 역사입니다. 그럼에도 이들 서부여 역사가 어떻게 해서 백제 역사로 편입된 지에 대해서는 여전히 의문이 남습니다.『백제왕기』〈B형〉 기록에 대해서는 좀 더 깊이 있는 연구가 필요합니다.[24] 후대의 몫으로 남깁니다. 다만 분명한 것은『백제왕기』〈B형〉(『신라사초』 포함) 구지왕 기록은 중국 요서지역에 소재한 서부여 세력이 백가제해하여 한반도로 건너왔다고 명확히 설명합니다. 이는 부동의 역사적 사실입니다.

7. 초고왕과 구수왕은 비류계

백선생 : 초고왕肖古王과 구수왕仇首王은 제5대, 제6대 왕입니다. 두 왕은『삼국사기』기록내용보다 백제의 왕통계보 상으로 매우 중요한 위치를 점합니다. 항상 한 묶음으로 다뤄지는데 부자관계가 명확합니다.『일본서기』에 종종 인용되기도 하고,『신찬성씨록』에는 두 왕을 조상으로 하는 씨족가문이 적잖이 나옵니다. 특히 백제의 정복군주로 자리매김한 근초고왕(제13대)은 초고왕의 왕명을 계승하고, 아들인 근구수왕(제14대) 역시 구수왕을 따릅니다.『삼국사기』는 초고왕을 개루왕의 아들子로 설정합니다. 원자나 장자, 하다못해 몇 번째 아들도 아닌 그냥 아들입니다. 초고왕이 개루왕의 계보가 아니라는 뜻입니다.

김기자 : 초고왕은 어느 계보입니까?

백선생 : 초고왕은 온조계가 아닌 비류계입니다. 근거는『백제서기』입니다.『백제서기』는 근초

24『백제왕기』〈B〉형의 왕력은 구지왕, 초고왕, 구수왕, 고이왕 등 4명이다. 중국대륙에서의 활동기록은 구지왕 7개를 포함하여 총 16개이다. 주로 공손씨 정권의 왕이 바뀔 때마다 사신을 파견하여 축하하고 때론 군대를 파견하여 공손씨 정권을 지원한다. 장소는 모두 요서지역의 대방이다.

고왕 시기에 편찬한 백제 최초의 역사서입니다.[25] 그런데 『백제서기』 기록을 보면, 왕통계보가 온조로부터 시작하는 것이 아니라 우태에서 시작하여 비류로 이어집니다.[26] 이는 근초고왕이 온조계가 아니라 비류계라는 뜻입니다. 따라서 근초고왕은 초고왕의 왕명을 계승하니 초고왕은 당연히 비류계가 됩니다. 물론 남당선생이 일본 왕실도서관에서 필사해온 『백제서기』가 근초고왕이 편찬한 『백제서기』라는 확증은 없습니다. 그러나 『삼국사기』가 초고왕을 막연히 개루왕의 아들로 설정한 것을 보면 초고왕은 온조계가 아닌 비류계일 확률이 큽니다.[27]

김기자 : 초고왕이 비류계라면 온조계의 왕통이 너무 짧군요.

백선생 : 온조계는 시조 온조왕과 다루왕, 기루왕, 개루왕 등 4명입니다. 기루왕의 경우는 왕력을 남기지 못하고 기루왕의 기년에 포함된 왕(덕좌왕)도 있습니다. 그럼에도 이들 온조계의 재위기간은 대략 200여년입니다. 중국의 경우 200년을 채운 왕조국가가 흔하지 않음을 볼 때, 결코 짧다고 할 수 없습니다. 초고왕의 이름은 소고素古입니다.(『신찬성씨록』은 속고速古 임) 초고는 시호로 추정됩니다. 초고왕은 166~214년까지 49년을 재위합니다.

김기자 : 초고왕의 치세는 어떠합니까?

백선생 : 초고왕은 즉위 이듬해인 167년(초고2) 신라와의 전쟁부터 시작합니다. 이는 165년(개루38) 신라 길선의 백제 망명사건의 연장선으로 이해합니다. 초고왕을 옹립한 세력의 입김이 크게 작용합니다. 전쟁은 신라의 두 성을 공격하여 남녀 1천을 포로로 잡는 전과를 올리지만 곧바로 역공을 당합니다. 신라가 대대적으로 군사를 동원합니다. 처음 신라군은 2만이 쳐들어오는데, 이어 신라 아달

백제-신라 전투(초고왕)

---

25 『삼국사기』는 『고기』를 인용하여 근초고왕(제13대) 때에 박사 고흥(高興)이 처음으로 『서기書記』를 썼다고 기록한다.

26 『백제서기』는 우태왕–비류왕의 왕력만 존재한다. 기년은 서기전47년~서기전2년까지이다. 시조는 비류왕이다.

27 『백제왕기』〈B형〉은 초고왕을 구지왕의 다섯째 아들로 설정한다. 또한 구지왕의 사망시 나이는 72세이고, 초고왕의 즉위시 나이는 13세로 나온다.

라왕(제8대)이 친히 8천의 군사를 이끌고 합류합니다. 한수(한강)까지 밀어 닥칩니다. 초고왕은 신라 군사가 너무 많아 대적할 수 없다고 판단하여 포로들을 돌려줍니다. 이후에도 신라와의 전쟁은 계속 이어집니다. 모산성(충북진천), 구양성(충북옥천), 와산성(충북보은) 등 기존의 충북지역은 물론이고, 원산향(경북예천), 부곡성(경북군위), 요거성(경북상주) 등 경북 북부지역까지 전선이 확대됩니다. 소백 산맥 동쪽입니다. 그런데 전쟁형태가 이전과는 사뭇 다릅니다. 전쟁에 참가한 장수들의 이름이 꼬박꼬박 나옵니다. 단순 교전이 아닌 전면전 양상을 띱니다. 백제와 신라 양국이 길선의 망명사건을 계기로 본격적으로 영토분쟁을 시작합니다.

김기자 : 백제가 경북 북부지역까지 공격했다면 백제의 영토가 확장된 겁니까?

백선생 : 아닙니다. 경북 내륙지역은 신라의 영토입니다. 참고로 이 시기 신라는 경주에 정착합니다. 신라의 남하과정을 살펴보면, 경기 북부지역에서 시작하여 충북지역으로 이동한 다음, 다시 소백산맥을 넘어 경북 내륙지역으로 이동한 후 최종적으로 경주에 도착합니다.[28] 비록 경북 내륙 지역이 경주에서 멀리 떨어져 있지만 이들 지역은 엄연히 신라가 남하과정에서 확보한 신라의 영토입니다.

김기자 : 신라 말고 다른 세력과 접촉한 기록은 있습니까?

백선생 : 초고왕의 재위전반기는 신라와의 전쟁이라면, 재위후반기는 말갈과의 전쟁입니다. 210년(초고45)이 전환점입니다. 초고왕은 전격적으로 적현성(황해금천)과 사도성(황해토산)을 쌓고 동부의 백성을 이주시킵니다. 두 성은 황해도 동부지역에 소재합니다. 초고왕은 두 성을 영토로 편입하며 말갈과의 경계를 명확히 합니다. 말갈이 즉각 반발합니다. 사도성을 공격하여 성문을 불태웁니다.

②-21. 49년(214년) 9월, 북부사람 진과眞果가 군사 1천을 거느리고 말갈의 석문성石門城을 공격하여 빼앗 았다. 10월, **말갈의 날랜 기병騎兵이 침범하여 술천述川까지 이르렀다. 왕이 죽었다.** 『삼국사기』 초고왕

214년(초고49)입니다. 사도성 전투이후 4년 후에 발생한 사건입니다. 초고왕은 진과를 보내 말갈

---

28 정재수, 『신라 역사의 명암』(논형, 2018) 제3장 참조.

의 석문성(황해서흥)을 빼앗습니다. 말갈이 즉각 반발합니다. 그런데 이번에는 기병騎兵이 갑자기 출현합니다. 지금까지 말갈이 기병을 동원한 사례는 없습니다. 처음 있는 일입니다. 이전에 없었던 '새로운 말갈'입니다. 북방기마민족의 냄새가 납니다. 말갈 기병이 술천(경기파주)까지 쳐들어오는데 초고왕이 갑자기 죽습니다.

백제-말갈 전투(초고왕)

김기자 : 초고왕이 말갈 기병에 의해 죽임을 당한 겁니까?

백선생 : 초고왕의 죽음에 대한 구체적인 기록은 없습니다. 다만 문맥으로 보아 초고왕의 죽음은 말갈 기병과 연관이 있어 보입니다. 초고왕은 전투 중에 사망한 것으로 추정됩니다.[29] 초고왕의 뒤를 이은 왕은 구수왕仇首王입니다. 구수왕은 초고왕의 장자로 214년~234년까지 21년을 재위합니다. 모처럼 장자승계가 이루어집니다. 『삼국사기』는 '신장은 7척尺으로 풍채가 남달리 뛰어나다.〔身長七尺 威儀秀異〕'고 평합니다. 2m가 넘는 장신으로 대단한 무골입니다. 재위기록을 살펴보면 구수왕은 아버지 초고왕의 정책을 그대로 계승합니다. 대외적으로는 신라와 말갈과의 전쟁을 계속 이어갑니다. 신라와의 전쟁은 전투 장소에 있어 변화를 보입니다. 장산성과 우두진, 웅곡 등이 나타납니다. 이는 기존의 충북지역이 아닙니다.

김기자 : 어느 지역입니까?

소교수 : 장산성은 경북 영주, 우두진과 웅곡은 강원도 춘천입니다. 이들 지역은 백제와 신라 공

---

29 『백제왕기』〈B형〉 초고왕 29년(254년) 정월 기록이다. '왕이 태자 구수(仇首)에게 선위(禪位)하고, 스스로 산궁(山宮)과 구원(狗原)에서 거처하며 제사를 주관하였다. 호(號)는 태상신왕(太上神王)이다.〔王禪位於太子仇首 而自處於山宮及狗原 而主祭祀 號曰太上神王〕' 초고왕이 스스로 양위하고 물러난 것으로 나온다. 초고왕은 아들 구수왕보다 더 오래 산다. 참고만 하길 바란다.

히 최전방에 위치합니다. 전쟁사유가 단순한 영토 분쟁인지 아니면 영향력 확대과정에서 파생된 군사충돌인지 명확하지 않습니다. 다만 당시 양국의 대결전선이 경북 북부와 강원도 지역까지 확대된 점은 눈여겨볼 만합니다.

백선생 : 구수왕 시기 말갈과의 전쟁은 더욱 격화됩니다. 전투 장소는 초고왕때 접전을 벌인 황해도 동부지역의 적현성(황해금천)과 사도성(황해토산)입니다.(76쪽 참조) 사도성의 경우 목책을 따로 설치하고, 적현성의 군사를 사도성으로 이동시키는 등 백제는 방어에 급급합니다. 말갈의 힘이 부쩍 강합니다. 그리고 229년(구수16) 우곡에서 말갈에게 대패합니다.

②-22. 16년(229년), 말갈이 우곡牛谷의 경계에 들어와 사람과 재물을 노략질하였다. **왕이 날쌘 군사 3백을 보내 막았으나 적의 복병이 협공을 하여 우리 군사가 대패大敗하였다.** 『삼국사기』 구수왕

이 기록은 7백년 백제사의 한 획을 긋는 중대한 사건입니다. 지금까지의 말갈과 전투는 줄곧 백제가 승리하며 설사 패하더라도 '大敗'라는 용어는 사용하지 않습니다. 이 사건 이후로 백제와 말갈과의 전쟁은 기록에서 사라집니다. 오히려 말갈 지도자가 선물을 보내는 등 적극적인 화해무드가 조성됩니다.

김기자 : 백제의 대패가 말갈과의 화해무드로 이어진 이유는 무엇입니까?

백선생 : 전투에서 대승한 말갈세력이 백제에 흡수됩니다. 더 정확히 표현하면 말갈이 백제의 상층부를 접수합니다. 『삼국사기』가 기록한 '大敗'는 위대한 왕의 출현을 예고합니다.

【초기 백제왕 계보도】

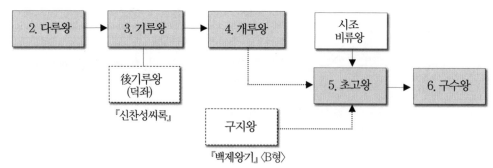

소교수 : 지금까지 살펴본 3루왕과 초고왕, 구수왕 등 5명의 재위기간은 28년~234년까지 대략 200년입니다. 시조 온조에 의해 경기 서부지역에 정착한 백제는 말갈의 활동영역을 점차적으로 병합해가며 북쪽으로 영토를 넓히고, 동남쪽으로 신라와 만나면서 역시 영토분쟁을 계속하며 경기지역을 확고히 장악해 나갑니다. 물자 생산이 풍부한 한강이라는 전략적 요충지를 중심으로 주변세력을 제압하며 국가의 힘을 비축한 시기라 할 수 있습니다.

1. 말갈출신 고이왕

백선생 : 240년 7월입니다. 하늘은 구름 한 점 없이 청명하고 햇빛은 너른 벌판을 맹렬히 내리쬡니다. 석천石川입니다. 갑옷으로 무장한 늠름한 왕이 있습니다. 왕은 말에 올라 정렬한 군대 앞으로 지나갑니다. 군사들은 왕이 지나갈 때마다 함성을 지릅니다. 왕이 직접 군대를 사열합니다. 군대는 중앙 뿐 아니라 지방의 각 부족들이 동원한 군사들입니다. 실로 장엄한 광경입니다. 3개월 전 왕은 자신의 오른팔인 말갈출신의 진충을 좌장으로 삼고 중앙과 지방의 병마의 일을 모두 맡깁니다. 좌장은 오늘날 국방부장관입니다. 사열을 막 끝내려는데 때마침 하늘에 기러기 한 쌍이 날아갑니다. 왕은 활시위를 놓습니다. 화살은 허공을 가르며 두 마리 기러기에 정확히 명중합니다. 이 광경을 지켜보던 모든 군사들이 또 일제히 함성을 지릅니다. 함성은 벌판 구석구석 가득 울려 퍼집니다. 고이왕古爾王입니다. 고이왕은 6년 전인 234년에 즉위합니다. 활을 잘 쏘며 왕궁에 머무르지 않

수렵도 벽화(무용총)

고 밖에 나가 사냥을 즐깁니다. 서해의 큰 섬(강화도)에서는 손수 사슴 40마리를 활을 쏘아 잡습니다. 대단한 명궁입니다. 활쏘기 대회를 열고 손수 참관합니다. 고이왕은 천지산천에 제사를 지냅니다. 이전에는 시조에게만 제사를 지냈습니다. 제사의 시작을 알립니다. 북과 피리 소리가 들립니다. 역시 처음 듣는 소리입니다. 고이왕은 습한 땅을 개간하여 농토를 만듭니다. 가뭄이 들어 백성들이 굶주리면 과감히 창고를 열어 구제하고 세금도 감면합니다. 관리가 남의 재물을 받거나 도둑질 한 자는 3배로 갚게 하고 그 관리는 평생 벼슬을 못하게 합니다. 엄정한

법을 세우고 또 집행합니다. 모두 이전에 없었던 일입니다. 활과 북, 피리 등은 고구려 벽화에서 흔히 볼 수 있는 전형적인 고구려식 문화입니다.

김기자 : 고구려 문화가 백제에 유입된 겁니까?

백선생 : 고이왕古爾王은 제8대 왕으로 234년~286년까지 53년을 재위합니다. 고이古爾가 이름인지 아니면 시호인지 명확하지 않지만 『일본서기』와 『신찬성씨록』에는 구이久爾(또는 仇爾), 고모古慕로 나옵니다. 『삼국사기』는 개루왕의 둘째 아들이며, 초고왕의 동생으로 설정합니다. 『삼국유사』는 초고왕의 외삼촌입니다. 구수왕이 죽고 맏아들 사반왕沙伴王(제7대, 왕력만 존재함)이 보위를 승계하나, 나이가 어려 정사를 돌보지 못하자 사반왕의 작은 할아버지뻘인 고이왕이 보위를 잇습니다. 그러나 고이왕의 즉위에는 문제가 있습니다.

김기자 : 어떤 문제입니까?

백선생 : 사반왕의 할아버지 초고왕과 아버지 구수왕은 각각 166년, 214년에 즉위합니다. 『삼국사기』기년설정이 맞다는 전제하에 사반왕의 즉위시 나이를 추정해 봅니다. 먼저 초고왕이 최소 10세에 즉위하고 20세인 175년에 구수왕을 낳는다고 가정하면 구수왕의 즉위시 나이는 45세입니다. 구수왕 또한 20세 전후에서 사반왕을 낳는다고 가정하면 사반왕은 195년 전후로 태어납니다. 구수왕은 234년에 사망하니 사반왕의 즉위시 나이는 40세 전후가 됩니다. 이는 최소한의 경우를 적용한 추정 나이입니다. 사반왕은 결코 어리지 않습니다. 따라서 사반왕의 퇴위 사유인 '나이가 어렸다.〔而幼少〕'는 표현은 이치에 맞지 않습니다.

김기자 : 혹이 고이왕이 쿠데타라도 일으킨 겁니까?

백선생 : 즉위 명분이 잘못이니 고이왕의 왕위승계는 분명히 비정상적입니다. 쿠데타의 가능성이 높습니다.

김기자 : 조선시대 세조와 조카 단종의 경우와 유사하군요.

백선생 : 이는 어디까지나 고이왕을 기존의 왕통계보에 포함시킨 경우입니다. 그러나 고이왕은 비류계가 아닙니다.

김기자 : 그렇다면 고이왕은 어느 계열입니까?

백선생: 앞 장에서 살펴본 '새로운 말갈'이 단서입니다.(제2장 77쪽 참조) '신新말갈'입니다. 이들은 214년(초고49) 초고왕을 죽게 만든 기병騎兵을 보유한 말갈이며, 229년(구수16)에 백제에게 대패大敗의 아픔을 준 장본인입니다. 바로 이 신말갈이 백제 왕실을 접수합니다. 고이왕은 신말갈의 지도자 정도로 추정됩니다.

김기자: 백제의 왕통이 바뀐 겁니까?

소교수: 고이왕 시기에 백제 왕통이 교체된 것으로 보는 게 통설입니다. 고이왕의 출신에 대해서는 2가지 설이 있습니다. 첫째는 백제 건국시조 서문에 나오는 세 번째 시조 구태를 구이로 읽고, 이를 '구이=고이'로 해석하여 고이왕을 건국자로 보는 견해입니다. 둘째는 『삼국사기』(초고왕의 동모同母 아들)와 『삼국유사』(초고왕의 외삼촌)의 이율배반적 기록을 감안하여 기존의 왕통과는 전혀 다른 계열로 보기도 합니다.[1] 고이왕은 기존 계열과 구분되는 또 다른 계열입니다. 신말갈 출신도 하나의 가능성이 될 수 있습니다.

김기자: 신말갈은 어떤 세력입니까?

백선생: 신말갈의 실체를 확인하기 위해서는 먼저 중국대륙의 사정을 알아야합니다. 교수님께 설명을 부탁드립니다.

소교수: 고이왕이 등장하는 3세기 중반의 중국대륙은 통일왕조 후한(25~220)이 멸망하고 3국으로 재편됩니다. 우리가 잘 아는 소설 『삼국지연의』(나관중)에 배경이 되는 조조曹操, 유비劉備, 손권孫權 등의 난세의 영웅들이 등장하는 시기입니다. 220년 후한의 실권자 조조가 사망하고 그의 아들 조비曹丕가 후한의 마지막 황제 헌제獻帝를 폐위시키고 정식으로 낙양에 위魏(220~265)를

---

1 『백제왕기』〈B형〉 구수왕 기록이다. '11년(264년) 갑신 6월, 왕(구수왕)이 죽었다. 태자 사반(沙伴)이 즉위하였으나 나이가 어려 정사를 맡을 수 없었다. 태왕(太王-초고왕)이 명을 내려, 왕(구수왕)의 동생 고이(古爾)가 태자를 대신하여 집정하고 보좌케 하였다. 태자는 소내후(素嬭后)를 취하였으나 얼마 지나지 않아 죽어서 마침내 대위(大位)를 정하였다.〔十一年 甲申 六月 王薨 太子沙伴卽位 幼少不能爲政 太王命王弟古爾代立攝輔 太子仍娶素嬭后 未幾太子薨 遂定大位〕' 『백제왕기』〈B형〉도 고이왕이 사반왕을 대신하여 집정한 사실을 전한다. 고이왕은 당대 최고의 권력자이다. 기록은 고이왕을 구수왕의 동생으로 설정하나, 『백제왕기』〈B형〉 다른 기록은 『삼국사기』와 마찬가지로 초고왕의 동모(同母) 아들로 나온다. 어머니는 같으나 아버지가 다르다. 더구나 어린 사반왕이 여인을 취했다는 내용도 이치에 맞지 않다. 고이왕의 즉위명분이 너무나도 어설프고 빈약하다.

건국합니다. 이듬해인 221년 후한 황실의 후예인 유비劉備도 성도에서 촉한蜀漢(221~263)을 건국하고, 양자강 중하류를 차지한 손권孫權 역시 229년 건업(남경)에 오吳(229~280)를 건국하면서 바야흐로 중국은 3국(위촉오)시대로 돌입합니다. 이때 후한말의 혼란기를 틈타 중국대륙 동북방에는 3국과는 별도로 공손公孫씨 정권(189~238)이 들어서며 독자노선을 걷습니다.

삼국시대(위 · 촉 · 오)

공손씨 정권은 공손도를 필두로 공손강, 공손공, 공손연 등으로 이어져 내려오다, 238년 위의 사마의司馬懿에게 멸망당합니다. 4대 50년간 중국 동북방을 지배한 요동정권(공손연公孫燕)입니다.

백선생 : 공손씨 정권의 등장은 중국대륙 동북방지역에게 커다란 변화를 가져옵니다. 거주민 중 상당수가 공손씨 정권의 압제에 반발하며 대거 한반도로 이동합니다.

③-1. 환제桓帝와 영제靈帝 말에 **한예韓濊가** 강성해지자 군현들이 능히 제어하지 못하고 백성들이 많이 **한국韓國으로 들어갔다.**

③-2. 건안*중에 **공손강公孫康이 둔유현屯有縣의** 남쪽 황무지를 나누어 **대방군帶方郡을** 만들고 공손모公孫模, **장창張敞** 등을 파견하여 유민들을 모아 **한예韓濊를** 정벌하자 옛 백성들이 점차 돌아오고 이 뒤에 왜倭와 한韓은 대방帶方에 복속되었다. 『삼국지』〈위서〉 동이전 한조

☞ *후한 헌제 연호 (196년~220년)

『삼국지』〈위서〉 동이전입니다. 먼저 후한 환제(146~167)와 영제(168~189) 말기입니다.(③-1) 대략 160~190년 사이입니다. 요서지역의 한예韓濊세력이 강성해지자 후한의 낙랑군이 제대로 이들을

제어하지 못합니다. 한예 백성들이 후한의 난리(184년, 황건적의 난)를 피해 바다건너 한국韓國(한반도)으로 대거 망명(또는 귀국)합니다.

　김기자 : 한예는 어떤 세력입니까?

　백선생 : 한예는 마한과 예맥입니다. 고구려 태조왕이 121년(태조69) '위구태(서부여)-후한'의 연합을 물리치기 위해 동원한 '마한-예맥'입니다.(제2장 55쪽 ②-5, ②-6 참조) 마한은 한반도 비리국들(전북지역)이고, 예맥은 옛 개마국의 후예입니다. 한반도 비리국들의 경우 '위구태-후한'을 물리친 후 상당수가 한반도로 돌아가지 않고 요서지역에 눌러앉습니다.

　김기자 : 한예가 건너간 한국(한반도)은 어느 지역입니까?

　백선생 : 한반도 비리국(마한) 출신들은 전라도지역으로 귀국하지만 일부는 황해도지역으로 몰려듭니다. 한예의 한반도 출현을 알리는 『백제왕기』 기록입니다.

> ③-3. 14년(179년)* 3월, **대방인帶方人 3천을 나라 서쪽으로 이주시켰다. 7월 왕이 서쪽으로 순행하여 패하구浿河口에 이르렀다.** 『백제왕기』〈B형〉 초고왕
>
> ☞ *원문은 239년이다. 초고왕 시기 『삼국사기』〈백제본기〉와 『백제왕기』〈B형〉은 60년 기년 차이를 보인다.

　179년(초고14)입니다. 후한 영제(168~189) 시기입니다. 초고왕은 망명해온 대방인 3천을 받아들여 백제의 서쪽 지역으로 이주시킵니다. 그리고 초고왕 자신이 직접 이 지역을 순행합니다. 패하구는 지금의 예성강 하류로 황해도 남쪽입니다.[2]

　김기자 : 대방인은 누구입니까?

　백선생 : 중국 요서지역에서 한반도로 건너온 한예인입니다. 바로 이들이 대방인입니다. 다음은 건안建安 중입니다.(③-2) 건안은 후한 헌제의 연호로 196년~220년 사이입니다. 한예인 상당수가 요서지역에서 한반도로 빠져나가자 이 일대를 장악하고 있던 공손강(공손도의 아들)이 둔유현屯有

---

2 이 기록은 당시 황해도지역에 망명해온 대방인의 규모를 가늠할 수 있다. 황해도지역에 대방인이 넘쳐나 결국 일부는 황해도 남쪽의 백제 영토로 넘어온다.

縣(낙랑군 속현 중의 하나) 남쪽의 황무지에 '대방군'을 설치합니다.[3] 시기는 209년으로 후한 건안 중에 해당합니다. 공손강이 군의 명칭을 대방으로 정한 이유는 이 지역 지명이 대방이기 때문입니다. 대방은 구지왕이 서부여를 재건한 대방고지와 같습니다.(제2장 70쪽 참조) 다만, 구지왕의 대방고지와 공손강의 대방군 설치지역은 서로 인접할 뿐 겹치지는 않습니다.

김기자 : 무슨 이유로 또 다시 빠져나간 겁니까?

백선생 : 공손강의 대방군 설치는 다시금 요서지역 대방인들을 옥죄는 행위입니다. 군의 설치는 조세와 군역, 부역을 추가로 부담지게 됩니다. 대방인들은 당연히 공손씨에게 반발합니다. 그래서 또 다시 공손씨를 피해 한반도로 이동합니다. 그러자 공손강은 공손모와 장창 두 사람을 파견하여 대방인들이 더 이상 빠져나가지 못하도록 억제합니다. 기록은 공손씨가 유민들을 모아 한예를 정벌하자 떠났던 대방인들이 다시 돌아오고, 그 뒤에 왜倭와 한韓이 대방에 복속되었다고 설명합니다.

김기자 : 공손씨 세력이 대방인들을 뒤쫓아 한반도로 건너온 겁니까?

백선생 : 이는 중국사서의 전형적인 '상내약외詳內畧外'의 춘추필법春秋筆法[4]입니다. 중국 내의 일은 상세히 기록하고, 중국 밖의 일은 간략하게 기록하는 역사기술입니다. 존화양이尊華攘夷(중국을 높이고 오랑캐는 깎아 내림), 위국휘치爲國諱恥(나라를 위하여 수치스러운 일은 철저히 감춤)도 같은 맥락입니다. 물론 공손모와 장청이 한반도에 파견되어 소기의 성과는 거둘 수 있습니다. 기록대로 망명해온 대방인들 일부는 다시 중국으로 돌아갈 수 있습니다. 그러나 파견관리 두 사람이 한예를 정벌하고 왜와 한이 대방에 복속되었다는 표현은 일부를 전체로 와전시킨 역사적 사실성이 떨어지는 잘못된 기록입니다.

---

3 『진서晉書』〈지리지〉 대방군 조 기록이다. '대방군(帶方郡) 〈공손도(公孫度)가 설치하였다. 다스리는 현(縣)은 7개이고, 호수(戶數)는 4,900이다〉 대방, 열구, 남신, 장잠, 제해, 함자, 해명〔帶方郡 〈公孫度置 統縣七 戶四千九百〉 帶方 列口 南新 長岑 提奚 含資 海冥〕.' 대방군은 공손강이 후한의 낙랑군 15개현 중 7개현을 따로 떼어내서 둔유현 이남에 설치한 군이다. 한무제가 설치한 낙랑군은 공손강의 대방군 설치와 함께 역사에서 사라진다. 참고로, 이병도는 둔유현을 황해도 황주로 비정한다. 이병도가 남긴 오류의 그늘이 너무나도 짙다.

4 공자가 『춘추春秋』를 편찬하면서 적용한 사필(史筆)이다. 사건을 기록하는 기사(記事), 직분을 바로잡는 정명(正名), 칭찬과 비난을 엄격히 하는 포폄(褒貶)의 3대 원칙을 세우고, 이에 어긋나는 것은 철저히 배격하는 필법이다.

김기자 : 왜는 또 무엇입니까? 일본입니까?

백선생 : 한반도의 왜입니다. 정확히 표현하면 신라의 남쪽인 지금의 부산지역에 소재한 임나任那입니다.[5] 왜의 일부 상인이 황해도지역에 장사 차 왔다가 공손씨의 파견 관리에게 포섭됩니다. 이 기록(③-2)은 매우 중요한 역사적 사실 하나를 증언합니다.

김기자 : 어떤 사실입니까?

백선생 : 이때부터 황해도지역을 대방으로 부르기 시작합니다. 중국 요서지역의 대방인들이 황해도지역으로 건너오면서 대방이란 지명이 자연스레 생겨납니다. 참고로 『삼국유사』〈기이〉편에 흥미로운 기록이 있습니다.

③-4. **조위曹魏 때 처음으로 남대방군南帶方郡[지금의 남원부南原府이다]을 설치하였기 때문에 남대방이라 하였다.** 대방의 남쪽은 바닷물이 천리나 되는데 한해瀚海라고 한다.[후한後漢 건안建安 연간 (196~220)에 마한 남쪽의 황무지를 대방군으로 삼았다. 왜倭와 한韓이 드디어 예속되었다는 것이 바로 이것이다.]
『삼국유사』〈기이〉 남대방

남대방이 나옵니다. 지금의 전북 남원입니다.[6] 일연은 남대방이 조위曹魏(조조 위, 220~265) 때에 설치된 것으로 설명합니다. 그러나 실상은 다릅니다. 남대방이 한반도에 설치된 것이 아니라 명칭이 생긴 겁니다. 이는 한반도 비리국 출신의 요서지역 대방인이 다시금 전북지역으로 돌아온 사실을 증언합니다. 황해도지역이 북대방이면 전북지역은 남대방입니다. 다만, 일연은 주석을 달아 마치 공손강의 대방군이 한반도에 설치된 것처럼 설명한 부분은 아쉬움으로 남습니다.

김기자 : 한반도 대방은 요서지역의 대방에서 비롯된 명칭이군요.

백선생 : 이제 신말갈의 실체를 알아봅니다. 중국대륙에서 건너온 대방인(예맥 출신)들로 인해 황

---

5 정재수. 『신라 역사의 명암』(논형, 2018) 제1장 참조.
6 『고려사』〈지리〉 전라도 남원부 기록이다. '남원부(南原府)는 원래 백제의 고룡군(古龍郡)인데, 한(漢) 건안 때에 대방군(帶方郡)이 되었고, 조위 때에는 남대방군(南帶方郡)이 되었다.' 『세종실록지리지』에도 동일하게 나온다. 전라북도는 한반도 비리국들이 광범위하게 펼쳐 있던 지역이다.

해도지역의 인구가 갑자기 불어나자, 당시 황해도 서남부를 장악하고 있던 말갈이 직접적인 영향을 받습니다. 황해도 대방인들의 압박에 밀린 말갈이 백제로 들어와 아예 백제왕실을 장악합니다. 바로 『삼국사기』〈백제본기〉 기록한 신말갈입니다. 강력한 기병으로 무장하고, 백제를 일거에 대패시킨 세력입니다.

> ③-5. 25년(258년) 봄, 말갈 장나갈長羅渴이 좋은 말 10필을 바쳤다. 왕이 사신을 후하게 대접하고 돌려보냈다.『삼국사기』 고이왕

고이왕과 신말갈과의 관계를 단적으로 보여주는 기록입니다. 고이왕이 신말갈 출신이라는 단서이기도 합니다. 이제 백제는 더 이상 말갈과 대적하지 않습니다. 오히려 말갈과 우호적인 관계로 발전합니다. 같은 족속이 아닌 이상 상상할 수 없는 대변화입니다. 말갈 장나갈의 선물은 말 10필입니다.[7] 말은 기마족의 상징입니다. 고이왕이 가장 좋아하는 선물입니다.

소교수 : 고이왕 시대인 3세기 초,중반부터 한강유역에는 고구려의 대표 무덤양식인 돌무지무덤(적석총)이 출현합니다. 이 돌무지무덤은 황해도나 평안도 등 한반도 북부에는 없습니다. 주로 압록강이북의 만주지역(길림성 집안현)에 집중 분포합니다. 1916년 일본인들의 조사에 따르면 서울의 석촌동 지역에만 66기의 돌무지무덤과 23기의 봉토분이 존재했다고 합니다. 현재「석촌동 고분군」에는 돌무지무덤 4기만 남아 있습니다. 봉토분은 흙으로 봉분을 만들고 강돌로 띠를 입힌 즙석봉토분葺石封土墳입니다. 임진강 유역을 비롯하여 남,북한강 등 주로 중부지역에서 발견됩니다. 따라서 즙석봉토분이 일반화된 무덤양식이라면 돌무지무덤은 특수계층의 무덤양식입니다. 고이왕 세력의 출현을 가늠해 볼 수 있는 고고학적 증거입니다.

김기자 : 그렇다면 신말갈은 고구려 출신입니까?

---

7 『고구려사략』 중천대제기 11년(258년) 기록이다. '춘2월, 말갈 장라탕(長羅湯) 등이 고이(古爾)와 상통하여 함께 첨해(沾解-신라 제12대 첨해왕)를 치려하였다. 왕이 명을 내려 장라탕을 토벌하여 목을 베고, 고이의 사신과 토산물을 빼앗아 첨해에게 보내니, 고이가 이전에 받아두었던 해마(海馬) 10필로 사신을 바꿔갔다.〔春二月 末曷長羅湯等 與古爾相通 欲共伐沾解 命伐長羅湯斬之 捕古爾使及其土物送于沾解 古爾以其所受海馬十匹換使〕' 말 10필의 최종 주인은 고이왕이 아니라 고구려 중천왕(제12대)이다. 다만, 당시 고구려가 한반도 중부지역까지 군대를 파견할 정도로 영향력을 확대했는지는 다소 의문이다.『삼국사기』는 기록한 백제와 고구려의 최초 군사충돌 시기는 근초고왕 때이다.

석촌동 고분군 (서울 송파구)

　백선생 : 신말갈의 문화는 말을 전투수단으로 사용하고 활쏘기 대회를 하는 등 북방계통의 고구려식 문화가 포함된 사실은 부정할 수 없습니다. 그렇다고 해서 이들 세력집단을 고구려 출신으로 단정하기는 곤란합니다. 예를 들어 석촌동고분의 돌무지무덤은 외형만 고구려식이지 내부는 전혀 다른 백제식입니다. 고구려식은 계단식 적석부 내부를 돌로 채우고 돌덧널이나 돌방을 매장주체로 한 반면, 백제식은 계단식 적석부 내부를 돌이 아닌 흙으로 채우고 매장주체도 나무널입니다. 참고로 돌무지무덤은 고구려의 고유 무덤양식은 아닙니다. 홍산문화(요녕성 적봉지역)에 나오는 돌무지무덤이 원류입니다. 고구려가 일반화하여 발전시킨 무덤양식입니다.

2. 국가체제 기반의 확립

백선생 : 고이왕의 치적은 관제와 관등의 정비입니다. 교수님께 설명을 부탁드립니다.

소교수 : 고이왕은 전제왕권 내지는 중앙집권을 강화하기 위해 「6좌평·16관등제」를 실시합니

다. 『삼국사기』 기록입니다.

③-6. 27년(260년) 정월, **내신좌평을 두어 왕명출납에 관한 일을, 내두좌평을 두어 재정에 관한 일을, 내법좌평을 두어 예법에 관한 일을, 위사좌평을 두어 친위병에 관한 일을, 조정좌평을 두어 형벌에 관한 일을, 병관좌평에게는 지방의 병사에 관한 일을 맡겼다.** 또 달솔 · 은솔 · 덕솔 · 한솔 · 내솔과 장덕 · 시덕 · 고덕 · 계덕 · 대덕 · 문독 · 무독 · 좌군 · 진무 · 극우를 두었다. 6좌평은 모두 1품, 달솔은 2품, 은솔은 3품, 덕솔은 4품, 한솔은 5품, 내솔은 6품, 장덕은 7품, 시덕은 8품, 고덕은 9품, 계덕은 10품, 대덕은 11품, 문독은 12품, 무독은 13품, 좌군은 14품, 진무는 15품, 극우는 16품이다.
『삼국사기』 고이왕

먼저 6좌평 명칭과 해당 직무가 나옵니다. 관등은 좌평佐平[8] 1품을 비롯하여 솔率계는 2~6품, 덕德계는 7~11품, 독督계는 12~13품, 좌군佐軍 14품, 진무振武 15품, 극우剋虞 16품 등 총 16품으로 나눕니다. 그러나 「6좌평 · 16관등제」는 고이왕 시기에 일괄적으로 정립된 것은 아닙니다. 우선 좌평을 비롯하여 솔계, 덕계 등의 관등이 무척 세련되고 선진적으로 수직화 되어 있습니다. 명칭도 토속적인 냄새가 전혀 없습니다. 마치 어느 날 하늘에서 뚝 떨어진 것처럼 체계적입니다. 중국사서 『주서』와 『구당서』에도 백제의 관제와 관등에 관한 기록이 나옵니다. 『구당서』의 경우 『삼국사기』와 토씨하나 틀리지 않고 동일합니다. 『삼국사기』 편찬자가 중국사서를 그대로 『삼국사기』에 옮깁니다. 이에 대해서는 이론異論이 없습니다. 다만 김부식이 고이왕 27년으로 못 박은 것은 아마도 원사료에 관제와 관등에 대한 일부 기록이 있어 중국사서 기록으로 일괄 정리한 것으로 추정합니다. 일반적으로 중앙집권이 완성되기 전에는 부족연맹단계를 거칩니다. 백제의 경우 이전의 좌보左輔나 우보右輔, 좌장左將 등의 관제가 이를 대변합니다.[9] 따라서 고이왕 시기 중앙집권이 어느 정도 이루어졌다면 좌평 등의 명칭은 이때부터 사용되었다고 보아도 무방합니다. 관제와

---

8 좌평의 명칭은 『주례周禮』에 나오는 6관(官) 가운데 정무(政務)를 담당하는 하관(夏官), 사마(司馬)의 임무인 '왕을 도와 나라를 다스린다[以佐王 平邦國]'에서 따왔다고 한다.

9 좌보, 우보 등은 고구려 초기에 나타나는 관직명이다. 輔는 '돕는다'는 뜻으로 신하가 왕을 보좌한다는 의미를 담고 있다. 백제가 고구려로부터 분리되면서 이들 관직명을 자연스레 차용한 것으로 이해한다.

관등을 정비한 직후 고이왕은 동생 우수優壽를 내신좌평에 임명합니다. 또한 진가, 우두, 고수, 곤노, 유기 등도 내두, 내법, 위사, 조정, 병관좌평에 각각 임명합니다.

김기자 : 내신좌평에 임명된 우수는 고이왕의 동생이라면 고이왕은 우優씨입니까?

백선생 : 그렇습니다. 우씨입니다. 다만 우씨는 고이왕 시기에 처음으로 기록에 등장합니다. 대표적인 인물이 내신좌평 우수와 내법좌평 우두優豆입니다. 둘 다 갑자기 출현하여 최고 관품과 관직을 받습니다. 고이왕이 외부세력 출신임을 나타내는 또 하나의 단서입니다. 참고로『삼국사기』고이왕 14년(247년)에 '진충眞忠을 우보로 삼고 진물眞勿을 좌장으로 삼아 병마兵馬를 맡겼다.〔拜眞忠爲右輔 眞勿爲左將 委以兵馬事〕'는 기록이 있습니다. 둘 다 진眞씨입니다. 우보는 국무총리이고 좌장은 국방부장관입니다. 이들 진씨는 고이왕을 옹립한 신말갈의 핵심 씨족입니다. 참고로 진씨는 이전에도 나옵니다. 대표적인 인물이 다루왕 시기에 활동한 진회眞會입니다.『삼국사기』는 북부출신으로 명기합니다. 진회는 백제가 말갈과 접촉하는 과정에서 백제에 귀화한 초기 말갈인입니다. 그러나 고이왕 시대에 나오는 진씨들은 이제 출신을 명기하지 않습니다. 진씨는 왕을 제외하고 신료들 중에서는 최고의 권력을 가진 씨족집단입니다. 백제의 최고 지배층입니다. 앞으로도 진씨들은 계속 나옵니다. 진씨는 왕족인 해씨와 더불어 백제를 이끌어가는 실질적인 양대 핵심 씨족집단으로 발전합니다. 고이왕 시기 좌평에 임명된 사람들은 기존에 없던 성씨들입니다. 모두 고이왕을 따라 백제의 중앙정계에 진출한 신말갈 출신들입니다.[10]

소교수 : 참고로 좌평들 중에는 고수와 곤노가 있습니다. 고高씨와 곤昆씨는 고구려에서 볼 수 있는 성씨입니다. 이는 고이왕이 인사정책만큼은 개방적으로 운영한 증거입니다. 고이왕을 백제의 국가체제를 확립한 군주로 자리매김하는 것도 인사의 개방성이 한 몫 합니다.

---

10 백제의 진(眞)씨는 백제지배층을 형성하는 핵심 씨족이다. 고이왕 시기 신말갈 집단이 백제에 들어오면서 기존의 진씨 성을 차용한 듯하다. 기록상으로 진씨의 원조는 다루왕 시기에 등장하는 북부출신의 진회(眞會)이다. 신라의 경우, 북방기마민족이 신라로 들어와 왕실을 접수하면서 모두 김(金)씨 성을 차용한다. 신라 김씨 왕조이다.

3. 기리영 전투와 마한의 실체

백선생 : 고이왕 시대에 꼭 살펴보아야 할 사건이 있습니다. '기리영崎離營 전투'입니다. 마한의 어느 한 세력이 낙랑, 대방 두 군과 충돌하면서 벌어진 싸움입니다. 교수님께 설명을 부탁드립니다.

소교수 : 기리영 전투의 전모全貌는 『삼국지』〈위서〉 동이전에 나옵니다.

③-7. 경초 연간에 명제明帝가 몰래 **대방태수 유흔劉昕과 낙랑태수 선우사鮮于嗣를 파견하여 바다를 건너 두 군을 평정하였다.** 그리고 여러 한국韓國*의 신지臣智에게는 읍군邑君의 인수印綬를 주고 그 다음 사람에게는 읍장邑長을 주었다. 그 풍속에 의책衣幘을 좋아하여 하호下戶들이 군郡에 조알朝謁할 적에 모두 의책을 빌렸다. 스스로 인수를 차고 의책을 갖춰 입은 자가 1천여에 달하였다.

③-8. 부종사 오림吳林은 **낙랑이 본래 한국韓國을 다스렸다는 이유로 진한辰韓 8국을 분할하여 낙랑에 넣으려고 하였다.** 그때 통역하는 관리가 말을 옮기면서 틀리게 전하는 부분이 있어 **신지臣智가 격분하고 한韓이 분노하여 대방군의 기리영崎離營을 공격하였다. 이때 대방태수 궁준弓遵과 낙랑태수 유무劉茂가 군사를 일으켜 이들을 정벌하는데, 궁준은 전사하였으나 마침내 이군二郡**이 한韓을 멸하였다.** 『삼국지』〈위서〉 동이전 한조

☞ *마한 **낙랑, 대방

시기가 달라 편의상 두 개 기록으로 분리합니다. 앞 기록(③-7)은 기리영 전투 발생 이전의 상황입니다. 위魏(220~265)는 220년 후한을 무너뜨리고 조조의 셋째 아들 조비가 세운 왕조입니다. 경초는 위 명제(조예)의 연호로 237년~239년에 해당합니다. 대방태수 유흔과 낙랑태수 선우사가 나옵니다. 두 사람은 위魏의 지방관인 태수입니다. 그런데 두 태수가 바다를 건너와서 한반도 대방과 낙랑지역을 평정하고 마한의 수장급인 신지들과 읍차들에게 읍군과 읍장의 인수(도장)를 줍니다. 인원은 1천여 명입니다. 뒷 기록(③-8)은 기리영 전투의 직접적인 배경과 결과입니다. 배경은 진한8국의 낙랑예속 문제를 놓고 위의 태수가 파견한 부종사 오림과 마한의 신지들 사이에 갈등이 벌어집니다. 위의 입장은 낙랑이 이전에 한국韓國을 다스렸다는 명분입니다. 마한의 신지들은 비록 진한의 문제이나 거칠게 반발합니다. 결정적인 발단은 통역의 오류입니다. 통역관은 마한의 신지들이

진한의 낙랑예속을 받아들인 것으로 오역합니다. 이로 인해 협상은 결렬되고 마한의 신지들은 위의 대방태수 궁준과 낙랑태수 유무와 기리영에서 한판 붙습니다. 전투결과는 대방태수 궁준의 전사로 막을 내리나 마한의 패배로 끝납니다. 시기는 대략 240~245년 사이입니다.

김기자 : 내용이 너무 어렵군요.

백선생 : 앞 기록(③-7) 중에 '두 군을 평정平定했다.'는 표현이 있습니다. 그러나 원문은 '平定二郡'이 아니라 '平'자가 없는 '定二郡'입니다. 즉 '두 군을 정定했다.'입니다. 두 태수가 한반도 대방과 낙랑지역으로 건너 와서 한 일은 마한의 수장들을 만나 인수를 준 정도입니다. 일종의 회유책입니다. 뒷 기록(③-8)의 경우 '樂浪本統韓國'의 표현이 나옵니다. '낙랑이 본래 한국을 다스렸다.'입니다. 이는 상내약외의 필법으로 중국의 입장입니다. 중국사서 마저도 이 기록 말고는 낙랑이 한국을 통치한 기록이 전혀 없습니다. 따라서 이는 역사적 사실이 아닙니다. 진한 8국을 낙랑에 예속하기 위한 명분입니다. 또한 기리영 전투 결과를 '遵戰死二郡遂滅韓'로 기록합니다. '궁준이 전사하고 2개 군이 한韓을 멸하였다.'입니다. 적장이 죽었는데 마한연맹이 패배할 이유가 없습니다. '멸하였다.'는 표현은 억지입니다. 역시 중국의 입장일 뿐입니다.

김기자 : 중국기록만 있는 겁니까?

백선생 : 아닙니다.『고구려사략』에도 나옵니다.

③-9. 11년(237년) 정사 춘3월, 유흔劉昕, **선우사**鮮于嗣, **오림**吳林 **등이 대방**帶方 **낙랑**樂浪 **등 소국**小 國을 **침략하여 공손연**公孫淵**과 표리**表裏**되었다.** 공손연은 연燕왕을 자칭하고 교만하게 거드름을 피웠다. 상이 위魏에 사신을 보내 공손연을 함께 토벌하는 계획을 상의하였다. 위魏는 관구검毌丘儉을 유주자사幽州刺使로 삼아 선비鮮卑, 오환烏桓 등과 함께 요수遼隧에 진을 치고 공손연을 징치懲治하려 하였으나, 공손연이 나와서 이들을 격파하였다.

③-10. 14년(240년), **대방사람 궁준**弓遵**이 위**魏**의 태수를 자칭하며 변방을 침략하고 신라, 왜와 통하니 근심거리가 많아졌다.** 어관於灌에게 명을 내려 **한**韓**의 신지**臣智 **등을 이끌고 나가서 이를 쳐 죽이게 하였다.** 『고구려사략』동양대제기

기본적인 내용은 앞의『삼국지』〈위서〉기록과 같습니다. 따라서 정확한 발생년도는 237년과 240

년입니다. 먼저 237년 기록(③-9)을 보면 위의 대방태수 유흔과 낙랑태수 선우사의 행위가 나옵니다. 두 사람은 한반도로 건너와 대방,낙랑 2군이 아닌 2국을 침입합니다. '平定' 또는 '定'이 아닌 그냥 '侵'입니다. 이때 공손연이 이들과 표리表裏되어 연왕을 자칭합니다.

김기자 : 표리는 무슨 의미입니까?

백선생 : 겉과 속(또는 안과 밖)을 이르는 말입니다. 겉이 있으면 속이 있는 것과 마찬가지로 서로 떼어서 생각할 수 없는 경우를 말합니다. 여기서의 표리는 위의 두 태수가 한반도로 건너가자 경쟁관계에 있던 공손연에게 기회가 생기고 공손연은 내친걸음으로 연왕을 자칭하며 거드름을 핀 사실을 말합니다. 이를 아니꼽게 여긴 고구려 동천왕(제11대)은 위에 사신을 파견하여 공손연 토벌의 합동작전을 제안하고, 위는 관구검田丘儉을 파견하여 공손연을 공격하지만 오히려 패합니다. 다음은 240년 기록(③-10)입니다. 대방사람 궁준이 나와서 위의 대방태수를 자칭합니다. 궁준은 앞서 마한의 신지들에게 인수를 준 대방태수 유흔을 대신한 인물입니다. 그런데 새로 태수가 된 궁준이 평지풍파를 일으킵니다. 전임 태수인 유흔의 유화적 방법이 아닌 공격적인 방법을 선택합니다. 고구려 변방을 침략하고 신라와 왜와 통교하며 고구려에게 근심거리를 제공합니다. 고구려 동천왕은 궁준을 응징할 결심을 하고 마한의 신지들을 동원합니다.

김기자 : 고구려와 중국의 배경설명이 전혀 다르군요.

백선생 : 기리영 전투는 엄연한 역사적 사실입니다. 배경을 두고 중국은 진한 8국을 예속시키는 과정으로 보고, 고구려는 위魏의 앞잡이가 된 대방태수 궁준에 대한 응징으로 설명합니다. 결과는 중국의 입장이든 고구려의 입장이든 마한의 신지들이 동원되고 기리영 전투가 발생합니다. 그리고 대방태수 궁준이 죽습니다.

김기자 : 그렇다면 기리영 전투의 승자는 누구입니까?

백선생 : 당연히 한韓입니다. 마한 연맹의 승리입니다. 상대편 적장이 전투 중에 죽었는데, 마한 연맹이 패배한다는 것은 어불성설입니다. 이는 상식에 맞지 않습니다. 다만, 기록(③-10)에서 보듯이 마한연맹은 직간접적으로 고구려의 군사지원을 받을 수도 있습니다.

김기자 : 교수님은 기리영전투를 어떻게 보십니까?

소교수 : 중국의 배경은 익히 알려져 있으나 고구려의 배경은 처음 접합니다. 좀 더 깊이 있는 검토가 필요합니다. 다만 기리영 전투에 참가한 마한의 실체에 대해서는 여러 해석이 있습니다. 대략 3가지로 정리됩니다. 첫째는 백제로 보는 설입니다. 고이왕이 주축이 되어 마한의 신지들과 함께 위의 낙랑, 대방에 대항했다고

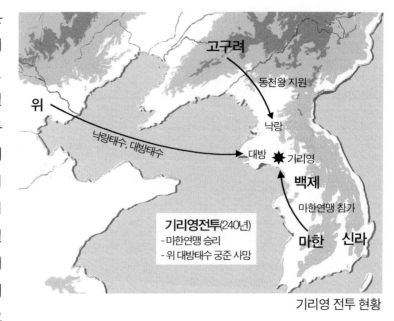

기리영 전투 현황

보는 견해입니다. 둘째는 마한의 목지국目支國으로 보는 설입니다. 마한의 대표는 목지국의 진왕辰王입니다. 진왕이 주축이 되었다고 보는 견해입니다. 셋째는 마한의 신분고국臣濆沽國으로 보는 설입니다. 경기도 파주 적성면에 육계토성이 있습니다. 이 토성을 신분고국의 흔적으로 보고 비교적 가까운 거리에 있었을 것으로 추정되는 황해도 기리영에서 신분고국의 신지(우두머리)가 주동이 되어 전투를 벌였다고 보는 설입니다.[11]

김기자 : 선생님의 견해는 어떠합니까?

백선생 : 기리영 전투의 주체는 마한의 목지국입니다. 목지국은 마한연맹의 대표로서 엄연히 존재합니다. 『삼국지』〈위서〉 기록(③-7)을 보면 낙랑, 대방 태수가 인수(도장)를 주는데, 인수를 차고 의책을 갖춰 입은 사람이 1천여 명입니다. 대규모 인원입니다. 모두 마한의 각 소국 지도급 인사들

---

11 인용문 ③-8의 '신지(臣智)가 격분하고 한(韓)이 분노하여'에 의거한다. 원문은 '臣智激韓忿'으로 명(明) 이후의 『삼국지』 판본 기록이다. 그러나 명대 이전에 간행된 백납본(百衲本)은 '臣知沽韓忿'이며, 『통지通志』에 나오는 가장 오래된 『삼국지』 필사본은 '臣濆古韓慎'이다. '신분고한이 분하여'로 해석할 수 있다. 신분고한은 마한 54국의 하나인 '신분고국(臣濆沽國)'이다. 신분고국은 경기도 김포지역(김포 운양동 유적)에 소재한 것으로 추정한다.

입니다. 이는 마한을 대표하는 목지국의 진왕만이 소집할 수 있습니다. 청淸말기 관리인 정겸丁謙이 남긴 당시 기리영 전투에 참가한 마한에 대한 평가입니다.

> 비록 백제가 마한을 멸했으나 마한 중에는 여전히 12개의 작은 부部가 있어 한왕韓王의 칭호를 이었다. 위魏의 동이전 기사에 환제, 영제 말에 한韓과 예濊가 강성하고 건안 연간 뒤에 왜倭, 한韓이 대방帶 方에 복속하였으며 명제 때에 이르러 2군二郡이 마침내 한韓을 멸했다 하였으나 이는 모두 자립한 마한의 작은 부部를 가리키는 것이지 삼한三韓의 전체 영역을 말하는 것은 아니다. 다만 예전에는 삼한이 모두 토착민들의 흩어진 여러 부部로 세력이 나뉘고 역량이 미약하여 낙랑이 이들을 복속할 수 있었던 것이다. 그러다가 백제와 신라가 크게 흥하여 땅이 크고 군대가 강해져 족히 고구려와 정립할 정도였고 중국의 군현이 능히 제어할 수 있는 바가 결코 아니었다. 어찌 당시의 중국이 끝내 듣지도 묻지도 않고 막연히 해두며 그 일을 언급하지 않았단 말인가. 백제는 본래 마한 열국 중의 하나이고 신라는 변진 열국 중의 하나에서 성장하여 컸는데 어찌 여전히 삼한으로 간주하여 특별히 구분하지 않았는가. 아, 소루疏漏함이 지나치도다. 어찌 『진서』, 『후한서』가 그 오류를 답습하며 이를 깨닫지 못했는가. 『삼국지』〈위서〉 동이전 한조(집해26)

정겸의 견해와 해석이 전부 옳은 것은 아닙니다. 그럼에도 당시 백제와 신라의 존재 자체를 고려하지 않은 중국의 편견과 시각을 예리하게 비판한 점은 눈여겨 볼만 합니다.

김기자 : 혹시 『삼국사기』에 기리영 전투에 관한 기록이 있습니까?

백선생 : 없습니다. 기리영 전투는 백제 고이왕이 관여한 사건이 아니기 때문입니다. 설사 『삼국사기』 편찬자가 이 사건의 내막과 실체를 알았더라도 편집원칙상 백제 기록에 남길 수 없습니다. 다만 중국은 비록 일부이지만 이 사건에 직접 관여한 일이기에 기록을 남깁니다.

김기자 : 기리영 전투이후 마한은 어떻게 됩니까?

백선생 : 이후 마한의 실체는 모호해집니다. 마한연맹의 대표인 목지국이 기록에서 전부 사라집니다. 이런 이유로 『삼국지』〈위서〉 기록(③-8) 말미의 '滅韓'을 한자해석대로 받아들여 목지국 중심의 마한연맹이 와해된 것으로 보는 견해도 있습니다.

김기자 : 그렇다면 마한이 없어진 겁니까?

백선생 : 마한이 역사에서 사라진 것은 아닙니다. 중국사서에 전남지역의 마한세력이 확인됩니

다. 영산강 유역의 마한입니다. 맑은 하늘에 벼락이 떨어지듯 홀연히 우리 역사에 등장합니다. "나 여기 있승께 다들 까불지 말더라구!" 외치며 역사의 문을 박차고 뛰쳐나옵니다.

③-10. **동이**東夷의 **마한**馬韓 **신미**新彌 **등 여러 나라들은 산을 의지하고 바다를 끼고 있으며 유주**幽 州**에서 4천여 리나 떨어져 있는데** 역대로 내부來附하지 않던 **20여국이 함께 사신을 보내 조공을 바 쳐왔다.** 『진서』 장화張華 열전

『진서』 장화 열전에 기록된 마한 신미제국新彌諸國입니다. 신미국을 중심으로 한 20여개의 소국입니다. 이들은 모두 영산강 유역에 소재합니다. 『일본서기』는 신미제국을 가리켜 '침미다례忱彌多禮'라고 합니다. '침미의 여러 나라'입니다. 발생 시기는 282년으로 추정됩니다.[12] 물론 이 기록만 있는 것은 아닙니다. 『진서』 마한전의 기록을 보면, 280년, 281년, 286년, 289년, 290년 등 5차례에 걸쳐 서진西晉(265~316)에 사신을 보내고 공물과 특산물을 바칩니다. 기록의 주체는 모두 신미제국입니다. 백제는 고이왕−책계왕 시기입니다. 참고로 백제가 최초로 중국에 사신을 파견한 시기는 근초고왕(제13대) 때인 372년입니다. 마한 신미제국이 백제보다 무려 90년이 빠릅니다.

김기자 : 마한이 백제보다 90년이나 앞서 중국과 외교관계를 맺었다는 것이 믿겨지지 않는군요.

소교수 : 고고학적으로 대략 3세기 중반부터 영산강유역에 대형 옹관묘甕棺墓가 출현합니다.[13] 막강한 경제력을 가진 세력입니다. 경제

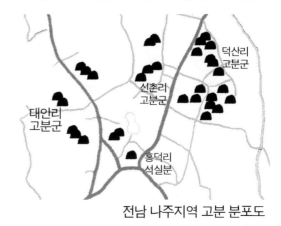

전남 나주지역 고분 분포도

---

12 『고구려사략』 서천대제기 282년(서천13) 기록이다. '장화(張華)가 사신을 보내서 입조하였다. 마한(馬韓)이 장화와 함께 왔다.〔張華遣使來朝 馬韓及附於華〕' 영산강유역의 마한세력이 장화와 함께 고구려를 방문한다. 참으로 놀라운 역사이다.
13 전남지역(영산강유역)에서 발견되는 무덤의 외형은 다양하다. 원형, 방형(네모), 사다리꼴형, 방대형(피라미드) 등이다. 다양한 세력집단이 존재했음을 알 수 있다. 방대형의 경우 고구려 적석총과 유사하다. 다만, 돌이 아닌 흙으로 쌓은 점이 다르다. 방형과 원형을 결합한 장고형도 있는데, 일본의 대표 묘제인 전방후원분과 똑같다. 전남지역의 무덤문화의 다양성은 우리의 상상을 초월한다.

력이 커지면 정치가 발전하고 외교가 활발해집니다. 신미제국의 독자적인 외교행위는 마치 마한을 대표한 것처럼 보입니다. 앞서 살펴본 기리영 전투의 주체가 목지국이고 중국기록의 표현대로 전투결과 마한이 멸망당했다면 이는 목지국의 쇠퇴로 이어졌을 겁니다. 신미제국의 외교행위는 마한의 중심축이 이동한 증거입니다.

4. 불운한 고이왕의 후계자들

백선생 : 책계왕責稽王과 분서왕汾西王은 제9대, 제10대 왕입니다. 둘 다 고이왕의 직계입니다. 책계왕은 286년~298년까지 13년을 재위합니다. 『삼국사기』는 고이왕의 아들로 설정하고, 키가 크고 뜻과 기개가 웅대하다고 평합니다. 장자가 아님에도 고이왕의 선택을 받습니다. 『삼국사기』에 대방 관련한 특이한 기록이 있습니다.

③-11. 원년(286년). 고구려가 대방을 쳐서 대방이 우리에게 구원을 청하였다. 이에 앞서 **왕이 대방왕의 딸 보과寶菓를 부인으로 삼았다. 왕이 이르길 "대방은 장인의 나라이니 그 청에 응하지 않을 수 없다." 하고 드디어 군사를 내어 구원하니 고구려가 원망하였다.** 왕은 고구려의 침략을 두려워하여 아차성阿旦城과 사성蛇城을 수리하여 대비하였다. 『삼국사기』 책계왕

책계왕 원년인 286년입니다. 고구려가 대방을 치니 백제는 대방의 요청에 따라 군사를 지원합니다. 지원 사유는 대방이 '장인의 나라〔舅甥之國〕'이기 때문입니다. 책계왕은 대방왕의 딸 보과寶菓를 부인으로 맞아들입니다. 백제와 대방은 혼인동맹을 맺고 우호적인 관계를 유지합니다. 그런데 고구려가 원망합니다. 분노가 아니고 원망입니다. 한마디로 "백제 너희가 감히 이럴 수 있느냐?"며 노골적인 불신을 드러냅니다.

김기자 : 대방국은 어떤 나라입니까?

백선생 : 공손씨 정권 후손집단이 한반도 황해도지역에 세운 일종의 후국後國입니다. 공손씨 정권은 후한 말 혼란기를 틈타 삼국(위촉오)과는 별도로 중국대륙 동북방을 장악한 군벌정권입니다.

189년 공손도公孫度에 의해 설립된 공손씨 정권은 이후 공손강, 공손공, 공손연으로 이어져 내려오다. 238년 위魏의 사마의司馬懿에게 멸망당합니다. 4대 50년간(189년~238년)입니다.(85쪽 참조) 이때 공손씨 정권의 후손인 공손소公孫沼(공손연의 둘째 아들)가 유민을 이끌고 황해도지역으로 건너와 대방국을 건국합니다. 『백제왕기』에 흥미로운 기록이 있습니다.

③-12. 19년(282년) 임인 6월, **태자 책계責稽가 대방왕帶方王의 딸 보과宝果를 맞이하였다.** 20년(283년) 계묘 2월, **대방왕 소沼가 죽어 아들 건虔이 즉위하였다. 왕에게 혼인을 청하니, 다섯째 딸 오고리烏 古里를 시집보냈다.** 『백제왕기』〈B형〉 고이왕

282년(고이19)입니다. 태자 책계가 대방왕 공손소의 딸 보과와 혼인합니다. 책계왕의 장인이 바로 공손소입니다. 이어 이듬해인 283년(고이20) 공손소가 죽어 아들 공손건公孫虔이 즉위합니다. 고이왕은 공손건이 혼인을 요청하자 딸을 시집보냅니다.

김기자 : 백제와 대방국이 왕실간 교차 혼인을 맺은 것이군요.

백선생 : 이 기록은 황해도지역에 소재한 대방국을 건국한 집단이 공손씨의 후예라는 사실을 증언합니다. 참고로 공손소와 공손건은 공손씨임도 불구하고 중국기록에 나오지 않습니다. 이유는 두 사람의 활동공간이 중국대륙이 아닌 한반도이기 때문입니다. 책계왕은 별다른 치적 없이 298년 전투 중에 사망합니다. 『삼국사기』와 『고구려사략』의 기록입니다.

③-13. 13년(298년) 9월, **한맥인漢貊人이 침범하였다. 왕이 나가서 막다가 적병에게 해를 입어 죽었 다.** 『삼국사기』 책계왕

③-14. 7년(296년) **책계責稽가 대방의 한맥漢貊 다섯 부락을 공격하다가 복병을 만나 죽었다.** 『고구려사략』 봉상제기

한맥이 나옵니다. 한족漢族과 맥족貊族입니다. 두 기록은 공격주체가 정반대입니다. 『삼국사기』 는 한맥이 백제를 공격하고, 『고구려사략』은 백제가 한맥을 공격합니다. 책계왕이 전투 중에 사망한 것은 두 기록이 같습니다. 『고구려사략』 기록이 역사적 사실입니다. 전투 장소가 대방의 한맥 지

배지역입니다. 백제는 대방국을 거쳐야만 한맥으로 갈 수 있습니다. 백제가 한맥을 공격한 이유는 고구려가 한맥을 동원하여 대방을 공격했기 때문입니다.(③-11 참조) 백제는 대방국을 대신하여 한맥에 대한 보복공격을 단행합니다.

김기자 : 대방지역에 존재하는 세력들이 모호하군요. 대방국이 있고 또 한맥도 있군요. 제가 잘못 이해한 겁니까?

백선생 : 당시 황해도 대방지역은 백제에 우호적인 세력과 비우호적인 세력이 병존합니다. 남쪽은 백제가 혼인동맹을 체결한 공손씨 정권의 후손집단인 대방국이 있고, 북쪽은 한족과 맥족[14] 출신들의 지배지역입니다. 이들은 모두 중국 동북방에서 건너온 망명객 집단입니다.

소교수 : 황해도지역은 중국 유민들이 가장 선호하는 망명지입니다. 지리적으로 중국대륙(산동반도)과 가까운 점과 또한 평야지대라는 강점이 있습니다. 참고로 평안남도 덕흥리 고분의 유주자사 진鎭의 묘와 황해도 안악 3호분인 동수冬壽의 묘가 있습니다. 이들 두 사람은 중국에서 한반도로 건너온 망명객입니다.

유주자사 진(鎭)묘(덕흥리고분)

백선생 : 분서왕汾西王은 책계왕의 장자입니다. 298년~304년까지 7년을 재위합니다. 어려서부터 총명하고 너그러우며 외모가 뛰어나니 분명 꽃미남입니다. 분서왕의 죽음에 대한 기록입니다.

③-15. 7년(304년) 2월, 몰래 군사를 보내 **낙랑의 서현西縣을 습격하여 빼앗았다.** 10월, 왕이 **낙랑태수 樂浪太守가 보낸 자객에게 해를 입어 죽었다.** 『삼국사기』 분서왕

③-16. 5년(304년) 2월, **분서汾西가 낙랑의 서도西都를 습격하여 깨뜨리고 그 땅을 군都으로 삼았다.**

---

14 원래 맥족(貊族)은 고구려 구성하는 주요 족속이다. 다만 이 기록에 나오는 맥족은 고구려 서쪽 변방인 중국 동북방의 소재한 한족에 동화된 맥족의 또 다른 한 부류로 이해된다. 『고구려사략』도 이들을 따로 구분한다. 이들 맥족은 어느 시기엔가 한족출신의 망명객을 따라 한반도로 들어온다.

그 땅은 본래 분서의 모친인 보과寶菓의 나라* 도읍이었다. 분서가 모친을 위하여 빼앗은 것이다. **낙랑왕樂浪王 자술子述이 장막사長莫思에게 사신을 보내 화친을 청하였다.** 상은 장막사에게 분서와 모의하여 낙랑을 나눠 갖기로 하니 자술은 화가 치밀어 화친 제의를 거절하고 분서가 서도를 빼앗은 것이 분하여 원수를 갚고자 하였다. 이해 10월, **계림鷄林**사람으로 예쁘고 담력과 용기가 있는 자술의 신하 황창랑黃倡郎이 있었다.** 미녀처럼 꾸미고 분서를 찾아가니 분서가 그 미모에 빠져 수레 안에서 불러들였다. 황창랑이 분서를 칼로 죽였다.『고구려사략』미천대제기

☞ *대방국 **신라

『삼국사기』와『고구려사략』입니다.『고구려사략』이 비교적 사건 내용이 상세합니다. 분서왕이 낙랑의 서도西都(『삼국사기』는 서현西縣임)를 습격한 이유가 나옵니다. 대방국 출신의 어머니 보과를 위한 일종의 효도전쟁입니다. 낙랑왕 자술子述(『삼국사기』는 낙랑태수임)이 나오고 장막사가 나옵니다. 장막사는 고구려 관리입니다. 고구려 미천왕(제15대)이 장막사에게 백제 분서왕과 모의하여 낙랑을 분할하라는 지시를 내립니다. 그런데 낙랑국 자술왕이 이를 사전에 알게 됩니다. 자술왕은 복수를 결심하고 계림(신라)출신의 황창랑으로 하여금 분서왕을 살해하라는 밀명을 내립니다. 황창랑이 여자처럼 예쁘게 꾸미고 분서왕을 찾아갑니다. 그리고 분서왕의 가슴에 비수를 꽂습니다. 아마도 분서왕은 황창랑이 남자라는 사실조차 모르고 저승길로 갔을 겁니다.

김기자 : 영화의 한 장면이군요.

백선생 : 몇 가지를 검토합니다. 첫째는 낙랑의 서도는 옛 대방국의 수도입니다.『삼국사기』는 서현으로 표기하는데 그 위치가 불명확합니다. 책계왕의 죽음에 실마리가 있습니다. 책계왕은 대방의 북쪽지역인 한맥의 5개 부락을 공격하다 죽습니다. 결국 이 전투는 백제의 패배입니다. 대방의 한맥은 평양의 낙랑과는 우호적입니다. 같은 뿌리입니다. 책계왕의 죽음과 함께 대방국과 한맥이 낙랑에 흡수됩니다. 이후 대방국도 한맥도 더 이상 기록에 나오지 않습니다. 서도는 낙랑이 대방국을 흡수하면서 대방국의 옛 수도를 서도로 명한 겁니다. 따라서 낙랑의 서도는 황해도 남부에 위치합니다. 둘째는 낙랑태수가 아니고 낙랑왕입니다. 대방지역을 흡수하면서 새로운 국가형태의 낙랑국이 평양에 들어섭니다. 자술의 낙랑국입니다. 낙랑국은 예전에도 있습니다. 최리崔理의 낙

랑국입니다. '호동왕자와 낙랑공주' 설화의 무대가 되는 나라입니다. 그러나 최리의 낙랑국은 한반도가 아닌 중국 동북방의 요하 동쪽 지역입니다.[15] 고구려 대무신왕(제3대) 때인 1세기 전반에 고구려에 흡수됩니다. 자술의 낙랑국은 최리의 낙랑국과는 전혀 다른 존재입니다. 자술의 낙랑국은 대방국과 한맥을 흡수하면서 독립국을 지향합니다. 셋째는 고구려가 백제와 더불어 자술의 낙랑국을 분할할 의도가 있느냐는 문제입니다. 고구려는 옛 대방국을 백제와 같은 선상에서 판단합니다. 자술의 낙랑국이 고구려의 뜻대로 움직이지 않고 독자노선을 취하자 아예 멸망시킬 생각을 하고 백제와 논의합니다.

김기자 : 고구려가 백제의 존재를 인정한 겁니까?

백선생 : 고구려는 백제를 한반도의 한축으로 인정합니다. 자술의 낙랑국 분할시도가 단적인 증거입니다.

김기자 : 문득 「가쓰라–테프트 밀약The Katsura–Taft Agreement」이 생각나는군요. 1905년 미국과 일본이 필리핀과 우리 대한제국을 나누어 지배하기로 한 밀약입니다.

백선생 : 역사 이래로 이런 일은 비일비재합니다. 반복되는 역사의 한 장면입니다. 강대국 사이에 끼어 있는 약소국의 설움입니다. 비록 역사기록 자체가 승자의 선택이지만, 그 이면에는 패자의 아픔과 상처도 고스란히 녹아 있습니다. 자술의 낙랑국은 『삼국사기』가 기록하지 않은 또 하나의 우리 역사입니다.

【고이왕 계보도】

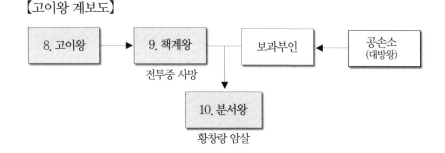

15 정재수, 『고구려 역사의 부활』(논형, 2018) 제3장 참조.

4장
정복군주의 실상
근초고왕과 여구왕

1. 비류왕의 은유적 기록에 담긴 비밀

백선생 : 4세기입니다. 백제는 고이왕을 맞이하며 왕권국가의 틀을 확립하지만 여전히 그 존재는 미약합니다. 경기지역에 한정된 소국입니다. 중국사서는 이 시기까지도 백제에 대해 언급하지 않습니다. 백제의 존재를 잘 모릅니다. 백제가 경기지역을 벗어나 한반도 전체로 영역을 확장하기 위해서는 새로운 동력이 필요합니다. 한반도의 진정한 맹주로 성장하기 위해서는 혁신적인 전환이 필요합니다. 대국을 만들고 이끌어갈 새로운 영웅이 필요합니다.

김기자 : 새로운 영웅은 근초고왕입니까?

백선생 : 근초고왕은 4세기 중반에 즉위합니다. 4세기 전반은 비류왕比流王이 백제를 이끌어 갑니다. 비류왕은 제11대 왕으로 304년~344년까지 41년을 재위합니다. 『삼국사기』는 구수왕의 둘째 아들로 설정합니다. 이는 생물학적으로 불가능합니다. 구수왕의 증손자뻘에 가깝습니다.[1] 비류왕은 고이계(고이왕-책계왕-분서왕)로 넘어간 왕통을 다시금 비류계의 왕통으로 회복시킨 왕입니다. 그래서 왕명조차 시조 비류왕과 이름이 같습니다. 304년, 젊은 분서왕(고이계)이 낙랑자객 황창랑에게 암살당하자, 백제 왕실과 조정은 혼란에 빠집니다.(제3장 101쪽 참조) 당시 왕실의 중심은 분서왕의 모친인 대방국 왕녀출신 보과寶果(공손소 딸)부인입니다. 조정은 신말갈 출신인 진씨들이 장악합니다. 분서왕에게는 어린 아들이 있습니다. 훗날 비류왕의 뒤를 이은 계왕契王(제12대,344)입니다. 보과부인은 계왕을 보위에 앉히고 섭정을 꿈꿉니다. 그러나 진씨들이 반발합니다. 분서왕의 뒤를 이

---

1 『백제왕기』〈B형〉 고이왕 11년(274년) 7월 기록이다. '태왕(太王-초고왕)이 산궁(山宮)에서 죽었다. 춘추 61세이다. 태왕은 건장하고 신력(神力)이 있었으며, 활쏘기를 잘하고 말타기를 좋아하였다. 일찍이 위엄과 덕이 있어 명성이 높았다. 뒤늦게 신선(神仙)과 토목(土木)을 좋아하였고 성색(聲色)에 빠졌었다. 국인이 애석해 하였다.〔太王崩於山宮 春秋六十一 太王鴻壯有神力 善射好騎馬 早有威德之名 晚好神仙土木 沈於聲色 國人惜之〕' 초고왕은 아들 구수왕보다 더 오래 산다. 고이왕이 구수왕의 뒤를 잇게 하고, 자신은 고이왕 재위시기에 죽는다. 말년에 성색에 빠졌다는 표현으로 보아, 초고왕은 늦둥이 비류왕을 얻을 수도 있다.

을 후계자 선정을 놓고 왕실과 조정이 첨예하게 대립합니다. 교집합을 찾지 못하자 엉뚱하게도 제 3자를 선택합니다. 비류왕에게는 엄청난 행운입니다. 흥미로운 기록이 『고구려사략』에 있습니다.

④-1. 5년(304년). **보과宝果가 총애하던 비류比流를 왕으로 세웠다.** 비류는 구수仇首의 서자庶子인데 고 이古爾시절에 민간으로 피하여 숨어 지내 민심을 잘 알았고 힘도 있고 활도 잘 쏘았다.
『고구려사략』 미천대제기

보과부인이 비류를 총애했다는 표현이 나옵니다. 한자는 '嬖(총애/사랑 폐)'입니다.

김기자 : 혹시 비류왕은 보과부인의 정부情夫입니까?

백선생 : 상상에 맡깁니다. 다만 비류왕은 당시 왕실과 조정에서 비켜나 있는 재야인물임에도 불구하고 보과부인의 선택을 받습니다. 또한 비류왕은 왕실권력인 보과부인과 조정권력인 진씨귀족 간의 권력다툼의 산물로 즉위합니다. 『삼국사기』 비류왕 기록 중 일부입니다.

④-2. 13년(316년) 봄, 가뭄이 들었다. **큰 별이 서쪽으로 떨어졌다.** 여름 4월, 왕도의 우물물이 넘치더니 흑룡이 그 속에서 나타났다.

④-3. 22년(325년) 겨울 10월, **하늘에서 소리가 났는데 풍랑이 서로 부딪치는 것 같았다.** 11월, 왕이 구원狗原 북쪽에서 사냥을 하다가 손수 사슴을 잡았다.

④-4. 24년(327년) 가을 7월, **붉은 까마귀처럼 생긴 구름이 해를 감쌌다.** 9월, 내신좌평 우복이 북한 성北漢城에 자리잡고 반란을 일으켜 왕이 군사를 보내 토벌하였다. 『삼국사기』 비류왕

모두 자연현상을 빗댄 은유적 표현입니다. 유독 비류왕의 기록에만 집중해서 나옵니다. 그런데 원인과 결과가 분명합니다. 어떤 역사적 사건을 우회적으로 표현한 기록입니다. 먼저 316년(비류 13)입니다.(④-2) 큰 별이 서쪽으로 떨어집니다. 원인입니다. 얼마 후 왕도의 우물이 넘치고 흑룡이 출현합니다. 백제입장에서는 큰 별이 서쪽으로 떨어지지만, 서쪽입장에서는 큰 별이 출현합니다. 백제의 서쪽지역에 큰 별 집단이 도착합니다. 왕도 우물이 넘치고 흑룡이 나온 것은 큰 별의 출현으로 백제가 혼란에 빠졌다는 의미입니다. 큰 별은 흑룡입니다. 백제에게는 매우 위협적인 존재입니다. 다음은 325년(비류22)입니다.(④-3) 하늘에서 풍랑이 서로 부딪치는 소리가 납니다. 원인입니

다. 비류왕은 구원(구사파의, 경기김포)에 가서 사냥을 하다가 손수 사슴을 잡습니다. 결과입니다. 전자는 큰 별과 비류왕이 격하게 대립한 것을, 후자는 비류왕이 구원으로 찾아가 큰 별과 손을 잡은 것을 의미합니다. 큰 별 집단이 출현한지 9년째가 되는 해입니다.

김기자 : 큰 별 집단은 어떤 세력입니까?

백선생 : 큰 별 집단은 중국 요서지역에서 바다를 건너온 백가제해百家濟海세력입니다. 백가제해 집단이 본격적으로 한반도에 출현합니다.

김기자 : 혹시 서부여입니까?

백선생 : 그렇습니다. 백가제해집단은 서부여 건국자 구태(또는 구지왕)의 후손집단입니다. 그러나 서부여 전체는 아닙니다. 엄밀히 말하면 서부여에서 분리된 구지왕의 대방고지집단입니다.(제2장 69쪽 참조)

김기자 : 어렵군요.

백선생 : 백가제해집단의 존재를 알았습니다. 이들 역시 백제입니다. 스스로 '백제百濟'라는 국호를 사용합니다. 혼선을 피하기 위해 당시 한강유역에 소재한 백제를 '한성백제'라 하고, 한반도로 백가제해한 세력을 '부여백제'[2]로 정리합니다.

김기자 : 부여백제는 처음 듣는 명칭이라 생소하군요.

백선생 : 마지막으로 327년(비류24)입니다.(④-4) 붉은 까마귀 구름이 해를 감쌉니다. 원인입니다. 내신좌평 우복優福이 북한산에서 반란을 일으킵니다. 결과입니다. 붉은 까마귀는 우복이며, 해는 비류왕입니다. 우복이 비류왕을 압도하는 형국입니다. 『신라사초』는 우복의 반란과 관련하여 흥미로운 내용을 소개합니다.

④-5. 13년(337년) 9월, 부여扶餘*의 열복悅福 등이 와서 항복하였다. 처음에 **비류**比流**의 어머니 여음**餘音이 소내素嬭에게 쫓겨나 평촌平村에 숨어 살았다. 그곳 **촌주**村主**와 사통하여 아들 우복**優福**을 낳았다.** 비류가 왕이 되자, **우복이 여음에게 의지하여 지위가 내신좌평이 되었다.** 자못 제멋대로 하는 바

---

2 일반적으로 시조 구태의 이름을 따서 '구태백제'라고 한다. 김상은 '삼한백제'라는 용어를 사용한다.

가 있었다. 이때 청계青雞**의 처 사계沙鷄가 비류의 작은 처가 되었는데, **우복이 그 색色을 흠모하여 처로 삼고자 하였으나, 얻지 못하자 급히 다른 뜻을 품었다. 또 비류의 여러 아들과 불화하여 북한 산北漢山을 근거지로 하여 반란을 일으켰다.** 비류가 토벌하였으나, 여러 해를 상지相持하다가 이때에 이르러 **우복이 죽자, 그의 아들 열복 등이 무리를 이끌고 우리에게 귀순하기를 청하니 왕이 허락하 였다. 이것으로 다시 화친에 흠결이 생겼다.** 『신라사초』미추니금기

☞ *백제 **책계왕

우복은 비류왕의 서제庶弟입니다. 배다른 아우입니다. 우복이 북한산에서 반란을 일으킨 배경 이 나옵니다. 우복은 책계왕의 처(사계)가 비류왕의 처가 되자, 이 여인을 빼앗으려다가 여의치 않자 아예 왕권을 탈취할 목적으로 반란을 일으킵니다. 그러나 반란은 곧바로 비류왕에게 토벌 됩니다.

김기자 : 우복의 반란은 여자 문제이군요.

백선생 : 세 가지 은유적인 표현만을 추렸지만 다른 기록도 있습니다. 태백太白(개밥바라기. 금성) 이 나타나고 일식이 일어나고 혜성이 출현하는 등 자연현상에 관한 내용입니다. 홀아비, 과부, 고아, 자식 없는 노인들에게 곡식을 나눠주어 백성들의 어려움을 살핀 치적도 있습니다. 그럼에 도 비류왕의 기록은 다른 어느 왕의 기록보다 은유적 표현이 유독 많습니다. 비류왕을 종합 정 리하면, 내부적으로는 우복의 반란과 같은 내홍도 있으나, 큰 대과없이 천수를 다하고 재위35년 을 마무리합니다. 그러나 외적으로는 새로운 강력한 세력이 한반도에 출현하여 백제의 앞날이 밝지 않습니다.

2. 백가제해세력의 실체

백선생 : 4세기 전반으로 추정합니다. 중국 요서지역을 출발한 백가제해세력이 한반도로 건너옵 니다. 부여백제의 창업입니다. 백가제해의 배경을 알기 위해서는 당시 중국의 사정을 알아야합니 다. 교수님께 설명을 부탁드립니다.

소교수 : 3세기 후반은 백제 고이왕 시대입니다. 중국은 5호 16국의 대혼란이 시작하는 시기입니다. 조조의 위魏(220~265)가 3대로 막을 내리고, 3세기 중반 사마염이 서진西晉(265~316)을 세웁니다. 서진은 삼국(위촉오)을 통일하지만 지방 호족은 제어하지 못합니다. 더구나 8왕의 내란(290~306)을 겪으면서 경쟁적으로 북방의 5호를 끌어들입니다. 흉노匈奴, 선비鮮卑, 저氐, 갈羯, 강羌족 등입니다. 316년 서진은 5호의 하나인 흉노에게 멸망당합니다. 이후 서진왕족 사마예가 남쪽으로 내려가 동진東晉(317~419)을 세웁니다. 이제 중국대륙의 북방은 5호의 세상이 되고, 소위 5호 16국시대가 열립니다. 한편 요동지역에는 선비족인 모용慕容씨가 세력을 키우며 급성장합니다. 이전 공손씨가 장악한 동북방일대를 모용씨가 차지합니다. 3세기 후반 모용외가 서진과 반半독립 체제를 유지해 오다 그의 아들 모용황이 전연前燕(337~370)을 세웁니다.

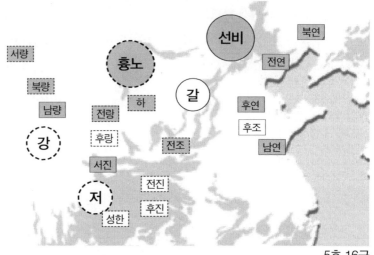

5호 16국

이후 전연은 저족氐族(5호)의 전진前秦(351~394)에게 멸망당합니다. 전연 멸망이후 모용씨는 계속해서 분화합니다. 모용수의 후연後燕(384~409), 모용충의 서연西燕(384~394), 모용덕의 남연南燕(398~410), 모용운(고운)의 북연北燕(407~436)으로 이어집니다. 모용씨가 100여 년간 이 지역의 패자로 군림합니다.

백선생 : 먼저 부여백제가 한반도에 출현하기까지의 과정을 살펴봅니다.

④-6. **부여扶餘는 원래 현도玄菟에 속하였다.** 후한 말 공손도公孫度가 해동에서 세력을 확장하여 외이外夷들을 위력으로 복속시켰다. **부여왕扶餘王 위구태尉仇台는 다시 요동遼東에 속하였다.** 이때에 고구려와 선비鮮卑가 강성하여 공손도는 부여가 고구려와 선비 사이에 끼어 있어 종녀를 처로 삼게 하였다.

위구태가 죽고 간위거簡位居가 왕위를 이었으나 적자嫡子는 없고 서자庶子 마여麻余가 있었다. 간위거가 죽자 제가諸加들이 마여를 옹립하였다. 우가牛加 형의 아들 이름도 위거位居인데 대사大使가 되어 재물을 가벼이 여기고 선정을 베푸니 나라사람들이 이를 따랐다. 해들 거듭하여 경도京都에 사신을 보내어 공헌貢獻하였다. 『삼국지』〈위서〉 동이전 부여

④-7. 태강6년(285년)에 이르러 **모용외慕容廆의 습격을 받아 패하여 부여왕 의려依慮는 자살하고 자제들은 옥저沃沮로 달아나 목숨을 보전하였다.** 무제武帝는 조서를 내려 명하였다. "부여왕은 대대로 충효를 지켰는데 오랑캐에게 멸망된 것을 매우 가엾게 여기노라. 만약 그의 유족 중에 복국復國시킬 사람이 있으면 마땅히 방책을 강구하여 나라를 세울 수 있도록 하게하라." 이때 한 벼슬아치가 말하였다. "호동이교위護東夷校尉 선우영鮮于嬰이 부여를 구원하지 않아서 기민하게 대응할 기회를 놓쳤습니다." 무제는 선우영을 파면하고 하감何龕으로 교체하였다. **이듬해, 부여왕 의라依羅가 하감何龕에게 사자를 보내 남은 무리를 이끌고 돌아가서 나라를 회복하기를 원하며 도움을 요청하였다. 하감이 전열을 정비하고 독우督郵 가침賈沈을 파견하여 의라를 호송하게 했는데 모용외가 그 길목을 지키고 있었다. 가침이 모용외와 싸워 크게 깨뜨리니, 모용외는 물러가고 의라는 나라를 회복하였다.**
『진서』 동이열전 부여

앞 기록(④-6)은 『삼국지』〈위서〉 동이전 부여편입니다. 전반부는 위구태가 고구려 태조왕에게 패한 이후 122년 서부여를 개국하기까지의 과정입니다.(제2장 68쪽 ②-17 참조) 후반부는 위구태 사망이후의 서부여 왕들입니다. 위구태의 후손으로 간위거와 마여가 나옵니다. 뒷 기록(④-7)은 『진서』 동이열전 부여편입니다. 285년입니다. 부여왕 의려依慮가 모용외의 습격을 받아 패하며 자살하고, 이후 아들 의라依羅가 옥저(『고구려사략』은 북옥저임. 지금의 요녕성 심양 북쪽지역을 말함)로 달아났다가 서진 무제(사마염)의 도움으로 서부여를 재건합니다.[3] 의려와 의라 역시 위구태의 후손입니다.

김기자 : 백가제해세력의 지도자는 의라왕의 후손입니까?

---

3 『진서』는 285년 한해에 발생한 사건으로 처리하나, 실제는 285년과 286년 두 해에 걸쳐 일어난 사건이다. 『고구려사략』 기록에 따르면, 고구려 서천왕이 군사를 동원하여 의라왕의 서부여 재건을 직접 지원한 내용이 나온다. 『진서』는 중국의 공으로만 포장한다. 전형적인 상내약외(詳內略外)의 춘추필법이다.

백선생 : 아닙니다. 서부여 의라왕과 직접적인 연관은 없습니다. 그러나 백가제해세력을 이끈 지도자도 의라왕과 마찬가지로 위구태의 직계후손입니다. 지도자의 이름은 기록이 없어 확인되지 않습니다.

김기자 : 그렇다면 백가제해한 시기는 언제입니까?

백선생 : 3세기후반~4세기초반은 모용외가 본격적으로 세력을 확장하는 시기입니다. 285년 모용외의 습격으로 촉발된 서부여의 대혼란(의려왕 자살, 의라왕 재건)은 필연적 결과입니다.(④-7)[4] 이후 모용외는 298년 대극성大棘城을 거점으로 삼고 점차적으로 요동과 요서지역을 장악해 나갑니다. 서진(서쪽)과 고구려(동쪽)를 무력으로 제압하며 확고한 우위를 점합니다. 이 시기 요서지역 대방고지의 백제제해세력도 모용외의 직접적인 영향을 받습니다.[5] 백가제해 시기는 앞의 『삼국사기』 기록 (109쪽 ④-2)이 단서입니다. 큰 별 집단이 되어 백제의 서쪽에 출현한 316년입니다.

김기자 : 백가제해세력이 도착한 장소는 어디입니까? 백제의 서쪽이면 경기 인천지역을 말합니까?

백선생 : 방위만을 고려한다면, 일견 인천지역이 타당합니다. 그러나 백가제해세력이 최종적으로 정착한 곳은 인천지역이 아닌 충남지역입니다. 316년(비류13), 백제의 서쪽지역에 도착한 백가제해세력은 충남지역으로 이동하여 부여백제를 건국합니다. 그리고 325년(비류25), 한성백제와 어

---

4 『태백일사』〈대진국본기〉에는 부여왕 의려와 의라가 일본으로 망명한 기록이 있다. '정주(正州)는 의려국(依慮國)의 도읍지다. 선비 모용외(慕容廆)에게 패하자 핍박 받을 것을 우려하여 "내 혼이 아직 살아있거늘 어디 간들 이루지 못할 것이 있으랴!" 말하고, 은밀히 아들 부라(扶羅)에게 뒷일을 맡기고 백랑산(白狼山)을 넘어 밤에 해구(海口)를 빠져나갔다. 따르는 자가 수천이었다. 마침내 바다를 건너 왜인(倭人)들을 평정하고 왕이 되었다. … 혹자는 말하기를 의려(依慮)왕은 선비에게 패한 후 바다를 건너간 후 돌아오지 않고, 자제들은 북옥저로 도망쳐 보존하다가 이듬해 아들 의라(依羅)가 즉위하였다. 후에 모용외가 또 다시 침략해 오자, 의라는 수천의 무리를 이끌고 바다를 건너 왜인들을 평정하고 왕이 되었다고 한다.' 기록의 사실여부는 알수 없으나 당시 모용외의 세력 확장을 감안하면 어느 정도 수긍이 가는 대목이다. 현재 일본 오사카시 스미요시(住吉)구에는 오오요사미(大依羅)신사와 의망지(依網也—의라 저수지)가 있다.

5 『흠정만주원류고』 기록이다. '『당회요』에 의하면, 백제는 본래 부여의 별종이다. 마한의 옛 지역이다. 구태라는 사람이 고구려의 침략을 받아 백가제해하였는데 백제의 국호는 이에 따른다.〔唐會要 百濟 本 夫餘之別種 當馬韓之故地 其後 有仇台者 高句麗所破 以百家濟因 號百濟〕' 『당회요』는 백가제해의 배경을 고구려 침략으로 설명한다. 그러나 『당회요』외의 중국문헌과 『삼국사기』 어디에도 고구려가 백가제해세력을 공격한 기록은 없다. 『당회요』의 기록은 122년 위구태가 고구려 태조왕에게 패한 사실을 소급 적용한 듯하다.

떤 다툼이 발생하여 구원(경기김포)으로 건너갑니다. 비류왕과 사냥을 같이하며 모종의 협상을 벌입니다.(109쪽 ④-3)

김기자 : 어떤 협상입니까?

백선생 : 기록이 없어 정확히 알 수는 없습니다. 다만 백가제해세력이 처음 한반도에 도착한 시점(316년)과 한성백제와 다툼이 발생한 시점(325년) 사이에는 9년의 공백이 있습니다. 이 시기 백가제해세력은 부여백제를 건국하고 점차로 영토를 확장해 나갑니다. 북쪽의 한성백제와 국경을 맞대게 되고 결국 영토분쟁이 발생합니다. 협상은 영토문제로 추정됩니다.

김기자 : 결국 백가제해세력은 부여백제로 거듭났군요. 그런데 백가제해세력이 빠져나간 중국의 요서지역은 어떻게 됩니까? 또한 서부여는 완전히 멸망한 겁니까?

백선생 : 『진서』와 『자치통감』 기록에 이들 지역에 대한 설명이 나옵니다.

④-8. 345년, "**고구려, 백제 및 우문부宇文部, 단부段部의 사람들은 모두 병세兵勢로 옮겨졌으므로** 중국이 의義를 사모하여 귀부한 것과 같지 않아 모두 고향을 그리워하고 돌아가려는 마음이 있습니다. 이제 그 호戸가 10만에 달하며 이들이 도성에 협주해 있어 장차 국가에 깊은 해를 끼칠까 우려되니 의당 그 형제 종속들을 나누어서 서쪽 변경의 여러 성으로 옮기고 은혜로 안무하고 법으로 단속해야하며, 거주민들 틈에 흩어져 살게 하여 우리나라의 허실을 알게 해서는 안 됩니다."
『진서』 권109 모용황제기

④-9. 영화4년(346년). **부여는 처음 녹산鹿山에 거주하였으나 백제가 침범하여 부락이 쇠잔해져 서쪽으로 연燕과 가까운 곳으로 이주하였다.** 그러나 방책을 설치하지는 못하였다. 연燕왕 모용황慕容皝이 세자 모용준慕容儁으로 하여금 모용군, 모용각, 모여근 등 세 장군과 1만7천 기병을 거느리고 부여를 습격하였다. 모용준은 중앙지휘소에 있으면서 보고를 받고 군사의 임무는 모용각에게 맡겼다. 드디어 **부여왕 현玄과 그 부락 5만여 명을 사로잡아 돌아왔으며, 모용황이 부여왕 현을 진군장군爲鎭軍將軍으로 삼고 자신의 딸을 그의 아내로 삼게 하였다.** 『자치통감』 권97 목제穆帝

345년과 346년입니다. 의라왕이 서부여를 재건(286년)한 이후 60년이 지난 시점입니다. 345년 『진서』 기록(④-8)은 중국사서에 처음으로 등장하는 백제의 기록입니다. 이 기록 이전까지 중국사서가 백제를 언급한 적은 없습니다. 말 그대로 백제에 대한 중국사서의 최초 기록입니다. 내용은 345년 전연(337~370)의 기실참군 봉유가 모용황(전연 건국자)에게 건의한 내용 중 일부입니다. 고구려, 백제, 우문부, 단부 사람들이 전연의 수도 용성(요녕성 조양)으로 끌려와 사는데, 이들의 규모가 10만을 헤아려 위협이 되니 각각 분산시켜야 한다고 주장합니다. 고구려는 342년(고국원12) 모용황에 의해 수도 환도성이 공략당할 때 잡혀간 5만여 포로 중 일부로 추정됩니다.[6] 단부는 338년 모용황과 후조後趙(319~351)의 공격을 받아 멸망하여 고스란히 전연에 흡수됩니다. 우문부는 344년 모용황에게 멸망당합니다. 모두 345년 이전의 일입니다. 그런데 백제는 알 수가 없습니다. 전쟁 기록도 없습니다. 백제인이 전연의 수도인 용성으로 끌려간 단서가 전혀 없습니다. 그렇다면 모용황이 바다를 건너와 한강유역의 한성백제를 공격하여 백제인을 포로로 잡아 끌고 갔다고 볼 수밖에 없습니다. 말 그대로 소설입니다.

김기자 : 한반도에서 끌려 간 것이 아니라면, 요서지역 어딘가에 백제가 존재한 겁니까?

백선생 : 단서는 346년 『자치통감』 기록(④-9)입니다. 부여가 나옵니다. 서부여입니다. 서부여 현왕이 모용황에게 패하여 부여백성 5만과 함께 전연에 투항합니다. 서부여의 실질적인 멸망입니다. 그런데 전후사정을 살펴보면 그 이전에 부여는 전연에 가까운 곳으로 이동합니다. 이유는 백제의 공격을 받아 쇠잔해져서 할 수 없이 옮깁니다. 백제가 서부여 이동의 직접적인 원인을 제공합니다. 요서지역에 백제의 존재가 확인됩니다.

소교수 : 백제의 「요서경략설遼西經略說」(「요서진출설」이라고도 함)로 이해합니다. 4세기경 백제가 중국의 요서지역을 경략하고 군郡을 설치하여 지배했다는 설입니다.

④-10. **백제국은 본래 고구려와 더불어 요동의 동쪽 천여리에 있었다.** 그 후 고구려가 요동遼東을 공격하여 차지하자 백제는 요서遼西를 공격하여 차지하였다. 백제가 통치한 곳은 진평군晉平郡 진평현晉平縣이라 하였다. 『송서』 이만열전 백제

④-11. **백제는 본래 고구려와 함께 요동의 동쪽에 있었다.** 진晉 시기에 고구려가 이미 요동遼東을 공격

---

6 정재수, 『고구려 역사의 부활』(논형, 2018) 제7장 참조.

하여 차지하자 **백제 또한 요서**遼西 **진평**晉平 **2군의 땅을 점거하고 스스로 백제군**百濟郡**을 설치하였다.**『양서』백제전

『송서』와 『양서』의 기록입니다. 두 기록 공히 백제가 중국의 요서지역에 백제군을 설치했다고 증언합니다. 차이점이 있다면, 『송서』는 진평군 1개이고, 『양서』는 요서군과 진평군 2개입니다.

백선생 : 동의합니다만 이 마저도 설說입니다. 엄연히 기록이 존재하는데 사실이 아니고 설입니다. 당시 한성백제의 국력으로 보아 수많은 군사를 함선에 태우고 중국 요서지역으로 건너간다는 자체가 넌센스입니다. 한성백제가 한반도 땅을 놓아두고 굳이 중국 땅까지 영토를 확장할 이유가 없습니다.

소교수 : 이에 대해서는 긍정론과 부정론이 있습니다. 긍정론은 중국기록을 액면 그대로 받아들여 백제가 요서지역에 백제군을 설치했다고 보는 견해입니다. 부정론은 중국 요서지역이 한반도에서 바다를 두고 수 천리 떨어져 있는데 백제가 굳이 진출해야 할 필요성과 가능성에 대해 의문을 두는 시각입니다. 또한 기록만을 놓고 보면, 『송서』나 『양서』는 모두 남조의 사서입니다. 『위서』나 『북제서』, 『북사』 등 북조의 사서에는 아예 언급이 없습니다. 백제가 요서지역을 경략經略했다면, 그 지역의 북조와 고구려의 사서에 기록이 있어야 마땅하다는 논리입니다. 『삼국사기』와 『삼국유사』에는 기록이 없습니다.

김기자 : 교수님의 견해는 부정론이시군요.

소교수 : 아닙니다. 개인적으로는 긍정론에 무게를 둡니다. 그럼에도 요서지역에 존재한 백제의 실체에 대해서는 여전히 의문입니다.

김기자 : 그렇다면 서부여를 공격한 백제는 누구입니까? 혹시 백제군百濟郡입니까?

백선생 : 그렇습니다. 요서지역(대방고지)에 설치된 백제군이 서부여를 공격합니다. 백제군을 설치한 세력은 한성백제가 아닙니다. 한반도로 건너가 부여백제를 건국한 백가제해세력입니다. 백제군은 요서군과 진평군 2개입니다.(④-11) 요서군이 먼저 설치되고 이후 진평군이 설치됩니다. 서부

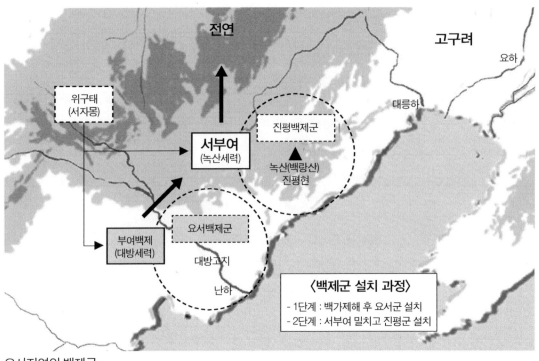

요서지역의 백제군

여를 공격한 백제군은 먼저 설치된 요서군입니다.(④-9) 서부여가 요서군에 패해 물러나자 그 자리에 추가로 진평군이 설치됩니다. 정리하면 이렇습니다. 4세기 초입니다. 당시 요서지역에는 백가제해세력(대방고지)과 서부여(녹산)가 있습니다. 백가제해세력의 지도자는 이름이 확인되지 않으나[7] 서부여왕은 의라왕의 뒤를 이은 현玄왕입니다. 이 시기 백가제해세력의 지도자는 모용외의 압박이 가중되자 대방고지를 떠날 결심을 하고 한반도를 선택합니다. 316년 100가家를 거느리고 한반도로 건너옵니다. 그리고 충남지역에 부여백제를 건국하고, 자신의 옛 터전인 대방고지에는 요서백

---

7 부여백제의 모체인 백가제해세력의 왕들에 대한 기록은 없다. 다만 『신찬성씨록』을 보면, 『삼국사기』 백제 왕력에 포함되지 않는 백제왕이 여럿 나온다. 친왕(親王), 진왕(津王), 노왕(魯王), 주왕(酒王), 호왕(虎王), 위군왕(爲君王), 의보니왕(意保尼王), 모리가좌왕(牟利加佐王), 이가지귀왕(利加志貴王), 웅소리기왕(雄蘇利紀王), 의보하라지왕(意寶荷羅支王) 등이다. 이 중 일부는 백가제해세력의 왕으로 추정된다.

제군(1군, 요서군)을 설치합니다. 그런데 요서백제군은 녹산鹿山[8]을 본거지로 하는 서부여 현왕과 갈등(부여의 정통성 문제?)을 일으켜 전쟁이 발발합니다. 요서백제군이 승리하고, 패배한 현왕은 전연에 가까운 곳으로 본거지를 옮깁니다. 부여백제는 현왕의 서부여가 빠져나간 녹산 일대에 진평백제군(2군, 진평군)을 설치합니다.[9] 결론적으로 요서·진평 두 백제군은 부여백제가 중국대륙에 설치한 일종의 분국입니다. 여기까지가 『자치통감』 기록④-9의 '부여는 처음 녹산鹿山에 거주하였으나 백제가 침범하여 부락이 쇠잔해져 서쪽으로 연燕과 가까운 곳으로 이주하였다.'는 내용의 실체입니다. 이후 서부여는 346년 전연의 모용황에 의해 멸망합니다. 참고로, 『진서』 기록④-8에 나오는 전연에 포로로 잡힌 백제인은 진평백제군 소속의 일부로 추정됩니다.

김기자 : 중국사서 기록 말고 또 다른 증거는 있습니까?

백선생 : 『삼국사기』 초기 천문기록을 연구한 천문고고학자 서울대 박창범 교수가 있습니다. 박교수의 연구에 따르면 『삼국사기』 백제의 일식과 천문현상 기록들은 모두 한반도가 아닌 중국 요서지역을 포함하는 발해만 주변에서 관찰한 결과라고 합니다.[10] 이는 백가제해세력이 한반도로 건너올 때 가지고 온 천문기록들입니다.

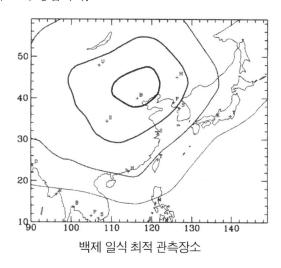

백제 일식 최적 관측장소

---

8 녹산(鹿山)을 북부여의 발원지인 흑룡강성 송화강 일대로 비정하나 이는 잘못이다. 녹산은 서부여 현왕의 본거지이다. 『흠정대청일통지』에 나오는 녹산의 기록이다. '포호도산(布祜圖山), 건창현(建昌縣) 객라심좌익(喀喇沁左翼) 동쪽 30리에 있다. 즉 옛날의 백랑산(白狼山)이며 한(漢) 대에는 녹산(鹿山)이라 하였다. 『한서』〈지리지〉에는 백랑현(白狼縣)에 백랑산이 있어 현의 이름이 되었다.〔布祜圖山 在建昌縣疆喀喇沁左翼東三十里 即古白狼山也 漢名鹿山 漢書地理志白狼縣有白狼山故以名縣〕' 포호도산, 백랑산, 녹산은 모두 같은 이름이다. 지금의 요녕성 건창현에 백랑산이 소재한다.

9 『통전』에 진평군의 위치가 나온다. 유성(柳城)과 북평(北平) 사이다. 유성은 요녕성 조양시이고, 북평은 하북성 노룡현이다. 중간지점은 백랑산(녹산)이 있는 지금의 요녕성 건창현으로 녹산이 소재한 지역이다. 진평백제군이 설치된 지역이다.

10 박창범 교수의 연구에 따르면, 고구려의 일식 최적관측지는 만주와 몽고에 이르는 지역이다. 신라의 경우 초기(201년 이전)는 중국의 양자강(양쯔강) 유역이고, 후기(787년 이후)는 한반도 남부지역이다. 신라의 초기 일식기록은 중국에서 가져온 기록이다.

훗날 백제 역사를 정리되면서 자연스레 기록에 삽입된 것으로 추정합니다.

김기자 : 혹시 서부여 현왕의 성씨는 알 수 있습니까?

백선생 : 부여扶餘씨입니다. 현왕이 부여씨라는 증거는 『자치통감』 기록에 나옵니다. 현왕의 아들 이름이 여울餘蔚(부여울)입니다.

> ④-12. 태화5년(370년) 11월 무인, **전연前燕의 산기시랑 여울餘蔚이 부여, 고구려의 상당上黨 질자質子 5백여를 거느리고 밤에 업鄴성의 북문을 열어 전진前秦의 병사들을 맞아들였다.** 연왕 모용위는 상용왕 평, 낙안왕 장, 정양왕 연, 좌위장군 맹고, 전중장군 애랑 등과 함께 용성龍城으로 달아났다〔호삼성胡三省 주석 : **여울은 부여의 왕자다.** 그런 까닭에 은밀히 여러 인질들을 거느리고 성문을 열어 전진 병사들을 맞이한 것이다.〕『자치통감』 권102 진기晉紀 해서공

370년 전연이 전진前秦(351~394) 부견(제3대)에게 멸망당하는 과정입니다. 부여왕자 여울이 나옵니다. 전연에 부용附庸하던 여울은 전연의 수도 업성鄴城의 북문을 열어 전진 군사의 공격을 돕습니다. 여울은 전연을 배신하고 전진을 선택합니다. 호삼성은 주석을 달아 여울이 부여왕자임을 밝힙니다. 참고로 서부여왕 여현과 왕자 여울 말고도 여씨는 많이 있습니다. 모두 『자치통감』 기록에 나옵니다. 후연後燕(384~409)에는 건절장군 여암餘巖[11]을 비롯하여 진동장군 여숭餘嵩과 그의 아들 건위장군 여숭餘崇(한자 다름), 산기상시 여초餘超가 있으며 남연南燕(398~410)의 진서대장군 여울餘鬱, 수광공 여치餘熾 등입니다. 이들의 공통점은 모두 연(후연, 남연)에 부용附庸하며 큰 벼슬을 받

---

11 여암은 385년 후연의 건절장군(建節將軍) 지위에 있다가 돌연 그해 7월에 이르러 무읍(武邑)에서 반란을 일으킨다. 여암은 무읍에서 4천을 이끌고 북쪽의 유주(幽州)로 이동한다. 후연왕 모용수(慕容垂)는 휘하 장수 평규(平規)에게 굳게 지키며 싸우지 말고 자신이 올 때까지 기다릴 것을 명하나, 평규가 이를 어기고 여암과 싸우다 도리어 패한다. 승리를 거둔 여암은 기세를 타고 계(薊)로 이동하여 1천여 호를 사로잡고, 지나는 곳마다 공격하여 곧 요서의 난하 하구에 위치한 영지(令支)에 근거지를 마련한다. 그러나 여암의 난은 오래 가지 못한다. 385년 11월 모용수의 아들 모용농(慕容農)이 보기(步騎) 3만을 거느리고 영지를 습격한다. 이에 여암의 군사들은 크게 놀라 조금씩 성을 빠져나와 모용농에게 투항한다. 여암은 계략이 궁해져 결국 모용농에게 항복하지만, 모용농은 여암의 목을 벤다. 이상은 『자치통감』〈진기〉 열종효무황제의 기록을 정리한 내용이다. 아주 짧은 기간 동안 서부여왕족 후손인 여암이 출현하여 중국대륙을 휩쓸고 다닌다. 우리역사가 기록하지 않은 또 하나의 걸출한 영웅이다. 여암의 활약상을 백제의 「요서경략설」과 연계하기도 한다. 여암은 멸망해 버린 서부여의 재건을 꾀한 것이 아닐까 싶다.

습니다. 여씨의 성과 이름으로 중국사서에 기록을 남긴 것은 이 시기가 유일합니다.

김기자 : 결국 346년 서부여가 멸망하면서 왕족들 대부분은 연燕의 고위관직에 오르며 흡수되는군요.

백선생 : 서부여는 멸망하지만 이들 왕족들은 옛 국호를 성씨로 삼습니다. 『삼국사기』 건국서문 '부여扶餘씨를 성씨로 삼았다.〔故以扶餘爲氏〕'고 기록한 근거입니다.(제1장 15쪽 ①-1 참조) 부여가 계속해서 존속했다면 부여라는 성씨는 결코 생겨날 수 없습니다. 아무리 왕족이라 하더라도 감히 국호를 성씨로 삼을 수 있겠습니까? 왕조가 아예 없어졌으니 가능한 일입니다. 부여의 성씨에는 나라 잃은 애한의 역사가 담겨있습니다.

김기자 : 앞서 백가제해세력이 정착한 곳이 충남지역이라 하셨는데 근거는 무엇입니까?

백선생 : 『삼국유사』에 단서가 있습니다.

④-13. 『북사』에 이르길 백제의 동쪽 끝은 신라이고 서남쪽으로는 큰 바다가 있으며 북쪽 경계는 한강漢江이다. **그 도성은 거발성居拔城인데 고마성固麻城이라고도 한다.**
『삼국유사』〈기이〉 남부여 전백제

일연은 『북사』를 인용합니다. 거발성居拔城과 고마성固麻城이 나옵니다. 거발성은 『수서』에도 나옵니다. 고마성은 『주서』에 나옵니다. 두 사서는 공히 백제 세번째 시조 구태를 언급하면서 도성인 거발성과 고마성을 연계시켜 설명합니다. 따라서 두 성은 한성백제의 하남위례성과는 전혀 다른 백제의 도성입니다. 백가제해한 부여백제의 도성입니다. 차이점이 있다면, 『북사』를 인용한 『삼국유사』는 거발성과 고마성을 동일 장소로 봅니다. 그러나 『수서』와 『주서』는 따로따로입니다. 거발성과 고마성은 다릅니다. 두 성은 현재의 충남 공주를 지칭하나, 당시의 거발성은 충남 공주가 아닙니다. 백제군(진평백제군)의 치소治所가 있는 요서지역의 진평현입니다.

소교수 : 참고로 《광개토왕릉비》를 보면, 판석글자가 마모되었지만 광개토왕이 공취攻取한 성들 중에 '□拔'성이 나옵니다. 대체적으로 충남지역에 소재한 성으로 추정합니다. 마모된 글자를 '居'자로 보는 것이 일반적인 견해입니다. 거발성입니다. 충남 공주입니다.

백선생 : 『흠정만주원류고』가 이를 잘 정리합니다.

④-14. 『송서』에 이르길 **백제의 치소는 진평군**晉平郡 **진평현**晉平縣**이고, 도성은 거발성**居拔城**이라고 부른다. 즉 백제군**百濟郡**은 진평이고, 거발성은 진평성**晉平城**이다.** 마단림馬端臨*은 진평이 당唐대에 유성柳城과 북평北平사이에 있다고 하나, 실은 지금의 금주錦州, 영원寧遠, 광녕廣寧 지경이다. 『일통지』**에는 **거발성**居拔城**이 지금의 조선**朝鮮 **경내에 있다고 한다.**

『흠정만주원류고』 권3 부족편 백제

☞ *중국 남송南末 말기의 유학자로 『문헌통고』의 편찬자임 **『흠정대청일통지』

거발성을 요서지역의 진평성晉平城이라고 명확히 설명합니다. 또한 지금(청淸대)의 거발성은 한반도(조선)내에 있다고 부연합니다. 다시 말하면, 어느 시기에 거발성의 명칭이 중국에서 한반도로 이동합니다.

김기자 : 어느 시기입니까?

백선생 : 교수님께서 설명하신 《광개토왕릉비》에 나오는 거발성이 단서입니다. 《광개토왕릉비》는 충남 공주가 거발성으로 명칭이 변경된 사실을 증언합니다. 《광개토왕릉비》는 고구려 장수왕(제20대)이 아버지 광개토왕(제19대)의 공적을 기록한 비석으로 414년(장수2)에 세웁니다. 따라서 거발성의 한반도 명칭은 《광개토왕릉비》가 세워진 414년 이전입니다. 이는 부여백제의 한반도 성립 시기를 추론할 수 있는 또 하나의 단서입니다. 백가제해세력이 한반도로 건너오면서 도성의 명칭인 거발성도 함께 가져옵니다. 그래서 충남 공주가 거발성으로 명칭이 변화합니다.[12] 다만 일연은 이 부분까지는 통찰하지 못하고 『삼국유사』 기록(④-13)을 남긴 듯합니다. 참고로 옛 지명을 고증하다 보면 가끔 중국과 직접 연관된 이름이 나옵니다. 예를 들면 충남 당진唐津이 있습니다. 당唐의 진津입니다. 일본에도 당진이라는 지명이 있습니다. 한자도 똑같습니다. 규슈섬 북단 후쿠오카福岡

---

12 공주의 지명은 거발 → 고마 → 곰+나루 → 웅진 → 공주로 변화한다. 『흠정만주원류고』에는 거발을 고마로 고쳐 부른 시기를 양(梁)무제 보통(520~526) 이후이며, 고마는 만주어로 '격문(格們-거문, gemun)'의 음이 변한 것으로 설명한다. 또한 『당서』에는 거발이 만주어 '탁파(卓巴)'이며, 거발성, 고마성 두 성이 왕도(王都)였던 까닭에 격문을 거발로 칭한 기록도 있다. 김성호는 거발성 이전의 공주 명칭을 고사부리(고ㅅ부리)성으로 추정한다.

서쪽에 위치한 도시입니다. '唐津'이라 쓰고 '가라쓰(からつ)'로 읽습니다.

　김기자 : 부여백제가 거발성을 도성으로 삼았다면, 충남지역의 기존 마한세력과의 관계는 어떻게 되는 겁니까?

　백선생 : 당시 한성백제는 부여백제를 가장 위험한 존재로 인식합니다. 부여백제의 힘이 막강합니다. 이 시기 충남지역의 마한세력은 부여백제에 흡수된 것으로 추정합니다. 대략적으로 4세기부터 마한연맹의 맹주인 목지국(충남천안 비정)의 존재는 역사에서 사라집니다.

　소교수 : 백제를 대표하는 삼족기三足器(세발토기)가 있습니다. 재떨이 모양의 크기에 세 발이 달

삼족기(세발토기)

린 토기입니다. 경기 북부지역과 서울을 비롯하여 충남지역에서 집중 출토됩니다. 대체적으로 시기는 4세기 중반 이후로 봅니다. 삼족토기의 기원에 대해서는 여러 설이 있으나, 중국의 한漢대 등장한 삼족기를 수용한 부여세력이 한반도로 건너오면서 백제가 흡수한 것으로 추정합니다.

3. 근초고왕과 여구왕의 의문

　백선생 : 먼저 기자님께 질문합니다. 근초고왕은 정복군주입니까?

　김기자 : 제가 배우고 알고 있기에는 근초고왕 분명 정복군주인데요. 혹시 틀린 겁니까?

　백선생 : 맞고 틀리고는 해석과 판단의 문제입니다. 백지상태에서 하나하나 검토하여 근초고왕의 실제 모습을 추적해 봅니다. 근초고왕近肖古王은 제13대 왕으로 346년~375년까지 30년을 재위합니다. 근초고近肖古는 시호입니다. 계왕契王(제12대)이 죽어 보위를 잇습니다. 『삼국사기』는 '체격이 크고 용모가 기이하며 식견이 넓은〔體貌奇偉 有遠識〕' 사람으로 평합니다. 또한 비류왕의 둘째 아들로 설정하나 꼭 집어 방점을 찍을 필요는 없습니다. 그냥 비류왕의 아들 중 한 명입니다. 비류왕의 후계자가 될 수 없는 위치라는 뜻입니다. 비류왕이 죽자, 당시 왕실과 조정은 고이계인 분

서왕의 아들 계왕을 옹립합니다. 당시 계왕의 나이는 40대 전후로 추정됩니다. 근초고왕은 야심이 강한 인물입니다. 곧바로 쿠데타를 일으켜 계왕을 몰아내고 왕실과 조정을 뒤엎어 버립니다.[13]

김기자 : 근초고왕이 쿠데타를 일으킨 겁니까?

백선생 : 쿠데타는 성공합니다. 그러나 다음 행적이 묘연합니다. 『삼국사기』 기록입니다.

④-15. **2년(347년)** 정월, 천지에 제사를 지냈다. 진정眞淨을 조정좌평으로 삼았다. 진정은 왕후王后의 친척으로서 성질이 사납고 어질지 못하였으며 일을 처리함에 있어서 까다롭고 권세를 믿고 제멋대로 일을 처리하여 백성들이 그를 미워하였다. 『삼국사기』 근초고왕

즉위 이듬해인 347년(근초고2)입니다. 근초고왕은 천지에 제사를 지낸 직후에 진정眞淨을 조정좌평에 임명합니다. 그런데 『삼국사기』를 보면, 근초고왕의 기록은 이후 20년간 기나긴 공백기를 갖습니다. 기록이 없으니 역사가 없습니다. 이는 재위기간 30년 중 2/3에 해당합니다. 그리고 366년(근초고21) 신라에 사신을 보내면서 근초고왕 기록은 다시 시작합니다.

김기자 : 쿠데타 성공이후 기록이 없는 것은 무슨 이유입니까?

백선생 : 근초고왕의 20년 기록공백의 단서는 바로 기록에 나오는 진정입니다. 그런데 진정에 대한 평가가 매우 혹독합니다. 성질이 사납고 어질지 못하며 일을 처리함에 까다롭고 권세를 믿고 제멋대로입니다. 악인惡人의 표상입니다. 달리 말하면 진정은 근초고왕의 권위와 왕권을 능가합니다. 한성백제의 실질적인 권력자입니다. 또한 진정은 왕후의 친척입니다. 그러나 여기서 왕후는 근초고왕의 왕비가 아닙니다. 『삼국사기』는 왕비에 대한 기록이 무척 인색합니다. 특히 백제의 경우는 거의 기록을 남기지 않습니다. 그나마 왕비를 왕후라 칭한 것은 이 기록이 유일합니다. 『삼국사기』는 왕비를 기록할 때 왕후라 하지 않고 모두 부인으로 기록합니다.

김기자 : 그렇다면 왕후는 누구입니까?

백선생 : 부여백제 왕후입니다. 새삼 『삼국사기』 기록에 경의를 표합니다. 적어도 『삼국사기』는

---

13 『신라사초』 미추니금기 기록이다. '부여왕 계가 갑자기 죽었다. 비류의 둘째 아들 근초고는 보과가 낳은 아들인데, 보과가 그를 세웠다. 체격과 용모가 기위하고 멀리 내다보는 식견이 있다.〔夫余君契暴殂 比流二子近肖古宝果生也 宝果立之 體兒奇偉有遠識〕'

기록한 내용만큼은 한자 하나 틀리지 않고 정확하게 기록합니다. 근초고왕의 초기 20년 기록공백을 해석할 수 있습니다. 근초고왕의 쿠데타에는 부여백제의 진眞왕후(진정의 친척)가 깊숙이 개입합니다. 부여백제가 근초고왕의 쿠데타를 실질적으로 지원합니다. 진정은 진왕후의 후광을 배경으로 삼아 근초고왕을 옹립하고 실질적인 권력자가 됩니다.

  김기자 : 진정이 근초고왕의 왕권을 대신한 것이군요.

  백선생 : 근초고왕의 20년 역사기록 공백을 끝낼 수 있었던 것은 누군가의 죽음에 기인합니다. 근초고왕은 누군가의 죽음으로 비로소 왕권을 되찾습니다. 근초고왕의 쿠데타가 20년간의 공백을 깨고 드디어 결실을 봅니다. 근초고왕 치세의 진정한 출발입니다. 죽은 누군가는 세 사람으로 압축됩니다. 진정, 부여백제 진왕후, 그리고 부여백제왕입니다. 모두 가능성이 있지만 진왕후의 죽음에 무게를 둡니다. 진정의 힘은 진왕후로부터 나왔기 때문입니다. 물론 진왕후의 죽음으로 진정은 한성백제에서 실각합니다. 근초고왕이 왕권을 되찾은 이후 첫 번째 작업은 신라와의 관계개선입니다. 부여백제로부터 독립입니다.

  김기자 : 부여백제왕은 누구입니까? 백가제해세력을 이끌고 한반도로 건너온 건국자입니까?

  백선생 : 당시 부여백제왕은 부여백제 건국자의 뒤를 이은 왕입니다. 건국자의 직계 아들로 추정합니다. 즉위 시기는 한성백제 비류왕 시기로 근초고왕 즉위 이전입니다. 부여백제왕은 한성백제의 최고 권력가문인 진眞씨족의 딸을 왕후로 맞아들이고, 한성백제를 공식적으로 인정합니다. 그리고 346년 근초고왕의 쿠데타를 음양으로 지원하여 근초고왕의 즉위를 돕습니다. 부여백제왕이 계왕을 버리고 근초고왕을 선택한 이유는 고구려의 남진정책을 억제하기 위한 포석입니다. 부여백제왕은 식견이 넓은 근초고왕의 성품과 기질에 베팅betting합니다.

  김기자 : 부여백제왕은 누구입니까? 기록이 있습니까?

  백선생 : 중국사서 『진서』에 있습니다. 여구餘句(부여구)입니다.

  ④-16. **함안2년**(372년) 6월, 사신을 보내서 **백제왕 여구**餘句를 「**진동장군영낙랑태수**鎭東將軍領樂浪太守」
  에 봉하였다. 『진서』 권9 간문제

함안咸安은 동진(317~419) 간문제簡文帝(제8대, 사마욱)의 연호입니다. 함안2년은 372년에 해당합니다. 동진 황제가 백제에 사신을 보내 백제왕 여구에게 「진동장군영낙랑태수」의 관작을 수여합니다. 이는 백제왕이 중국왕조로부터 받은 최초의 관작 기록입니다.

김기자 : 여구는 근초고왕으로 알고 있는데 제가 잘못 알고 있는 겁니까?

백선생 : 여구는 근초고왕과 전혀 다른 별개의 인물입니다. 여구는 한성백제의 근초고왕이 아니라 부여백제의 왕입니다.

김기자 : 『삼국사기』를 부정하는 겁니까?

백선생 : 아닙니다. 『삼국사기』와는 무관합니다. 『삼국사기』는 여구에 대해서 일체 언급하지 않습니다. 『삼국사기』 편찬자 역시 당시 중국사서 기록을 모두 검토했을 겁니다. 이처럼 중요한 기록을 의도적으로 빠뜨릴 수는 없습니다. 근초고왕이 여구가 아니기 때문입니다. 근초고왕은 부여씨가 아니라 해解씨입니다. 명확히 초고왕을 계승하기 위해 근초고라는 시호를 사용한 왕입니다. 일본사서인 『고사기』와 『일본서기』에 근초고왕의 이름이 나옵니다. 조고照古와 속고速古입니다. 따라서 근초고왕의 살아생전 이름은 '고古'입니다. 한자의 어원을 보더라도 '고(古)'와 '구(句)'는 전혀 연관이 없습니다. 근초고왕의 이름을 굳이 추정하면 해고解古입니다. 여구餘句가 아닙니다. 부여씨는 서부여의 백가제해세력이 부여백제를 건국하면서 생긴 성씨입니다. 346년 서부여가 멸망하면서 만들어진 부여왕족을 특정화한 고유 성씨입니다.

김기자 : 백제 역사 자체를 뒤엎는 해석이군요. 교수님께서는 어떻게 보십니까?

소교수 : 참고로 이 시기 백제가 동진東晉과 교류한 기록이 있습니다.

년도	『진서』 간문제, 효무제	『삼국사기』 근초고왕
372년	정월, 백제와 임읍林邑* 왕이 사신을 보내와 방물을 바치고 조공하였다.	정월, 진晉**에 사신을 보내 조공하였다.
	6월, 사신을 보내서 백제왕 여구餘句를 「진동장군영낙랑태수」에 봉하였다.	×
373년	×	2월, 진에 사신을 보내 조공하였다.

☞ *베트남 **동진

보는 바와 같이, 372년 정월에 백제가 동진에 사신을 보내고, 또한 동진의 사신이 백제에 도착한 것은 확인됩니다. 두 사서가 공히 정월로 기록합니다. 이는 백제가 처음으로 중국왕조에 사신을 파견한 기록입니다. 6월에는 동진이 백제에 사신을 보내 백제왕 여구를 「진동장군영낙랑태수」의 관작을 수여합니다. 비록 『삼국사기』 기록은 없으나 6개월의 시차를 두고 이루어진 일이니 백제왕 여구를 근초고왕으로 보는 것은 자연스럽습니다. 다만 『삼국사기』가 기록을 남기지 않은 것은 아쉬움입니다. 또한 373년 2월에 백제가 동진에 사신을 보내는데 『진서』 기록에는 없습니다.

백선생 : 『삼국사기』가 백제왕 여구의 책봉 사실을 기록에 남기지 않은 것은 그럴 만한 이유가 있습니다. 두 가지가 예상됩니다. 당시 『삼국사기』 편찬자는 『진서』 기록을 분명히 확인했을 겁니다. 첫째는 원사료에 없는 경우이고, 둘째는 원사료에도 있지만 의도적으로 삭제한 경우입니다. 어느 경우가 당시의 판단인지 정확히 알 수는 없습니다. 다만 원사료에 여구라 기록되어 있다면 그대로 인용했을 겁니다. 그러나 『삼국사기』 어디를 보더라도 여구의 이름은 나오지 않습니다. 그렇다면 삭제했다고 볼 수 있습니다. 삭제 이유는 여구가 근초고왕이 아니기 때문입니다. 여구는 한성백제의 왕이 아니라 부여백제의 왕입니다.[14] 『삼국사기』는 한성백제를 삼국의 한 축으로 설정하고 한성백제와 관계가 없는 나머지의 기록들은 모두 버립니다.

소교수 : 물론 근초고왕이 여구가 아닐 수도 있다는 조심스러운 견해는 있습니다. 당시 정황으로 보아 근초고왕이 낙랑태수의 관작을 받을 만한 명분이 없다는 해석에 근거합니다.

백선생 : 근초고왕과 낙랑은 전혀 관계가 없습니다. 그러나 부여백제 여구왕은 다릅니다. 여구왕의 아버지가 백가제해를 단행하기 전에 살았던 곳이 바로 요서지역이며, 중국대륙의 낙랑과 대방 땅입니다. 그곳 요서지역에는 부여백제의 분국인 백제군이 엄연히 존재합니다.

소교수 : 어려운 문제입니다. 여구가 근초고왕이라는 것은 사실여부를 떠나서 이는 역사 상식화

---

14 『흠정만주원류고』 기록이다. '『책부원귀』에 의하면, 동진 간문제 함안2년(372년) 정월, 백제가 사신을 보내와 조공하고 방물을 바쳤다. 6월, 사신을 보내와 백제왕 여구에게 작위를 내렸다. 살피건대 백제는 부여왕 위구태의 후예이다. 고로 부여를 성씨로 삼았다.〔册府元龜 晉 簡文帝 咸安 二年 正月 百濟 遣使貢方物 六月 遣使 拜百濟王 餘句 按百濟爲夫餘王尉仇台之後 故以夫餘爲姓〕'이다. 백제왕 여구는 서부여왕 위구태의 후손이다.

되어있습니다. 이를 뒤집는 것은 우리 백제사를 송두리째 다시 써야하는 엄중한 문제입니다.

백선생 : 『삼국사기』 기록은 소름끼칠 정도로 정확합니다. 『삼국사기』 스스로 기록에 대해 책임을 집니다. 지금 우리가 『삼국사기』와 대화를 나누는 것은 기록에 남아있지 않은 역사를 찾기 위해서입니다. 역사가 솔직한 얼굴을 내미는데 그 얼굴을 외면할 수는 없습니다. 역사가 어떤 얼굴로 우리를 맞이하든, 역사의 얼굴은 바로 우리 자신의 얼굴입니다.

【부여백제/서부여의 왕통계보도】

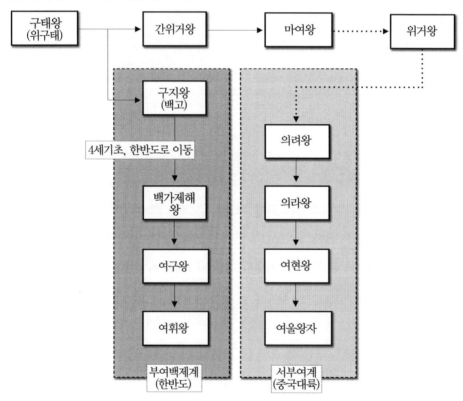

4. 근초고왕에 대한 오해와 진실

백선생 : 근초고왕 때에 백제는 처음으로 고구려를 만납니다. 『삼국사기』 기록에 따르면, 지금까지 백제는 고구려를 직접 대면한 적은 없습니다.[15] 이는 백제와 고구려가 국경을 맞대게 되었다는 사실을 증언합니다. 한반도의 낙랑과 대방 땅인 평안도와 황해도 지역이 고구려에 편입되었기 때문에 가능한 일입니다.[16] 그런데 백제는 고구려와 만나자마자 전쟁부터 시작합니다. 여기에는 고구려의 사정이 있습니다.

김기자 : 어떤 사정입니까?

백선생 : 4세기 초중반 고구려 미천왕(제15대)은 영토 확장에 심혈을 기울입니다. 서진정책을 강력히 추진합니다. 그러나 번번이 모용씨와 충돌하게 되고, 오히려 역공을 당하기도 합니다. 미천왕의 서진정책이 한계에 다다릅니다. 미천왕의 뒤를 이은 고국원왕(제16대)은 남쪽으로 시선을 돌립니다. 당연히 백제와 국경을 접하게 되니 충돌은 불가피합니다. 백제와 고구려의 전쟁은 369년과 371년 발생합니다. 전투 장소는 황해도입니다. 백제의 북쪽입니다. 두 차례 모두 백제가 승리합니다. 먼저 369년(근초고24) 전투입니다.

> ④-17. 24년(369년) 9월, **고구려왕 사유**斯由*가 보병과 기병 2만을 거느리고 **치양**雉壤에 와서 주둔하며 군사를 풀어 **민가를 노략**하였다. 왕이 태자에게 군사를 주어 지름길로 치양에 이르러 불시에 공격하여 그들을 격파하고 5천여를 사로잡았는데 노획한 물품은 장병들에게 나누어 주었다. 11월, 한수漢水 남쪽에서 크게 군대를 사열하였다. 모두 황색 깃발을 사용하였다. 『삼국사기』 근초고왕
>
> ☞ *고구려 고국원왕(제16대)

---

15 『삼국사기』 시조 온조왕 기록에 나오는 19년(온조37) 백제 백성의 고구려 망명사건은 한반도가 아닌 중국대륙의 고구려 강역내에서 발생한 사건이므로 논외로 한다. 제2장 참조.

16 고구려 미천왕(제15대) 시기이다. 『삼국사기』〈고구려본기〉에 따르면, 미천왕은 313년 낙랑군을 침공하여 남녀 2천을 사로잡고, 이어 314년 대방군을 침범한다. 미천왕이 한반도의 낙랑군과 대방군을 축출한 것으로 해석한다. 그러나 이는 잘못된 해석이다. 『고구려사략』 기록에 따르면, 미천왕은 선방(仙方)을 보내 자술(子術)의 낙랑국 수도인 낙랑성을 공격하여 남녀 2천을 사로잡으며, 선방은 자술왕을 대신하여 낙랑왕이 된다. 또한 314년 낙랑왕 선방은 대방국을 공격하여 두 개의 성을 빼앗고 대방인을 포로로 잡아 미천왕에게 바친다. 『삼국사기』가 말하는 낙랑군과 대방군은 중국이 설치한 군이 아니라, 한반도에 존재한 낙랑국과 대방국을 가리킨다.

④-18. 이에 앞서 **고구려 국강왕國岡王*** 사유斯由가 친히 쳐들어오자 근초고왕이 태자를 보내 막게 하여 반걸양半乞壤에 이르러 싸우려 하였다. 고구려인 사기斯紀는 본시 백제인으로 나라에서 기르는 말의 발굽을 잘못하여 상하게 하여 처벌이 두려워 고구려로 도망쳤었다. 이때에 돌아와 태자에게 고하길 **"비록 고구려 군사가 많으나 모두 숫자만 채운 가짜 군사에 불과합니다. 그 중 제일 날쌘 부대는 오직 붉은 깃발뿐이니** 만일 그들을 쳐부수면 그 나머지는 치지 않더라도 저절로 무너질 것입니다." 하였다. 태자가 이 말을 쫓아 진격하여 크게 이기고 달아나는 군사를 추격하여 수곡성水谷城 서북쪽에 이르렀다. 장수 막고해莫古解가 간하길 **"일찍이 도가道家의 말에 '만족할 줄 알면 욕되지 않고, 그칠 줄을 알면 위태롭지 않다.' 하였으니 지금 얻은 바도 많은데 어찌 더 많은 것을 바라겠습니까!"** 하였다. 태자가 이 말을 옳게 여겨 중지하였다. 즉시 그곳에 돌을 쌓아 표석을 만들고 그 위에 올라 좌우를 돌아보며 말하길 "오늘 이후로 누가 다시 이곳까지 올 수 있겠느냐!" 하였다. 그곳에 말발굽같이 생긴 바위틈이 있었는데 사람들은 지금까지 '태자의 말 자국'이라고 부른다. 『삼국사기』 근구수왕

☞ *고구려 고국원왕(제16대)

④-19. 39년(369년) 정월, **백제가 이진성伊珍城을 되찾아 갔고 우리 군사는 많이 상하였다.** 최체태수 우눌于訥이 상장上將인데 선극仙克을 감당 못하고 실기하여 패하였다. 이에 상이 노하여 우눌을 소환하고 람풍藍豊으로 대신하였다. **백제는 승승장구하면서 군사의 수를 늘려 곧바로 수곡성水谷城을 탈취할 참이었다. 백제 장수 막고해莫古解는 용병에 능하고 군사들의 마음도 얻었는데 우리 군은 힘씀에 할 일없고 싸울 뜻도 없었다. 5월, 백제가 진격하여 수곡성을 깨뜨렸다.** 백제군은 분기탱천하였다. 태자 대구수大仇首가 선봉이 되어 진영을 이끄니 적들은 죽기로 싸우길 원하면서 말하길 "태자께서 항시 이러하시거늘 우리들은 어찌해야 하겠는가!" 하였다. 상이 소문을 듣고 친히 싸움에 나서기로 결심하였다. 태보 우신于莘이 말려도 듣지 않았다. **4위군 2만을 추가로 발동하여 남쪽으로 내려가 대암산大岩山을 거점으로 삼고 치양雉壤으로 나아가서 진영을 갖추고 북한산北漢山을 포위하니** 적들은 대적하지 못하고 성을 비우고 물러갔다. 이에 우리 군은 승승장구하여 멀리 있는 이진천伊珍川에 이르렀다. 그러나 여름이어서 날씨는 무덥고 산 속엔 벌레, 뱀, 호랑이, 표범 등이 많았다. 양측에 돌림병이 돌아 산 밑에서 진을 치고 초략抄掠하며 가을이 되길 기다렸다. **9월, 적들이 해로海路로 군사를 보충하고는 치양을 습격하였다.** 이때 우리 군은 병이 크게 돌아 죽는 자들이 끊이지 않았고 또 호랑이의 피해도 컸다. 이에 상은 날래고 건장한 이들을 가려 뽑아서 호랑이를 산으로 쫓아냈다. **적군은 아군이 지친 것을 알고 새로 온 정예군으로 갑자기 쳐들어오니 아군은 크게 무너졌다.** 상은 홀로 무산撫山으로 피해 들어갔다. 비가 그치지 않아 갑자기 겨울같이 추워 많은 군사들이 상하였다. 이에 상은 좌우를 돌아보

며 탄식하길 "짐이 부덕하여 태보의 말을 듣지 않아 패하게 되었구나." 말하고는 **군사를 돌리라 명하였다.** 『고구려사략』 고국원제기

『삼국사기』〈백제본기〉와 『고구려사략』 기록입니다. 〈백제본기〉는 백제의 입장이고 『고구려사략』은 고구려의 입장입니다. 이 내용은 『삼국사기』〈고구려본기〉에도 나옵니다. 〈백제본기〉와 같습니다. 먼저 『고구려사략』 기록④-19을 보면, 전투는 3차례 벌어집니다. 첫째는 정월 이진성 전투이고, 둘째는 5월 수곡성 전투이며, 셋째는 10월 치양 전투입니다. 『삼국사기』는 둘째 수곡성 전투④-18와 셋째 치양 전투④-17만을 기술합니다. 369년 세 차례 전투를 정리하면 이렇습니다. 첫째 이진성 전투입니다. 『삼국사기』 기록은 없지만, 『고구려사략』에는 365년 고구려가 백제 이진성을 빼앗은 기록이 있습니다. 이진성은 원래 백제의 성인데, 고구려에 빼앗겼다가 369년 정월에 백제가 다시 되찾습니다. 정확한 위치는 알 수 없으나 황해도 남부지역으로 추정됩니다. 막고해莫古解라는 장수가 보입니다. 둘째 수곡성 전투입니다. 태자 근구수와 역시 막고해가 보입니다. 두 사람이 백제군의 주장主將입니다. 수곡성은 황해도 신계입니다. 백제의 북방입니다. 그런데 막고해

가 도가道家의 말을 인용해 철수를 주문하고 태자 근구수는 군말 없이 따릅니다. 막고해의 위상이 근구수를 압도합니다. 셋째 치양 전투입니다. 치양은 황해도 배천입니다. 백제의 서북방입니다. 백제군의 주장은 역시 근구수와 막고해입니다. 고구려 고국원왕이 직접 전투에 참가합니다. 그러나 고구려군은 돌림병과 야생동물의 피해 등으로 제대로 싸워보지도 못하고 치양을 백제에게 내주고 맙니다. 고국원왕은 모든 것을 자신의 부덕으로 돌립니

수곡성 · 치양 전투

다. 369년 벌어진 세 차례 전투에서의 승리는 고구려에 대한 전력의 우위며, 근초고왕의 자신감입니다. 승리이후의 후속조치들이 『삼국사기』 기록(④-18) 말미에 나옵니다. 근초고왕은 노획한 물품을 장병들에게 나누어 주고 군대를 사열합니다. 모두 황색 깃발입니다.

김기자 : 근초고왕의 행위는 논공행상과 자축행사이군요.

백선생 : 그렇습니다. 그러나 여기에는 『삼국사기』가 숨겨놓은 비밀이 있습니다.

김기자 : 어떤 비밀입니까?

백선생 : 369년 전투에는 부여백제 여구왕의 병력이 참가합니다. 단서는 두 가지입니다. 하나는 막고해라는 인물입니다. 막고해는 한성백제가 아닌 부여백제의 장수입니다. 『고구려사략』 기록(④-19)를 보면, 막고해는 용병이 뛰어나서 군사들의 마음을 얻습니다. 태자 근구수에 대한 언급은 없습니다. 더구나 수곡성 전투이후 도가의 말을 인용해 철군을 단행합니다. 상당한 학식을 가진 전략가입니다. 막고해의 기록은 이 부분이 유일합니다. 한성백제 근초고왕의 장수라면 당연히 전공을 고려해 좌평의 관품을 수여할 만도 한데 전혀 언급이 없습니다. 막고해는 부여백제 여구왕의 장수입니다. 또 하나는 9월 치양 전투를 앞두고 백제는 해로를 통해 병력을 긴급 지원받습니다. 육로가 아닙니다. 추가병력은 배를 이용하여 치양 지역에 도착합니다. 멀리서 왔다는 얘기입니다. 충남지역의 부여백제가 추가적으로 병력을 근초고왕에게 보냅니다.

김기자 : 해로로 통해 병력을 보충 받은 것이 결정적 증거이군요.

백선생 : 근초고왕은 승리한 이후에 노획한 물품을 나누어 줍니다. 이는 단순한 논공행상이 아닙니다. 부여백제의 장병들에게 전리품의 일부를 나누어 준 겁니다. 이어 군대를 사열합니다. 전쟁에 승리했다고 해서 군대를 사열할 필요는 없습니다.[17] 일종의 해단식解團式입니다. 그런데 모두 황색 깃발을 사용합니다. 황색은 근초고왕과 한성백제의 상징색입니다. 어떤 분은 황색이 중국 황제의 색이기 때문에, 근초고왕이 황제라는 사실을 표현했다고도 합니다. 백제가 황제국의 위상을 보인 것으로 설명합니다. 잘못된 해석입니다. 황색이 중국 황제의 상징이 된 것은 명明(1368~1644)때부터입니다. 황색은 근초고왕의 상징색일 뿐입니다.

---

17 통상적으로 군대사열은 전투 실시 전에 실시한다. 군대의 단결과 군사의 사기를 고양시키는 중요의식이다.

김기자 : 혹시 부여백제의 상징색은 알 수 있습니까?

백선생 : 『삼국사기』 기록(④-18)을 보면, 고구려는 붉은색을 사용합니다. 붉은색 깃발을 가진 군대만이 고구려군사이며, 나머지는 고구려가 외부에서 동원한 군사입니다. 참고로, 삼국의 상징색을 알 수 있는 단서가 『양직공도』에 있습니다. 고구려는 붉은색이며, 백제는 푸른색이고, 신라는 노란색입니다.[18] 붉은색은 태양을, 푸른색은 하늘을, 노란색은 황금을 각각 표현합니다. 백제의 푸른색은 바로 부여백제의 상징색입니다. 훗날 부여백제는 한성백제를 접수한 이후에 한성백제의 상징색인 황색을 버리고, 부여백제 본연의 푸른색을 사용합니다.

김기자 : 부여백제는 무슨 이유로 근초고왕을 지원한 겁니까?

백선생 : 부여백제는 근본적으로 고구려에 대한 거부감이 강합니다. 부여백제의 원조인 위구태는 고구려 태조왕에게 패하여 본거지를 서자몽으로 옮긴 전례가 있습니다.(제2장 59쪽 참조) 만약 한성백제가 무너지면 부여백제는 고구려와 대치해야합니다. 부여백제는 한성백제를 방패막이 삼습니다. 다음은 371년(근초고26) 전투입니다.

④-20. 26년(371년). 고구려가 군사를 일으켜 쳐들어왔다. 왕이 이를 듣고 패하浿河 강가에 복병을 배치하고 그들이 오기를 기다렸다가 불시에 공격하니, 고구려 군사가 패배하였다. 겨울, **왕이 태자와 함께 정예군 3만을 거느리고 고구려를 침략하여 평양성平壤城을 공격하였다. 고구려왕 사유斯由가 필사적으로 항전하다가 화살에 맞아 죽었다.** 왕이 군사를 이끌고 물러났다. **도읍을 한산漢山으로 옮겼다.**

『삼국사기』 근초고왕

④-21. 41년(371년) 10월, **백제가 우리 군대가 서쪽을 정벌한다는 소식을 접하고는 그 허를 찔러 공격해왔다.** 이때 상은 연燕을 쳐서 지난날의 치욕을 설욕코자 하였다. 낙랑樂浪 또한 대거 쳐들어와 양주陽疇가 힘껏 싸우다 죽었다. 대구수大仇首가 북한성北漢城을 공격해 오자, 우리 군대는 한수漢水에 복병을 깔았다가 이를 크게 깰 무렵에 대초고大肖古 또한 3만 정병을 끌고 와서 아들을 도우니 대구수 군사의 사기가 진작되었다. 우리 군대는 서쪽을 정벌할 생각으로 요동遼東에 집결하였기에 낙랑과 대초고 및 대구수의 군대로 나누어 막기에 역부족이었다. **상上이 친히 4위 군대를 이끌고 달려가 앞에 서서 장**

---

18 『양직공도』에 그려진 삼국 사신의 두루마기 색깔을 보면, 고구려는 붉은색, 백제는 푸른색, 신라는 노란색(금색)이다.

수와 군사들을 독려하니 위아래가 잘 따랐다. **한성漢城의 서쪽 산에서 크게 싸웠는데 상이 화살 두 대를 맞았다.** 하나는 어깨에 다른 하나는 가슴에 맞았다. 힘을 다하여 화살을 뽑아내고 다시금 출진하려 하니 좌우가 죽기로 말렸다. 해명解明은 상의 상처가 심함을 알게 되자 이를 숨기고 군사를 불러들여서 진지를 굳게 지키고 선극仙克과 람풍藍豊을 시켜서 힘껏 싸우게 하였다. 해명은 **상을 철저히 보호하여 고상령高相岺으로 물러났으나 상은 극심한 고통 끝에 죽었다.** 상은 죽음을 앞두고 해解후와 천강天罡을 불렀다. 좌우가 모두 눈물을 흘리며 비밀로 하여 발상發喪하지않고 말을 몰아 왕천王川에 이르러 급히 국부인 해현解玄에게 알렸다. 이에 해현과 해解후가 달려 나와서 **상의 시신을 도성으로 옮기고 발상하였다.** 『고구려사략』 고국원제기

④-22. 2년(371년) 10월, **근초고近肖古가 고구려를 공격하여 사유斯由를 활로 쏘아 죽였다. 한산漢山으로 도읍을 옮겼는데 교오驕傲한 뜻이 있었다.** 제帝는 산공山公에게 서로西路를 순찰하여 변방 경비를 단단히 경계하라 명하였다. 『신라사초』 흘해니금기

『삼국사기』, 『고구려사략』, 『신라사초』 기록입니다. 371년 전투의 핵심은 고구려 고국원왕의 전사입니다. 장소는 평양성平壤城입니다.

김기자 : 평양성은 북한의 수도인 평양입니까?

소교수 : 아닙니다. 당시 평양성의 위치에 대해서는 황해도 재령지역과 지금의 서울 부근의 북한산성으로 보는 두 가지 견해가 있습니다. 황해도 재령은 『고려사』 〈지리지〉와 『동국여지승람』에 나오는 황해도 재령을 한홀漢忽(후에 한성漢城으로 고침)로 표기한 것에 근거하며, 서울 부근의 북한산성은 『삼국사기』 〈지리지〉 한양군 조에 '본래 고구려의 북한산군北漢山郡인데 일명 평양이라고도 하였다.'[19]는 기록에 근거합니다.

백선생 : 『고구려사략』 기록(④-21)에 언급된 고국원왕이 화살을 맞은 장소는 '한성의 서쪽 산'입니다. 이를 『삼국사기』 기록(④-20)의 평양성과 연결시키면 평양의 위치는 북한산성의 서쪽에 존재한 어느 산일 수도 있고, 황해도 재령 역시 서쪽이니, 둘 다 가능합니다. 다만 당시 평양이 백제의 영토가 아님을 볼 때 북한산성보다는 황해도 재령지역이 유력합니다. 다시 전투 상황으로 돌아갑

---

19 『삼국사기』 〈지리지〉와 『삼국유사』 〈기이〉는 둘 다 『고전기』를 인용하여 고구려 남평양(南平壤)으로 기록한다.

니다. 371년 전투는 이전의 369년 전투와는 분명히 다릅니다. 두 나라 공히 전투의 주장主將은 왕입니다. 근초고왕과 고국원왕입니다. 백제는 3만이라는 대규모 병력을 동원합니다. 3만의 병력은 한성백제 자체적으로 동원할 수 있는 규모가 아닙니다.[20] 추가적으로 부여백제의 군사가 동원됩니다. 『고구려사략』 기록(④-21)을 보면, 전쟁의 발단은 고구려의 허점입니다. 고구려가 서쪽으로 주력을 이동시켰다는 첩보입니다. 처음에는 패하(예성강)을 사이에 두고 소규모 전투가 벌어지며 백제가 승리합니다. 근초고왕은 3만의 부대를 보강하여 파죽지세로 평양성을 향해 진격합니다. 이 소식을 접한 고국원왕은 부랴부랴 4부

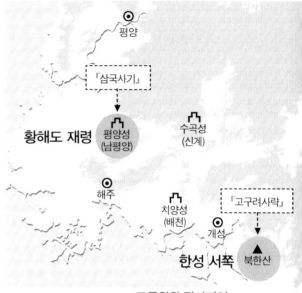

고국원왕 전사지역

의 친위부대를 대동하고 방어에 나서나 중과부적衆寡不敵입니다. 결국 고국원왕은 화살에 맞아 전사하는 비극이 발생합니다. 적장이 죽습니다. 근초고왕은 승리의 나팔을 불며 회군합니다. 이 전쟁은 처음부터 고구려가 질 수 밖에 없습니다. 근초고왕은 고구려 내부사정을 꿰뚫고 3만의 병력을 준비합니다. 준비한 자에게 승리는 당연한 보상입니다. 『삼국사기』가 근초고왕을 가리켜 식견이 넓다고 평한 대목을 읽을 수 있습니다.

김기자 : 『고구려사략』 기록(④-21)에 나오는 낙랑은 무엇입니까? 한반도의 낙랑을 지칭하는 것 같은데요. 낙랑은 이미 고구려에 흡수된 것이 아닙니까?

백선생 : 예리한 지적입니다. 이 시기 낙랑은 고구려에 반기를 들고 근초고왕의 백제와 연합한 것으로 추정됩니다. 이는 고구려 장수 양주가 낙랑에 패하여 죽은 기록(④-21)과 고구려가 낙랑과 백제를 동일 선상에서 판단한 내용 등을 통해 확인됩니다. 그런데 근초고왕의 행위가 이상합니다. 평양전투를 승리를 이끌고 돌아온 행적이 이전과는 확연히 다릅니다. 논공행상도 없습니다. 곧 바

---

20 김기섭은 당시 한성백제 근초고왕이 자체적으로 동원할 수 있는 병력은 1만을 넘지 않을 것으로 추정한다.

로 도성을 한산漢山으로 옮깁니다. 하북위례성인 북한산입니다.(일연은 경기 양주로 비정함) 한 국가의 수도를 옮기는 일인데 마치 용달차를 불러 이사하듯 근초고왕은 뚝딱 해치웁니다. 수도를 옮기는 데는 철저한 사전 준비가 필요합니다. 시간과 물자가 요구되고, 무엇보다 구성원인 지배층과 백성들의 동의가 절대적으로 필요합니다. 그런데 근초고왕은 전쟁 전에 천도 준비를 모두 끝낸 것처럼 돌아오자마자 곧바로 옮깁니다. 전쟁의 승리는 수도를 옮기기 위한 하나의 과정처럼 보일 정도입니다. 그래도 여기까지는 이해할 수 있습니다. 북한산은 한강의 북쪽입니다. 고구려의 역공을 생각한다면 천혜天惠의 방어막인 한강을 버리고, 그것도 고구려와 더 가까운 쪽으로 수도를 옮깁니다. 이는 상식에 어긋납니다.

김기자 : 교수님께서는 근초고왕의 한산천도를 어떻게 보십니까?

소교수 : 어려운 부분입니다. 근초고왕의 고구려에 대한 승리의 자신감으로 해석도 하지만 다소 궁색합니다. 결과는 명확하나 원인과 과정이 불분명합니다. 상식에 준한 역사판단이 어렵습니다.

백선생 : 『신라사초』 기록(④-22)이 단서입니다. 신라가 이 사건을 보는 시각입니다. 신라는 백제의 한산천도를 근초고왕의 교오驕傲한 뜻으로 봅니다. 사전을 찾아보니 교오는 '교만하고 건방지다'의 뜻입니다. 한마디로 근초고왕이 누군가를 우습게보고 건방을 떨었다는 얘기입니다. 신라는 변방경비를 강화하는 등 나름 조치를 취하지만 근초고왕의 교오와는 무관해 보입니다. 당시 백제와 신라는 우호적인 관계입니다. 근초고왕은 신라에 사신을 파견하고 말 두필을 선물로 보내는 등 상당히 공을 들입니다. 따라서 근초고왕의 교오 대상은 신라가 아닙니다.

김기자 : 혹시 부여백제입니까?

백선생 : 그렇습니다. 근초고왕은 부여백제의 공격을 두려워하여 한강 북쪽으로 수도를 급히 옮깁니다. 고구려의 역공보다 부여백제를 의식한 천도입니다. 고구려는 이제 근초고왕의 경계 대상이 아닙니다. 고국원왕을 전사시킨 마당에 고구려에 대한 자신감은 그 어느 때보다 충천합니다. 근초고왕은 수도를 보다 안전한 곳으로 옮기고 다음 계획을 실행합니다.

김기자 : 다음 계획은 무엇입니까?

백선생 : 이듬해인 372년(근초고27) 근초고왕은 전격적으로 동진에 사신을 파견합니다. 근초고왕은 중국 왕조국가와의 외교를 열어 독자 노선을 취합니다. 이는 부여백제 여구왕으로부터의 독립선언이며, 근초고왕의 교오한 행위입니다.

김기자 : 근초고왕이 주도면밀한 군주라는 것을 증명한 셈이군요.

백선생 : 근초고왕의 전쟁기록은 또 있습니다. 375년(근초고30)입니다. 고구려가 백제의 북쪽 변방인 수곡성(황해 신계)을 함락시킵니다. 수곡성은 369년(근초고24, ④-19) 백제가 고구려로부터 빼앗은 성입니다. 근초고왕은 급히 병력을 보내나 이번에는 승리하지 못합니다. 그리고 그해 명을 달리합니다.

5. 정복군주 근초고왕의 실상

김기자 : 『삼국사기』 기록대로라면 근초고왕은 고구려와 전쟁을 벌여 고국원왕을 전사시키는 대승을 거둔 것이 치적의 전부이군요. 물론 북쪽으로 어느 정도 고구려 땅을 빼앗을 수도 있지만, 이 정도로 근초고왕에게 '정복군주'라는 타이틀을 부여하기에는 무리일 것 같네요. 정복군주 근초고왕을 증명할 수 있는 다른 기록은 있습니까?

백선생 : 『일본서기』에 기록이 있습니다.

김기자 : 『일본서기』는 허구가 많다 들었는데요. 더구나 중국사서도 아닌 일본사서에서 그 근거를 찾는 것은 어색하군요.

소교수 : 『일본서기』는 720년 편찬된 일본의 정사입니다. 『삼국사기』보다 400여년 앞서 편찬됩니다. 이보다 앞서 오노 야스마로太安麻呂가 712년 『고사기』를 편찬하는데 『일본서기』는 『고사기』를 보완하여 왕실에서 편찬한 정사입니다. 오노 야스마로는 백제인으로 알려져 있습니다. 『고사기』와 『일본서기』가 편찬된 배경은 660년 백제의 멸망으로부터 시작됩니다. 일본은 자신들의 뿌리인 백제가 멸망하면서 본격적으로 「일본화과정」을 추진합니다. 수도를 나라에서 교토京都로 옮기고, '일본'의 국호도 정하며 사서도 편찬합니다. 『일본서기』는 백제의 사서를 많이 인용하는데 『백

제기』, 『백제신찬』, 『백제본기』 등 입니다. 「백제3서」라고 합니다. 백제가 멸망하면서 당시 지배층이 일본으로 가지고 간 백제의 사서들입니다. 『일본서기』는 한마디로 백제의 역사서라고 해도 부족하지 않습니다. 예를 들어 흠명왕欽明王(긴메이, 제29대)의 기록은 전체가 백제의 역사기록입니다. 우리가 『일본서기』를 주시해야 하는 것은 『삼국사기』에 없는 백제와 신라, 가야의 역사가 고스란히 남아 있기 때문입니다. 비록 일본의 입장에서 서술되어 있지만, 객관적으로 판단해 살피면 우리 삼국 역사의 상당부분을 복원할 수 있습니다.

『일본서기』는 고대 천황제국가 건설을 기념하여 8세기초 일본 지배층이 천황가의 유구성과 존엄성을, 나아가서는 일본열도 지배의 정당성을 천명할 목적으로 편찬한 고도의 정치성을 띠고 있는 역사서이다. 그 결과 국내관계 기록이나 대외관계 기록에서 많은 역사적 사실들에 대한 개작과 왜곡이 가해질 수밖에 없었던 것이다. 『일본서기』에서 백제와의 관계를 기록하고 있는 내용들의 근거가 된 『百濟記』·『百濟新撰』·『百濟本紀』라는 이른바 「백제3서」는 백제가 망한 뒤 일본으로 망명하여 일본조정에서 일하던 백제사람들이 가지고 건너간 본국의 역사기록을 당시 사정에 의해 개서하고 수식하여 일본당국에 제출했던 것으로 짐작되고 있다. 이들에 의해 제출된 내용들은 일본인들의 손을 거쳐 다시 윤색되어 『일본서기』에 인용되었던 것이다. 이러한 과정을 통해 이루어진 『일본서기』의 백제관계 기록으로부터 백제와 왜와의 관계를 밝히기 위해서는 철두철미한 사료비판이 선행되어야만 한다. 그러므로 양적으로 풍부하지 못한 『삼국사기』의 내용과 양적으로는 풍부하나 내용상에 많은 문제점이 내포되어 있는 『일본서기』의 내용을 사료비판을 통해 어떻게 조화롭게 해석하느냐 하는 점이 백제와 왜와의 관계를 밝히는데 가장 큰 어려운 문제이다. 그러나 아직은 이들 자료에 대한 연구가 일치된 해석에 이르지 못하고 있음이 사실이다. 『신편 한국사』제6권 (국사편찬위원회, 2002년)

백선생 : 앞으로 『일본서기』를 비롯하여 일본측 사서를 적잖이 인용합니다. 차후 백제는 일본과 긴밀한 역사관계를 형성합니다. 백제 역사의 한 축이 바로 일본입니다. 『일본서기』 신공神功황후의 기록입니다.

④-23. 49년(369년) 3월, **황전별**荒田別, **녹아별**鹿我別**을 장군으로 삼았다.**[21] 구저久氐 등과 함께 군사를 준비해 건너가 탁순국卓淳國에 이르렀다. 바야흐로 신라를 습격하려 하였다. 이때 누군가가 말하길 "군사가 적으면 신라를 깨뜨릴 수 없다. 다시 사백沙白, 개로盖盧를 보내 군사를 늘려줄 것을 요청해라." 하였다. 그래서 **목라근자**木羅斤資**와 사사노궤**沙沙奴跪〔**이 두 사람은 그 성을 모르는 사람이다. 목라근자는 백제장수다.**〕에게 명해 정병을 이끌고 사백, 개로와 함께 가게 했다. 탁순국에 모두 모여 신라를 공격하여 이겼다. **이어서 비자발**比自㶱, **남가라**南加羅, **녹국**㖨國, **안라**安羅, **다라**多羅, **탁순**卓淳, **가라**加羅 **등 7국을 평정**平定**하였다.** 거듭 군사를 서쪽으로 이동하여 **고해진**古奚津**에 이르러 남만**南蠻 **침미다례**枕彌多禮**를 빼앗아**(屠) 백제에 주었다. 이에 그 왕王 **초고**肖古**와 왕자 귀수**貴須**가 역시 군사를 이끌고 왔다. 비리**比利, **벽중**辟中, **포미**布彌, **지반**支半, **고사**古四 **읍은 절로 항복하였다.** 이리하여 백제왕 부자父子, 황전별, 목라근자 등이 같이 **의류촌**意流村〔**지금 주유류지**州流須祇라 한다.〕**에서 만났다. 서로 보고 기뻐하였다. 두터운 예로써 보냈다. 천웅장언**千熊長彦**이 백제왕과 더불어 백제국에 이르러 벽지산**辟支山**에 올라 맹세하였다. 또 고사산**古沙山**에 올라 반석 위에 같이 앉았다.** 그때 백제왕이 맹세하며 말하였다. "만일 풀을 깔고 앉으면 불에 탈 우려가 있고 또 나무를 잡고 앉으면 물에 떠내려갈 우려가 있다. 고로 반석에 앉아서 맹세하면 오래도록 썩지 않는다는 것을 보여주는 것이다. 금후 천추만세에 끊임없고 다함없이 항상 서번西蕃을 칭하며 춘추조공 하리다." 천웅장언을 데리고 도성에 이르러 후하게 예우를 더하고 구저 등을 딸려 보냈다. 『일본서기』 신공황후기

이 기록은 일본학자들이 '역사의 신神'으로 떠받드는 매우 중요한 기록입니다. 「신공황후의 삼한정벌론」과 「임나일본부설」의 근거로 삼는 핵심 기록입니다. 이 기록은 우리에게도 매우 중요합니다. 아마도 『일본서기』가 이 기록을 남기지 않았다면, 백제 역사의 진면목은 영영 빛을 보지 못했을 겁니다.[22] 발생년도는 369년으로 추정합니다. 기록의 핵심은 백제장군 목라근자木羅斤資입니다. 걸출한 군사영웅입니다. 대단한 정복자입니다. 목라근자는 경남지역의 가야 7국을 평정하고 전남지

---

21 '別'은 일본말로 '와케(わけ)'로 읽는다. 1968년 사이타마(埼玉)현 이나리야마(稻荷山)에서 출토된 금상감 철검의 명문에 '획가다지로대왕(獲加多支鹵大王)'이 나온다. '획가다지로'는 '와카타케루(わかたける)'로 읽는다. '獲加'가 '와카(わか)'이다. 와케와 와카는 동음어로, 獲加는 백제식 한자이고 別은 중국식 한자이다. 일반적으로 와케(와카)는 백제왕자의 호칭으로 이해한다. 부여백제 왕자에게만 붙이는 특별한 호칭이다.

22 한일 고대사의 열쇠를 쥐고 있는 기록이다. 일본은 이 기록을 통해 우리 고대사에 족쇄를 채우려 하나 실상은 정반대이다. 우리 고대사는 이 기록으로 인해 일본 고대사에 족쇄를 채우게 된다. 만약 백제인이 이 기록을 일본으로 가져가지 않았다면 『일본서기』에 기록이 남지 않았을 것이다. 참으로 위대한 기록이다.

역의 마한 소국을 일거에 정복합니다. 전북지역의 마한 소국은 목라근자의 위용에 눌려 스스로 항복합니다. 한 마디로 한반도 남해안 전체를 쑥대밭으로 만듭니다. 목라근자의 정벌경로입니다. 먼저 탁순국에 모여 신라를 공격합니다. 이는 논외論外로 합니다. 『삼국사기』〈신라본기〉에는 일체 언급이 없습니다. 그 다음으로 가야 7국을 평정합니다. 비자발(경남창녕), 남가라(경남김해), 녹국(경남영산), 안라(경남함안), 다라(경남합천), 탁순(경남창원), 가라(경북고령)입니다. 위치비정은 일부 다를 수 있으나, 전체적으로 경남지역에 소재합니다.

김기자 : 실제 병력을 동원한 전쟁입니까?

백선생 : '平定'이라는 용어를 사용합니다. 병력동원의 실제 여부는 알 수 없습니다. 다만 어떤 형태로든지 군사적 행동은 있었을 것으로 추정합니다. 결과는 가야 7국의 예속입니다. 이어 고해진(전남강진)에서 전열을 정비한 후 곧바로 침미다례枕彌多禮를 칩니다. 침미다례는 백제보다 90년 앞서 중국 왕조국가에 사신을 파견한 신미제국新彌諸國입니다.(제3장 98쪽 참조) 영산강 유역의 20여개 마한연맹체입니다. 그런데 이들 침미다례를 가리켜 '남만南蠻'으로 표현합니다. 남만은 남쪽 오랑캐란 뜻으로 중국이 남쪽 국가를 가리키는 비하卑下의 호칭입니다.[23] 동쪽을 가리키는 동이東夷와 같습니다. 남만이라는 극단적 표현은 당시 신미제국의 국력과 위상을 가늠할 수 있는 또 하나의 척도입니다. 신미제국은 대단히 강대한 연맹국입니다. 이때 목라근자의 군사행동이 '屠'입니다. 도륙의 의미가 강합니다. 대규모 혈전이 예상됩니다. 여하튼 신미제국도 목라근자에 의해 평정됩니다. 이때 근초고왕 부자父子가 군사를 이끌고 남쪽으로 내려옵니다. 그러나 목라근자를 군사적으로 지원하기 위한 출동은 아닙니다. 문맥상으로 보아 근초고왕은 전투에 참가하지 않습니다. 이때 전북지역의 마한 소국이 자동으로 항복합니다. 비리(전북옥구), 벽중(전북김제), 포미(전북정읍), 지반(전북부안), 고사(전북고부)입니다. 위치비정은 다소 차이가 있으나 모두 전북지역입니다. 목라근자와 근초고왕 부자는 의류촌(전북부안, 주류성)에서 만납니다. 그리고 서로 마주보며 두터운 예를 쌓습니다. 승리에 대한 자축행사입니다. 여기까지가 백제장군 목라근자의 삼한정벌의 전모입니다.

---

23 중국은 자신들을 제외한 주변세력을 모두 오랑캐로 표현한다. 동쪽은 동이(東夷), 서쪽은 서융(西戎), 남쪽은 남만(南蠻), 북쪽은 북적(北狄)이다. 이 기록의 남만은 중국이 지칭하는 남만이 아니라 한반도 남쪽지방의 강력한 세력집단을 지칭한다.

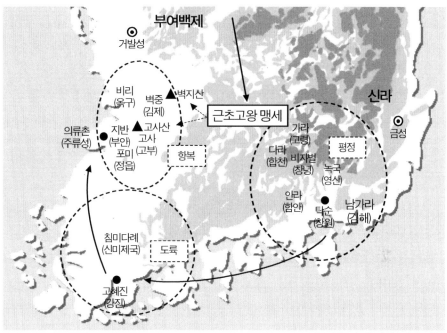

목라근자의 삼한 정벌 경로

김기자 : 목라근자의 활약이 대단하군요.

백선생 : 다음 기록부터 목라근자는 빠집니다. 천웅장언千熊長彦[24]와 근초고왕은 벽지산(전북김제,
모악산)에 올라 맹세를 하고 또다시 고사산(전북고부, 두승산)으로 옮겨 바위위에 앉아 맹세합니다. 근
초고왕은 두 번이나 맹세합니다.

김기자 : 군이 산에 올라가 맹세할 필요가 있습니까?

백선생 : 이 문제는 잠시 접어두고 몇 가지 내용을 검토합니다. 첫째는 발생년도입니다. 369년
으로 추정합니다. 이는 우리학자들이 추정한 연도입니다. 『삼국사기』 기록과 비교하면 369년은

---

24 천웅장언은 왜(임나)의 관료이다. 『신라사초』 내물대성신제기 7년(383년) 기록이다. '왜신(倭臣) 웅언(熊彦)은 잘 생기고 말을
잘 하였다. 아이(阿尒)가 상통(相通)하여 그의 말을 많이 들었다. 그래서 국인(國人)이 이반(異反)하여 혹은 우리에게 또는 고
구려에게 귀속하였다.[倭臣熊彦美而善辯 與阿尒相通 多聽其言 故國人異反 或歸于我 亦歸于麗]' 천웅장언이 백제 근구수왕
의 왕비인 아이(阿尒)부인과 상통하며 백제조정에 영향력을 행사한 내용이다.

근초고왕이 고구려를 만나 첫 번째 전투를 치르는 시기입니다. 근초고왕은 황해도 지방에서 고구려와 전쟁 중입니다. 시간과 공간이 전혀 어울리지 않습니다. 둘째는 목라근자입니다. 기록은 목라근자가 백제장수라고 힘주어 강조합니다. 목라근자가 한성백제출신이라면 당연히 백제장수입니다. 이는 목라근자가 한성백제의 출신이 아닐 수도 있다는 얘기입니다. 목木씨는 훗날 형성된 백제 8대 성씨 중의 하나입니다.[25] 문헌상으로 목라근자가 목씨의 시조입니다. 목씨의 출신을 마한연맹의 맹주인 목지국 왕족출신으로 보는 견해도 있습니다. 그러나 단기간의 압도적인 군사활동은 목라근자의 군사적 역량을 가늠할 수 있습니다. 기마족 냄새가 납니다. 참고로 목라근자의 후손은 훗날 일본의 대호족 가문으로 발전하여 야마토왕실을 좌지우지합니다. 소아蘇我(소가)씨 가문입니다.[26] 셋째는 근초고왕의 출현 시점입니다. 근초고왕은 목라근자가 침미다례를 모두 정복한 후에 나타납니다. 근초고왕은 절대 소극적인 군주가 아닙니다. 전쟁의 종결시점에 나타나 승리나 축하해주는 소심한 성격이 아닙니다. 근초고왕이 실제로 삼한정벌을 기획하고 실행한 것이라면 최소한 목라근자의 후방에 위치하여 처음부터 끝까지 자신이 직접 전투에 참가하거나 또는 목라근자의 군사 활동을 직접적으로 지원했을 겁니다. 넷째는 근초고왕의 맹세입니다. 기자님이 질문한 내용입니다. 근초고왕은 두 번의 맹세를 하는데 장소가 명확합니다. 벽지산과 고사산입니다. 근초고왕의 맹세는 사실입니다. 그런데 기록을 다시 살펴보면 두 장소를 백제 땅이라고 합니다. 당시 전북지역은 백제 땅이 될 수 없습니다. 또한 근초고왕 자신이 삼한정벌을 실제로 직접 기획했다면 승리를 쟁취한 마당에 누군가에게 맹세할 이유가 없습니다. 근초고왕은 정벌전쟁의 주인이 아닙니다. 굳이 따진다면 손님입니다. 마지막으로, 목라근자의 삼한정벌지역입니다. 목라근자의 1차적인 공격목표가 경남지역 가야입니다. 신라의 후방입니다. 당시 근초고왕

---

25 백제 8대 성씨는 『북사』와 『수서』의 동이전 백제편에 나온다. 사(沙)씨, 연(燕)씨, 협(協)씨, 해(解)씨, 진(眞)씨, 국(國)씨, 목(木)씨, 묘(苗)씨 등이다. 다만 이들 8대 성씨 중 묘씨 성을 가진 사람은 기록에 전혀 나오지 않는다. 중국 성씨사전에는 백제의 왕족 성씨인 부여(扶餘)씨를 비롯하여 복(福)씨 골(骨)씨 등 도 8대 성씨로 나온다.

26 목라근자는 소아(蘇我-소가)씨 가문의 시조이다. 훗날 목라근자의 후손이 야마토왕으로부터 소아씨 성을 하사받으며 시조 목라근자의 이름도 소아석천(蘇我石川)으로 변경하여 소급한다. 『일본서기』 기록에 따르면, 목라근자(소아석천)의 고향은 백제 대목악(大木岳)이다. 지금의 충남 천안시 목천이다. 천안은 마한연맹의 맹주인 목지국의 소재지로 비정되는 지역이다. 이런 까닭으로 목라근자를 목지국 왕족출신으로 보는 견해도 있다.

은 신라와 매우 우호적 관계를 맺고 있습니다. 굳이 신라를 자극할 필요가 없습니다. 더구나 이전에 전혀 교류가 없었던 수천리 떨어진 경남지역을 뜬금없이 정벌 대상으로 삼은 것은 더욱 이해할 수 없습니다.

김기자 : 목라근자의 삼한정벌은 근초고왕이 주체가 아니군요.

백선생 : 『일본서기』 신공황후의 기록은 주체가 신공황후가 아니라 부여백제입니다. 『일본서기』가 부여백제의 역사기록을 가져다가 일본의 역사기록으로 만든 겁니다. 근초고왕은 이 기록의 주체가 아니라 손님입니다. 목라근자는 부여백제의 장수입니다. 목라근자의 삼한정벌은 부여백제가 기획하고 실행한 사건입니다. 그리고 삼한정벌이 마무리될 즈음 부여백제는 한성백제 근초고왕을 따로 부릅니다. 그리고 한 차례가 아닌 두 차례 맹세를 받습니다. "봐라! 우리 부여백제가 삼한을 정벌하였다. 부여백제가 삼한의 진정한 주인이다. 한성은 우리 부여백제가 무력으로 깨뜨리지 않을 것이니, 앞으로도 변함없이 예를 다하라." 근초고왕의 맹세는 한성백제를 부여백제로부터 보호하기 위한 일종의 생존 의식입니다.

김기자 : 교수님의 견해는 어떠십니까?

소교수 : 경남 김해의 「대성동고분」이 있습니다. 1990년 두 차례 발굴결과 무덤양식은 목곽분(덧널무덤)으로 동복銅鍑(청동솥)을 비롯하여 금동제 말 장식과 마구馬具類 등 북방계통의 유물을 출토합니다. 그런데 뜻밖에도 이들 유물이 중국 요녕성 북표의 「라마동喇嘛洞고분」에서 출토한 유물과 똑같습니다. 원래 라마동고분은 삼연(전연,후연,북연)문화의 대표적 유적으로 3세기후반~4세기중반에 걸쳐 축조된 모용선비의 집단묘역으로 알려져 있었습니다. 그러나 발굴결과 무덤양식은 선비계(사다리꼴 목곽분)가 아닌 부여계(직사각형 목곽분)입니다. 대성동고분과 같습니다. 이를 두고 라마동고분을 직접 발굴한 중국학자 톈리쿤田立坤은 4세기중엽(346년) 부여가 전연前燕에

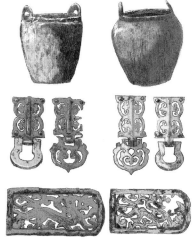

대성동과 라마동 출토유물 비교

멸망하면서(113쪽 ④-9 참조) 이때 발생한 부여 유민이 김해지방으로 유입된 것으로 결론을 내립니다. 이는 고고학이 말하는 북방 기마족의 한반도 유입을 설명하는 증거입니다. 그럼에도 학계는 대성동고분의 가야와 라마동고분의 부여와의 상관관계를 명확히 규명하지 못하고 있습니다. 『일본서기』 신공황후기 기록이 단서가 될 수도 있겠습니다.

백선생 : 김해 대성동고분 조성세력의 단서가 역시 『일본서기』 신공황후기에 나옵니다.

④-24. 62년(382년) 2월, 신라가 조공하지 않았다. 습진언襲津彦*을 보내 신라를 치게 하였다. 〔『백제기百濟記』에 이르길, 임오년壬午年** 신라가 귀국貴國에 조공하지 않았다. 귀국이 사지비궤沙至比跪를 보내 신라를 토벌하게 하였다. **신라가 미녀 2명을 보내 향응을 하자 사지비궤는 이에 넘어가 반대로 가라국加羅國***을 토벌하였다.** 가라국왕 기본한기己本旱岐, 아들 백구지百久至, 아수지阿首至, 국사리國沙利, 이라마주伊羅麻酒 이문지爾汶至 등이 사람들을 데리고 백제로 도망갔다. 백제는 이들을 후하게 대접하였다. 가라국왕의 누이 기전지旣殿至가 왜국에 하소연하였다. "천황이 사지비궤를 보내 신라를 토벌하라고 했는데 신라미녀의 향응을 받고 반대로 우리나라를 쳤습니다. 형제와 인민이 모두 유침流沈****하여

부여유민 이동 (라마동 → 대성동)

걱정이 되어서 아룁니다." **천황이 이 소식을 듣고 크게 노하여 목라근자木羅斤資를 보내 군사를 거느리고 가라加羅에 모여 그 사직社稷을 되돌렸다.**〕『일본서기』 신공황후기

☞ *갈성습진언(사지비궤) **382년 ***금관가야 ****삶의 터전을 잃다

신공황후 섭정 62년인 382년(임오년) 기록입니다. 369년 부여백제 목라근자가 삼한을 정벌한 후 13

년이 지난 시점입니다. 임나의 갈성습진언葛城襲津彦[27]이 신라의 꼬임(미녀 2명 향응 제공)에 **빠져** 가라(금관가야)를 치자, 부여백제왕은 급히 목라근자를 파견하여 가라의 사직을 회복시킨 사건입니다. 이때 목라근자 세력집단의 일부가 가라에 정착하여 김해 대성동고분을 조성한 것으로 이해합니다.[28]

김기자 : 교수님께서는 근초고왕을 어떻게 보십니까?

소교수 : 솔직히 근초고왕의「정복군주 모델」은 만들어진 측면이 강합니다. 또한 이를 일반화시킨 것은 학계의 잘못이 큽니다. 이는『삼국사기』가 기록하지 않은 전남·북지역의 역사기록 공백을『일본서기』기록에서 무리하게 차용하여 백제 근초고왕 역사로 편입시킨 결과이기도 합니다. 방송과 출판매체가 근초고왕을 영웅으로 만든 것도 한 몫 합니다. 선생님의 해석이 오히려 근초고왕의 실체적 모습에 가깝습니다.

백선생 : 근초고왕은 정복군주의 표상은 아니더라도 치적만큼은 다른 왕들보다 뛰어난 군주입니다. 고구려를 군사적으로 제압하여 북으로 밀쳐낸 군사군주이며, 백제 최초의 역사서인『서기』를 편찬하여 왕실의 권위와 백제의 위상을 드높인 문화군주입니다. 또한 최초로 중국왕조에 사신을 파견하여 백제의 존재를 중국에 알린 외교군주이기도 합니다.

---

27 습진언(襲津彦), 사지비궤(沙至比跪) 공히 일본말로 소츠히코(そつひこ)로 읽는다. 두 사람은 동일인이다.

28 요서 라마동고분(요녕성 북표) 조성세력의 기원은 서부여 집단이다. 부여백제가 서부여를 밀치고 그 자리에 진평백제군(요녕성 진평현)을 설치하자, 서부여 목라근자 집단은 부여백제를 따라 한반도로 이동한다. 이들이 처음 정착한 곳은 대목악(大木岳―충남 천안 목천)이다. 그러나 충남 천안지역에서 라마동, 대성동고분의 유물이 발견된 사례는 아직까지 없다.『일본서기』기록에 따르면, 목라근자의 아들 목만치(木滿致)는 목라근자가 신라 여인을 취해 낳은 아들로 나온다. 목라근자가 신라와 가까운 지역에 소재한 사실을 증언한다. 이는 김해 대성동고분 조성세력과 목라근자 집단과의 밀접한 관계를 유추해 볼 수 있는 대목이다. 목라근자 집단은 금관가야의 사직을 복구하고 아예 김해 대성동 일대에 정착한 것으로 추정된다.

5장

동아시아의 용광로

두 영웅의 충돌

1. 부여백제왕 여휘

백선생 : 396년 3월경입니다. 거발성居拔城(충남공주) 어전에 무거운 침묵이 흐릅니다. 왕을 비롯하여 여러 대소 신료가 모두 입을 굳게 다물고 있습니다. 왕은 방책을 내놓으라고 거듭 요구하지만 어느 누구도 답을 못합니다. 그때 전령이 급히 어전에 들어 고구려군이 도강渡江하고 있다고 보고합니다. 일순간 침묵이 소란으로 바뀝니다. 신료들이 웅성거립니다. 한 신료가 나서 결사 항전을 주장하자, 또 한 신료는 항복만이 나라와 왕실 그리고 백성을 보전하는 길이라고 항변합니다. 의견이 갈리며 소란만 가중됩니다. 왕은 미간을 찌푸리며 눈을 감습니다. 또 다시 침묵이 어전을 짓누릅니다. 그때 고구려 사신이 어전에 들어옵니다. 그리고 대뜸 거발성을 불태우지 않겠다며 항복을 제안합니다. 일방적인 통보입니다. 다시금 어전은 소란합니다. 왕은 고개를 떨구며 항복의사를 내비칩니다. 얼마의 시간이 지납니다. 왕은 고구려왕 앞에 무릎을 꿇고 노객奴客의 명세를 합니다. 항복조건은 왕의 아우와 대신 10명을 인질로 내놓는 것과 백성 1천 명과 세포細布(삼 껍질에서 뽑은 가는 실로 짠 베) 1천 필의 보상입니다. 대소 신료 모두가 통곡합니다.[1]

김기자 : 영화의 한 장면이군요. 왕과 고구려왕은 누구입니까?

백선생 : 부여백제왕 여휘餘暉와 고구려 광개토왕 담덕談德입니다. 두 사람은 4세기 후반 한반도 전체를 용광로 속으로 몰아넣습니다. 시작은 396년입니다. 고구려 광개토왕은 대규모 선단을 이끌고 충청도 어느 해안에 당도합니다. 대규모 상륙입니다. 아무도 예상치 못한 기습공격입니다. 그리고 곧바로 부여백제 수도 거발성으로 진격합니다. 부여백제 여휘왕을 사로잡는 것이 목표입니다. 여휘왕이 광개토왕의 침공을 알아차렸을 때는 이미 늦었습니다. 여휘왕은 항복을 선택합니다. 이 사건으로 부여백제는 새로운 전기를 맞이합니다. 대륙에서 시작한 부여가 한반도의 백제로 거

1《광개토왕릉비》 비문기록에 의거하여 구성한 장면이다. 아래 ⑤-8 기록이다.

듭나더니 채 백년을 채우지 못하고 또 다시 일본열도로 밀려납니다. 일본 고대국가 야마토(大倭,大和)로 재탄생합니다.

김기자: 여휘는 처음 듣는 이름이군요.

백선생: 중국사서 『진서』에 나옵니다.

ⓢ-1. **태원11년**(386년) **여름 4월, 백제 왕세자**王世子 **여휘**餘暉**를 사지절도독진동장군백제왕**使持節都督鎭東將軍百濟王**으로 삼았다.** 『진서』 효무제본기

386년입니다. 동진 효무제(사마요, 372~396)가 백제 왕세자 여휘에게 「사지절도독진동장군백제왕」의 관작을 수여합니다. 『삼국사기』에는 나오지 않습니다. 여휘가 한성백제의 왕이 아니기 때문입니다. 이 시기 한성백제는 진사왕(제16대, 385~392)입니다. 어느 자료를 보니까 여휘를 진사왕으로 설명합니다. 명백한 오류입니다. 여휘는 진사왕이 될 수 없습니다. 386년은 진사왕이 보위에 오른 지 2년째입니다.[2] 왕세자가 나옵니다. 왕의 후계자인 태자를 가리킵니다. 『삼국사기』는 모두 태자로 기록합니다. 그런데 왕세자입니다.

김기자: 태자를 왕세자로 호칭한 이유는 무엇입니까?

백선생: 칠지도七支刀가 있습니다. 칼날이 7개의 가지모양으로 뻗어 있어 칠지도입니다. 일본 나라현 천리天理(텐리)시 석상石上(이소노카미)신궁이 보관하고 있습니다. 일본 국보입니다. 칼날의 양면에 상감기법象嵌技法으로 새겨 넣은 명문이 있습니다. 60개 글자 중 몇 개는 확인이 불가한데 내용은 이렇습니다.

석산신궁 (일본 나라현 천리시)

2 진사왕(제16대)은 385년 즉위한다. 이미 왕이 된 진사왕이 이듬해인 386년에, 그곳도 왕세자(태자)의 신분으로 백제왕의 관작을 받는 것은 시기적으로 앞뒤가 맞지 않다.

【앞면】

泰□四年 五月十六日 丙午正陽 造百錬鐵七支刀 出辟百兵 宜供供候王 □□□□作

태□4년 5월16일 병오정양에 **백 번 단련한 철로 칠지도를 만들다. 이 칼은 백병을 피할 수 있어 마땅히 후왕에게 줄 만하다.** □□□□가 제작하다.

【뒷면】

先世以來 未有此刀 百濟王世子奇生聖音 故爲倭王旨造 傳示後世

선세이래로 아무도 이런 칼을 가진 일이 없었다. **백제왕세자 기생성음이 왜왕 지를 책봉하며 만드니 후세에 길이 전하라.**

제작시기는 '태□ 4년'입니다. '泰□'는 중국 동진 폐제廢帝(사마혁,366~371)의 연호인 '태화太和'로 이해합니다.(泰와 太의 한자는 다름) '태화4년'은 369년(근초고24)입니다. 참고로 『일본서기』 신공황후기에 372년(섭정52) 백제왕이 칠지도를 왜국에 보낸 기록이 있습니다.[3] 따라서 칠지도는 369년 만들어져 3년 후인 372년 일본에 보내집니다. 칼의 뒷면 명문에 칠지도를 보낸 주체가 나옵니다. 백제왕세자 기생성음奇生聖音입니다. 기생성음을 일종의 길상어吉祥語로 보는 견해도 있지만 잘못된 해석입니다. 기생은 사람이름이며, 성음은 삼한 소국의 수장을 지칭하는 거수渠帥(신지臣智)의 존칭어입니다. 따라서 칠지도는 백제왕세자 기생이 왜왕 지旨를 후왕으로 책봉하며[4] 보낸 일종의 외교문서입니다.

소교수 : 칠지도의 제작시기, 만든 주체와 목적에 대해서는 여러 설이 있습니다.[5] 대체로 근초고왕시기에 백제가 왜왕에게 준 하사품으로 이해합니다. 근초고왕의 백제가 일본을 제후국으로 삼은 것으로 봅니다.

---

3 『일본서기』 신공황후기 기록이다. '52년(372년) 가을9월 정묘 초하루 병자일, 구저(久氐) 등이 천웅장언(千熊長彦)을 따라와서 칠지도(七枝刀) 1자루와 칠자경(七子鏡) 1개 및 여러 가지 귀중한 보물을 바쳤다.〔五十二年 秋九月 丁卯朔 丙子 久氐等從千熊長彦詣之 則獻七枝刀一口七子鏡一面 及種重寶〕'

4 칠지도 뒷면 명문 중 '爲倭王旨'가 나온다. '왜왕 지(旨)를 위하여~'로 해석하기도 한다. 그러나 '爲'자의 용례는 외교문서의 직책 앞에 놓이면 '~위하여'가 아닌 '책봉하다(冊)'는 뜻으로 쓰인다.

5 제작 목적은 ㉮ 백제왕이 왜왕에게 바쳤다는 설, ㉯ 백제왕이 왜왕에게 하사했다는 설, ㉰ 동진왕이 백제를 통해 왜왕에게 하사했다는 설, ㉱ 대등한 관계에서 백제왕이 왜왕에게 선물로 주었다는 설 등이 있다.

백선생 : 칠지도를 만든 주체는 근초고왕이 아닙니다. 만약 근초고왕이라면 칠지도 명문은 근초고왕으로 표기했을 겁니다. 명문은 근초고왕이 아닌 백제왕세자 기생입니다.

김기자 : 그렇다면 백제왕세자 기생은 또 누구입니까?

백선생 : 바로 『진서』기록⑤-1의 백제왕세자 여휘입니다. 기생은 어릴 때(369년 당시) 쓰는 이름(兒名)이며, 여휘는 성년이 된 후(386년 당시) 새로 지은 공식 이름(字)입니다. 왕세자 칭호는 부여백제 왕의 후계자 호칭입니다. 따라서 만약 칠지도가 근초고왕 시기에 일본에 보내진 것이라면 칠지도는 한성백제가 아닌 부여백제가 보낸 겁니다. 참고로 『진서』기록을 보면, 「사지절도독使持節都督」이 나옵니다. 황제의 부절符節(옥이나 대나무로 만든 신표)을 받은 지방장관인 도독都督입니다. 지금의 도지사道知事에 해당합니다. 다른 점은 당시 도독은 독자적인 군사권을 행사합니다. 「진동장군」은 2품의 군호軍號 관작입니다.

김기자 : 황제의 관작은 어떤 의미가 있습니까?

백선생 : 당시 중국왕조국가는 주변국을 제후국으로 인식합니다. 주변국 왕의 입장에서 보면 황제의 관작을 받는 것이 결코 즐거운 일은 아닙니다. 그러나 이는 어디까지나 오늘날의 시각입니다. 당시 주변국 왕들이 중국에 사신을 보내고 황제의 관작을 경쟁적으로 받은 것을 보면 다른 해석이 요구됩니다. 중국황제의 관작을 주변국 왕들도 필요로 합니다. 다시 『진서』기록을 봅니다. 여휘의 신분이 왕이 아닌 왕세자입니다. 동진 황제로부터 왕세자의 신분으로 왕의 관작을 받습니다. 여휘의 전임은 여구왕입니다. 여휘는 여구왕의 아들입니다. 장자이며 왕세자입니다. 만약 여구왕이 살아있다면 여휘는 왕의 관작을 받을 수 없습니다. 그런데 여휘는 왕이 아닌 왕세자의 신분입니다. 누군가 여휘를 대신하여 왕 노릇을 하고 있습니다.

김기자 : 문득 근초고왕 시기의 실권자 진정이 생각나는군요. 혹시 부여백제에도 진정과 같은 권력자가 있는 겁니까?

백선생 : 진정과 같은 조정신료는 아닙니다. 진정은 근초고왕을 보위에 앉힌 후 막후에서 실권을 행사합니다. 보위는 결코 신료의 몫이 될 수 없습니다. 의심되는 인물은 여구왕의 왕후입니다.

김기자 : 진정의 친척인 진왕후입니까?

백선생 : 아닙니다. 근초고왕이 20년 역사공백을 끝낼 수 있었던 결정적 이유는 진정의 실각입니다.(제4장 123쪽 참조) 실각의 배경은 진왕후의 죽음입니다. 이는 근초고왕 뿐 아니라 부여백제 여구왕에게도 변화가 발생합니다. 여구왕은 새왕후를 맞이합니다.

김기자 : 새왕후는 누구입니까?

백선생 : 목라근자의 삼한정벌을 다룬 『일본서기』 기록이 단서입니다.(제4장 137쪽 ④-23 참조) 출처는 신공神功황후 기록입니다.

김기자 : 일본 고대사는 너무 무지하군요.

백선생 : 새왕후는 신공황후로 추정합니다. '신공神功'은 『일본서기』를 편찬하면서 붙여진 극존칭의 시호입니다. 원래 시호는 '기장족희존気長足姫尊'입니다.[6] 기장気長은 신공황후의 출신지로 오늘날 경남 양산의 기장機張입니다(한자 다름). 신공황후는 일본열도 출신이 아니라 한반도 출신입니다. 부여백제 여구왕은 목라근자를 보내 삼한을 정벌한 후 기장출신의 새왕후를 맞이합니다. 기장왕후입니다. 기장지역은 가야소국의 연맹체인 임나[7]의 강역입니다. 부산과 울산지역도 임나입니다.

일본 지폐속의 신공황후

김기자 : 신공황후가 부여백제 왕후라는 해석은 다소 파격적이군요.

백선생 : 『일본서기』 신공황후 기록은 말 그대로 황후의 기록입니다. 신공황후는 왕이 아닙니다.

---

6 국어학자 양주동의 설명에 따르면, '足'은 우리말 '들'을 나타내는 '벌(伐)'의 차용어이다. 기장족희는 '기장벌의 여인'이다.

7 임나(任那)는 『삼국사기』를 비롯하여 우리 사서에는 나오지 않으나 일본사서에는 비중 있게 다룬 가야의 한 나라이다. 임나의 실제에 대해선 여러 설이 있다. 일제 식민사학자들은 가야 전체를 통칭하여 임나라 하였으나 현재는 가야지역에 존재한 별도의 국가로 본다. 『일본서기』 흠명(欽明)기에는 임나연맹 10국을 기록하는데 가라국(김해), 안라국(함안), 사이기국(부림), 다라국(합천), 졸마국(함양), 고차국(고성), 산반하국(초계), 걸손국(단성), 염례국(의령) 등이다. 모두 경남지방의 가야 소국이다.

황후로서 섭정을 하는데 섭정기간이 장장 69년입니다. 섭정 전반부는 3세기초반으로 일본 규슈지역에서의 활동입니다.[8] 그러나 섭정 후반부는 4세기중후반으로 백제에 관한 기록입니다. 아래는 『일본서기』 신공황후 후반부 기록의 말미입니다.

> 섭정55년, 백제 초고왕肖古王이 죽었다.(375년)
>
> 섭정56년, 백제 왕자 귀수貴須가 즉위하였다.(375년)
>
> 섭정64년, 백제 귀수왕이 죽었다. 왕자 침류왕枕流王이 즉위하였다.(384년)
>
> 섭정65년, 백제 침류왕이 죽었다. **왕자 아화阿花는 어려 숙부 진사辰斯가 왕위를 빼앗아 즉위하였다.**(385년)
>
> 섭정69년, 4월 **황태후가 치앵궁稚櫻宮에서 죽었다.** 때의 나이 100세이다. 10월 임신일 협성순열능狹城盾列陵에 장사지냈다. **이 날 황태후를 추존하여 기장족희존氣長足姬尊이라 일컬었다.**(389년)
>
> 『일본서기』 신공황후기
>
> ☞ 발생년도가 『일본서기』와 『삼국사기』가 차이를 보인다. 『삼국사기』를 따른다.

　모두 백제왕의 기록입니다. 백제의 역사입니다. 이는 『일본서기』가 백제 사서에 기초하여 편찬된 사서라는 사실을 증명합니다. 또한 당시 기록은 일본의 역사가 백제의 역사임을 반증합니다. 신공황후는 섭정 69년째인 389년에 사망합니다. 다시 앞의 『진서』 기록(⑤-1)으로 돌아갑니다. 386년은 부여백제왕 여휘가 왕세자의 신분으로 동진황제로부터 백제왕의 관작을 받습니다. 『일본서기』 기록과 비교하면 당시 여휘가 왕세자의 신분인 이유를 알 수 있습니다. 이는 기장왕후(신공황후)의 섭정시기입니다. 그러나 여휘는 백제왕의 관작을 받았음에도 곧바로 보위에 오르지 못합니다. 389년(신공황후 섭정 69년) 기장왕후가 죽고, 이듬해인 390년 정월 여휘는 정식으로 즉위합니다.

---

8 신공황후는 『삼국지』〈위서〉 왜인전에 나오는 3세기초반 일본 규슈지방의 고대 소국인 야마대국(邪馬台國)의 여왕 히미코(卑彌呼)와 일본 고대국가 야마토를 실질 창업한 4세기후반 응신(應神)왕의 계보상 어머니를 결합한 가공인물로 본다.

2. 여휘왕과 진사왕의 갈등

백선생 : 진사왕辰斯王은 제16대 왕으로 재위기간은 385년~392년까지 8년입니다. 진사왕은 근구수왕의 둘째 아들로 형인 침류왕枕流王(제15대)이 즉위 이듬해 갑자기 사망하자 보위를 잇습니다. 침류왕의 단명 사유는 알 수 없으나, 진사왕이 어린 조카 아신을 제치고 보위를 찬탈한 것으로 보아 진사왕은 침류왕의 죽음에도 직간접적으로 개입합니다.

김기자 : 조선시대 단종과 세조의 경우와 유사하군요.

백선생 : 조카를 제치고 숙부가 보위를 찬탈한 것은 같습니다. 그러나 진사왕은 조카 아신을 죽이지 않습니다. 아신은 훗날 진사왕의 뒤를 보위에 오릅니다. 아신왕阿莘王(제17대)입니다.

김기자 : 조카를 살려두면 두고두고 화근이 될 터인데 진사왕은 너그러운 성품을 가졌나보군요.

백선생 : 『삼국사기』는 침류왕이 사망하자, 아신이 어려서 진사왕이 대신 보위를 이은 것으로 기록합니다.(『일본서기』에도 동일하게 나옴) 아신이 어리다는 명분입니다. 그러나 『고구려사략』은 다른 배경을 설명합니다.

> ⑤-2. 2년(385년) 이해 **2월에 침류枕流가 한산漢山에 절 짓기를 시작하여 10월에 완성하고 10명을 중이 될 수 있게 허락하였다.**[9] 침류가 죽자, 아우 진사辰斯가 뒤를 이었는데 강하고 용감하며 총기가 있고 지혜로우며 지략이 있었다. **침류의 처는 진사를 매우 좋아하여 계부継夫(새 남편)로 삼고는 정사를 독차지하고 자신의 아들 아신阿莘을 후사로 정하였다.** 『고구려사략』 고국양대제기

침류왕의 처(왕비)[10]가 침류왕의 동생인 진사를 좋아하여 새 남편으로 삼고 정사를 독차지하며, 자

---

9 백제의 최초 불교전래는 침류왕 원년인 384년 9월이다. 『삼국사기』 기록이다. '인도승려 마라난타(摩羅難陁)가 진(晉)에서 오자, 왕이 맞이하여 궁 안에 모시고 공경하였다. 이때부터 불법(佛法)이 시작되었다.〔胡僧摩羅難陁自晉至 王迎之 致宮內 禮敬焉 佛法始於此〕' 전남 영암군의 법성포(法聖浦)는 마라난타가 처음 도착한 곳에서 유래한다. 근처 불갑면에는 마라난타가 창건한 불갑사(佛甲寺)가 있다.

10 진가리(眞佳利)이다. 『삼국사기』를 보면, 진사왕 시기 병권을 움켜쥐고 권력을 전횡한 병관좌평 진가모(眞嘉謨)가 나온다. 진가리는 진가모의 여동생이다. 침류왕의 제거는 진가모, 진가리 남매와 진사왕의 합작품으로 추정된다. 결정적인 동기는 침류왕의 왕비 진가리가 침류왕의 동생 진사왕과 바람피운 일이다.

신의 아들인 아신을 후계자로 정합니다. 일종의 딜deal입니다.

김기자 : 재미있군요. 남녀관계가 역사를 만든 장면이군요.

백선생 : 여담이지만 이런 기록들은 우리의 도덕관념에서 벗어납니다. 현재의 남녀관계는 유교를 받아들이면서 만들어진 관념체계입니다. 적어도 삼국시대의 남녀문제는 우리의 상상을 뛰어넘을 정도로 개방적입니다. 김부식을 비롯하여 『삼국사기』 편찬자들 역시 이런 기록들을 보았을 겁니다. 당시의 도덕체계로 이를 받아들이기 어렵다고 판단하여 모두 삭제합니다. 역설적으로 『삼국사기』의 도덕관념에 치중한 편찬서술이 우리역사의 실체를 상당부분 왜곡시킵니다.

김기자 : 『삼국사기』가 마치 도덕교과서 같군요.

백선생 : 진사왕은 즉위 이듬해인 386년(진사2) 고구려와의 경계를 명확히 합니다. 관방關防(경계초소)을 설치하는데 청목령에서 시작하여 북쪽은 팔곤성, 서쪽은 바다에 이릅니다. 그리고 고구려와의 전투가 이어집니다. 387년(진사3) 관미령, 390년(진사6) 도곤성에서 승리합니다. 모두 황해도 남서부지역입니다. 고구려는 말갈을 동원하여 백제와 대적합니다.

김기자 : 말갈이 출현합니까?

백선생 : 3세기말 고이왕 시기에 출현한 말갈이 100여년 만에 다시 등장합니다. 이는 371년 근초고왕이 평양(황해도 재령)에서 고구려 고국원왕을 전사시킨 사건이 계기입니다. 황해도지역에 대한 고구려의 영향력이 약화되어, 고구려는 말갈의 자치권을 인정하는 대신 백제의 북진을 억제하는 역할을 부여합니다. 그런데 진사왕의 태도가 갑자기 바뀝니다. 이전까지는 고구려에 적극적으로 대적하던 진사왕이 갑자기 소극적으로 돌변합니다. 『삼국사기』와 『고구려사략』 기록입니다.

⑤-3. 7년(391년) **정월, 궁궐을 중수하면서 못을 파고 산을 만들어 진기한 새와 기이한 화초를 길렀다. 4월, 말갈이 북쪽 변경의 적현성**赤峴城**을 공격하여 함락시켰다. 7월, 왕이 서쪽의 큰 섬에서 사냥하다가 직접 사슴을 쏘았다. 8월, 왕이 또 횡악**橫岳 **서쪽 지역에서 사냥을 하였다.** 『삼국사기』 진사왕

⑤-4. 8년(391년) **4월, 해성**解猩**이 말갈병 2천을 이끌고 백제의 적현**赤峴**과 사도**沙道 **두 성을 빼앗았다. 이때, 왜**倭**가 가라와 신라에 침입하고 백제의 남쪽에까지 이르렀는데도 진사**辰斯**는 가리**佳利*** 와 함께 궁실에서 사치하며 연못을 파고 산을 만들어 특이한 새를 기르고 있었다. 이세**異世**가 죽자 이 소

식을 듣고는 나라의 서쪽에 있는 큰 섬으로 피해 들어갔으나 거기엔 이미 왜가 와있는지라, 물러나 횡악橫岳으로 다시 들어가서는 사람들이 비웃을까 겁내어 사슴을 잡는다는 핑계를 대었다. 그의 기세가 허약함이 이토록 심하였다. 『고구려사략』 고국양대제기

☞ *침류왕의 왕비이자 진사왕의 왕비인 진가리

391년입니다. 신묘년辛卯年입니다. 391년이 신묘년이라는 사실을 기억해 주길 바랍니다. 『삼국사기』 기록⑤-3을 보면, 진사왕은 정월에 궁궐을 중수하고 연못을 파며 산을 만들고 진기한 새와 화초를 기르는 등 다소 엉뚱한 행동을 시작합니다.[11] 때마침 4월에 고구려는 말갈을 동원하여 백제의 적현성을 함락시킵니다. 그러나 진사왕은 반격하지 않습니다. 7월 서쪽 큰 섬(강화도)으로 들어가 사냥을 하고, 또 8월 횡악(북한산)으로 옮겨 사냥을 계속합니다. 고구려에게 성을 빼앗기는 등 백제가 위기에 빠졌는데도 진사왕의 행동은 극도로 태연합니다. 오히려 위기상황을 회피합니다.

김기자 : 진사왕의 태도가 변한 이유가 무엇입니까?

백선생 : 『고구려사략』 기록⑤-4이 진사왕의 태도변화를 설명합니다. 왜가 출현하여 가라(가야)와 신라를 공격합니다. 왜가 경남 남해안에 있습니다. 진사왕은 이때다 싶어 사치생활에 몰두합니다. 그런데 진사왕은 이세異世가 죽었다는 소식을 듣게 됩니다. 진사왕은 급히 큰 섬(강화도)으로 피하는데, 왜가 큰 섬까지 찾아옵니다. 다시 횡악으로 피해 들어가서 사슴을 잡는다는 핑계를 댑니다.

김기자 : 진사왕이 왜에 쫓겨 도망하는 형국이군요.

백선생 : 두 가지를 검토합니다. 첫째, 왜倭가 갑자기 나옵니다. 이 왜는《광개토왕릉비》에 나오는 신묘년(391년) 기록(「신묘년 기사」라 함)의 왜와 같습니다. 비문은 '倭以辛卯年 來渡海破 百殘□□□ 羅 以爲臣民'입니다. 이중 마모된 세 글자는 『고구려사략』의 밑줄 점선부분 기록⑤-4에 대입하면

---

11 『신라사초』 내물대성신제기 기록이다. '부여(백제)가 못을 파서 산을 만들고 궁실을 중수하며 나라 안팎의 진금이초(珍禽異草)를 모았는데, 대개 아이후(阿爾后)의 뜻에서 나온 것이다.〔扶余穿池造山大修宮室集中外珍禽異草盖 出阿爾后之意也〕' 아이(阿爾)라는 여인이 나온다. 『삼국사기』〈백제본기〉에 침류왕의 어머니(근구수왕의 처)로 기록된 여인이다. 『신라사초』에 따르면, 아이는 신라귀족 발강(發康)의 누이로 백제 근구수왕과 혼인한다. 당시 아이는 태후의 신분으로 백제정계의 막강한 실력자이다.

'加羅新'입니다. 세 글자를 넣어 해석하면 '왜가 신묘년 이래로 백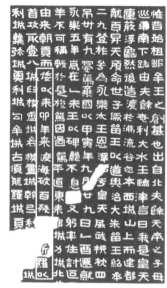
잔, 가라, 신라를 파破하여 신민臣民으로 삼았다.'입니다. 이는 한일
고대사의 최대 쟁점이 되는 기록입니다. 일본학자들은 이 해석을
절대적으로 신봉합니다. 왜가 주어主語입니다. 참고로 이 비문기록
은 일본 제국주의의 조선 침략을 정당화하는 근거로 활용됩니다.
일제강점기 우리 근대사의 아픔입니다. 당시 정인보(위당)는 일본
학자의 비문해석이 잘못되었다고 반박합니다. 주어가 왜가 아니라
고구려라는 입장입니다.[12] 아쉽게도 당시 우리학자들은《광개토왕
릉비》를 직접 보지 못했습니다. 대신 일본인(일본 육군참모본부 소속 사
코 가케노부酒勾景信 중위)이 탁본한 소위 '쌍구가묵본雙鉤加墨本'[13]만을
확인합니다. 그런데 해방이후에 우리학자들에 의해 쌍구가묵본의
변조 사실을 발견합니다.

《광개토왕릉비》쌍구가묵본

김기자 : 어떤 변조입니까?

소교수 : 1972년 재일동포 사학자 이진희가 일본 참모본부의 이른바 「석회도부작전설石灰塗付作
戰說」을 주장하여 큰 파장을 일으킵니다. 일본이 비문에 석회로 발라 의도적으로 「신묘년 기사」의
판독문 자체를 변형시켰다는 견해입니다. 이후 1981년 이형구는 「신묘년 기사」뿐 아니라 비문의
일부 글자가 위작僞作된 것을 확인합니다. 그럼에도《광개토왕릉비》의 「신묘년 기사」는 여전히 우
리 고대사의 불편한 족쇄를 채우고 있습니다.

백선생 :《광개토왕릉비》에 나오는 왜를 '비문왜碑文倭'라고 칭합니다. 비문왜는 부여백제를 가리
킵니다. 부여백제가 멀리 경남 남해안까지 내려와 가라와 신라를 공격합니다. 목라근자가 정벌한
가야(가라) 소국을 다시 공격합니다.(제4장 137쪽 ④-23 참조) 둘째, 이세異世입니다. 진사왕은 이세가

---

12 일본인의 해석이 「왜 주어설」이라면, 정인보의 해석은 「고구려 주어설」이다. 정인보는 '왜가 신묘년에 왔으므로, (고구려 광
개토왕)이 바다를 건너가 왜를 깨뜨리고 백제와 □□ 신라를 신민으로 삼았다.'고 해석한다. 일본인의 해석과 상반된다. 정인
보는 신묘년 당시의 정황을 종합적 판단해 볼 때, 왜가 백제와 신라를 신민으로 삼을 수 없다고 확신한다.

13 탁본과 달리 비문에 종이를 대고 문자 둘레에 선을 그린 다음(雙鉤), 그 여백에 묵을 넣어(加墨) 탁본처럼 보이게 만듦.

죽었다는 소식을 듣고 강화도로 피신합니다. 이세는 진사왕이 믿는 구석입니다. 진사왕의 사치생활은 이세의 존재로 가능합니다. 그런데 이세가 죽습니다. 진사왕은 누군가의 문책을 두려워합니다. 그래서 무턱대고 피합니다. 이세는 진사왕의 신하가 될 수 없습니다. 그렇다면 외부에서 찾아야 합니다. 고구려와 부여백제에서 찾아야 합니다. 그래서 사서를 다 뒤져 보았습니다. 그러나 이세로 추정되는 사람은 찾을 수 없습니다. 결론적으로 '異世'는 인명이 아닙니다. 한자 뜻 그대로 '또다른 치세의 존재'입니다. 부여백제를 일정기간 섭정으로 다스린 기장왕후입니다. 종합하면, 진사왕의 행위에 대해서 다음의 추론이 가능합니다. 진사왕은 부여백제 기장왕후의 후원을 받고 있습니다. 기장왕후가 죽었다는 소식을 접한 진사왕은 부여백제 여휘왕이 자신을 문책할 것이라는 두려움에 사로잡힙니다. 그래서 일단 왕성을 버리고 강화도로 피신합니다.

김기자 : 놀라운 해석이군요. 좀 더 확증할 수 있는 근거는 있습니까?

백선생 : 이듬해인 392년(진사8) 기록입니다.

⑤-5. 8년(392년) 7월, 고구려왕 담덕談德이 4만의 군사를 거느리고 북쪽 변경을 침범하여 석현石峴 등 10여 개의 성을 함락시켰다. 왕은 담덕이 군사를 부리는데 능하다는 말을 듣고 나가 막지 않아서 한수漢水 북쪽의 여러 부락이 함락된 것이다. **10월, 고구려가 관미성關彌城을 공격하여 함락시켰다. 왕이 구원狗原에 사냥을 나가 열흘이 지나도록 돌아오지 않았다. 11월, 왕이 구원 행궁行宮에서 죽었다.** 『삼국사기』 진사왕

⑤-6. 2년(392년) 7월, 상이 4만의 군사를 이끌고 친히 진사辰斯를 정벌하려 석현石峴에서 진가모眞嘉謨를 참하고, 네 길로 나누어서 그들의 성과 성채 12개를 빼앗았다. **10월, 또다시 수군과 육군을 이끌고 일곱 길로 나누어서 관미성關彌城을 주야로 20일을 쉼 없이 공격하여 빼앗았다.** 그 성은 사면이 가파르고 험하며 물로 둘러싸여 있었다. 그리하여 진사는 이 성은 함락되지 않으리라 여겨 그의 처 가리佳利와 함께 구원狗原에서 사냥하면서 열흘 여를 우리가 물러나길 기다렸다가 함락되었다는 소식에 놀라자빠져서 끝내 일어나지 못하고 죽었다. 가리가 침류枕流의 아들 아신阿莘으로 대신하게 하였다. 『고구려사략』 영락대제기

⑤-7. 3년(392년) 이 해에 **백제 진사왕辰斯王이 서서 천황에게 예禮를 범하였다.** 그래서 **기각숙니紀角宿禰, 우전실대숙니羽田矢代宿禰, 석천숙니石川宿禰, 목토숙니木菟宿禰를** 파견하여 **예를 버린 상황을**

실책하였다. 그리하여 백제국은 진사왕을 죽이고 사죄하였다. 기각숙니 등은 아화阿花를 왕으로 세우고 돌아왔다. 『일본서기』 응신應神기

『삼국사기』, 『고구려사략』, 『일본서기』 등 3개 기록입니다. 여느 기록과 마찬가지로『삼국사기』는 내용이 압축적입니다. 먼저『삼국사기』 기록(⑤-5)을 정리하면 이렇습니다. 광개토왕은 7월에 4만의 군사를 동원하여 백제의 석현성 등 10개성을 함락합니다. 우리 역사의 최대 정복군주 광개토왕은 이전 해인 391년 고국양왕(제18대)이 죽자 보위를 잇습니다. 진사왕은 광개토왕의 공격에 잔뜩 겁을 먹고 감히 응전應戰할 엄두도 못냅니다. 10월에는 관미성關彌城¹⁴이 함락됩니다. 진사왕은 구원狗原(구사파의, 경기김포)에 있다가 죽습니다. 『고구려사략』 기록(⑤-6)을 통해 관미성 전투를 좀 더 보완합니

관미성 비정 지역

다. 관미성은 한마디로 난공불락입니다. 고구려 광개토왕은 20일간을 주야로 공격하여 함락시킵니다. 진사왕은 절대로 관미성이 함락되지 않을 것이라 믿고 느긋하게 사냥을 하며 기다리는데 뜻밖에 관미성이 함락되었다는 소식을 접하고 놀라 자빠져 죽습니다. 그런데『일본서기』 기록(⑤-7)은 또 다릅니다. 응신왕應神王(오오진)입니다. 392년은 재위 3년째이니, 응신왕은 390년에 보위에 오릅니다. 진사왕이 응신왕에게 예를 범합니다. 응신왕은 진사왕을 문책하기 위해 기각숙니紀角宿

---

14 관미성은 대략 다섯 곳으로 비정한다. ㉮ 파주 오두산성 (김정호, 윤일녕), ㉯ 강화도 (신채호, 문정창, 윤병철), ㉰ 강화 교동도 (이병도, 천관우, 박성봉), ㉱ 예성강 남안 개성부근 (박시형, 이형구, 이도학), ㉲ 임진강과 한강의 교차지점 (이홍직) 등이다.

襧 등 4명의 신하를 급파합니다. 문책의 결과는 자살이든 타살이든 진사왕의 죽음으로 끝납니다. 4명의 신하는 아신왕을 보위에 앉히고 돌아갑니다. 참고로 신하의 직위가 모두 숙니宿禰(스쿠네)입니다. 백제의 좌평佐平과 같은 관직입니다.

김기자 : 혹시 응신이 부여백제의 여휘왕입니까?

백선생 : 그렇습니다. 응신왕이 바로 부여백제 여휘왕입니다. 여휘왕과 진사왕이 갈등을 일으킨 표면적인 이유는 392년 진사왕이 관미성을 고구려에게 빼앗긴 일이나, 실상은 진사왕이 고구려 광개토왕의 공격에 적극 대응하지 않고 사치행각에 몰두한 일입니다. 여휘왕은 진사왕이 예를 저버렸다고 판단하여 진사왕을 문책합니다. 진사왕은 회복불능의 돌이킬 수 없는 상황으로 치닫게 됩니다.

3. 부여백제의 야마토 신왕조 창업

백선생 : 4세기 후반부터 일본열도에 거대한 고분이 출현합니다. 일본의 대표적 무덤양식으로 알려진 전방후원분前方後圓墳입니다. 교수님께 설명을 부탁드립니다.

소교수 : 전방후원분은 무덤의 외관형태가 앞부분은 방형이고 뒷부분은 원형인 무덤을 말합니다. 모양이 흡사 장고를 닮았다하여 우리나라에서는 장고형 고분이라고 합니다. 일본의 대표적인 무덤양식은 분명하나 일본 고유의 양식인지는 다소 의문입니다. 이는 논외로 합니다. 일본은 3~7세기를 고분시대로 분류합니다. 고분의 형식과 출토품에 따라

인덕왕릉(일본 오사카 사카이시)

전기, 중기, 후기로 나눕니다. 전방후원분은 4세기말 일본 오사카일대에서 조성되기 시작합니다. 중기에 해당합니다. 몇 가지 특징이 있는데 우선 규모가 무척 큽니다. 초대형입니다. 예를 들어 인덕仁德(닌토쿠)왕릉의 경우 이집트 쿠푸Khufu왕의 피라미드와 중국 진시황秦始皇의 능보다 큽니다. 면적으로 따지면 세계 최대 규모입니다. 능이 크다는 것은 수많은 인력과 물자의 동원을 의미합니다. 고분의 대형화는 외부세력이 유입되어 기존의 토착세력을 제압하고 새로운 정치체제를 만들 때 나타나는 현상입니다. 또 하나는 출토품이 권력을 상징하는 황금제 유물과 전쟁을 상징하는 철제 무기와 마구류 등입니다. 기마족의 특성을 나타내는 물품들로 일본에서 자체적으로 만든 것이 아니라 주로 한반도에서 건너간 것입니다. 외부의 기마세력이 일본열도로 유입된 사례입니다. 참고로 전기의 경우는 청동거울, 구슬, 돌팔찌 등 주술적 성격의 유물이 주를 이룹니다. 또한 간단한 농기구나 토기도 출토되는데 이는 일본에서 만든 겁니다.

김기자 : 세계 최대 규모라는 것이 믿어지지 않는군요.

백선생 : 앞서 제1장에서 에가미 나미오江上波夫의 「기마민족정복설」을 설명드렸습니다.(제4장 41쪽 참조) 처음 이 설이 나왔을 때 일본 역사학계는 시큰둥한 반응을 보입니다. 같은 일본학자의 주장인데도 믿을 수 없다고 부정합니다. 「기마민족정복설」에 주목한 사람은 오히려 외국학자입니다. 레드야드(Gary Ledyard)와 코벨(Jon carter Covell)[15]이 대표적입니다. 두 사람은 일본 전방후원분 조성세력의 출자出自를 중국대륙 동북방의 부여로 규정합니다. 중국대륙을 떠나 일정기간 한반도에 머물렀다가 일본열도로 건너온 백제세력으로 이해합니다. 이 백제세력에 대해 깊이 연구한 국내학자는 김성호와 홍원탁입니다. 김성호는 웅진(충남공주)을 거점으로 한 비류백제(비류왕 후손 집안)의 한

---

15 존 카터 코벨(1910~1996)은 미국의 동양미술사학자(컬럼비아大 교수)이다. 원래 그녀는 일본미술사 전공자이나, "인류의 기원은 한국인이다."라고 규정할 정도로 한국의 역사와 문화를 어느 누구보다도 사랑한 분이다. 『Korean Impact on Japanese Culture : Japan's Hidden History』(Hollyn인터내셔날,1984)를 통해 일본인의 역사왜곡을 통렬히 비판하며, "나는 한국의 가야사가 분명하게 확립되는 것을 볼 때까지 오래 살고 싶다."는 간절한 소망을 남긴다. 1996년 그녀 사후, 김유경이 일본 천황가의 실체가 부여족이며, 임진왜란과 조선통신사, 일본의 고질적인 역사왜곡의 근원 등을 학문적으로 파헤친 62편의 논고를 편역하여 『부여기마족과 왜倭』(글을 읽다,2006)로 정리한다. 코벨은 우리 역사학계가 일제식민사학의 틀에서 벗어나지 못하고 있을 때, 홀로 우리 한국역사의 자존과 진실을 지키기 위해 노력한 위대한 역사학자이다. 필자는 그녀의 삶과 연구 업적에 머리 숙여 깊은 경의를 표한다.

Jon carter Covell

부류로, 홍원탁은 백제 귀족 진眞씨족의 후예로 추정합니다. 두 사람은 레드야드와 코벨과는 달리 백제세력을 중국대륙의 부여가 아닌 기존 한반도 세력에서 찾았습니다. 한 분은 고인故人이 되었지만 연구 업적만큼은 길이 남을 겁니다.[16]

김기자 : 레드야드와 코벨의 주장을 뒷받침할 만한 근거는 있습니까?

백선생 : 《광개토왕릉비》에 단서가 있습니다.

⑤-8. ㉮ **백잔百殘과 신라는 옛적부터 속민屬民으로서 조공을 바쳐왔다. 왜倭가 신묘년辛卯年에 바다를 건너와 백잔, □□, 신라를 파하고 신민臣民으로 삼았다. ㉯ 영락6년 병신년丙申年 왕이 친히 수군을 이끌고 잔국殘國을 토벌하였다.** 이에 앞서 18성을 공취하였다. 구모루성, 각모로성, 각저리성 … (중간생략) … 구천성 등을 취하고 **그 국성國城* 근처에 다다랐다.** 잔국殘國이 의義에 따르지 않고 감히 대항하니, 왕이 노하여 **아리수阿利水를 건너** 정병을 보내 국성을 압박하였다. 이에 **잔주殘主는 곤핍해져 남녀 1천과 세포細布 천 필을 바치고 금후로 영원히 노객奴客이 되겠다고 맹세하였다.** 태왕太王은 잘못을 은혜로써 용서하고 순종해온 정성을 가륵히 여겼다. ㉰ **이때에 58성 700촌을 취하고 잔주殘主의 동생과 대신大臣 10명을 데리고 도성으로 돌아왔다.** 《광개토왕릉비》

☞ *도성(수도)을 말함.

《광개토왕릉비》에는 총 7개의 전쟁기록이 나옵니다.[17] 이는 두 번째로 소위 '병신년(396년) 잔국殘國 토벌' 기록입니다. 《광개토왕릉비》 기록은 문장 구성에 특징이 있습니다. 전쟁의 명분(배경)과 결과를 명확히 구분합니다. 이 경우 ㉮는 전쟁명분입니다. 백제와 신라는 고구려의 속민屬民으로 조공을 바쳐왔는데, 광개토왕 원년인 신묘년(광개토왕 원년, 391년)에 왜가 바다를 건너와 백제,□□,신라를 신민臣民으로 삼습니다(□□은 가라임. ⑤-4 참조).

---

16 김성호는 『비류백제와 일본의 국가기원』(일문사, 1986), 홍원탁은 『백제와 야마토 일본의 기원』(구다라인터내셔날, 1994)의 연구저서를 남긴다.

17 『삼국사기』와 《광개토왕릉비》에 기록된 광개토왕의 전쟁기록은 서로 일치하지 않는다. 『삼국사기』 편찬자가 《광개토왕릉비》 기록을 사전에 확인하고, 마치 겹치는 부분만 따로 빼버린 것이 아닌가 하고 착각을 일으킬 정도다. 당시 김부식은 《광개토왕릉비》의 존재 자체를 알지 못했다. 그럼에도 두 기록은 서로 대조한 것처럼 각기 다르다. 알 수 없는 미스터리이다.

김기자 : 속민과 신민은 어떻게 다른 겁니까?

백선생 : 속민과 신민은 과거와 현재의 예속관계를 말합니다. 속민은 과거 동족 관계이나 현재는 분리된 나라나 집단이며, 신민은 현재 예속의사를 밝힌 나라나 집단을 칭합니다. ㉕는 전쟁결과입니다. 병신년(396년,광개토6)에 친히 수군을 이끌고 잔국殘國을 토벌합니다. 그런데 좀 이상합니다. 전쟁명분은 분명히 왜의 행위가 배경인데, 전쟁결과는 왜가 아닌 잔국이 토벌됩니다.

김기자 : 다른 이유는 무엇입니까?

백선생 : 결론적으로 말하면, 왜와 잔국은 동일한 존재입니다. 광개토왕은 잔국을 토벌하면서 최종적으로 정복한 성이 58개입니다. 실로 엄청난 규모입니다. 58개성의 이름이 줄줄이 나옵니다. 일부는 글자가 완전히 마모되어 이름을 확인할 수 없으나, 이중 18개는 '미리 공취한(首攻取)' 성으로, 주로 한강유역과 경기북부에 위치한 성입니다.[18] 백제의 성들입니다. 그러나 나머지 40개성은 금강유역을 중심으로 한 충청남북과 경기남부에 소재합니다. 이 지역은 백제의 영역이 아닌 잔국의 영역입니다.

소교수 : 잔국은 백잔百殘(백제)로 이해하는 것이 통설입니다.

백선생 : 잔국은 백잔이 아닙니다. 결코 백제가 될 수 없습니다. 《광개토왕릉비》의 비문기록 전체를 통해 잔국은 이 부분에서 딱 3번(殘國1번, 殘主2번) 나옵니다. 백잔은 이 부분을 포함하여 비문기록 전체에 걸쳐 5번 나옵니다. 만약 백잔이 잔국이라면 비문기록 역시 백잔으로 표기했을 겁니다. 그러나 비문기록은 백잔과 잔국을 명확히 구분합니다. 특히 광개토왕이 충청도지역을 장악하기 위해 수군을 동원한 사실은 눈여겨 보아야합니다. 만약 58개성이 백제의 영역이라면 굳이 수군을 동원할 이유가 없습니다. 그냥 육군을 동원하여 백제의 영토로 밀고 내려오면 됩니다. 그러나 광개토왕은 수군을 대동하고, 어느 서쪽 해안가에 당도합니다. 대규모 상륙입니다. 6.25전쟁 당시 맥아더의 인천상륙작전을 방불케 합니다. 그리고 잔국을 쑥대밭으로 만듭니다. 군사전략 측면에서 잔국

---

18 『삼국사기』〈고구려본기〉 광개토왕 기록에, 391년 백제의 10개성과 관미성을 빼앗고, 394년 남쪽으로 7개성을 쌓아 백제의 침범에 대비한 기록이 있다. 합하여 18개성이다. 《광개토왕릉비》 기록의 '首攻取'한 18개성과 정확히 일치한다.

은 광개토왕에게 혀를 찔립니다. 잔국은 광개토왕의 급습으로 처참히 무너집니다.[19]

김기자 : 비문기록 중간을 보면 아리수阿利水가 나오는데요. 아리수는 경기도 한강이 아닙니까? 충청지역과는 전혀 연결되지 않는군요.

백선생 : 아리수는《광개토왕릉비》에만 나오는 강의 이름입니다. 일반적으로 지금의 한강으로 비정하나, 이는 잘못입니다. 아리수는 '크다'는 뜻의 '阿利'와 '물'의 '水'가 결합된 '큰 물'을 나타냅니다. 한강을 지칭한『삼국사기』기록을 보면, 백제는 욱리하郁里河와 한수漢水, 신라는 한산하漢山河로 씁니다. 고려시대에는 열수洌水입니다. 한강의 이름은 조선시대부터 쓰기 시작하는데, 조선의 수도 한성漢城에 소재한 강에서 유래합니다. 아리수는 특정 하천을 나타내는 고유명사가 아닌 '큰 강'을 지칭하는 일반명사입니다.《광개토왕릉비》가 말하는 아리수는 지금의 충청도 금강錦江 정도가 유력합니다.

김기자 : 또 다른 단서는 있습니까?

백선생 : 고구려 광개토왕이 부여백제를 공격한 기록은《광개토왕릉비》말고도 또 있습니다.

> ⑤-9. 제帝는 **몸소 수군水軍을 이끌고 웅진**熊津(충남공주), **임천**林川(충남임천), **와산**蛙山(충북보은), **괴구槐**口(충북괴산), **복사매**伏斯買(충북영동), **우술산**雨述山(대전대덕), **진을례**進乙禮(충남금산), **노사지**奴斯只(대전유성) **등의 성을 공격하여 빼앗고**, 도중에 속리산俗離山에서 아침 일찍 하늘에 제사를 지내고 돌아왔다. 『태백일사』〈고구려국본기〉

『태백일사』〈고구려국본기〉 기록입니다. 광개토왕이 정벌한 지역은 모두 충청도입니다.

김기자 : 그렇다면 왜는 충청도 지역에 존재한 겁니까?

백선생 : 아닙니다. 잔국의 실체는 부여백제입니다. 광개토왕이 정복한 58개성 중 후반부에 '□拔城'이 나옵니다. 거발성居拔城입니다. 부여백제의 수도입니다. 부여백제왕은 광개토왕에게 항복하고 백성 1천과 세포 천필을 바치고 노객의 맹세를 합니다. 선택의 여지가 없는 패자의 설움입니

---

19 정재수,『고구려 역사의 부활』(논형, 2018) 제8장 참조.

다. 이어 광개토왕은 부여백제왕의 아우와 대신 10명을 인질로 잡고 되돌아갑니다.[20]

　김기자 : 이후 부여백제 여휘왕은 어떻게 됩니까?

　백선생 : 여휘왕은 남쪽으로 피신합니다. 처음에는 전라도 지역에 새로이 왕도를 정하고 재기를 꿈꿨을 겁니다. 그러나 광개토왕이 다시 쳐들어온다면 대책이 없습니다. 한반도 어디에 있든 광개토왕의 수군은 당장 코앞에 맞닥뜨릴 수 있습니다. 여휘왕은 보다 안전한 신천지를 선택합니다. 멀리 바다건너 일본열도입니다. 여휘왕은 급히 일본열도로 망명합니다. 그리고 망명정부인 일본 고대국가 야마토(大倭,大和)[21]를 지금의 오사카지역에 세웁니다.

　김기자 : 여휘왕이 일본열도로 건너간 증거는 있습니까?

　백선생 : 『삼국사기』와 『일본서기』 기록입니다.

　⑤-10. 6년(397년) 5월, 왕이 **왜국倭國과 우호를 맺고 태자 전지腆支를 볼모로 보냈다.** 『삼국사기』 아신왕

　⑤-11. 8년(397년) 백제인이 내조來朝하였다.〔『백제기百濟記』에 이르길 아화阿花가 왕이 되어 귀국에 예禮가 없었다. 이에 **우리의 침미다례枕彌多禮 및 현남峴南, 지침支侵, 곡나谷那, 동한東韓의 땅을 빼앗았다.** 이에 왕자 직지直支* 를 천조天朝에 보내 선왕先王의 우호를 닦게 하였다.〕『일본서기』 응신기

　☞ *전지

　처음 『삼국사기』 기록을 보고 날벼락 맞는 기분이었습니다. '왜국倭國'이 갑자기 출현합니다. 지금까지 『삼국사기』〈백제본기〉는 왜국을 언급한 적이 없습니다. 그리고 태자 전지腆支를 왜국에 볼모로 보냅니다. 사신이 아닌 볼모입니다. 기록 자체가 너무 황당합니다. 제가 아는 역사지식의 범위에서는 도저히 이해할 수 없는 기록입니다. 그러나 이 기록은 『삼국사기』가 품고 있는 역사의 비밀

---

20 광개토왕이 인질로 잡아간 '왕의 아우와 대신 10명'을 백제 아신왕(제17대, 392~405)으로 이해하는 것이 학계의 통설이다. 그러나 『삼국사기』는 이처럼 중요한 기록을 〈고구려본기〉 뿐 아니라 〈백제본기〉에도 남기지 않았다. 이는 사건의 주체가 백제(한성백제)가 아니기 때문이다. 『삼국사기』는 스스로 세운 편집원칙만큼은 철저히 지킨 소름끼칠 정도로 무서운 사서다.

21 야마토의 한자표기는 大倭와 大和를 병용해서 쓴다. 大倭는 4세기말부터 7세기말까지 수도와 궁궐이 소재한 나라(奈良)분지를 말한다. 나라분지는 기나이(畿內)의 중심지역이다. 기나이에는 야마토(大倭)를 중심으로, 야마시로(山城), 가와치(河內), 이즈미(和泉), 셋쯔(攝津) 등 5개 국(國-행정구역) 있다. 효덕(孝德-제36대)때 까지만 하더라도 倭로 표기하고 '야마토'로 읽었다. 이후 大和로 고쳐 쓰다가, 천지(天智-제38대)때인 670년 일본(日本)으로 개명하여 오늘에 이른다.

코드입니다. 부여백제의 존재를 알리는 일종의 선
언문입니다. 만약『삼국사기』가 이 기록마저 남기
지 않았다면 부여백제의 존재와 실체는 결코 우리
앞에 나타날 수 없습니다.『일본서기』내용(⑤-11)
은『삼국사기』기록(⑤-10)과 맥락이 같습니다. 그런
데『백제기』[22]를 인용합니다. 문맥으로 보아『백제
기』의 주체는 한성백제가 아닙니다. 스스로 귀국貴
國이라 높여 부르고, 또한 천조天朝라 칭한 나라입니
다. 부여백제입니다. 따라서『백제기』는 부여백제
의 역사서입니다. 아신왕이 예의가 없어 침미다례,
현남, 지침, 곡나, 동한의 땅을 주었다가 다시 빼앗

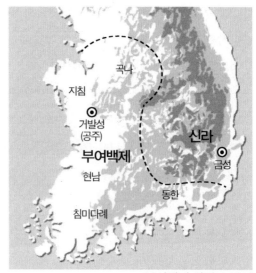

부여백제 한반도 강역

습니다. 그러자 아신왕은 급히 태자 전지를 볼모로 보내 우호를 재개합니다. 침미다례枕彌多禮는 영
산강유역의 신미제국新彌諸國(20개 마한소국)입니다. 전남지역입니다. 현남峴南은 차령산맥 이남의 전
북지역이며, 지침支侵은 충남 서해안 일대로 추정합니다.[23] 곡나谷那는『일본서기』에 자주 등장하
는 백제의 철산지입니다. 곡나와 발음이 비슷한 황해도 곡산이나 전라남도 곡성으로 비정하기도
하나, 백제의 철 제련유적과 유물이 많이 발견되는 충북 충주일대입니다. 동한東韓은 경남 남해안
의 가야지역입니다. 지금의 충청, 전라, 경남에 해당합니다. 한성백제와 신라를 제외한 한반도 남
부지역의 모든 땅입니다.

　김기자 : 이 기록들이 부여백제와 어떻게 연관됩니까?

　백선생 : 병신년(396) 광개토왕에게 참패를 당한 부여백제 여휘왕은 일본열도로 망명합니다. 처음
규슈九州에 도착합니다. 곧바로 동정東征(동쪽 정벌)을 단행하여 기나이畿內(오사카/나라현 일대)지역을 점

---

22 백제인이 저술한 백제의 역사서이다.『백제기』이외에도『백제본기』,『백제신찬』등이 있다. '백제3서'로 통칭한다. 모두 현전
　하지 않는다.『일본서기』는 이들 백제3서를 집중적으로 인용한다. 가끔은『일본서기』가 백제의 역사 기록이 아닌가하고 착
　각을 일으킬 정도이다.
23 『삼국지』〈위서〉동이전에 수록된 마한 54개국 중 지침국(支侵國)이 있다. 지금의 충남 예산지역에 소재한 마한 소국이다.

령하고, 야마토 신왕조를 창업합니다. 『일본서기』가 설정한 제15대 응신왕입니다. 부여백제가 397년 일본열도에서 야마토로 재탄생합니다. 레드야드와 코벨이 말한 북방기마족의 실체이며, 4세기 중후반 한반도 서남부를 거쳐 일본열도를 점령한 백제세력입니다. 전방후원분의 거대한 무덤을 만들어 일본 중기 고분시대를 연 장본인입니다. 만세일계萬世一系의 일본천황가의 실질 시조입니다.[24] 부여백제 여휘왕은 한반도를 떠나며 기존의 삼한 땅 전체를 한성백제에게 이양합니다. 그 대가로 한성백제 아신왕은 태자 전지를 야마토에 볼모로 보냅니다.

소교수 : 일본 제15대 응신왕은 일본학자들조차 외부 도래세력으로 보고 있습니다.[25] 또한 이전 천황들은 가공架空이거나 또는 선주先住한 가야출신 세력으로 이해합니다. 응신왕은 일본 고대국가 야마토의 실질적인 건국시조로 봅니다. 그 출처는 에가미 나미오와 레드야드가 지적한 북방 기마민족입니다. 부여의 전사이며 한반도를 거쳐 간 백제세력입니다.

백선생 : 부여백제 여휘왕의 행적을 좀 더 살펴봅니다.

⑤-12. **예전천황譽田天皇*이다**. 족중언천황足仲彦天皇**의 넷째 아들이다. 어머니는 기장족희존氣長足姬尊***이다. **천황은 황후가 신라를 정벌한 해인 경진년 12월에 축자筑紫의 문전蚊田에서 태어났다**. 어릴 때부터 총명하였다. 모든 것을 깊이 멀리 보고 하는 행동에는 성제의 싹이 있었다. 황태후 섭정3년에 황태자가 되었다(나이 3세). **처음 황태후가 회임하였을 때 천신지기天神地祇는 삼한三韓을 주었다**. 태어났을 때 굳은살이 팔뚝위에 붙어 있었다. 그 모양이 활팔찌 같았다. 이것은 황태후가 용감한 몸단장을 하고 활팔찌를 달고 있던 때의 모양과 같았다. **그래서 이름을 예전(호무다)천황이라 하였다**. 『일본서기』 응신기

☞ *응신應神왕(제15대) **중애仲哀왕(제14대) ***신공왕후

『일본서기』 응신왕 즉위전 기록입니다. 주의 깊게 살펴볼 부분이 있습니다. 첫째는 응신왕의 출생 장소입니다. 축자筑紫의 문전蚊田입니다. 축자는 오늘날 북규슈 후쿠오카福岡일대입니다. 후쿠오카는 응신왕의 출생지가 아닌 일본열도 도착지입니다. 둘째는 응신왕이 뱃속에 있을 때 하늘과

---

24 일본의 고문헌 『상기上記』에는 '단군(檀君)의 73세손 응신(應神)이 일본의 첫 왕이 되었다.'는 기록이 있다.

25 이노우에 미쓰싸다(井上光貞)는 자신의 저서 『日本國家의 起源』(岩波書店, 1967)에서 '응신(應神)천황은 4세기중엽 이후 일본의 정복자로 보는 것이 합리적이다.'라고 주장한다.

땅의 신神이 삼한三韓을 주었다는 내용입니다. 이는 응신왕이 일본열도에 도착하기 전에 삼한 땅을 소유하고 다스렸음을 나타냅니다.

김기자 : 하늘과 땅의 신이 삼한 땅을 주었다는 표현이 인상적이군요.

백선생 : 여휘왕이 한반도를 떠나 일본 북규슈의 후쿠오카에 도착한 때는 396년 8월경입니다. 거발성을 출발한지 5개월 만입니다. 그런데 『일본서기』를 보면 응신왕이 북규슈를 출발하여 기나이畿內지역에 정착하기까지의 기록이 없습니다. 대신 일본의 건국시조인 초대(제1대) 신무神武(진무)왕의 '동정기東征記'가 있습니다. 북규슈에서 기나이에 이르는 동정(동쪽 정벌) 기록입니다. 일본학자들조차 초대 신무왕은 가공 천황으로 봅니다. 또한 신무왕의 동정기는 응신왕의 동정기로 이해합니다. 이에 근거하여 여휘왕의 동정 과정을 정리합니다. 여휘왕이 열도에 도착하고 보니 북규슈지역은 여러 읍군과 촌장들이 분립하여 서로 다투고 있습니다. 여휘왕은 광개토왕에게 패해 군사력이 와해된 상태라 이들을 무력으로 제압할 여력이 없습니다. 여휘왕이 낙담하자 한 노인(염토노옹)

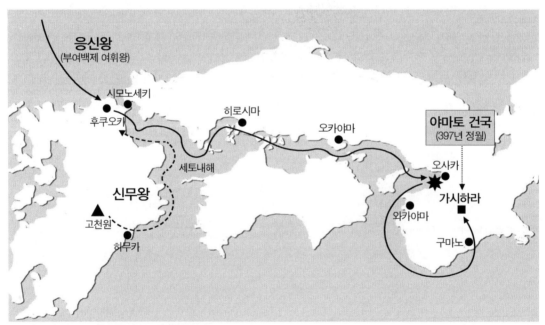

응신왕 동정(東征) 경로

이 나타나 동쪽의 아름다운 청산사주靑山四周 땅을 소개하며 요속일饒速日 집단이 그곳으로 갔다는 정보를 알려줍니다. 기나이의 아스카飛鳥 지역입니다. 여휘왕은 요속일을 뒤좇아 동쪽으로 향합니다. 시모노세키下關해협을 지나 히로시마廣島를 거친 후 세토내해瀨戶內海를 따라 이동하여 오사카에 다다릅니다. 하지만 요도가와淀川의 급류로 상륙하지 못하고 남쪽으로 우회하는데 선주先住세력인 장수언長髓彦 집단의 완강한 저항에 부딪쳐 고전합니다. 다행히 일신명日神命, 대래목大來目의 도움과 천조대신天照大神(아마테라스 오미카미)이 보내준 팔척조八咫鳥(삼족오)의 안내를 받아 아스카에 도착합니다. 397년 정월에 나라奈良현 무방산 가시하라橿原신궁에서 즉위하니 이가 일본 고대국가 야마토의 신왕조를 창업한 응신왕입니다. 북규슈를 떠나온 지 4개월째이며, 한반도 거발성에서 부여백제의 왕에 즉위한지 7년째입니다.

　김기자 : 한반도의 역사가 일본열도의 역사로 옮겨갔군요.

　백선생 : 역사는 물과 같습니다. 한 곳에 머무르지 않고 계속 흐릅니다. 또한 자취를 남깁니다. 우리는 자취를 보며 왜 물이 흘러야 하는지 역사가 흘러야 하는지를 깨닫게 됩니다. 이것이 우리 삶의 본질이며, 현재의 모습이고 또한 미래의 선택입니다.

　김기자 : 중국대륙과 한반도 그리고 일본열도가 역사의 한 축이라는 것이 새삼스럽군요.

　백선생 : 참고로, 응신왕이 일본열도에 도착하여 도읍(수도)으로 삼은 곳은 지금의 나라奈良현 일대입니다. 수도 이름은 이하레(いはれ)입니다. 『고사기』는 '이파레伊波禮'로[26], 『일본서기』는 '반여磐余'로 씁니다. 이하레는 우리말로 '이파르'입니다. 이파르는 부여백제의 도성인 거발居發과 같습니다. '居'의 훈독訓讀이 '이'이니, 거발은 '이발' 또는 '이파르'가 됩니다.(레드야드의 해석) 응신왕은 일본열도로 망명하면서 부여백제의 수도 이름도 함께 가져갑니다. 이하레의 『일본서기』표기 '磐余'의 '余'는 '扶餘'의 '餘'와 같습니다. 이 역시 응신왕이 부여와 연관됨을 나타냅니다. 또한 이하레는 백제의 초기 수도 위례慰禮(하남위례성), 고구려의 두 번째 수도 위나慰那(위나암성)과 어원적으로 유사합니다. 모두 우리말 '둘레'를 나타내는 도성의 다양한 표현입니다.

---

26 『고사기』는 이중(履中-제17대), 청녕(淸寧-제22대), 계체(繼体-제26대), 용명(用明-제31대) 등 4명 왕의 궁궐이 이파레(伊波禮)에 있었다고 기록한다.

4. 일본열도로의 엑소더스

백선생 : 백제 역사를 살피다가 일본 역사까지 쳐다본 꼴입니다. 응신왕 이야기를 마저 합니다. 신왕조 창업자 응신왕의 출발은 초라합니다. 광개토왕에게 패해 급히 한반도를 떠나온 터라 소규모 인원만을 데리고 건너옵니다. 시작은 보잘 것 없는 부여백제의 망명정부입니다. 다행히 기나이로 이동하면서 선주세력들의 도움을 받습니다. 응신왕은 이들에게 성씨를 하사하여 후원세력으로 만듭니다. 요속일饒速日에게는 물부物部(모노노베)씨를, 일신명日神命에게는 대반大伴(오오도모)씨를 각각 하사합니다. 이들 두 집단은 이후 야마토의 중추세력으로 성장합니다.[27] 부여백제 여휘왕(응신왕)이 일본 열도로 망명했다는 소문이 한반도 전체에 급속도로 퍼집니다. 수많은 삼한백성이 여휘왕을 뒤따릅니다. 아래 기록은 한일 고대사의 최대 규모의「엑소더스exodus사건」입니다. 궁월군弓月君이 인솔하는 120현의 백성들입니다. 어림잡아 수만 명입니다.

⑤-13. **영락9년**(399년) **기해년, 백잔**百殘**이 맹세를 어기고 왜**倭**와 화통**和通**하였다.** 왕이 평양平壤으로 행차하며 내려오니 신라新羅가 사신을 보내 아뢰기를 **왜인**倭人**이 국경지역에 가득 차서 성과 못을 파괴하니,** 노객奴客은 민민民(속민)으로써 왕명을 내려달라 하였다. 태왕太王은 인자하여 그 충성심을 칭찬하고, **신라 사신을 돌려보내면서 밀계**密計**를 내렸다.** 《광개토왕릉비》

⑤-14. **14년**(399년). 이해 **궁월군**弓月君**이 백제로부터 내귀**來歸**하여 고하길 "신이 120현***의 인부人夫**를 이끌고 귀화하려고 하는데 신라인이 방해를 하여 모두 가라**加羅**에 머물고 있습니다."** 하였다. 이에 갈성습진언葛城襲津彦을 보내 가라에 있는 궁월군의 인부人夫를 불렀다. 그러나 3년이 지나도록 습진언襲津彦은 돌아오지 않았다. 『일본서기』 응신기

☞ *『속일본기』는 127현으로 기록함.

⑤-15. **영락10년**(400년) **경자년, 교시를 내려 보병과 기병 5만을 보내 신라를 구원하였다.** 그때 남

---

27 물부(物部-모노노베)씨와 대반(大伴-오오도모)씨는 응신왕의 야마토 창건에 결정적 역할을 수행한 핵심 씨족이다. 주로 군사 업무를 담당한다. 물부씨는 지방을 총괄하는 군국적 성격이라면 대반씨는 중앙의 왕과 조정을 보좌하는 친위대적 성격이 강하다. 김성호는 이들 두 씨족의 출자에 대해서, 물부씨는 북큐슈 야마대(邪馬臺)계의 임나가라인, 대반씨는 동남큐슈 구마소(熊襲)계의 금관가라인으로 각각 추정한다.

거성男居城에서 신라성新羅城까지 왜倭가 가득하였다. 관군官軍이 도착하자 왜적倭賊이 물러갔다. □□□□□□급히 뒤를 추적하여 임나가라任那加羅 종발성從拔城에 이르자 그 성은 즉시 귀순하였다. 이에 안라인安羅人 술병戍兵을 두었다. 이어 신라성, 염성鹽城을 함락시키니 왜구倭寇가 크게 궤멸되고 성안사람 □□□□□□□□□□□□□ 열에 아홉은 왜倭를 따르길 거부하였다. 《광개토왕릉비》

⑤-16. **16년**(401년) 8월. **평군목토숙니**平群木菟宿禰**와 적호전숙니**的戶田宿禰**를 가라**加羅**에 보냈다.** 정병을 주며 이르길 "습진언襲津彦이 오래도록 돌아오지 않고 있다. 필시 신라가 막아서 지체하고 있을 것이다. 그대들은 빨리 가서 신라를 치고 길을 열라." 하였다. **이에 목토숙니**木菟宿禰 **등이 정병을 거느리고 진격시켜 신라의 국경에 이르렀다. 신라왕은 두려워하여 복죄하였다. 그래서 궁월군의 인부를 이끌고 습진언**襲津彦**과 함께 돌아왔다.** 『일본서기』 응신기

⑤-17. **원년**(402년) 3월, **왜국**倭國**과 우호를 맺고 내물왕**奈勿王**의 아들 미사흔**未斯欣**을 볼모로 보냈다.** 『삼국사기』〈신라본기〉 실성이사금

《광개토왕릉비》, 『일본서기』, 『삼국사기』〈신라본기〉입니다. 궁월군의 엑소더스는 경남지역에서 시작합니다. 먼저 399년 《광개토왕릉비》 기록(⑤-13)입니다. 수많은 삼한백성이 몰려듭니다. 모두 일본열도로 건너가기 위해서입니다. 공간이 너무 협소합니다. 흡사 6.25 한국전쟁 당시 부산에 모인 피난민 같습니다. 사람이 차고 넘치니 자연스레 신라의 국경을 넘습니다. 신라 내물왕(제17대)은 사태의 심각성을 깨닫고 급히 고구려 광개토왕에게 도움을 요청합니다. 같은해 『일본서기』 기록(⑤-14)입니다. 지도자는 궁월군입니다. 부여 백제의 왕족입니다. 부여씨입니다. 훗날 중국서서에 '찬贊'의 이름으로 소개된 응신왕의 뒤를 이은 야마토 인덕왕仁德王(닌토쿠, 제16대)입니다. 궁월군이 급히 응신왕을 찾아가 삼한백성이 일본열도로 건너가기 위해 임나(부산지역)에 모였다고 알립니다. 이에 응신왕은 갈성습진언葛城襲津

6.25 전쟁당시 피난민 행렬

彦을 보내 삼한백성의 열도행을 지원하라 명합니다. 이어 해가 바뀌어 400년《광개토왕릉비》기록 (⑤-15)입니다. 고구려 광개토왕은 5만의 보병과 기병을 신라에 급파합니다. 대규모 병력입니다. 그리고 파죽지세로 임나가라의 수도인 종발성從拔城[28]까지 치고 내려가 삼한백성을 제압합니다. 비문은 이들 모두를 가리켜 왜로 표기합니다.《광개토왕릉비》가 세워질 당시(414년) 부여백제는 한반도에서 사라지고 대신 일본열도의 왜(야마토)로 거듭났기 때문입니다. 다음은 401년『일본서기』기록(⑤-16)입니다. 응신왕은 먼저 파견한 갈성습진언이 제 역할을 수행하지 못해 삼한백성이 건너오지 못하자 또 다시 평군목토숙니平群木菟宿禰와 적호전숙니的戸田宿禰 두 사람에게 정예군사를 주어 한반도로 급파합니다. 두 사람은 내친걸음으로 신라로 쳐들어가고 신라 내물왕은 급거 항복합니다. 신라를 지원한 고구려 5만 군사는 소수 병력만 남기고 철수한 상태입니다. 드디어 본격적으로 엑소더스가 시작됩니다.

김기자 : 대규모 엑소더스라면 모세가 히브리민족을 이끌고 이집트를 탈출하는 장면과 유사할 것 같군요. 다른 점은 홍해가 아닌 현해탄이군요.

백선생 : 마지막으로 402년『삼국사기』〈신라본기〉기록(⑤-17)입니다. 신라는 내물왕이 죽고 실성왕(제18대)이 즉위합니다. 야마토와 신라는 협상합니다. 실성왕은 내물왕의 아들 미사흔未斯欣을 야마토에 인질로 보내는 선에서 타협을 하고 우호관계를 맺습니다.

소교수 : 400년 고구려 광개토왕의 5만 군사가 신라에 파병된 내용은『삼국사기』기록에는 없습니다. 해방직후인 1946년 경주 노서동에서 고분을 하나 발굴하는데 당시 고구려와 신라의 교섭관계를 짐작할 수 있는 중요 유물이 적잖이 출토됩니다. 그 중 뚜껑달린 청동호우(그릇)가 나와서「호우총壺杅塚」이라고 합니다. 밑바닥에 명문이 새겨져 있는데 '乙卯年國岡上廣開土地好太王壺杅十'입니다. 여기서 을묘년乙卯年은 광개토왕 사후인 415년으로 장수왕 3년에 해당합니다. 광개토왕을 기념하는 의례행위에 사용하기 위해 고구려에서 제작한 것으로 추정합니다. 이 호우가 어떤 경로를 통해 신라에 유입되어 고분에 묻히게 되었는지는 정확히 알 수는 없으나, 400년 고구려 광개

---

28 종발성을 금관가라의 수도인 김해 대성동으로 비정하는 견해도 있으나, 임나가라와 금관가라(김해)는 엄연히 다르다. 김성호는 부산시 부산진구 초읍동, 김영덕(前서강대총장)은 부산시 사하구 초량으로 종발성 위치를 각각 비정한다.

토왕 5만 군사의 신라파병과 무관하지 않습니다. 이후 신라 실
성왕은 왜국에 미사흔 뿐 아니라 고구려에 내물왕의 아들인 복
호卜好도 인질로 보냅니다. 그래서 고구려에서 호우를 가져온 사
람을 복호나 그의 후손으로 보기도 합니다. 그러나 호우 외의 다
른 유물, 특히 토기의 경우 그 형식이 415년보다 한참 뒤인 6세
기 초에 제작된 것으로 밝혀져, 호우총의 축조 시기는 6세기 초
로 이해합니다.

광개토왕 호우(경주 노서동)

　백선생 : 엑소더스 사건을 지켜보는 한성백제의 안타까운 사
정을 『삼국사기』는 전합니다.

　⑤-18. 8년(399년) 8월, 왕이 고구려를 침범하고자 군사와 말을 대대적으로 징발하였다. **백성들이 병
　역을 고통스럽게 여겨 신라로 많이 달아나서 가구 수가 줄어들었다.** 『삼국사기』 아신왕

　399년(아신8)입니다. 백성들이 신라로 많이 달아나 가구 수가 줍니다. 그러나 백성들은 신라가
아닌 신라의 남쪽 임나가라로 향합니다. 궁월군을 따라 일본열도로 가기 위해 백제를 떠납니다.
　김기자 : 궁월군의 엑소더스 말고 또 있습니까?
　백선생 : 기록에 전하는 엑소더스는 또 있습니다.

　⑤-19. 20년 9월, **왜한직倭漢直의 조상인 아지사주阿知使主와 그의 아들 도가사주都加使主가 17
　현민을 이끌고 돌아왔다.** 『일본서기』 응신기

　아지사주阿知使主와 17현민입니다. 일본열도로 건너온 시기는 다소 이견이 있습니다. 궁월군의
엑소더스 이전일 수도 있고 또는 이후 일 수도 있습니다.(403년 추정) 『신찬성씨록』 일문逸文과 『속
일본기』에 17현민의 실체에 대해 자세히 나옵니다. 이들은 7개의 성씨를 가진 한인漢人들입니다.
단段씨, 이李씨, 급곽皀郭씨, 주朱씨, 다多씨, 급皀씨, 고高씨 등입니다. 황해도 대방출신으로 백제와

고구려 사이에서 거처를 정하지 못하다가 응신왕의 부름을 받고 일본으로 건너갑니다.[29]

소교수 : 참고하여 4세기 후반을 기점으로 일본의 인구는 폭발적으로 증가합니다. 당시 일본이 인구장려 정책을 펼친 기록이나 근거는 없습니다. 결국 대규모 인구가 일본에 유입된 것으로 판단합니다. 궁월군의 120현민과 아지사주의 17현민의 도왜 기록은 이를 반증합니다.[30]

백선생 : 인구의 이동은 단순 숫자만의 이동이 아닙니다. 이들 도래 집단은 문화와 문물을 가지고 건너갑니다. 기존 일본이 가지고 있지 않은 선진화된 문화와 문물입니다. 예를 들어 궁월군 집단은 오사카와 교토京都 일대에 정착하는데, 이들은 하타秦 성씨를 하사받고 토목기술과 양잠기술 등을 일본에 전합니다.[31] 아지사주 집단은 나라현 이마키今來군(현, 高市郡) 일대에 정착하는데, 아야漢 성씨를 하사받습니다. 『속일본기』는 아야씨가 정착한 마을에 '백제인이 넘쳐나서 다른 씨

하타씨와 아야씨 정착지역

---

29 『속일본기』 연력4년(785년) 6월 기록이다. '예전(譽田)천황(응신왕) 치세 때이다. 아지(阿知)왕이 청하여 아뢰길 "신은 예전에 대방에 살았는데 남녀노소 모두 재능을 지녔습니다. 근래에 백제와 고구려 사이에서 혼란스러워 거취를 정하지 못하고 있사오니 엎드려 바라건대 천황의 은혜로 사신을 파견하여 우리를 불러 주십시오." 하였다. 이에 천황은 칙(勅)을 내려 신하 팔복(八腹)씨를 파견하자 그 백성 남녀 모두 사신을 따라와 영원히 공민(公民)이 되었다. 여러 대의 세월이 흘러 오늘에 이른 바 지금 여러 나라의 한인(漢人)은 그 후예이다.〔是則譽田天皇治天下之御世也 於是阿智王奏 臣舊居在於帶方 人民男女皆有才藝 近者寓於百濟高麗之間 心懷猶豫未知去就 伏願天恩遣使追召之 乃勅遣臣八腹氏 分頭發遣 其人民男女 擧落隨使盡來 永爲公民 積年累代 以至于今 今在諸國漢人亦是其後也〕'

30 도쿄대 문화인류학자 이시다 에이이치로(石田英一郎, 1903~1968)의 지적이다. "야마토(大和) 왕국이 한국과 아무런 관계없이 수립된 것이라고 믿고 싶은 사람들은 그렇게 믿는 것은 자유지만, 그렇게 되면 오오진(應神) 시대에 한반도에서 그 많은 사람들이 일본으로 건너온 이유를 설명할 방법이 없을 것이다." 『Japanese Culture : A Study of Origins and Characteristics』 (Univ. of Tokyo Press, 1974)

31 『신찬성씨록』에 의하면, 웅략(雄略)왕(제21대) 때에 하다(秦)씨족 인구가 총 18,670명에 달한다고 한다.

족은 열에 한 두 명이다.〔滿地而居 他姓者十而一二〕'고 기록합니다. 아야씨 역시 하타씨와 마찬가지로 선진화된 문화와 문물을 일본에 전합니다. 이들 두 도래 집단은 '뉴커머new comer'입니다. 또한 비슷한 시기에 우리가 잘 아는 왕인王仁박사도 일본열도로 건너갑니다.[32] 문자와 학문을 전합니다.

김기자 : 일본이 한 단계 발전하는 계기가 된 것이군요.

백선생 : 계기라는 표현은 약합니다. 일본에게는 축복입니다. 역사의 신이 일본열도에 내린 위대한 선물입니다.

⑤-20. 12년(403년) 2월, **왜국倭國에서 사신이 왔다. 왕이 이들을 환영하고 위로하였으며 특별히 대우하였다.** 『삼국사기』 아신왕

『삼국사기』는 야마토 응신왕의 죽음을 전합니다. 백제 아신왕은 응신왕의 부고訃告를 알린 야마토 사신을 특별히 위로하고 대우합니다. 한때 한반도를 호령한 한반도의 진정한 맹주 부여백제 여휘왕, 그리고 고구려 광개토왕, 두 영웅의 피할 수 없는 운명은 한반도와 일본열도를 용광로 속으로 몰아넣지만, 두 영웅의 충돌은 역사의 진화를 촉발합니다. 아마도 여휘왕은 한반도 삼한 땅을 쳐다보며 조용히 눈을 감았을 겁니다.[33]

응신왕릉 (일본 오사카 하비키노시)

---

32 왕인의 출생지는 전남 영암이다. 지금의 군서면 구림(鳩林)마을로 이곳에는 왕인이 어린 시절 수학한 문산재(文山齋)를 비롯하여 일본으로 건너가기 위해 출항한 상대포(上臺浦) 등이 있다. 『일본서기』에 의하면, 왕인은 응신왕의 부름을 받고 논어 10권과 천자문 1권을 가지고 일본열도로 건너가 당시 응신왕 태자 토도(菟道-우지)의 스승이 된다. 왕인의 무덤은 오사카부 히라카타(枚方)에 있으며, 오사카와 규슈에 왕인의 신사가 있다.

33 일본 오사카 일대에 조성된 전방후원분 무덤들의 방위를 보면 각기 다르다. 응신왕릉은 서북쪽 방향인 한반도를 향하고 있다.

6장
마지막 주자
백제 부여씨 왕조

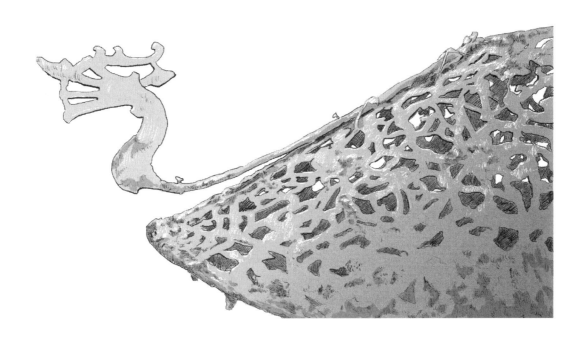

1. 최초의 부여씨 여신의 등장

김기자 : 부여백제의 일본열도 이전과정은 한편의 드라마와 같군요. 부여백제가 한반도를 떠나며 실로 방대한 삼한의 땅을 한성백제에게 넘기는데요. 그렇다면 한성백제가 삼한을 실질적으로 지배합니까?

백선생 : 지배는 종주국이 종속국에 대해 군사권과 조세권을 독자적으로 행사하는 경우를 말합니다. 거슬러 올라가면 부여백제는 369년 목라근자가 삼한 소국들을 정벌하며 삼한의 종주국이 됩니다. 《광개토왕릉비》에 '속민屬民'과 '신민臣民'이라는 용어가 나옵니다. 속민은 과거 동족 관계이나 현재는 분리되어 있는 나라나 집단이며, 신민은 현재 예속의사를 밝힌 나라나 집단을 칭합니다. 목라근자의 삼한정벌은 부여백제의 삼한 소국들에 대한 일종의 신민화臣民化 과정으로 이해합니다. 지배보다는 예속에 가깝습니다. 그럼에도 부여백제는 삼한의 '신민권臣民權'[1]을 한성백제에게 넘깁니다. 한성백제를 삼한의 종주국으로 인정합니다. 한성백제에게는 뜻밖의 횡재입니다. 여휘왕과 광개토왕의 대격돌이 남긴 산물입니다. 대신 한성백제 아신왕은 야마토에 전지태자를 담보로 제공해야만 합니다.

김기자 : 이후 한성백제는 삼한 땅을 어떻게 관리합니까?

백선생 : 『삼국사기』 기록입니다.

⑥-1. 3년(407년) 2월, **이복동생인 여신餘信을 내신좌평內臣佐平으로 삼고**, 해수解須를 내법좌평으로 삼고, 해구解丘를 병관좌평으로 삼으니 모두 왕의 친척이었다.

⑥-2. 4년(408)년 정월, **여신餘信을 상좌평上佐平으로 삼아 군국정사軍國政事를 맡겼다. 상좌평이라는 관직이 이때부터 시작되었다**, 지금의 재상宰相과 같다. 『삼국사기』 전지왕

---

1 신민권은 현재 예속의사를 밝힌 나라나 집단에 대한 종주국의 일체의 권리를 말하며 영토의 개념도 포함된다. 예속된 나라는 신민국으로 정의한다.

여신餘信이 나옵니다. 『삼국사기』가 공식적으로 기록한 최초의 부여씨입니다. 407년(전지3) 전격적으로 조정의 영수領袖인 내신좌평에 임명되는데, 이듬해인 408년(전지4) 상좌평으로 승진합니다. 상좌평은 여신 한 사람을 위해 한성백제가 새로 만든 재상의 관직입니다. 그리고 전지왕은 군국정사 일체를 여신에게 넘깁니다. 상좌평 여신이 실질적인 권력자입니다.

김기자 : 부여백제 출신입니까?

백선생 : 여신은 부여백제 왕족출신입니다. 여신의 한성 합류는 한성백제가 삼한의 신민권을 야마토로부터 인수받는 절차이기도 합니다. 그런데 여신의 출처가 모호합니다. 여휘왕을 따라 일본열도로 건너갔다가 다시 돌아온 것인지 아니면 처음부터 일본열도로 건너가지 않고 잔류했는지 알 수 없습니다. 만약 잔류했다면 여신은 거발성출신입니다.

김기자 : 한성백제가 여신과 삼한의 신민권을 맞교환한 것입니까?

백선생 : 엄밀히 따지면, 야마토는 전지의 볼모를 여신의 한성 합류로 대처한 겁니다. 삼한 신민권에 대한 담보물의 교체입니다.

김기자 : 야마토에 볼모로 간 전지태자는 어떻게 됩니까?

백선생 : 404년 백제 아신왕(제17대,392~405)이 사망하자, 야마토는 전지태자를 급거 귀국시켜 아신왕의 뒤를 잇게 합니다. 제18대 전지왕腆支王(405~420)입니다. 이때 야마토는 특별히 1백여 명의 군사로 딸려 보내 전지왕을 호위합니다. 그런데 백제사정이 다소 복잡합니다. 아신왕의 둘째 동생 훈해訓解가 정사를 대리하며 형 전지태자의 귀국을 기다리는데, 막내 첩례諜禮가 쿠데타를 일으켜 형 훈해를 죽이고 스스로 왕을 자처합니다. 상황이 이러하다보니 전지태자 일행은 한성에 들어가지 못하고 서해의 섬(강화도)에서 대기합니다. 때마침 해충解忠이 나서서 백성들과 더불어 첩례를 제거하고 전지태자를 맞아들여 보위에 오르게 합니다. 뒤에 해수解須와 해구解丘도 나오는데, 이들 3명은 모두 해씨왕족 출신으로 전지왕을 옹립한 일등공신입니다.

김기자 : 전지왕의 즉위가 순탄치만은 않군요.

백선생 : 역사이래로 왕권을 두고 벌이는 경쟁은 지극히 자연스런 현상입니다. 순탄한 권력이양은 오히려 왕권을 약화시키는 경향이 있습니다. 우여곡절이 많은 권력이양 일수록 이전보다 더 발

전하는 양상을 보입니다. 역사진화론적인 측면에서 보면 치열한 왕권경쟁은 순기능으로 작동합니다. 『삼국사기』 전지왕 기록입니다.

⑥-3. 5년(409년), **왜국倭國이 사신을 파견하여 야명주夜明珠를 보내왔다.** 왕이 사신을 특별히 예우하였다.

⑥-4. 14년(418년) 여름, **왜국倭國에 사신을 파견하여 무명베 10필을 보냈다.** 『삼국사기』 전지왕

왜국倭國이 나옵니다. 『삼국사기』〈백제본기〉가 본격적으로 왜를 기록하기 시작합니다. 〈신라본기〉는 왜를 가리켜 왜적, 왜구, 왜인 등의 용어를 써가며 실체를 모호하게 표현합니다. 그러나 〈백제본기〉는 명확히 왜국으로 기록합니다. 왜의 국가체제를 인정합니다. 앞으로 『삼국사기』〈백제본기〉는 왜국 관련 기록에 인색하지 않습니다. 삭제도 하지 않으며, 당당히 왜국이라 기록합니다. 409년(전지5) 야마토가 백제에 사신을 보내고, 418년(전지14) 백제가 야마토에 사신을 보냅니다. 백제와 야마토가 본격적으로 사신을 주고받으며 교류합니다. 409년 야마토가 보낸 야명주[2]는 축하선물입니다. 백제에는 축하할 만한 일이 없습니다. 야마토에 경사가 났습니다. 야마토 사신은 인덕(닌토쿠)왕의 즉위를 알리는 축하사절단입니다. 418년 백제가 무명베 10필을 야마토에 보냅니다. 지금의 시각으로 보면 무명베는 구입이 쉽고 값어치를 따져도 높이 평가되지 않습니다. 그러나 당시 야마토의 사정은 다릅니다. 무명베는 매우 귀한 물품입니다.

김기자 : 『삼국사기』 기록이 새삼스럽군요. 무명베 기록은 압권이네요.

백선생 : 이 기록은 여신의 등장과 관계가 깊습니다. 백제와 야마토는 사신을 주고받는 등 적극적인 교류협력시대로 진입합니다. 여신이 한성에 합류했기 때문에 가능한 일입니다. 『삼국사기』 기록을 또 하나 봅니다.

⑥-5. 12년(416년). 동진東晉의 안제安帝가 사신을 보내 왕을 「**사지절도독백제제군사진동장군백제왕使持節都督百濟諸軍事鎭東將軍百濟王**」으로 책봉하였다. 『삼국사기』 전지왕

---

2 야명주는 어둠 속에서 빛을 발하는 구슬로 야광주(野光珠)라고도 한다. 광물학적 명칭은 천연플로오라이트(형석-螢石)이다. 불교신화에 나오는 '소원을 들어주는 보물'인 찬타마니(Cintamani)와 자장보살이 손에 들고 있는 여의주가 야명주이다. 중국 운남지방의 야명주가 유명하다.

416년(전지12) 전지왕은 동진 황제로부터 「사지절도독백제제군사진동장군백제왕」의 관작을 받습니다. 중국사서인 『진서』에도 동일하게 나와, 『삼국사기』가 『진서』 기록을 차용한 것으로 판단됩니다. 이는 한성백제왕이 중국왕조로부터 받은 최초의 관작 기록입니다. 앞서 부여백제 여휘왕이 받은 「사지절도독진동장군백제왕」의 관작(제5장 141쪽 ⑤-1 참조)에 「백제제군사」가 추가됩니다. 제군사는 독자적인 군권 행사를 포함합니다. 백제제군사는 백제의 군권을 총괄합니다. 이는 여신이 한성에 합류한 이후 나타난 결과입니다. 여신의 작품으로 추정합니다.

소교수: 신민국과 신민권의 용어는 선생님께서 처음 쓰셨는데 나름 합당해 보입니다. 일반적으로 종속국과 영유권이란 용어를 씁니다. 참고하여 중국사서 『양서』를 보면, 백제의 지방통치제도인 '담로檐魯'가 나옵니다.

⑥-6. 백제는 도성을 고마固麻라 하고 읍을 담로檐魯라고 하는데, 이는 중국의 군현郡縣과 같은 말이다. 그 나라에는 22개의 담로가 있는데, 모두 왕의 자제와 종족宗族으로 나누어 다스리게 하였다. 『양서』 백제전

22개의 담로가 존재하고, 왕의 자제와 종친을 파견합니다. 담로제도를 중국의 군현제와 같다고 기록한 점으로 보아 일종의 봉건제로 이해합니다. 일반적으로 담로는 읍성邑城을 나타내는 백제 말의 음차입니다. 중국의 군현과 같이 지방 지배의 거점으로서 성城을 뜻하는 동시에 그곳을 중심으로 하는 일정한 통치영역을 나타냅니다. 담로제도의 시행 시기는 백제가 한성에서 웅진으로 천도한 이후 생겨난 것으로 이해하기도 하고, 근초고왕이 지방 지배조직을 정비하고 지방관을 파견하기 시작한 때로 보는 견해도 있습니다.

백선생: 『양서』가 기록한 담로제도는 부여백제의 통치제도입니다. 백제의 수도가 한성이 아닌 고마성으로 표기된 점을 주목합니다. 고마성은 충남 공주이며, 바로 부여백제의 도성입니다(고구려 광개토왕 시기는 거발성임). 앞서 부여백제가 병합한 한반도의 삼한지역을 신민국으로 표현하지만, 엄밀히 따지면 신민은 담로제도와도 맥을 같이합니다.

2. 전지왕과 구이신왕의 운명

백선생 : 전지왕의 왕비는 팔수八須입니다. 『삼국사기』는 왕후라 하지 않고 부인으로 기록합니다. 팔수부인은 전지왕이 야마토에 볼모로 가 있을 때 혼인한 여성입니다. 『한민족백과사전』을 보니, '팔수八須부인은 전지왕의 옹립에 공이 많았고, 그 결과 진眞씨를 대신하여 새로 왕비족으로 등장한 해解씨 출신으로 추측된다. 19대 구이신왕의 어머니이다.'고 설명합니다. 구이신왕久爾辛王 (420~427)의 어머니라는 사실 말고는 모두 틀립니다.

⑥-7. 15년(405년) 9월, **아신阿莘이 죽자 비밀에 붙여 발상하지 않고 왜에 있던 전지腆支를 서둘러 맞아들였다.** 아신의 막내 동생 설례碟禮가 중형인 훈해訓解를 죽이고 스스로 보위에 오르자, 전지는 왜에서 같이 온 이들과 함께 섬으로 들어가 기다렸다. 해충解忠 등이 설례를 죽이고 전지를 맞아들여 보위에 오르게 하였다. **전지의 처 팔수八須는 인덕仁德의 딸이다.** 서구胥狗의 첩 동모同母와 함께 **섬 중에서 자식을 낳았다. 구이신久爾辛이다.** 『고구려사략』 영락대제기

『고구려사략』 기록입니다. 405년 전지왕이 아신왕의 뒤를 잇기 위해 야마토에서 건너오는 장면입니다. 팔수부인은 야마토 인덕왕의 딸입니다. 남편인 전지태자를 따라 한반도로 건너와 섬에서 대기하는 중에 아들을 출산합니다. 훗날 전지왕의 뒤를 이은 구이신왕입니다.

김기자 : 그런데 좀 이상하군요. 앞서 409년에 야마토가 백제에 야명주를 보낸 이유가 인덕왕의 즉위를 알리는 축하선물이라 하였는데(⑥-3) 405년은 오히려 인덕왕이 즉위하기 전이군요(⑥-3). 4년 차이가 나는 이유는 무엇입니까?

백선생 : 야마토의 내부사정 때문입니다. 응신왕은 403년에 죽습니다. 『일본서기』 인덕왕 즉위 전 기록을 보면 당시 응신왕의 후계자는 직계 아들 토도치랑자菟道稚郎子입니다. 치랑자稚郎子는 존칭이니 이름은 토도菟道(우지)입니다. 태자입니다. 그런데 토도태자는 404년~409년까지 5년 동안 야마토를 다스리고 자살합니다. 『일본서기』 기록은 인덕왕에게 보위를 물려주기 위해 자살한 것으로 나오나 이는 어디까지나 인덕왕의 즉위를 합리화하기 위한 조치입니다. 아쉽게도 토도는 야마토의 왕통계보에서 아예 빠집니다. 따라서 405년은 토도의 치세이나 기록은 인덕왕의 치세입니다.

김기자 : 야마토 사정도 순탄치만은 않군요.

백선생 : 야마토 역시 개국초기이니 만큼 정세가 불안합니다. 기존의 선주先住세력이 있고 한반도에서 건너온 도래渡來세력도 있습니다. 이들 두 세력이 자연스럽게 융합하는 것은 우리의 기대일 뿐입니다. 도래세력 중에는 막강한 파워를 가진 사람이 있습니다. 120현민을 이끌고 도래한 궁월군입니다. 궁월군이 바로 인덕왕입니다. 중국사서에 찬贊왕으로 기록된 인물입니다. 역시 부여씨입니다. 찬왕이 야마토 왕실을 접수합니다. 『일본서기』는 인덕왕을 응신왕의 아들로 설정하지만 두 사람은 엇비슷한 나이여서 생물학적 부자지간이 될 수 없습니다. 참고로 팔수부인에 대한 흥미로운 기록이 『일본서기』에 있습니다.

⑥-8. 25년(420년 추정), 백제 직지왕直支王이 죽었다. 곧 아들 구이신久爾辛이 왕위에 올랐다. **왕은 나이가 어리므로 목만치木滿致가 국정을 잡았는데 왕의 어머니*와 서로 정을 통하며 무례한 행동이 많았다. 천황은 이 말을 듣고 소환하였다.** 〔『백제기』에 이르길 '목만치는 **목라근자木羅斤資가 신라를 칠 때에 그 나라의 여자를 취하여 낳은 사람이다. 아버지 공으로 임나任那를 오로지 마음대로 하다가 우리 나라**로 들어왔다.** 귀국***에 갔다가 돌아와 천조의 명을 받들어 우리나라의 국정을 잡았는데 권세가 하늘을 덮었다. 그러나 **천조天朝는 그의 횡포함을 듣고 소환하였다.**'고 되어 있다.〕『일본서기』 응신기

☞ *팔수부인 **백제 ***야마토.

목만치木滿致가 나옵니다. 삼한을 정벌한 목라근자(제4장 137쪽 참조)의 아들입니다. 아버지의 후광과 덕으로 임나에서 권력을 전횡하다가 한성백제에 합류합니다. 420년 한성백제 전지왕이 죽자 팔수부인은 목만치와 정분을 일으킵니다. 국정이 목만치에게 넘어갑니다. 이 소식은 야마토에 전해지고 인덕왕은 목만치를 소환합니다.[3]

김기자 : 인덕왕이 목만치를 소환할 정도로 힘이 있습니까?

백선생 : 이 기록은 두 가지를 암시합니다. 하나는 팔수부인의 섭정입니다. 구이신왕은 405년생

---

3 목만치는 훗날 소아(蘇我-소가)씨의 성을 하사받아 소아만치(蘇我滿智)가 된다. 그의 후손들은 고려(高麗-고마) → 도목(稻目-이나메) → 마자(馬子-우마코) → 하이(蝦夷-에미시) → 입록(入鹿-이루카)로 이어지며, 6~7세기 야마토 정계를 좌지우지하는 강력한 귀족가문으로 성장한다. 고려 무신정권의 최충헌과 그의 후손인 최우 → 최항 → 최의로 이어지는 우봉 최씨 가문의 60년 집권형태와 유사하다.

이니 당시 나이는 15세입니다. 결코 어린 나이는 아닙니다. 그러나 팔수부인과 정분을 일으킨 목만치가 국정을 좌지우지 한 것으로 보아 팔수부인의 섭정이 예상됩니다. 둘째는 목만치의 야마토 소환입니다. 정분사건은 백제의 내부문제입니다. 그럼에도 야마토가 개입합니다. 이는 당시 야마토가 백제의 내정에도 간섭할 수 있는 힘이 있다는 증거입니다.

김기자 : 혹시 상좌평 여신이 개입한 겁니까?

백선생 : 사건의 전후맥락으로 보아 상좌평 여신의 개입이 분명해보입니다. 목만치의 제거는 여신의 작품입니다. 여신은 정분사건의 처리를 통해 두 가지를 얻습니다. 하나는 조정 권력을 더욱 공고히 하고 또 하나는 백제왕실의 권위를 약화시킵니다.

김기자 : 백제왕실의 권위를 약화시킨다는 것은 무슨 뜻입니까?

백선생 : 이 사건은 420년 한 해에 전부 일어난 것이 아닙니다. 전지왕 사후 점차적으로 발생하여 어느 시점에 목만치가 야마토로 소환되며 종결됩니다. 『삼국사기』 기록을 보면 전지왕의 뒤를 이은 구이신왕은 420년에 즉위하여 427년에 사망합니다. 재위기간이 7년인데 일체 기록이 없습니다. 기록이 없다는 것은 명목상의 왕이라는 이야기입니다. 따라서 이 기간 중에 팔수부인이 섭정을 하면서 목만치와 정분을 일으키고 이후 목만치 제거와 동시에 구이신왕도 보위에서 끌려 내려옵니다. 결국 팔수부인의 부도덕한 행위가 백제왕실의 권위를 약화시키고 상좌평 여신에게는 새로운 기회가 주어집니다.

김기자 : 새로운 기회는 무엇입니까?

백선생 : 결론부터 말씀드리면 신왕조의 탄생입니다. 온조와 비류의 해씨왕조가 막을 내리고 새로운 왕조가 백제를 이끌어 갑니다. 세 번째 건국시조 구태의 부여씨왕조입니다.

3. 신왕조를 개창한 비유왕

백선생 : 구이신왕은 재위7년째인 427년에 24세로 사망합니다. 기자님께 질문합니다. 구이신왕이 정말로 죽었다고 보십니까?

김기자 : 글쎄요? 24세이면 한참 젊은 나이인데 정말로 죽은 겁니까? 아니면 다른 숨겨진 비밀이 있습니까?

백선생 : 『삼국사기』는 '8년(427년) 12월 구이신왕이 사망하였다.〔八年 冬十二月 王薨〕'고만 기록합니다. 그러나 『신찬성씨록』〈미정잡성未定雜姓(조상이 불분명함)〉에 구이신왕의 후손이 나옵니다. 하내국河內國의 '선자수船子首'라는 성씨입니다. '백제국 사람 구이군久爾君의 후손이다.〔百濟國人久爾君之後〕' 이 기록과 『삼국사기』 구이신왕의 사망기록을 비교하면 구이신왕은 죽은 것이 아니라 보위를 넘기고 일본열도로 망명합니다. 다만 구이신왕은 비록 백제왕력에 포함되어 왕으로서 대접은 받지만 아쉽게도 그의 후손은 자신의 선조를 왕으로 기록하지 못합니다. 『신찬성씨록』에 나오는 백제왕족출신의 성씨들은 자신의 선조를 '백제 ○○ 왕 또는 백제왕 ○○'로 기록하는데 구이신왕의 경우만 '왕王'이 아닌 '군君'입니다.

김기자 : 비유왕은 어떤 왕입니까?

백선생 : 비유왕毗有王은 부여씨의 신왕조를 개창한 왕입니다. 제20대 왕으로 427년~455년까지 재위합니다. 『삼국사기』 기록입니다.

⑥-9. **비유왕毗有王은 구이신왕의 장자이다.** [혹은 **전지왕의 서자庶子라고도 하니** 어느 것이 옳은지는 알 수 없다.] **용모가 뛰어나고 말을 잘하여 사람들이 따르고 존중하였다.** 구이신왕이 죽자 즉위하였다. 『삼국사기』 비유왕

비유왕의 이름은 비毗입니다. 여비餘毗(부여비)입니다. 여비는 『송서』에 나옵니다. 『삼국사기』는 비유왕을 구이신왕의 장자로 설정합니다. 또한 전지왕의 서자라고도 합니다. 『삼국사기』는 왕통계보를 설정할 때, 단일계보의 무리수를 둡니다. 그리고 다른 기록이 존재하면 '모르겠다.'라고 표현합니다. 아쉬운 부분입니다. 비유왕은 구이신왕의 장자도 아니고 전지왕의 서자도 아닙니다. 『삼국사기』가 서자로 기록한 경우는 생물학적으로 연관성은 전혀 없습니다. 따라서 비유왕은 전임 왕들과는 다른 혈통입니다. 용모가 뛰어나고 말을 잘하여 사람들이 따르고 존중합니다. 아마도 오늘날에 비유왕이 태어났다면 100% 대통령감입니다. 잘생긴 외모에 말도 잘하니 이미지 정

치에 최적입니다.

김기자 : 이미지 정치의 최적이라는 표현이 재미있군요.

백선생 : 비유왕을 옹립한 사람은 상좌평 여신입니다. 여신이 비유왕을 옹립하기 위해선 두 세력을 잡아야 합니다. 하나는 왕실입니다. 팔수부인은 목만치 사건으로 깊은 정치적 내상을 입습니다. 특별히 어려움은 없습니다. 문제는 당시 왕족인 해씨가문입니다. 전지왕을 옹립한 해수, 해충, 해구 등이 있습니다. 이들은 모두 좌평입니다. 여신 못지않게 조정의 권력을 쥐고 있습니다. 다만 이들 해씨가문은 팔수부인에게 불만을 가지고 있습니다. 팔수부인이 야마토 왕녀출신이기 때문입니다. 여신은 팔수부인과 해씨가문, 두 세력과 딜deal을 합니다. 팔수부인에게는 구이신왕의 목숨을 담보하고 해씨가문에게는 왕비족을 제안합니다. 물론 조정의 권력을 해씨가문에게 일부 양도합니다. 이는 팔수부인에게도 해씨가문에게도 결코 손해볼 일은 없습니다. 구이신왕이 죽지 않고 야마토로 망명한 이유를 설명할 수 있습니다. 비유왕은 즉위후 해씨가문의 딸을 왕비로 맞이합니다. 훗날 비유왕의 뒤를 이은 개로왕(제21대)의 어머니입니다.

김기자 : 군사쿠데타를 예상했는데 그런 것은 아니군요.

백선생 : 『삼국사기』 말고 다른 사서들도 속속들이 검토했습니다. 쿠데타의 흔적은 전혀 없습니다. 이는 당시 백제의 전후사정을 종합적으로 판단하여 내린 결론입니다. 여신이 비유왕을 옹립한 시나리오입니다.

⑥-10. 2년(428년) 2월, 왕이 4부를 순시하며 백성들을 위로하고 가난한 사람들에게 정도에 따라 곡식을 주었다. **왜국 사신이 왔는데 수행자가 50명이었다.** 『삼국사기』 비유왕

⑥-11. 15년(428년) 3월, 비유毗有가 나라를 순시하여 백성을 진휼하고 **왜의 사신 50명과 연회를 열어 술을 마시고 왜의 딸을 맞이하였다 한다.** 『고구려사략』 장수대제기

⑥-12. 12년(428년) 3월, **부여夫余*의 비유毗有가 야왕野王의 딸 위이랑韋二娘을 마중하기 위해 월나月奈에 이르렀다.** 『신라사초』 눌지천왕기

☞ *백제.

『삼국사기』, 『고구려사략』, 『신라사초』 기록입니다. 428년(비유2)입니다. 모두 같은 사건입니다.

먼저 『삼국사기』입니다. 비유왕이 전국을 순행하며 백성들을 위로하고 구휼합니다. 당연히 신왕조의 창업자로서 가장 먼저 해야 할 일입니다. 야마토에서 사신 50명이 백제로 옵니다. 비유왕의 즉위를 축하하는 대규모 사절단입니다. 다음은 『고구려사략』입니다. 비유왕이 야마토의 사절단에게 연회를 베풉니다. 또 야마토 출신의 딸을 비로 맞이합니다. 마지막은 『신라사초』입니다. 야왕野王이 나옵니다. 야왕은 야마토의 대호족 갈성위전葛城韋田으로 추정됩니다.[4] 갈성위전은 궁월군이 이끄는 120현민의 도왜를 도운 갈성습진언葛城襲津彦의 아들입니다. 위이랑韋二娘은 갈성위전葛城韋田의 둘째딸입니다(한자는 韋와 葦임). 백제와 야마토의 혼인동맹입니다. 비유왕이 야마토의 대호족의 딸을 맞이하기 위해 월나에 도착합니다. 월나는 지금의 전남 영암입니다.[5]

김기자: 마치 양파껍질을 하나하나 벗기는 것 같군요.

백선생: 이 기록들을 종합하면, 비유왕은 즉위 이듬해인 428년(비유2) 삼한을 순행합니다. 월나月奈에 이르러 야마토의 축하사절단을 맞이하고 연회를 베풉니다. 그리고 야마토 대호족 출신인 위이랑을 비로 맞이합니다. 처음 『삼국사기』 기록을 보고 적잖이 고민했습니다. 『삼국사기』 편찬자가 『고구려사략』과 『신라사초』의 기록을 보았다면 왜 삭제했을까하고 의문을 품었습니다. 『삼국사기』는 야마토를 왜국이라 표현하며 그 실체를 인정하면서도 정작 결정적인 기록은 외면합니다.

김기자: 결정적이라 하심은?

백선생: 백제와 야마토의 혼인동맹입니다. 장소는 한성이 아닌 멀리 전남 남해안의 월나(전남영암)입니다. 이는 당시 백제와 야마토의 친연성親緣性과 백제의 강역을 확인할 수 있는 중요한 기록

---

4 『일본서기』를 보면, 야마토 이중(履中)왕의 왕비는 흑원(黑媛)이다. 흑원의 아버지가 바로 갈성위전(葛城韋田)이다. 원문은 위전숙니(韋田宿禰)로 나온다. 참고로 갈성(葛城-가쓰라기) 가문은 야마토의 최고 호족가문으로 인덕(仁德-제16대), 이중(履中-제17대), 반정(反正-제18대), 윤공(允恭-제19대)왕의 왕비를 계속해서 배출한다.

5 월나의 건국시조가 『위화진경魏華眞經』(남당필사본) 기록에 나온다. 백토白兎이다. 동부여 금와(金蛙)왕(제2대)과 고구려 시조 주몽의 생모인 유화(柳花)부인 사이에서 태어난 아들이다. 백제 시조 비류와 온조의 생부인 우태와는 이복형제지간이다. 금와왕의 서자 백토는 서기전1세기 중반 동부여(중국 길림성)를 떠나 한반도 서남해안(전남 영암)으로 내려와 월나를 건국한다. 월나는 우리 역사가 기록하지 않은 부여의 또 한 갈래이다. 『신라사초』에 따르면, 비유왕은 431년(비유5) 월나를 병합하여 군(君)으로 삼는다. 이로 인해 월나는 전남 영암에서 전남 여수(원읍-猿邑)로 도읍을 옮긴다. 이후 계속해서 존속하다가 492년(소지14) 신라에 흡수된다. 현재 전남 여수시에는 월내동(月內洞)이 있다. 참고로 『신라사초』에는 월나 관계기록이 총 25회 나온다. 주로 신라와의 교류내용이다. 『삼국사기』에는 없는 기록들이다.

입니다. 백제의 강역은『삼국사기』가 그려놓은 당시의 한강유역과는 전혀 어울리지 않습니다. 갑자기 전남지역이 나오니 기존의 백제사에 대한 이해를 뛰어넘습니다. 곰곰이 생각해보니『삼국사기』는 팔수부인이 야마토 인덕왕의 딸이라는 사실(180쪽 ⑥-7 참조)을 기록하지 않았습니다. 백제왕실과 야마토왕실의 혈연관계를 부정합니다. 결론적으로『삼국사기』편찬자는 야마토의 국가 실체는 인정하면서도 백제와 야마토의 친연성은 극구 부인합니다. 이로 인해 백제의 강역은 자연스레 한강유역으로 축소됩니다. 야마토를 부정하는 것은『삼국사기』의 일괄된 편집원칙입니다.

김기자 : 비유왕은 야마토에서 건너온 겁니까?

백선생 : 비유왕의 과거행적에 대한 기록은 없습니다. 야마토에서 건너온 것인지 아니면 한반도 내 있다가 한성에 합류한 것인지 정확히 단정하기 어렵습니다. 다만, 추정할 수 있는 단서는 있습니다.『신라사초』기록을 보면 비유왕의 여동생 소시매蘇時昧와 의형제인 호가부好嘉夫와 공가부孔嘉夫 등이 나옵니다. 비유왕의 어머니는 소시매의 이름에서 알 수 있듯이 소蘇씨일 확률이 큽니다. 당시에는 외가쪽의 성씨를 따서 이름을 짓는 습속이 있습니다. 참고하여 진주 소蘇씨가 있습니다. 소씨 시조는 박혁거세의 신라건국을 도운 6촌장 중의 하나인 소벌蘇伐(소벌도리)입니다. 신라와 관계가 깊습니다. 호가부와 공가부는 신라출신으로 추정합니다. 신라에는 '夫'자로 끝나는 이름이 종종 발견됩니다. 이사부異斯夫, 거칠부居柒夫, 노리부弩里夫 등입니다. 따라서 비유왕은 직간접적으로 신라와 연관을 맺고 있습니다.

김기자 : 그렇다면 비유왕은 신라출신입니까?

백선생 : 아닙니다. 비유왕은 임나와 연결됩니다. 궁월군의 120현민이 일본열도로 건너가기 위해 경상도 남해안지역에 모였을 때(제5장 170쪽 참조), 비유왕도 이들 망명집단에 합류하지만 일본열도로 건너가지 않고 임나에 뿌리를 내렸다고 보는 것이 타당해 보입니다. 그러나 비유왕의 뿌리는 부여백제 왕족이며 출신지는 부여백제 도성인 거발성입니다.

김기자 : 교수님께서는 비유왕을 어떻게 보십니까?

소교수 : 갑자기 제 가문의 선조(소벌도리) 이야기를 하시니 무척 당황스럽습니다. 학계에서도 비유왕이 이전 백제왕들과는 출신이 다르다는 해석이 분명히 존재합니다. 고고학적으로는 5세

기 초반부터 금동관모와 금동신발, 환두대도 등이 다수 출토되기 시작합니다. 이 중 금동관모는 경기 화성 요리를 비롯하여 충남 천안 용원리, 서산 부장리, 공주 수촌리, 전북 익산 익점리, 고창 봉덕리, 전남 나주 신촌리,[6] 고흥 길두리 등이며, 멀리 바다 건너 일본 규슈 구마모토熊本현 에다후나야마江田船山고분에서도 출토됩니다. 이는 백제 중앙정부가 지방통치의 수단으로 각 호족들에게 내린 일종의 사여품賜與品입니다. 시기적으로는 비유왕 시대와 분명히 겹칩니다. 이는 비유왕 시기의 백제강역이 전라도 지역까지 확장된 사실을 말해주는 고고학적 증거입니다.

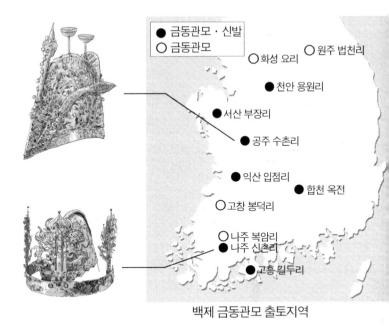

백제 금동관모 출토지역

백선생 : 비유왕은 백제 부여씨 왕조를 개창한 왕입니다. 부여씨 근원은 중국대륙의 서부여 위구태(구태)입니다. 그 후손이 한반도로 건너와 부여백제를 창업하고 또한 고구려 광개토왕에게 패배하여 일본열도로 망명하여 야마토를 건국합니다. 그 중 한 부류인 비유왕은 아예 백제왕실을 접수합니다. 비유왕의 등장으로 백제는 450여 년간의 온조−비류계(고이계 포함) 역사를 마감하고 구태계 역사를 새로이 쓰기 시작합니다. 이후 구태계는 단일왕조로서 백제멸망때까지 면면히 역사를 이어갑니다. 구태계야말로 백제 역사의 진정한 승자입니다.

---

6 나주 신촌리에서 출토된 유물은 금동관과 금동관모이다. 일제강점기 식민사학자들이 처음 발굴하는데, 이후에 발굴된 다른 지역의 금동관모와는 형태가 다르다. 이는 비유왕 시기 지방의 수장에게 하사한 사여품이 아니다. 이전 영산강 마한세력 수장의 유품으로 추정된다.

4. 나제동맹의 실체

백선생 : 백제와 신라의 동맹을 「나제동맹羅濟同盟」이라 합니다. 신라위주로 삼국사를 기술하다 보니 '제라동맹'이라 하지 않고 '나제동맹'으로 표현합니다. 아쉬운 부분입니다. 비유왕은 나제동맹의 상징입니다. 먼저 백제와 신라의 관계를 되돌아봅니다. 3세기말 고이왕 시기까지 백제와 신라는 충북지역에서 전투를 벌입니다. 줄곧 적대적인 관계입니다. 이후 부여백제가 한반도에 등장한 이후 4세기 중반 근초고왕 때부터는 우호적인 관계로 변합니다. 근초고왕은 초기 20년 기록 공백을 끝내자마자 가장 먼저 신라에 사신을 파견하여 손을 내밉니다. 이유는 당시 삼한의 종주국으로 새롭게 등장한 부여백제를 견제할 필요가 있습니다. 강자 하나를 두고 약자 둘이 힘을 합치는 형국입니다. 이후 백제와 신라의 교류는 기록에서 사라집니다. 그리고 비유왕이 등장하면서 백제와 신라는 새로운 관계를 모색합니다. 『삼국사기』 기록입니다.

⑥-13. 7년(433년) 7월, **신라에 사신을 보내 화친을 요청하였다.**
⑥-14. 8년(434년) 2월, 신라에 사신을 파견하여 **좋은 말 2필을 보냈다.** 9월, **다시 흰 매를 보냈다.** 10월, **신라에서 양금**良金과 **명주**明珠를 답례로 보내 왔다. 『삼국사기』 비유왕

『삼국사기』가 전하는 나제동맹의 스토리입니다. 433년(비유7)과 434년(비유8) 두 해에 걸쳐 백제가 신라에 사신을 파견하고 또한 선물을 교환합니다. 그러나 이 기록만 가지고서는 도무지 전후 사정을 전혀 알 수 없습니다.

김기자 : 전후 사정은 무엇입니까?

백선생 : 427년 고구려 장수왕(제20대)이 평양으로 천도합니다. 이 해는 비유왕의 즉위년입니다. 고구려는 국내성시대를 마감하고 평양시대를 열어갑니다. 이 평양은 우리가 잘 알고 있는 지금의 평안도 평양입니다. 장수왕의 평양천도는 비유왕을 자극합니다. 평양은 한성에서 가까운 거리입니

다. 고구려의 위협이 날로 커져갑니다. 백제로서는 신라가 절대적으로 필요합니다.

김기자 : 장수왕의 평양천도가 나제동맹의 직접적인 배경입니까?

백선생 : 장수왕의 평양천도는 우리 역사에서 가장 안타까운 장면입니다. 이는 대륙중심의 고구려가 반도중심으로 재편되는 결과를 가져옵니다. 우리 역사가 이전 고구려가 지배한 대륙 동북방과 만주지역을 변방으로 치부하는 오류를 범하고 또한 우리 민족이 대륙으로 힘차게 웅비할 수 있는 동력 자체를 상실합니다. 결국 장수왕의 평양천도는 우리 역사가 한반도의 우물 속에 갇히게 만든 결정적 사건입니다.

⑥-15. **17년**(433년) 7월, **비유毗有가 아우 호가부好嘉夫를 보내어 미녀 7인을 바치고** 말하길 "어린 조카가 새로 서서 상국上國*을 받들지 못하였으니, 삼가 누이를 바침으로써 구궁九宮을 채울 수 있다면 심히 다행이겠습니다. 원컨대 묵은 감정을 풀고 서로가 돕고 보호하여 북로北虜**를 막음이 어떠하신지요?"하였다. 왕은 야인野人***을 정벌하고자 한 까닭에 그 화친을 수락하였다.

『신라사초』 눌지천왕기

☞ *신라 **고구려 **왜(임나)

⑥-16. **21년**(433년) 5월, **눌지訥祇는 비유毗有와 다시 화친**하였다. 간배姦輩들이 이랬다저랬다 하기가 무상하더니, 저희들끼리 병주고 약주고 하였다. 『고구려사략』 장수대제기

⑥-17. **18년**(434년) 2월, **비유毗有가 다시 그 숙부 이신伊辛을 보내어 설화마雪花馬 2마리를 바치고 왕녀를 아내로 맞이하여 정비로 삼을 것을 청**하였다. 왕은 딸들의 용모가 예쁘지 않아 근심하였는데, 어린 딸 주씨周氏가 나이 13세이고 용모가 예쁜데 스스로 가기를 원하였다. 왕이 크게 기뻐하며 성대하게 장식하여 그녀를 보냈다. 9월, **공가부孔嘉夫가 선명仙明과 더불어 내조하여 흰매 두 마리를 바쳤다.** 소시매蘇時昧가 딸을 출산한 까닭이다. 10월, 공가부와 선명이 부여로 돌아갔다. 양금良金과 명주明珠를 보냈다. 『신라사초』 눌지천왕기

이 기록들은 앞의 『삼국사기』 기록(⑥-13, ⑥-14)을 보완합니다. 『삼국사기』 기록이 나제동맹의 나무기둥이라면 이 기록들은 나무줄기에 해당합니다. 앞서 언급한 비유왕의 의형제 호가부와 공가부 그리고 누이 소시매가 나옵니다. (186쪽 참조) 먼저 433년(비유7) 『신라사초』 기록입니다. 비유왕

은 호가부를 신라에 사신으로 파견하며, 소시매와 미녀 7명이 동행시킵니다. 그리고 동맹을 체결합니다. 백제는 북로北虜(북쪽 오랑캐) 즉 고구려를 공동으로 막자고 제안합니다. 그러나 신라는 다른 생각을 합니다. 백제의 힘을 빌려 야인(왜인)의 침략을 막고자 합니다. 동상이몽同床異夢입니다. 목적은 같으나 목표는 다릅니다. 이 소식이 즉각 고구려에 전달됩니다. 다음은 『고구려사략』입니다. 고구려 장수왕은 백제와 신라를 간배奸輩(간사한 무리)로 규정하고 저희들끼리 병주고 약주고 한다고 나제동맹을 비판합니다. 마지막으로 434년(비유8) 『신라사초』 기록입니다. 비유왕은 설화마 2마리를 보내고 신라왕녀를 요청합니다. 이미 백제왕녀인 소시매와 미녀 7명을 보냈으니 이에 걸맞은 신라왕녀를 보내달라 요구합니다. 신라 눌지왕(제19대)에게는 남모를 고민이 있습니다. 왕녀(공주)들이 한결같이 추녀입니다. 때마침 13세 어린 공주 주周씨가 자청합니다. 곱게 치장을 하여 백제로 보냅니다. 나제동맹이 완성됩니다.

김기자 : 결국 혼인동맹이군요.

백선생 : 왕실간 혼인을 통해 동맹을 맺는 것은 최상의 선택입니다. 서로의 핏줄을 담보하니 쉽게 배신할 수 없습니다. 혹이 혼인한 왕녀가 아들을 낳으면 다음 왕위를 이을 수도 있습니다. 결코 손해 볼 일도 나쁠 것도 없습니다. 여담이지만, 비유왕에게 시집온 13세 신라왕녀 주씨에 대한 이야기입니다. 『신라사초』 기록에 자세히 나옵니다. 비유왕은 주씨가 너무 어려 잠자리를 멀리합니다. 그런데 주씨가 백제 관리와 놀아납니다. 비유왕은 눈물을 머금고 주씨를 신라로 되돌려 보냅니다. 신라 눌지왕은 비유왕의 처분에 격분하며 동맹을 파기하겠다고 엄포를 놓습니다. 비유왕은 이 문제로 두 차례나 신라에 사신을 파견합니다. 주씨는 다시 백제로 돌아옵니다. 그리고 442년(비유16) 비유왕의 아들을 낳습니다. 훗날 보위에 오른 제22대 문주왕입니다.

김기자 : 『삼국사기』가 기록을 남기지 않은 이유는 무엇입니까?

백선생 : 삼국사기는 과정의 역사서가 아니라 결과의 역사서입니다. 특별한 경우를 제외하고 과정은 모두 삭제합니다. 특히 당시 도덕의 관념에 벗어나는 남녀관계의 기록은 철저히 외면합니다. 가끔 『삼국사기』를 읽다보면 도덕적으로 흠결이 없는 성인군자를 떠올리게 합니다. 『삼국사기』는 편집원칙이 무엇인지를 명확히 설명합니다.

김기자 : 교수님께서는 나제동맹을 어떻게 보십니까?

소교수 : 비유왕의 나제동맹은 고구려 장수왕이 427년 평양천도와 함께 추진한 고구려 남진정책에 공동대응하기 위해 체결한 동맹입니다. 체결 내용은 알 수 없으나 대체적으로 필요할 때 서로 군사를 지원하는 일종의 '공수동맹攻守同盟'으로 이해합니다. 『삼국사기』 기록을 보면, 비유왕 시기 고구려는 단 한 차례도 백제를 공격하지 않습니다. 나제동맹의 효과로 볼 수 있습니다.

5. 백제와 야마토의 헤게모니 싸움

백선생 : 『삼국사기』 비유왕의 재위 기록은 크게 둘로 나눕니다. 첫째는 신라와의 동맹이고, 둘째는 중국 남조국가인 송宋과의 교류입니다. 둘 다 외교입니다. 기록으로만 보면 비유왕은 외교전문가입니다. 비유왕이 송과 교류한 기록은 세 번 나옵니다. 429년(비유3) 송에 사신을 파견하고, 이듬해인 430년(비유4) 송의 사신이 백제로 와서 선대 전지왕의 관작을 비유왕에게 수여합니다. 「사지절도독백제제군사진동장군백제왕」입니다. 그리고 10년 후인 440년(비유14) 송에 사신을 파견합니다. 송을 포함하여 당시 중국의 상황에 대해 교수님께 설명을 부탁드립니다.

소교수 : 중국은 남북조시대의 시작입니다. 420년~589년까지 170년간 양자강(양쯔강)을 경계로 남북의 국가가 대립한 시대입니다. 남조는 한족漢族 왕조입니다. 남조의 시작은 송宋입니다. 420년 동진의 장군 유유가 동진의 공제로부터 선양을 받아 세운 나라입니다. 유송劉宋이라고도 합니다. 송은 479년 망하고 제齊, 양梁, 진陳으로 이어집니다. 북조는 북방 선비족鮮卑族 왕조입니다. 북위北魏는 탁발부가 386년 화북지역에 세운 나라로 534년에 망합니다. 이어 동위東魏, 서위西

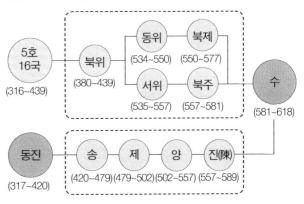

魏, 북제北齊, 북주北周 이어집니다. 남북조 시대는 북주 출신의 양견이 수隨를 세우고 589년 중국대륙을 통일하면서 막을 내립니다.

백선생 : 비유왕은 남조의 송과 교류를 시작합니다. 사신을 보내고 송황제로부터 관작도 받습니다. 백제의 이전 모습과는 확연히 다른 양상입니다. 비유왕이 외교무대에 발을 내딛습니다.

김기자 : 적대적 관계인 고구려를 견제하기 위해서는 남조인 송보다는 북조인 북위와 외교관계를 맺는 것이 순리일 것 같은데요. 백제가 송을 선택한 이유는 무엇입니까?

백선생 : 비유왕은 송하고만 외교관계를 맺습니다. 북위와의 외교는 먼 훗날입니다. 고구려 장수왕은 송이 건국되는 해인 420년 송황제로부터 관작을 받습니다. 그리고 경쟁관계인 북위와도 곧바로 외교관계를 맺습니다. 고구려가 외교만큼은 백제보다 한 발 앞서 행동합니다. 비유왕이 송과 외교관계를 맺은 것은 전적으로 야마토 때문입니다.

김기자 : 야마토요?

백선생 : 『송서』가 기록한 야마토와 송의 외교 내용입니다.

년도	왜왕 (천황)	내 용	백제왕
421년	찬 (인덕)	사신 보내 조공	구이신왕
425년		사신(사마 조달) 보내 표, 방물 바침	
430년		왜왕 조공	
438년	진 (반정)	「사지절도독왜백제신라임나진한모한6국제군사안동장군왜국왕」 요청 「안동장군왜국왕」 임명. 신하들은 평서, 정로, 관군, 보국장군 임명	비유왕
443년	제 (윤공)	사신 보내 봉헌. 「안동장군왜국왕」 임명	
451년		「사지절도독왜신라임나가라진한모한6국제군사안동장군왜국왕」 임명 신하들은 군軍과 군郡 제수 (23명)	

462년	흥 (안강)	「안동장군왜국왕」임명	개로왕
477년	무 (웅략)	왜왕 조공 「사지절도독왜백제신라임나가라진한모한7국제군사안동대장군왜국왕」자칭	문주왕
478년		「개부의동삼사」(1품) 요청 「사지절도독왜신라임나가라진한모한6국제군사안동대장군왜왕」임명	삼근왕

이들 5왕은 인덕仁德(닌토쿠,제16대), 반정反正(한제이,제18대), 윤공允恭(인교,제19대), 안강安康(안코,제20대), 웅략雄略(유랴쿠,제21대) 왕에 대비됩니다. 『일본서기』기록에는 나오지 않습니다. 이름이 모두 외자입니다. 부여씨 왕족입니다. 야마토가 421년을 시작으로 송에 사신을 파견하는 등 본격적으로 국제 외교무대에 등장합니다. 야마토 찬贊왕은 425년과 430년에도 사신을 파견합니다. 이 시기 백제는 구이신왕에서 비유왕으로 왕권이 교체됩니다. 비유왕은 429년(비유3) 송에 사신을 파견하고, 송은 이듬해 이전 전지왕이 동진으로부터 받은 관작을 비유왕에게 똑같이 수여합니다. 여기까지는 백제와 야마토 공히 단순 외교행위로 볼 수 있습니다. 그런데 438년 야마토 진珍왕이 송에 정식으로 관작을 요청합니다. 「6국제군사」입니다. 송은 진왕의 요구를 거절하고 대신 「안동장군왜국왕」의 관작만 수여합니다. 또한 진왕의 신하들에게는 모두 장군 군호를 줍니다. 이를 뒤늦게 알게 된 비유왕은 440년(비유14) 송에 사신을 파견합니다. 야마토의 진위를 파악하고 적절한 대책을 세우기 위해서입니다. 본격적으로 송을 두고 백제와 야마토가 외교전쟁을 벌입니다. 문제는 「6국제군사」입니다. 왜倭, 백제百濟, 신라新羅, 임나任那, 진한秦韓, 모한慕韓이 6국입니다. 뒤에 나오는 7국은 가라加羅가 포함됩니다. 모한은 마한의 별칭입니다.[7] 야마토 진왕은 고구려를 제외한 한반도 전 지역의 나라들에 대한 제군사를 요구합니다. 제군사는 해당국의 군사를 동원할 수 있는 군통수권자를 지칭합니다.

---

7 모한(慕韓)은 『송서』, 『남제서』 등 야마토(왜)가 중국왕조에 관작을 요청한 기록에만 나온다. 당시 야마토가 한반도 마한(馬韓)을 지칭하여 부른 이름이다. 일반적으로 모한은 마한 전체가 아닌 전남지역(영산강유역)의 마한세력으로 이해한다. '慕'는 '그리워하다'는 뜻이다. 한반도를 떠나 일본열도로 망명한 부여백제인의 향수(鄕愁)가 묻어있는 명칭이 아닐까?

김기자 : 야마토가 예전 부여백제의 삼한에 대한 신민권을 주장한 겁니까?

백선생 : 야마토 신왕조는 일본열도 정착이 안정화되자 곧바로 한반도(삼한 땅)에 대한 신민권 회복에 나섭니다.

김기자 : 6국에 신라도 포함되는군요. 신라의 대응은 무엇입니까?

백선생 : 신라가 공식적으로 중국 외교무대에 등장하는 시기는 521년 법흥왕(제23대) 때입니다. 남조인 양梁에 처음으로 사신을 파견합니다. 앞으로 80년 후의 일입니다. 당시 신라는 백제와 야마토간의 외교 분쟁에 개입할 여력이 없습니다.

김기자 : 외교 분쟁은 어떻게 결말이 납니까? 451년 야마토 제濟왕이 6국제군사의 관작을 받는 것으로 보아 송이 야마토의 요구를 들어준 것 같군요. 백제가 참패한 겁니까?

백선생 : 451년(비유25) 이후 비유왕의 대응이 일체 없습니다. 예를 들어 송에 사신을 파견한다든가 아니면 송의 사신이 백제에 왔다든가 하는 기록이 『삼국사기』에 나오지 않습니다. 또한 백제가 야마토와 사신을 주고받은 기록도 없습니다. 『일본서기』도 마찬가지입니다. 결과적으로 백제의 참패입니다.

김기자 : 백제의 참패라면 야마토가 삼한에 대한 신민권을 가져간 겁니까?

백선생 : 야마토 역시 6국제군사의 관작을 받고나서 별도의 행동을 취한 기록이 없습니다. 물론 비유왕 사후에도 관작문제의 갈등은 계속 이어집니다. 마지막은 478년 야마토 무武왕의 6국제군사 관작 수여로 종결됩니다. 50년간 백제와 야마토가 벌인 일련의 관작파동은 부여씨왕조의 헤게모니hegemony싸움입니다. 자존심싸움이며 서열싸움입니다. 427년 비유왕이 즉위하면서 백제는 부여씨왕조로 거듭납니다. 야마토는 당연히 부여씨왕조입니다. 따라서 두 부여씨왕조의 서열다툼은 필연입니다. 『일본서기』를 보면, 『백제신찬』을 인용한 기록 중에 '형왕의 우호를 닦았다.〔脩兄王之好〕'는 표현이 나옵니다. 결론적으로, 백제와 야마토 두 나라의 관작파동은 삼한 땅의 소유권 문제와 부여씨왕조의 서열을 두고 벌인 치열한 외교전쟁입니다.

6. 수레바퀴불꽃과 흑룡의 출현

백선생 : 비유왕의 후반기 기록은 전반기와는 전혀 다릅니다. 일식과 유성우, 혜성의 출현 등 자연현상과 가뭄, 메뚜기떼(황충) 창궐 등 자연재해 기록입니다. 그 중 특이한 기록이 있습니다.

⑥-18. 21년(447년) 5월, **궁궐 남쪽 연못에서 불길이 일어났는데, 불꽃이 수레바퀴와 같았고 밤새도록 타다가 꺼졌다.** 7월, 가뭄이 들어 곡식이 익지 않았으므로 **백성들이 굶주려 신라로 들어간 자가 많았다.** 『삼국사기』 비유왕

수레바퀴불꽃의 출현입니다. 처음 이 기록을 보고 무척 놀랐습니다. 어떤 사건의 은유적인 암시로 보았습니다. 그런데 뒤이어 가뭄이 들고 백성들이 굶주려 신라로 도망갑니다. 수레바퀴불꽃의 출현과 가뭄 발생이 인과관계가 있어 보입니다. 그러나 이는 별개의 현상이며, 별개의 사건입니다. 수레바퀴불꽃은 미확인비행물체UFO(Unidentified Flying Object)입니다.[8]

고구려 고분벽화(오회분 4호) 속의 수레바퀴

김기자 : UFO란 말입니까?

백선생 : 이 내용은 『삼국사기』〈백제본기〉에만 나옵니다. 〈고구려본기〉와 〈신라본기〉에는 없습니다. 그런데 『고구려사략』에 기록이 있습니다.

⑥-19. 35년(447년) 5월, 비유毗有가 물가에 기거하였는데, **수레바퀴 모양의 귀신불鬼火이 밤새도록 그치지 않았다.** 가뭄이 들고 굶주리던 많은 백성들은 신라로 들어갔다. 『고구려사략』 장수대제기

---

8 수레바퀴는 성경 『에스겔서』와 불교 경전 『아함경阿含經』에도 나온다.

기본적인 내용은『삼국사기』기록(⑥-18)과 같습니다. 다른 점이 있다면 '귀신불鬼火'의 존재가 명확합니다. 귀신불은 가상이 아닌 실체입니다.『삼국사기』편찬자는 원사료의 기록을 보고 적이 놀랐을 겁니다. 당시 알고 있는 지식의 범위에서 UFO의 존재는 상상조차 할 수 없습니다. 그럼에도 삭제하지 않고 기록을 남깁니다. 수레바퀴불꽃의 존재를 부인할 수 없습니다.

김기자 : UFO는 그야말로 상상의 산물 아닙니까?

백선생 : 이 사건이후로 비유왕의 행적은『삼국사기』기록에서 사라집니다.

⑥-20. 원가27년(450년), 비毗가 글을 올리며 방물을 바치며 사사로이 대사 풍야부馮野夫를 서하태수西河太守로 임명할 것과 표문으로 **역림易林, 식점式占, 요노腰弩를 구하니 태조가 이를 모두 들어주었다.**『송서』〈이만열전〉백제

『송서』기록입니다. 450년(비유24)입니다. 야마토 제濟왕이 송으로부터 6국제군사 관작을 받기 1년 전입니다. 또한 수레바퀴불꽃이 출현한 지 3년째입니다. 비유왕은 서하태수 풍야부를 송에 보내 역림易林과 식점式占 그리고 요노腰弩를 구합니다. 역림은 역술 책이며 식점은 점치는 기구입니다. 요노는 격발식 활입니다. 비유왕은 정사를 멀리하고 엉뚱하게 역술과 점술에 집착합니다.[9]

김기자 : 교수님께서는 어떻게 생각하십니까?

소교수 : 역사학자로서 답변하기 곤란합니다. 이는 역사의 영역이 아닌 과학의 영역입니다. 다만 수레바퀴불꽃의 실체는 부인하기 어렵습니다. 참고로 UFO에 관한 기록은『조선왕조실록』에도 나옵니다. 1609년(광해1) 기록입니다. 8월 25일 강원도 하늘에 어떤 비행물체가 출현하는데 당시 간성군, 원주목, 강릉부, 춘천부에서 목격되어 이를 조정에 보고합니다.[10]

---

9 기록은 수레바퀴불꽃이 밤새도록 꺼지지 않았다고 한다. 만약 실체가 수레바퀴모양의 장작더미라면 밤새도록 탈 수 없다. 수레바퀴불꽃의 실체는 타임머신으로 추정된다. 비유왕은 시간여행자(time traveler)를 만난 것은 아닐까? 현대과학이론이 정의하는 시간(time)은 상대적으로 줄일 수는 있으나, 되돌릴 수는 없다고 한다. 적어도 지금은 과거로의 시간여행이 불가능하다.

10 강릉부(江陵府)에서 올린 장계(狀啓-보고서) 기록이다. '8월 25일 사시(巳時, 9시~11시)에 해가 환하고 맑았는데, 갑자기 어떤 물건이 하늘에 나타나 작은 소리를 냈습니다. 형체는 큰 호리병과 같은데 위는 뾰족하고 아래는 컸으며, 하늘 한 가운데서부터 북방을 향하면서 마치 땅에 추락할 듯하였습니다. 아래로 떨어질 때 그 형상이 점차 커져 3, 4장(丈) 정도였는데, 그 색은 매우 붉고, 지나간 곳에는 연이어 흰 기운이 생겼다가 한참 만에 사라졌습니다. 이것이 사라진 뒤에는 천둥소리가 들렸는데, 그 소리가 천지를 진동했습니다.'『조선왕조실록』에 실린 UFO 추정물체의 목격 기록은 37회 나온다.

백선생 : 서하태수西河太守 풍야부馮野夫가 나옵니다. 서하는 요서지역 백제군의 관내입니다.[11] 풍야부는 현지인입니다. 이 시기 백제군은 비유왕이 즉위하면서 자연스럽게 백제(한성백제)의 관할로 편입됩니다.

김기자 : 그렇지 않아도 백제군이 어떻게 되었는지 궁금했는데요. 다른 설명이 없어서 소멸된 줄 알았는데 여전히 존재하고 있군요.

백선생 : 요서지역 백제군이 소멸되었다면 당연히 따로 설명합니다. 참고로 훗날 백제군은 대박을 칩니다. 우리 역사의 한 페이지를 화려하게 장식합니다. 이는 다음에 상세히 살펴봅니다. 마지막으로 비유왕의 죽음입니다.

⑥-21. 29년(455년) 3월, 왕이 한산漢山에서 사냥하였다. **9월, 흑룡黑龍이 한강漢江에 나타났는데 잠깐 동안 짙은 구름과 안개가 몰려 어두워지자 날아갔다. 왕이 죽었다.** 『삼국사기』 비유왕

⑥-22. 43년(455년) 3월, 상이 미천릉美川陵에 갔다가 비유毗有가 한산漢山에서 사냥한다는 소식을 들었다. 장군 풍돈風豚이 기습하여 사로잡자고 청하니 상이 이르길 "대저 일을 도모함에 있어 항상 먼저 계획을 세운 다음 행해야 뜻을 이루지 못해도 손실이 크지 않거늘 철저한 준비 없이 일을 벌여 성공하더라도 이는 이롭지 않게 될 것이다. **아무리 비유의 사람됨이 말이 많고 경박하며 도리에 어긋나고 놀기를 좋아한다 하여도 비유는 그것을 능히 오랫동안 지켜왔다. 기다리면 나라와 자신을 좀먹을 것이고 그대로 놔두어도 저절로 무너질 텐데 무엇하러 쓸데없이 힘을 쓴단 말이냐!**" 하였다. 과연 이해 9월에 비유가 갑자기 죽었고, 그 아들 경사慶司가 섰다. 비유는 전지腆支가 제 며느리와 통하여 낳은 자이고, 경사는 비유가 해수解須의 처와 통하여 낳은 자이다. 비유의 처는 아들을 낳지 못하여 경사를 길렀다. 비유는 또 여채餘薑의 처와 통하여 아들 여은餘殷을 낳고, 연길燕吉의 처와 통하여 아들 여기餘杞를 낳았는데, **모두가 귀여움을 받더니 후사後嗣자리를 놓고 싸웠다. 이에 비유의 처가 비유를 해치우고 경사를 세운 것이라고 한다.** 『고구려사략』 장수대제기

---

11 서하는 중국기록에 근거하여 지금의 산서성 분양현으로 비정한다. 그러나 산서성은 중국의 동북이 아니라 중원이다. 당시 백제군이 소재한 요서지역과는 거리상으로 너무 멀다. 『고구려사략』 기록을 보면, 고구려 태조왕(제6대) 시기에 서하의 지명이 적잖이 나온다. 태조왕이 서하에서 군대를 사열한 기록도 있다. 서하는 고구려와 후한의 접경지역에 소재한다. 지금의 하북성 동북쪽지역이다.

먼저『삼국사기』기록입니다. 흑룡이 출현합니다. 비유왕의 죽음과 연관됩니다. 흑룡은 음陰의 상징인 여성을 가리킵니다. 다음의『고구려사략』기록은 흑룡사건의 내막을 상세히 설명합니다. 455년(비유29) 3월, 비유왕이 한산에서 사냥을 하는데 비유왕의 동선이 고구려 첩자에게 노출됩니다. 고구려 장수가 장수왕에게 급히 보고하고 비유왕을 사로잡자고 제안합니다. 그러나 장수왕은 이를 받아들이지 않고 비유왕이 스스로 자멸할 것이라 말합니다. 마치 예언자 같습니다. 과연 10월에 비유왕은 암살당합니다. 비유왕을 암살한 사람은 다름 아닌 왕비입니다. 해씨가문출신의 비유왕의 본처인 수마須馬(『신라사초』에 이름이 나옴)왕비입니다

김기자 : 왕비에게 시해당하다니 너무 의외이군요.

백선생 : 흑룡이 출현한 장소가 한강인 점으로 보아 비유왕은 한강의 어느 강가에서 살해당합니다.『삼국사기』개로왕 기록을 보면, 비유왕의 시신은 들판에 가매장됩니다. 비유왕의 시신은 장례식조차 생략된 채 버려집니다. 비유왕은 사후에도 일절 대접을 받지 못합니다.

김기자 : 수마왕비가 극단적인 선택을 한 이유는 무엇입니까?

백선생 : 원인을 제공한 사람은 비유왕 자신입니다. 일반적으로 재위기간 중에 태자를 정하는 것이 관례화된 습속입니다. 이는 왕의 유고시 왕권 승계의 혼란을 차단하는 동시에 왕통의 권위를 세우는 매우 중요한 작업입니다. 그러나 비유왕은 태자를 따로 두지 않습니다. 바로 이점이 수마왕비의 극단적인 선택을 불러온 가장 큰 이유입니다.

김기자 : 여자가 한을 품으면 오뉴월에도 서리가 내린다는 속담이 실감나는군요.

백선생 : 비유왕은 슬하에 적잖은 수의 자녀를 둡니다. 왕녀(공주)에 대한 기록은 없으나, 왕자는『고구려사략』기록(⑥-22)과『신라사초』에 나옵니다. 이를 통해 비유왕의 가계를 복원합니다. 먼저 여은餘殷과 여기餘杞 그리고 여경餘慶이 있습니다. 여경은 경사로 비유왕의 뒤를 이은 개로왕(제21대)입니다. 이들 3명은 비유왕이 즉위하기 전에 귀족가문의 첩을 통해 얻은 왕자들입니다. 여은이 첫째, 여기가 둘째, 여경이 셋째입니다, 비유왕의 정실부인은 해씨가문의 여자입니다. 바로 비유왕을 시해한 수마왕비입니다. 그런데 이 여인은 자식을 생산하지 못합니다. 대신 셋째 여경을 해씨가문의 왕자로 입적합니다. 비유왕은 이들 3명의 왕자 말고도 즉위한 후 4명의 왕자를 더 둡니다. 넷째

는 여곤餘昆으로 곤지입니다. 어머니는 비유왕이 즉위 직후 월나에서 맞이한 야마토 대호족(갈성위전)의 딸 위이랑입니다. 다섯째와 여섯째는 여흥餘興과 여문餘文입니다. 흥주, 문주(제22대 문주왕)입니다. 비유왕이 나제동맹을 성사시키며 얻은 신라왕녀 주周씨의 소생입니다. 이름에 '周'가 들어간 것은 주씨가 낳았기 때문입니다. 마지막으로 일곱째는 여폐餘肺로 신라왕녀 선명仙明이 낳습니다. 넷째 곤지를 제외하고 이하 3명의 왕자는 『신라사초』 기록에 나옵니다.

【비유왕 가계도】

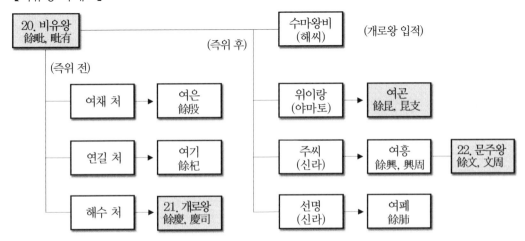

김기자 : 왕자들이 7명이나 되는 군요.

백선생 : 비유왕 말년에 왕자들 사이에 후계자 자리를 놓고 다툼이 발생합니다. 왕비족인 해씨가문이 셋째 여경을 적극적으로 후원합니다. 비유왕은 후계자 선정문제를 차일피일 미루다가 골든타임golden time을 놓칩니다. 455년(비유29) 3월의 한산 사냥은 후계자를 염두에 둔 어떤 결정을 암시합니다. 그렇지만 비유왕이 낙점한 후계자는 셋째 여경이 아닙니다.(넷째 곤지로 추정함) 이에 반발한 수마왕비와 해씨가문이 선수를 쳐서 비유왕을 시해합니다.

김기자 : 결국 자식을 낳지 못한 것이 수마왕비의 한이군요.

백선생 : 수마왕비는 비유왕의 시신을 가매장 한 것 말고도 비유왕 지우기에 적극 나섭니다. 비

유왕의 뒤를 이은 셋째 여경(개로왕)은 '개로' 말고도 '근개루'라는 또 다른 시호가 있습니다. 제4대 개루왕(해씨)의 계승자를 표명합니다. 수마왕비는 자신의 아들로 입적한 여경을 온조계인 해씨가문과 연결시킵니다. 근초고, 근구수와 같은 맥락입니다. 『삼국사기』를 보면 개로왕의 초기 13년간 재위기록이 아예 없습니다. 수마왕비가 태후로서 섭정한 시기입니다.

김기자 : 남편을 죽이고 그것도 모자라 자식을 앞세우고 섭정을 하였으니 수마왕비는 참으로 대단한 여인이군요.

소교수 : 참고로 용의 출현 기록은 『삼국사기』에 적잖이 나옵니다. 고구려는 1번, 백제는 5번, 신라는 10번이 나옵니다. 이중 흑룡은 백제 기록에만 3번 나옵니다. 첫째는 316년(비류13) 비류왕 시절에 왕도의 우물이 넘치며 출현하고, 둘째는 455년(비유29) 한강에 출현하고 비유왕이 죽으며, 셋째는 477년(문주3) 문주왕 시절에 웅진에 출현하고 내신좌평 곤지가 죽습니다. 동양에서의 흑룡은 어둠의 상징으로 재앙을 가져오는 사악한 화신입니다. 흑룡의 출현은 불길한 징조의 전조로서 흔히 정변政變(쿠데타)의 발생에 비유합니다.

백선생 : 비유왕은 백제 부여씨 왕조의 실질 시조입니다. 나제동맹을 성사시켜 고구려의 남진정책을 적극 억제하고, 삼한의 신민권을 확보하여 백제의 강역을 삼한전체로 확대합니다. 비유왕 시기 백제는 한반도의 진정한 맹주로 자리 잡습니다. 비유왕은 말년에 권력에 집착하여 암살당하는 수모를 겪지만 백제 7백년 역사 전체를 놓고 볼 때, 부여씨 왕조를 개창한 비유왕의 역사적 비중은 대단히 크다 할 수 있습니다.

7장

한성에서 웅진으로
삼형제의 운명

1. 한성 몰락과 아차산의 통곡

백선생 : 서울시 광진구와 경기도 구리시에 걸쳐있는 아차산(287m)이 있습니다. 정상에서 동남쪽으로 내려오다 보면 산중턱 너럭바위 위에 굴식돌방무덤(횡혈식석실분)이 있습니다. 홀로 풍파를 겪으며 을씨년스럽게 세월의 무게를 견뎌냅니다. 특이한 점은 무덤이 바위위에 조성되어 있습니다. 무덤에 대해서 알려진 것이 없으며, 전해지는 이야기조차 없습니

굴식돌방무덤(아차산 너럭바위)

다. 분명 무덤은 있는데 주인은 없습니다. 그나마 돌방(석실) 내부도 노출되어 있어 어떤 흔적도 남아있지 않습니다.

김기자 : 피치 못할 곡절이 있는 겁니까?

백선생 : 475년 9월 5일입니다. 아차산 정상에서 한 중년 사내가 백발이 성성한 노인이 지켜보는 가운데 참수당합니다. 중년 사내는 백제 개로왕蓋鹵王입니다. 백발의 노인은 고구려 장수왕입니다. 두어 시간 전 개로왕은 고구려 한 장수에게 잡혀 끌려옵니다. 재증걸루再曾桀婁입니다. 원래는 백제의 장수입니다. 두 사람의 악연은 10년 전으로 거슬러 올라갑니다. 개로왕은 재증걸루의 아내과 딸을 범합니다. 아내와 딸은 그 충격으로 자살합니다. 재증걸루는 통한의 피눈물을 쏟으며 복수를 다짐합니다. 그리고 고구려로 망명합니다. 7월 재증걸루는 고구려 3만 군대의 선봉장이 되어 백제를 침공합니다. 개로왕과 백제군은 버틸 때까지 버텼으나 역부족입니다. 어느덧 한성이 고구려군의 말발굽아래 짓밟힙니다. 고구려 화공작전으로 북성(풍납토성)이 불탑니다. 개로왕은 동틀 무렵

피신해 있던 남성(몽촌토성)을 탈출합니다. 왕비와 왕자 그리고 기병 수십이 개로왕을 뒤따릅니다. 그런데 이 광경을 은밀히 지켜보는 사람이 있습니다. 재증걸루입니다. 재증걸루는 곧바로 개로왕을 뒤쫓습니다. 개로왕의 어가御駕는 얼마 가지 못하고 재증걸루에게 잡힙니다. 개로왕이 어가에서 내립니다. 재증걸루가 말에서 내려 개로왕에게 큰 절을 올립니다. 그리고 개로왕의 얼굴에 침을 세 번 뱉습니다. 재증걸루의 침이 개로왕의 볼을 타고 흘러내립니다. 개로왕은 눈을 감습니다. "네 이 놈 경사慶司야. 네가 네 죄를 아느냐?" 재증걸루가 묻습니다. 목소리가 카랑카랑합니다. 개로왕은 눈을 뜹니다. "안다." 그리고 고개를 떨굽니다. 재증걸루가 펼친 손가락을 하나하나 접으며 말합니다. "너는 간신의 말만 듣고 백성을 보살피지 않았다. 첫째는 나의 처와 딸을 겁탈하여 색욕을 채운 것이요, 둘째는 고이만년의 처를 빼앗은 것이요, 셋째는 도림의 말에 혹하여 토목공사를 일으킨 것이요, 넷째는 고구려를 받들지 않고 북위와 내통한 것이요, 다섯째는 신라와 모의하여 변방의 성을 침략한 것이다." 어느덧 재증걸루의 다섯 손가락은 모두 접혀져 주먹이 됩니다. 재증걸루는 개로왕을 포박하여 장수왕이 있는 고구려군 총본영인 아차성으로 압송합니다.

김기자 : 한성이 몰락하는 장면이군요.

백선생 : 이 장면은 『신라사초』 기록에 상세히 나옵니다. 『삼국사기』는 당시 상황을 압축하여 기록합니다.

> ⑦-1. 21년(475년) … 이때 **고구려의 대로 제우齊于, 재증걸루再曾桀婁, 고이만년古爾萬年 등이 군사를 거느리고 와서 북성*을 공격하여 7일 만에 함락시키고, 군사를 옮겨 남성**을 공격하니 성 안이 위기와 공포에 빠졌다. 왕은 탈출해 달아났다. 고구려 장수 걸루 등이 왕을 발견하고 말에서 내려 절을 하더니, 왕의 얼굴을 향하여 세 번 침을 뱉고 죄를 헤아린 다음 묶어서 아차성阿且城 아래로 보내 죽였다. 걸루와 만년은 원래 백제 사람으로서 죄를 짓고 고구려로 도망한 자들이다.** 『삼국사기』 개로왕
>
> ☞ *풍납토성. **몽촌토성

재증걸루와 고이만년이 나옵니다. 『삼국사기』는 두 사람이 죄를 짓고 고구려로 도망갔다고 기록합니다. 그러나 두 사람의 망명은 개로왕이 원인을 제공합니다. 개로왕은 두 사람의 처와 딸을 범합니다. 아차성으로 압송된 개로왕은 고구려 장수왕과 수뇌부로부터 심문을 당합니다. 심문내용

은 두 가지입니다. 첫째는 '속민屬民'으로서 의義를 저버린 백제의 행위를 따져 묻습니다. 이는 고구려의 입장이지만 개로왕으로서는 어쩔 수 없습니다. 371년(근초고26) 백제 근초고왕은 고구려 고국원왕(제16대)을 전사시킵니다.(제4장 132쪽 참조) 둘째는 백제가 북위北魏(386~534)와 군사동맹을 맺고 고구려를 공격하려 계획한 일입니다. 동맹은 실패로 끝나지만 고구려로서는 섬뜩한 일입니다. 만약 백제가 북위와 손잡고 남과 북에서 협공한다면 고구려는 크나큰 위기를 맞게 됩니다. 개로왕은 당당히 맞섭니다. 첫째 속민의 예속은 과거 해씨왕조의 일이니 부여씨왕조와는 무관하다고 항변합니다. 둘째 북위와의 동맹 시도는 일종의 외교행위이니 만큼 고구려가 간섭할 문제가 아니라고 주장합니다.

김기자 : 장수왕이 개로왕을 죽입니까?

백선생 : 당시 장수왕은 70대 중반입니다. 세상을 달관한 노인의 심성이 개로왕의 목숨만을 살려주려 합니다. 그러나 군신들이 반발합니다. 『고구려사략』 기록입니다.

> ⑦-2. 63년(475년), **9월 5일에 걸루가 경사慶司*를 함거에 싣고 도착하였고, 상은 그를 살려주고 싶었으나 군신들은 목을 베어서 그 머리를 국강릉國罡陵**에 바치길 청하였다.** 사로잡은 8천은 5부에 나누어 주어 노비로 삼았으며, 경사의 처첩과 궁인들은 공경들과 공을 세운 모든 장수들에게 비첩으로 삼게 하였다. 『고구려사략』 장수대제기
>
> ☞ *개로왕. **고국원왕릉

국강릉이 나옵니다. 백제 근초고왕에게 죽은 고구려 고국원왕의 능입니다. 개로왕의 심문은 명분일 뿐 결국 고국원왕에 대한 인적 복수입니다. 개로왕은 참수당합니다. 다시 처음으로 돌아가 아차산 너럭바위에 조성된 돌방무덤을 살펴봅니다.

김기자 : 개로왕의 무덤입니까?

백선생 : 그렇습니다. 개로왕의 무덤으로 추정됩니다.[1] 부여의 매장풍습에 따르면 죽은 자의 시

---

1 충남 공주 송산리고분군은 웅진시대 백제 왕들의 무덤군이다. 고분군 가장 위쪽에 방단계단형 적석유구가 1개 있다. 개로왕의 가묘로 보는 견해도 있다.

신을 흙속에 매장하지 않은 것이 가장 혹독한 처벌입니다. 다시 말해 죽은 자의 영혼 부활을 박탈하는 무거운 형벌입니다. 따라서 흙속이 아닌 바위위에 조성한 돌방무덤은 죽은 자를 또 다시 죽이는 지극히 의도된 형벌의 무덤입니다. 백제는 개로왕의 죽음으로 온조가 터를 잡고 창업한 한성을 잃습니다. 7일간 불탔다고 하니 한성은 말 그대로 잿더미입니다. 사람이 살 수 없는 지옥의 땅입니다. 500년 백제의 기반이 한 순간에 사라집니다. 고구려 장수왕은 8천의 포로를 전리품戰利品으로 챙깁니다. 미처 피난하지 못한 한성백성이 모두 잡혀갑니다. 슬픈 역사의 한 장면입니다.

2.개로왕의 한계와 변명

백선생 : 개로왕蓋鹵王은 제21대 왕으로 455년~475년까지 21년을 재위합니다. 휘는 경慶(부여경)입니다. 자는 경사慶司이며, 시호는 개로蓋鹵 또는 근개루近蓋婁입니다. 『삼국사기』는 비유왕의 장자로 설정합니다. 그러나 개로왕은 장자가 아닌 3자입니다.(제6장 198쪽 참조) 개로왕은 재위초기 13년간의 기록이 없습니다. 이는 개로왕을 양자로 입적한 수마태후의 섭정기간입니다. 14년째인 468년부터 기록이 시작되는데 개로왕이 수마태후의 그늘에서 벗어나 공식적으로 왕권을 행사합니다. 그런데 이듬해인 469년(개로15) 개로왕은 고구려를 갑자기 공격합니다.

⑦-3. 15년(469년) 8월, 왕이 **장수를 보내어 고구려의 남쪽변경을 침범하였다.** 10월, **쌍현성雙峴城을 수리하였다. 청목령靑木嶺에 큰 목책을 설치하고** 북한산성北漢山城의 장수와 병졸들을 나누어 지키게 하였다. 『삼국사기』 개로왕

고구려의 남쪽변경은 황해도 서남부지역입니다. 이전 백제와 고구려의 마지막 교전은 395년(아신4)입니다. 당시 아신왕은 고구려 광개토왕과 맞붙어 패수浿水(예성강)에서 8천의 사상자가 내며 대패합니다. 그리고 73년 만인 469년(개로15) 개로왕은 고구려를 공격합니다.

김기자 : 무슨 이유입니까?

백선생 : 개로왕이 고구려를 공격한 이유는 정확히 알 수 없습니다. 다만, 『고구려사략』 기록을 보면, 466년(개로12) 재증걸루와 467년(개로13) 고이만년이 각각 고구려로 망명합니다.(개로왕이 두 사람의 처와 딸을 범함) 개로왕의 공격은 두 사람의 망명과 직간접적으로 연결됩니다. 이어 개로왕은 10월 쌍현성(황해장단)을 수리하고 청목령(황해개성,송악산)에 목책을 설치합니다. 그리고 군사를 배치하여 고구려의 역공에 적극 대비합니다.

소교수 : 백제와 고구려의 교전은 개로왕이 즉위한 455년(개로1) 한 차례 더 있습니다. 『삼국사기』〈신라본기〉 기록에 나옵니다. 정작 전쟁 당사자인 백제와 고구려의 기록인 〈백제본기〉와 〈고구려본기〉에는 없습니다. 아마도 두 나라에 별다른 영향이 끼치지 않은 것으로 판단됩니다. 그러나 신라입장에서 보면 나제동맹 차원에서 백제를 지원한 사실이 중요합니다. 굳이 해석하자면 고구려 장수왕이 개로왕의 즉위를 보고 백제가 어떻게 나오나 하고 간을 본 정도로 이해합니다.

김기자 : 개로왕은 어떤 왕입니까?

백선생 : 개로왕의 치적은 크게 두 가지입니다. 하나는 대토목공사를 일으킨 것과 또 하나는 불발로 끝난 북위와의 동맹 추진입니다. 두 가지 내용이 『삼국사기』에 자세히 나옵니다. 대토목공사의 경우는 도림道琳이라는 고구려 첩자가 깊이 관여합니다. 『고구려사략』 기록을 보면, 464년(개로10,장수52) 고구려 장수왕은 은밀히 간첩 도림을 백제에 파견합니다. 도림은 개로왕이 바둑을 좋아한다는 것을 알고 개로왕에게 접근하여 신임을 얻습니다. 개로왕은 도림을 왕실고문인 상객上客으로 대우합니다. 도림은 여러 이유를 들어 개로왕을 부추깁니다. 대토목공사는 사성 동쪽으로부터 숭산 북쪽까지 이르는 강둑공사입니다. 사성은 지금의 서울시 강남구의 삼성

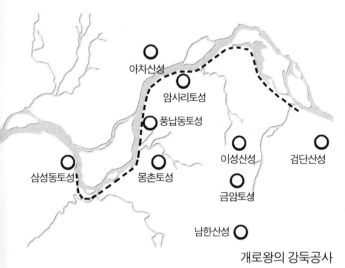

아차산성
암사리토성
풍납동토성
이성산성
검단산성
삼성동토성
몽촌토성
금암토성
남한산성
개로왕의 강둑공사

동토성이며, 숭산은 경기도 하남시 검단산입니다. 실로 엄청난 거리입니다. 이로 인해 백제는 재

정이 고갈되고 백성들의 삶이 극도로 궁핍해집니다. 또한 한성 궁궐의 누각과 대사臺榭를 웅장하고 화려하게 꾸밉니다. 들판에 가매장된 선왕(비유왕)의 능묘를 화려하게 조성하고 장례식도 치릅니다. 일련의 작업은 모두 도림의 작품입니다. 장수왕은 도림으로 하여금 백제의 재정을 악화시키고 민심을 이반시키는 사전공작을 벌입니다. 그리고 결정타를 날립니다. 475년 3만의 군사를 동원하여 백제를 완전히 쑥대밭으로 만들어 버립니다.

김기자 : 첩자를 파견하여 사전공작을 펼치기 위해서는 장기간을 요하는데 장수왕은 스스로 장수할 줄 알았나 보군요.

백선생 : 장수왕(제20대)은 394년에 태어나 491년에 사망합니다. 98세입니다. 휘는 거련巨連입니다. 장수는 시호인데 말 그대로 장수의 표본입니다. 여담이지만 고구려 사서인 『국강상호태왕기』(광개토왕)에 흥미로운 내용이 있습니다. 광개토왕이 갑자기 병이 들어 백산사람이 불로초를 광개토왕에게 바치는데 광개토왕이 이를 믿지 못하여 대신 장수왕이 먹습니다. 장수왕은 열이 나고 혼절한 후 하루 만에 깨어납니다. 일종의 명현瞑眩반응인데 장수왕이 먹은 불로초는 산삼입니다. 장수의 비결입니다.

김기자 : 장수왕이 산삼을 먹어서 장수했다는 말씀이군요.

백선생 : 꼭 그렇다고 단정할 수 없지만 장수왕을 비하하는 별명이 '소수少竪(더벅머리 아이)'입니다.[2] 아담한 사이즈입니다. 이 또한 장수와 연관되지 않을까 싶습니다.

소교수 : 장수왕 재위시기 백제는 7명의 왕이 재위하고, 신라는 4명의 왕이 재위합니다. 장수왕은 오랫동안 장수하면서 백제와 신라 왕실의 부침浮沈을 손바닥 보듯이 살폈다고 볼 수 있습니다.

백선생 : 다음은 불발로 끝난 북위北魏와의 동맹입니다. 개로왕은 472년(개로18) 북위에 사신을 파견하여 북위 황제에게 표문을 올립니다. 군사동맹을 제안합니다. 표문은 '개로왕의 상표문上表文'이

---

2 『삼국사기』 개로왕 기록으로 북위황제에 올린 '상표문'에 나온다. 그러나 『신라사초』 소지명왕기에는 장수왕이 '오소리 같은 마음과 이리 같은 욕심을 가지고 있어 곰과 큰 호랑이 같이 뚱뚱한 몸집으로 한 끼에 양 한 마리를 먹어 치웠다.〔連 獾心狼慾 熊大虎胖 一食一羊〕'는 기록도 있다.

라 합니다. 『삼국사기』에 전문이 실려 있습니다. 총 539자로 보기 드문 명문입니다. 백제와 고구려는 원래 한 뿌리인데 고구려가 우호를 깨고 백제를 공격하여 핍박을 하니, 백제와 북위가 군사동맹을 맺어 북위가 고구려를 공격하면 백제도 고구려를 공격하겠다는 내용입니다. 표문을 보면 눈에 띠는 내용이 두 가지입니다. 첫째는 사신으로 파견된 두 사람이 나옵니다. 한 사람은 「관군장군부마도위불사후」 장사長史 여례餘禮이고, 또 한 사람은 「용양장군대방태수」 사마司馬 장무張茂입니다. 여례는 왕족으로 개로왕의 사위입니다. 불사弗斯는 전북 전주입니다. 이는 당시 왕족의 종친을 지방관으로 파견한(담로제) 사실을 증언합니다. 또한 대방태수帶方太守는 요서백제군 소속의 대방지역 지방관입니다. 장무는 현지인입니다. 여전히 요서백제군이 존재합니다. 둘째는 표문에 인용된 맹상군孟嘗君과 신릉군信陵君의 이야기입니다. 사마천의 『사기』에 나오는 내용입니다. 당시 백제 지배층의 지식수준을 알 수 있는 대목입니다.[3]

　　김기자 : 군사동맹이 불발로 끝난 이유는 무엇입니까?

　　백선생 : 북위가 백제에 답서를 보냅니다. 역시 『삼국사기』에 전문이 실려 있습니다. 그런데 북위의 태도가 미온적입니다. 고구려가 속국을 자처하며 오랫동안 북위에 조공을 해왔고, 또한 북위의 명을 어긴 적이 없어 고구려를 공격할 명문이 없다고 설명합니다. 고구려가 죄를 지으면 그때 공격하자는 다소 소극적인 답변입니다. 답서의 내용으로 보아 북위와의 군사동맹은 일단 체결된 것으로 보입니다. 그러나 엉뚱한 곳에서 문제가 발생합니다.

　　김기자 : 어떤 문제입니까?

　　백선생 : 개로왕이 북위에 보낸 상표문이 고구려 장수왕에게 알려집니다. 북위가 고구려에 사신을 파견하여 백제와 원수 진 것을 따지는데, 장수왕은 그런 일이 없다며 북위사신의 백제행로를 차단해 버립니다. 일종의 방해공작입니다. 결국 북위사신은 백제로 가지 못하고 북위로 되돌아갑니다. 이후 백제와 북위의 동맹은 유야무야有耶無耶되고, 급기야 개로왕은 아예 없던 일로 해 버립니다.

---

3 『주서』백제전 기록이다. '백제 사람들의 습속은 기사(騎射)를 숭상하고 아울러 경전과 사서를 애독하니 뛰어난 사람은 제법 문장을 엮을 줄도 알고 음양오행(陰陽五行)도 이해하였다.〔俗重騎射 兼愛墳史 其秀異者 頗解屬文 又解陰陽五行〕'

김기자 : 북위와의 동맹이 파기된 겁니까?

백선생 : 『삼국사기』는 개로왕이 북위에 표문을 올려 군사를 요청하나 북위가 들어주지 않자, ‘왕이 이를 원망하여 마침내 조공을 중단하였다.〔王怨之逐絶朝貢〕’ 하니 동맹은 파기됩니다. 그러나 이 사건의 파장은 고구려 장수왕을 극도로 자극하게 되고, 결국 고구려는 백제에 대한 응징을 구체화합니다. 장수왕은 자주 군대를 사열하며 전쟁준비에 박차를 가합니다.

김기자 : 고구려의 공격이 기정사실화 되었군요.

백선생 : 장수왕은 백제정벌의 의지를 불태웁니다. 『고구려사략』 기록입니다.

⑦-4. 63년(475년) 2월, **황산黃山에서 크게 군대를 사열하였다.** 양왕梁王 화덕華德을 정남대장군征南大將軍으로 삼고 **재증걸루再曾桀婁와 고이만년古爾萬年을 향도嚮導*로 삼아 선봉에 세웠다.** 7월, 상이 주유궁朱留宮으로 갔다가 황산으로 돌아와 영락대왕께 제를 올리고 종실宗室과 3보三輔**들에게 이르길 “**선제께서는 국강國罡***이 당한 치욕을 씻고자 하셨으나 하늘이 목숨을 여유 있게 주지 않았고, 짐은 군사를 키워 오랫동안 기회가 오기를 기다렸다. 이제 때가 무르익었다.** 아이들 모두가 백제해골들은 물 건너 도망가고, 신라 사람들은 몸 사리고 경계를 지킨다는 말이 떠돌고 있다. 인심은 암암리에 천심을 살피는 것이니, **이제 경사慶司**** 놈이 반드시 망하는 가을이 될 것이다.**” 말하자, 모든 신하들이 이구동성으로 찬동하였다. **상은 화덕에게 명하여 3만 명을 이끌고 먼저 나아가게 하였다.**

☞ *길잡이 **태보,좌보,우보 ***고국원왕 ****개로왕

⑦-5. 63년(475년) 이때 **신라는 일모一牟, 사시沙尸, 광석廣石, 답달沓達, 구례仇禮, 좌라坐羅 등의 성을 쌓아서 백제를 대비하였다.** 백제 백성들은 북쪽의 군병이 크게 몰려 온 줄로 알고 **하루에도 세 번씩이나 놀라서 집을 버리고 토굴로 숨었다. 양쪽*을 잘 알아 미리 감을 잡았다.** 『고구려사략』 장수대제기

☞ *백제와 고구려

475년 2월입니다. 장수왕은 군대를 사열하며 준비상황을 최종 점검합니다. 그리고 7월 백제정벌을 명령합니다. 이 기록에는 당시 상황을 예측할 수 있는 단서가 있습니다. 소문입니다. 백제 사람들이 물 건너 도망가고 신라 사람들은 몸을 사리고 경계를 지킵니다. 고구려가 대대적으로

백제를 침공할 것이라는 소문이 한반도 전역으로 퍼져 나갑니다. 이에 신라 자비왕(제20대)은 백제와의 접경지역인 충북 서남부일대에 집중적으로 성을 쌓습니다.[4] 백제 백성들이 토굴로 숨는 일이 잦아집니다. 백성들 스스로 생존을 위해 몸부림칩니다.

김기자 : 상황이 이 지경이면 개로왕과 백제조정이 고구려의 침공을 모를 리 없겠군요. 개로왕의 대책은 무엇입니까?

백선생 : 개로왕에게는 마지막 카드가 있습니다.

김기자 : 어떤 카드입니까?

백선생 : 개로왕은 때늦은 감이 있지만 급히 외부(신라)의 지원을 받기로 결정합니다.

> ⑦-6. 21년(475년), **근개루**近蓋婁*가 이 말을 듣고 아들 문주文周에게 말하였다. "내가 어리석고 현명하지 못하여 간사한 사람의 말을 믿었다가 이 지경에 이르렀다. 백성들은 쇠잔하고 군사는 약하니, 비록 위급한 일이 있다 하여도 누가 기꺼이 나를 위하여 힘써 싸우겠는가? 나는 마땅히 나라를 위하여 죽어야겠지만 네가 여기서 함께 죽는 것은 유익할 것이 없으니, 난리를 피하여 있다가 나라의 왕통을 잇도록 하라." 문주가 곧 목협만치木劦滿致, 조미걸취祖彌桀取와 함께 남쪽으로 떠났다. 『삼국사기』 개로왕
>
> ☞ *개로왕.

『삼국사기』 기록입니다. 문주가 나옵니다. 문주는 당시 태자로 개로왕의 동생이자 후계자입니다 (『삼국사기』는 문주를 개로왕의 아들로 설정함). 개로왕이 문주에게 말하는 장면은 도림이 고구려 첩자라는 것이 밝혀진 직후입니다. 개로왕은 자신에게 다가올 운명을 예측이나 한 듯 초연합니다. 모두 자신의 과오와 부덕으로 돌리며, 혹이 자신이 잘못되면 왕통을 이을 것까지 문주에게 주문합니다. 문주는 목협만치, 조미걸취와 함께 남쪽으로 내려갑니다.

---

4 신라 자비왕이 6개성을 급히 쌓은 이유를 고구려 공격에 대비한 신축으로 이해한다. 그러나 『고구려사략』 기록은 백제 백성의 월경을 막기 위한 신축임을 분명히 밝히고 있다.(⑦-5 참조) 수정되어야 할 역사해석이다.

3. 미스터리 인물 곤지

백선생 : 일본 오사카 하비키노羽曳野시 아스카마을에 조그만 신사가 하나 있습니다. 「아스카베飛鳥戶신사」입니다. 신사 안내판은 제신祭神을 설명합니다. '웅략雄略(유라쿠) 조에 도래 전승한 백제계 비조호조飛鳥戶造(아스카베미야츠코) 일족의 조상신인 비조대신飛鳥大神(백제 곤지왕琨伎王)을 제사하고 있다.' 백제 곤지왕의 신사입니다. 일본에는 한국계 신사가 많습니다. 그렇지만 제신

아스카베신사(일본 오사카 하비키노시)

이 우리 사서에 등장하는 한국계 실존 인물임을 직접적으로 밝힌 예는 극히 드뭅니다.

김기자 : 곤지왕은 누구입니까?

백선생 : 『삼국사기』는 딱 2번 언급합니다. 때는 문주왕 시기인 477년(문주3)입니다. '4월 왕이 곤지昆支를 내신좌평으로 삼았다. 7월 곤지가 죽었다.〔夏四月 拜王弟昆支爲內臣佐平 秋七月 內臣佐平昆支卒〕' 그렇지만 『일본서기』는 곤지에 대해 비교적 많은 지면을 할애합니다. '왕'으로 표기하기도 하고, 또는 '왕자'로도 표기합니다. 『일본서기』 내용은 주로 곤지의 아들들에 관한 기록입니다. 백제 제24대 동성왕과 제25대 무령왕입니다. 이들 두 왕은 백제 웅진시대를 꽃피운 군주입니다. 백제 제31대 마지막 의자왕은 곤지의 직계 후손입니다. 곤지의 생애는 알려 진 바 없습니다. 백제 왕족임에는 분명하나 언제 태어나 무슨 일을 했으며, 477년 무슨 사유로 죽었는지 온통 의문투성이 입니다. 직계 아들 두 사람이 백제왕이라는 사실과 그 후손 중 누군가가 일본에 잔류하여 신사를 만들고 제신으로 모셔왔다는 사실이 전부입니다.

김기자 : 신사를 세워 조상신으로 받들 정도라면 상당히 비중 있는 인물이군요.

백선생 : 아스카베신사는 '식내대사式內大社'입니다. 고대 일본 황실에서 직접 제사를 지내는 천황

가의 신사입니다. 일본문헌『삼대실록』에 따르면 아스카베신사는 859년 8월 일본왕실로부터 정4위하正四位下의 관위를 받고, 그해 10월 관사官社로서 인정을 받습니다. 따라서 신사는 적어도 859년 이전에 설립됩니다. 1천2백여 년 전의 일입니다. 1908년 메이지明治정부의 신사통폐합 정책에 의해 잠시 쓰보이하치만궁壺井八幡宮에 합사되었다가 1952년 마을 주민들의 노력에 의해 분사되어 원래 자리로 되돌아옵니다.

김기자 : 곤지왕에 대해 좀 더 알 수 있습니까?

백선생 : 곤지昆支의 삶을 추적합니다. 먼저 이름을 살펴보면, '昆(형 곤)'은 '크다'는 뜻입니다. '支는 '우두머리'를 가리키는 마한의 토착어입니다. 참고로 마한의 수장을 '신지臣智'라고 합니다. '智는 '支'와 같습니다. 백제왕을 '건길지鞬吉支'라 부르는데(『주서』 및 『북사』 기록), 현대어의 엄지, 검지 등은 이에 유래합니다. 따라서 '昆支는 '大王'이라는 뜻을 가집니다. 곤지는 서열상으로 비유왕의 네 번째 아들이지만 비유왕이 즉위(427년)한 후 얻은 첫 번째 아들이기도 합니다. 적자嫡子(정실 소생)입니다. 이전 3명의 아들(여은,여기,여경)은 비유왕이 즉위하기 전에 얻은 왕자들입니다. 그래서 비유왕은 대왕의 뜻을 가진 곤지라는 이름을 지어줍니다. 곤지를 자신의 후계

『백제와 곤지왕』

자로 낙점합니다. 참고로 비유왕은 즉위 이듬해인 428년(비유2) 월나(전남영암)로 가서 야마토 사신을 접견하며 야마토 대호족의 딸인 위이랑을 비妃로 맞아들입니다.(제6장 185쪽 참조) 바로 이 여인이 곤지의 어머니로 추정됩니다.

김기자 : 그렇다면 곤지는 비유왕의 태자입니까?

백선생 : 비유왕이 공식적으로 태자를 지명한 기록이 없으니 태자라 단정할 수는 없습니다.『송서』기록입니다.

⑦-7. 세조 대명원년(457년)에 사신을 보내서 관작 제수를 구하여 조서를 내려 허락하였다. **2년**(458년), **백제왕 여경餘慶이 사신을 보내 표를 올리며 말하길** "신의 나라는 누대로 특별한 은혜를 입어왔사오며 문무의 훌륭한 신하들이 세세토록 조정의 벼슬을 받아왔습니다. 행관군장군 우현왕 여기餘紀 등 11명은 충성스럽고 근면하여 높은 지위에 나아감이 마땅하오니 엎드려 바라건대 가엾이 여김을 베푸시

어 모두 벼슬을 내려주기를 청합니다."하였다. 이에 **행관군장군 우현왕 여기**餘紀는 관군장군에 임명하였다. **행정로장군 좌현왕 여곤**餘昆과 **행정로장군 여훈**餘暈은 정로장군에 임명하였다. **행보국장군 여도**餘都, **여예**餘乂는 모두 보국장군에 임명하였다. **행용양장군 목금**沐衿과 **여작**餘爵은 모두 용양장군에 임명하였다. **행영삭장군 여류**餘流와 **미귀**麋貴는 모두 영삭장군에 임명하였다. **행건무장군 우서**于西와 **여루**餘婁는 모두 건무장군에 임명하였다. 『송서』〈이만열전〉 백제

458년(개로4)입니다. 『삼국사기』 기록의 공백기에 해당합니다. 관작 중에 '좌·우현왕'이 나옵니다. 북방 흉노족의 관직체제입니다. 흉노匈奴 왕의 칭호는 '선우單于'입니다. 흉노말로 '탱리고도撐犁孤塗'라 합니다. 천자天子(하늘의 아들)를 뜻합니다. 통상적으로 선우는 중앙을 맡고 지방은 좌·우현왕을 두어 분할 통치합니다.[5] 이 흉노의 좌·우현왕 제도가 백제에도 사용됩니다. 부여씨 신왕조를 개창한 비유왕 때 도입된 것으로 추정합니다. 우현왕은 여기餘紀이고 좌현왕은 여곤餘昆입니다. 여곤이 바로 곤지입니다.

소교수 : 『삼국사기』에 없는 기록입니다. 그러나 매우 중요한 기록입니다. 이 시기 백제가 좌·우현왕 제도의 도입을 통해 중앙과 지방을 효율적으로 운영한 증거입니다. 또한 이 시기 중국식 관직이 집중적으로 나타납니다. 앞서 개로왕의 상표문(208쪽 참조)에 언급된 태수太守, 장사長史, 사마司馬 등의 관직도 중국식입니다. 대체적으로 비유왕 시기에 도입되어 개로왕 시기에 본격적으로 정착된 중국식 관직입니다.[6]

김기자 : 좌·우현왕의 관할지역은 어디입니까?

백선생 : 우현왕은 요서백제군이고 좌현왕은 모한慕韓으로 일컬어지는 전남지역입니다.

김기자 : 우현왕의 관할지가 서쪽 요서지역이면 좌현왕은 동쪽이어야 할 텐데요. 한성에서 보면

---

5 흉노의 정치체제를 살펴보면 좌현왕과 우현왕이 있다. 좌도기왕,우도기왕이라고도 한다. 그 아래에 좌곡려왕과 우곡려왕, 그 아래에 좌대장과 우대장, 그 아래에 좌대도위와 우대도위, 그 아래에 좌대당호와 우대당호, 그 아래에 좌골도후와 우골도후 등 24개가 있으며, 그 아래는 천장, 백장, 십장, 비소왕, 상, 도위, 당호, 차거 등이다.

6 장사(長史)와 사마(司馬)는 중국의 관직이다. 백제는 개로왕시기부터 등장하는데, 주로 중국에 관작의 책봉을 요청할 때 이들 관직이 포함되어 나타난다. 따라서 백제가 실제로 이들 중국 관직을 도입하여 사용했는지는 다소 불명확하다. 고구려는 광개토왕 때부터 이들 중국 관직 명칭이 나타난다. 장사, 사마, 참군관(參軍官) 등이다.

전남지역은 동쪽이 아니라 남쪽이 아닙니까?

소교수 : 일본 규슈의 구마모토熊本현에 에다후나야마江田船山고분이 있습니다. 5세기 때 축조된 무덤입니다. 발굴된 유물 중에 금동관모와 금동신발이 있습니다. 그런데 이는 충남과 전남북 지역에서 출토된 금동관모와 금동신발과 매우 흡사합니다. 통상적으로 이들 유물은 백제 중앙정부가 지방에 내린 사여품賜與品으로 이해합니다. 그런 맥락에서 일본 규슈지역을 좌현왕의

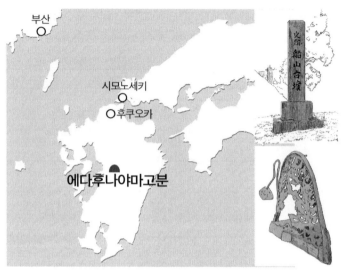

에다후나야마고분(일본 규슈 구마모토현)

관할지역으로 이해하고 일종의 백제 분국이 존재했다는 보는 견해도 있습니다. 그러나 에다후나야마고분의 출토품 외에 이를 뒷받침할 만한 증거는 전혀 없습니다.[7] 학계의 중론은 다소 무리라는 판단입니다. 전남지역의 경우 당시 백제의 영역이나 중앙의 힘이 크게 미치지 못한 점이 고려됩니다. 좌·우현왕이 중앙과 다른 독립체제라면, 좌현왕의 관할지역은 전남지역으로 보는 견해가 우세합니다.

김기자 : 이를 입증할 수 있는 기록이 있습니까?

백선생 : 전남지역의 지명 유래입니다. 영암일대의 옛 지명이 곤미昆眉입니다. 원래는 고미古彌인데 신라 경덕왕 때(757년) 이름을 바꿉니다. 이후 곤미는 반남면에 속했다가 고려 현종 때(1018

---

7 에다후나야마(江田船山)고분은 1873년 발굴한다. 총 92점의 출토품 중에 은상감 철검이 있다. 칼의 표면에 새겨진 75자의 명문에 '治天下獲□□□鹵大王世'가 나온다. '천하를 다스리는 획□□□로 대왕 때에'로 해석한다. '獲□□□鹵大王'은 1968년 사이타마(埼玉)현 이나리야마(稻荷山)에서 출토된 금상감 철검의 명문 '獲加多支鹵大王'와 동일한 인물이다. 일본학계는 '획가다지로대왕'을 와카타케루(ワカタケル)로 읽어 일본(야마토) 웅략(雄略)왕(제21대)으로 이해한다. 그러나 다지로(多支鹵)왕은 백제 개로왕(蓋鹵王)을 연상시킨다. 에다후나야마고분의 피장자는 개로왕으로부터 금동관모, 금동신발 등의 사여품을 받은 것으로 추정한다.

년) 영암군으로 편입됩니다. 영암군은 일제강점기인 1914년 행정구역개편 전까지 곤일시昆一始면 (미암면), 곤일종昆一終면(삼호면), 곤이시昆二始면(학산면), 곤이종昆二終면(서호면)으로 나눕니다. 바로 곤미의 옛 땅입니다. 모두 '昆'자가 들어갑니다. 물론 '昆'자가 곤지를 지칭한다고 단정지어 말할 수는 없습니다. 그럼에도 '昆'자 지명은 곤지를 상상하기에 부족하지 않습니다. 이는 한때 곤지 가 좌현왕이 되어 이 지역을 다스렸기 때문에 '昆'자 지명이 살아남았을 것으로 추정합니다. 이 의 연장선상에서 당시 백제가 좌·우현왕 제도를 실시했다면 좌현왕의 치소治所는 전남 영암일 대입니다.

김기자 : '昆'자가 들어간 지명이 줄줄이 나열된 것이 특이하군요.

백선생 : 다시 『송서』 기록(⑦-7)을 보면, 우현왕 여기餘紀가 나옵니다. 비유왕의 둘째 아들입니 다.(제6장 199쪽, 비유왕 가계도) 당시 개로왕의 입장에서 보면 형인 여기와 동생인 곤지는 왕권을 위협 하는 강력한 경쟁자입니다. 개로왕은 두 사람을 좌·우현왕에 임명하여 한성의 중앙 정치무대에 서 축출합니다. 장군 군호를 받은 사람은 모두 11명입니다. 8명이 여餘씨 왕족이고 나머지 3명은 목木씨, 미麋씨, 우于씨입니다. 미씨와 우씨는 처음 나오는 성씨입니다.

소교수 : 『송서』 기록은 개로왕의 중앙정부가 왕족을 직접 지방에 파견하여 통치수단을 강화한 것으로 이해합니다. 다만 당시 중앙정치의 양대 세력은 해씨와 진씨입니다. 그런데 이들 두 성씨는 한 명도 포함되지 않습니다. 어떤 정치적 목적을 내포한 인사발령으로 추정합니다.

백선생 : 그러나 곤지의 좌현왕 재임은 오래가지 못합니다. 재임 4년째인 461년 곤지는 한반도 를 떠나 일본열도로 건너갑니다. 백제에서 사라집니다. 『일본서기』 웅략왕雄略王(유라쿠, 제21대) 기 록입니다.

⑦-8. 5년(461년) 4월, **백제 가수리군**加須利君〔**개로왕**盖鹵王**이다.**〕은 지진원池津媛〔적계여랑適稽女郎이 다.〕이 불에 타 죽었다는 말을 전해 듣고 의논하기를 "옛날에 여자를 바쳐 채녀采女로 삼았다. 그러나 예 의가 없어 우리나라의 이름을 실추시키니 지금부터는 여자를 바치지 않는 것이 옳겠다." 하였다. **이에 아우 군군**軍君〔**곤지군**昆支君**이다.**〕에게 "네가 마땅히 일본에 가서 천황을 섬겨라." 말하였다. **군군 이** "상군의 명을 따르겠습니다. 바라건대 부인을 저에게 주시면 그런 다음 떠나라는 명을 받들겠습

니다." 대답하였다. 이에 가수리군은 임신한 부인을 군군에게 주며 "나의 임신한 아내는 이미 해산할 달이 되었다. 만약 도중에 아이를 낳게 되면, 바라건대 한 척의 배에 태워서 이른 곳이 어디건 속히 나라로 보내도록 하라." 하였다. 마침내 작별하고 조정에 파견되는 명을 받들었다.

⑦-9. 6월 병술 초하루, 과연 **임신한 부인이 가수리군의 말처럼 축자**筑紫**의 각라도**各羅嶋**에서 아이를 낳았다.** 그래서 이름을 도군嶋君이라 하였다. **이에 군군**軍君**은 곧 한 척의 배로 도군을 나라로 보냈는데, 이가 무령왕**武寧王**이 되었다. 백제 사람들은 이 섬을 주도**主嶋**라 일컬었다.**

⑦-10. 7월. **군군**軍君**이 수도에 들어왔다. 이미 다섯 아들을 두었다.**〔『백제신찬百濟新撰』에 이르길 '신축년에 개로왕이 아우 곤지군을 보내어 대왜大倭에 가서 천왕을 모시게 했는데, 형왕의 우호를 닦기 위해서였다.' 한다.〕『일본서기』 웅략雄略기

461년(웅략5)입니다. 편의상 3개 단락으로 나눕니다. 먼저 4월입니다.(⑦-8) 가수리군加須利君은 개로왕을 지칭합니다.(加須利는 개로왕의 이름 慶司의 이두식 표기임) 개로왕을 군君으로 표기합니다. 461년은 개로왕의 역사기록 공백기로 어머니 수마태후의 섭정기간입니다. 그래서 왕이 아닌 군입니다. 곤지의 별명은 군군軍君입니다. 군사적 역량과 무게를 가늠할 수 있는 또 다른 이름입니다. 지진원池津媛이란 백제여인이 나옵니다. 야마토 웅략왕은 개로왕과 비슷한 시기인 457년 즉위하는데 이때 개로왕은 지진원을 웅략왕의 채녀采女(시중 드는 여인)로 야마토에 보냅니다. 그런데 지진원이 석천순과 눈이 맞아 몸을 더럽힙니다. 이를 알게 된 웅략왕은 대노하며 지진원과 석천순을 불태워 죽입니다. 개로왕은 이 소식을 전해 듣고 전남지역의 좌현왕 곤지를 한성으로 부릅니다. 그리고 앞으로는 백제여인을 야마토에 보내지 않겠다는 뜻을 내비치며 대신 곤지에게 야마토로 건너갈 것을 주문합니다. 백제를 떠나라고 종용합니다. 다시 말해 내 눈앞에서 영영 사라지라고 강권합니다. 곤지는 조건을 제시합니다. 개로왕의 부인을 달라합니다. 일종의 딜deal입니다. 그런데 이 부인은 임신 중입니다. 그래도 곤지는 달라합니다. 개로왕은 허락하고 조건을 답니다. 산달이 가까우니 가는 도중 출산하면 아이와 함께 돌려보내라합니다. 곤지는 수락합니다.

김기자 : 곤지를 이해할 수 없군요. 형수인 개로왕의 부인을 달라한 것도 더구나 부인은 임신 중인데요. 또한 야마토로 건너가는 도중 출산하면 아이와 부인을 돌려보는 조건은 선뜻 이해하기 어

렵군요.

백선생 : 곤지에게 아무런 이득이 없는 허무맹랑한 조건입니다. 그렇다면 또 다른 이면을 살펴보아야 합니다. 곤지와 개로왕 부인과의 관계입니다. 『신라사초』 지증대제기(지증왕)에 부인의 성씨가 나옵니다. 연燕씨입니다. 원래는 곤지의 부인인데 개로왕이 후궁으로 삼습니다. 개로왕의 성취향을 고려하면 충분히 예측 가능합니다.

김기자 : 출산을 전제로 하고 부인과 아이를 돌려보내는 것은 선뜻 이해할 수 없군요.

백선생 : 다음은 6월입니다. (⑦-9) 축자筑紫(후쿠오카)의 각라도各羅嶋입니다. 지금의 규슈 북쪽 가라쓰唐津시 앞바다의 가당도加唐島(가카라시마)입니다.[8] 아이가 태어납니다. 이름은 도군嶋君(섬 왕자)입니다. 백제 제25대 무령왕입니다. 배 한척에 태워 백제로 보냈다고 기록합니다.

김기자 : 정말로 돌려보낸 겁니까?

백선생 : 『일본서기』 기록을 또 하나 봅니다.

무령왕 탄생지(가카라시마)

⑦-11. 4년(501년), … 『백제신찬百濟新撰』에 이르길 말다왕末多王*이 무도하여 백성들에게 포학하므로 나라사람들이 함께 제거하였다. **무령왕武寧王이 즉위하는데 휘諱는 사마왕斯麻王이고 곤지왕자琨支王子의 아들이니 말다왕의 이모형異母兄이다.** 곤지가 왜로 건너갈 때에 축자도筑紫嶋에 이르러 사마왕을 낳았다. **섬에서 되돌려 보냈으나 서울京에 이르지 못하였다.** 섬에서 낳아 그렇게 이름하였다. 지금 각라各羅의 바다 가운데 주도主嶋가 있는데, 왕이 태어난 섬이어서 백제인들이 주도라 부른다. **지금 생**

---

8 가카라시마에는 「백제무령왕탄생지」가 새겨진 기념비가 있다. 2006년 충남 공주시와 일본 구마모토 가라쓰(唐津)시의 시민들이 모금해 세운다. 기념비는 전북 익산에서 가져온 화강암으로 무령왕릉 입구의 아치모양을 본떠 만든다. 무령왕이 출생한 곳으로 추정되는 오비야(オビヤ)동굴이 섬 해변가에 있다.

각하건대, 도왕嶋王은 곧 개로왕蓋鹵王의 아들이고 말다왕末多王은 곤지왕琨支王의 아들이다. 여기서 이모형異母兄이라고 한 것은 미상未詳이다. 『일본서기』무열武烈기

☞ *동성왕

무열왕武烈王(부레쓰, 제25대) 4년인 502년입니다. 이때 백제는 동성왕에서 무령왕으로 왕권이 넘어가는 시기입니다. 『백제신찬』을 인용합니다. 무령왕의 출생과 행적에 관한 설명이 나옵니다. 처음 곤지는 개로왕과 약속한 대로 무령왕을 돌려보내나, 어떤 사유로 무령왕은 되돌아가지 못합니다(원문은 自嶋還送不至於京임).[9] 그리고 다시 곤지 일행에 합류합니다. 다만, 기록은 무령왕을 개로왕의 아들로 설정하고, 미상未詳으로 처리합니다. 확실치 않다는 뜻입니다.

소교수 : 무령왕 탄생설화입니다. 기록은 무령왕의 생물학적 아버지를 개로왕으로 설정하나 곤지를 생물학적 아버지로 이해합니다. 물론 고구려의 경우「형사취수제兄死娶嫂制」풍습이 있습니다. 형이 죽으면 동생이 형을 대신해 형수와 부부생활을 계속하는 혼인풍습입니다. 그러나 이는 어디까지나 형이 죽고 없는 경우에 한합니다. 이 경우는 무령왕의 왕통을 개로왕의 계승으로 만들기 위해 부득이 조작한 것으로 이해합니다.

김기자 : 똑같은 『일본서기』기록임에도 무령왕의 행적이 다른 이유는 무엇입니까?

백선생 : 『일본서기』가 참조한 원사료 기록이 다르기 때문입니다. 앞의 461년 기록(⑦-8, ⑦-9)은 출처를 밝히지 않고 있으나 참조한 원사료는 백제사서 중의 하나입니다. 무령왕을 계승자로 묶어놓을 필요성이 있는 계열(개로왕계열)이 작성한 기록입니다. 이에 반해 502년 기록(⑦-11)은 출처가 명확합니다. 『백제신찬』입니다.(⑦-10 포함) 『백제신찬』은 무령왕계열이 작성한 사서입니다.[10] 그럼에도 무령왕의 아버지를 개로왕으로 할 것인지 아니면 곤지왕으로 할 것인지에 대해서 확실한 결

---

9 당시 상황으로 보아 단순히 배 한척으로 현해탄을 건너 되돌아가는 것은 무리이다. 풍랑과 해적의 변수가 엄연히 존재한다. 곤지 역시 처음 현해탄을 건너올 때 여러 척의 배와 무장한 군사들을 동반했을 것이다.

10 『일본서기』가 인용한 '백제3서'의 찬술 시기와 찬술자는 다음과 같이 구분한다. 『백제기』는 근초고왕부터 개로왕까지(9대, 346~475)의 개로왕계열이, 『백제신찬』은 개로왕부터 무령왕까지(5대, 455~523)의 무령왕계열이, 『백제본기』는 무령왕부터 위덕왕까지(3대, 501~557)의 위덕왕계열로 각각 추정한다.

정을 내리지 못합니다. 그래서 미상未詳입니다.

김기자: 『일본서기』기록 하나하나에도 백제 역사의 비밀이 숨겨있군요.

백선생: 마지막 기록(⑦-10)은 곤지가 가족을 거느리고 야마토 수도에 입성한 내용입니다. 아들이 5명입니다. 각라도에서 태어난 사마(무령왕)가 막둥이인 다섯째입니다. 이중 둘째는 훗날 동성왕이 된 모대牟大입니다. 『신라사초』에 모대의 동생 2명 나오는데, 남동생은 모지牟支이고 여동생은 모혜牟兮입니다. 이들 '牟'자가 이름이 들어간 3형제는 한 어머니가 낳은 자식들입니다. 어머니는 모牟씨입니다. 따라서 461년 야마토에 입성한 곤지의 5명 아들을 추적하면, 첫째는 미상이고, 둘째는 모대(동성왕), 셋째는 모지, 넷째는 미상, 다섯째는 사마(무령왕)입니다.[11]

김기자: 첫째와 넷째는 전혀 알 수 없습니까?

백선생: 추정되는 인물은 있습니다. 『일본서기』기록입니다.

⑦-12. 3년(501년) 12월, 이달에 **백제 의다랑意多郞이 죽어 고전高田 언덕에 장사지냈다.**
『일본서기』무열기

의다意多(오다)입니다. 백제인이 일본에서 죽어 일본에 묻힌 최초 기록입니다. 의다는 곤지의 둘째 아들 말다(모대)와 같은 '多'자 돌림입니다. 의다가 죽은 501년은 곤지가 야마토로 건너온 461년과 비교하면 정확히 40년의 시간격차가 납니다. 당시 야마토로 건너간 백제인은 곤지와 그의 일족이 유일합니다. 따라서 의다는 곤지의 첫째 아들(또는 넷째아들)일 가능성이 높습니다. 대략 50세 전후에서 사망한 것으로 추정됩니다. 참고로 일본의 고대 씨족 일람서(족보)인 『신찬성씨록』에 기록된 곤지를 조상으로 하는 성씨가 있습니다. 아스카베飛鳥戸 신사를 창건한 비조호조飛鳥戸造(아스카베노미야츠코)씨와 백제숙니百濟宿禰(구다라노스쿠네)씨입니다. 이들은 의다의 후손이거나 또는 이름이 확인되지 않는 곤지의 넷째아들 후손입니다.

---

11 『고구려사략』기록에 따르면, 곤지는 귀국한 후 진로의 여동생 진선(眞鮮)이라는 젊은 여인을 맞이하여 딸 진화(眞花)를 얻는다. 그런데 훗날 동성왕 모대(말다)가 이복여동생 진화를 고구려 장수왕의 침비(枕婢-잠자리 시중드는 여인)로 보낸다.

【곤지 가계도】

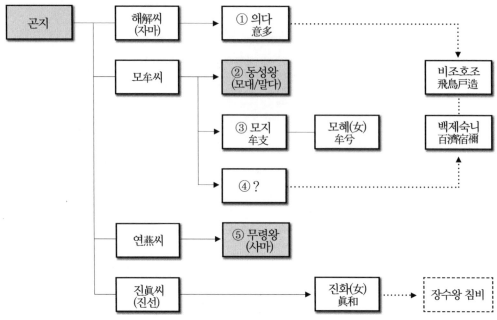

※ 『고구려사략』, 『신라사초』, 『일본서기』, 『신찬성씨록』 등의 기록에 근거함.

김기자 : 곤지는 언제 귀국합니까?

백선생 : 곤지는 476년 귀국합니다. 장장 14년을 야마토에서 보냅니다. 당시 야마토는 웅략왕雄略王(유라쿠, 제21대) 치세입니다. 야마토의 국가체제가 군정국가에서 왕정국가로 새롭게 구축되는 시기입니다. 『일본서기』 기록을 보면, 백제로부터 문물을 받아들이고 신라와 전쟁을 벌이는 장면들이 나옵니다. 곤지는 야마토에 체류하면서 일정부분 역할을 수행합니다. 그리고 475년 개로왕이 한성과 함께 몰락하면서 귀국합니다.

소교수 : 461년 곤지의 야마토 파견은 백제가 고구려 남진정책에 대비하여 청병請兵을 위한 사전조치로 이해합니다. 야마토의 군사적 도움을 받기위한 포석입니다.

백선생 : 부분적으로 동의합니다. 그러나 475년 백제가 고구려의 전면공격을 예상하여 곤지를

파견했다는 해석은 다소 무리입니다. 14년 후에 일어날 일을 미리 예측한 꼴입니다. 개로왕의 입장에서 보면, 곤지는 그저 정적政敵일 뿐입니다. 좌현왕 임명이 1차 숙청이고, 야마토 파견이 2차 숙청입니다. 어떻게 보면 개로왕은 두 번다 합법적인 명분과 방법으로 곤지를 숙청합니다. 그럼에도 곤지의 야마토 파견은 결과적으로 청병의 효과를 거둡니다.

4. 문주왕과 곤지의 비극적 말로

백선생 : 문주왕文周王은 475년~477년까지 재위기간이 매우 짧은 제22대 왕입니다. 『삼국사기』 기록입니다.

> ⑦-13. **문주**文周〔혹은 汶州〕**왕은 개로왕**蓋鹵王**의 아들이다. 처음에 비유왕**毗有王**이 죽고 개로가 왕위를 이었을 때, 문주가 그를 보좌하여 직위가 상좌평**上佐平**에 이르렀다.** 개로왕 재위21년*에 고구려가 침입하여 한성을 포위하였다. **개로가 성을 막고 굳게 지키면서 문주를 신라에 보내 구원을 요청하도록 하여 군사 1만을 얻었다.** 고구려 군사는 비록 물러갔으나 성이 파괴되고 **개로왕이 죽어서 문주가 왕위에 올랐다. 그의 성품은 우유부단**優柔不斷**하나 백성을 사랑하므로 백성도 그를 사랑하였다.** 『삼국사기』 문주왕
>
> ☞ *475년.

『삼국사기』는 문주왕을 개로왕의 아들로 설정하나 실제는 비유왕의 여섯 째 아들입니다.(제6장 199쪽, 비유왕 가계도) 비유왕이 나제동맹을 성사시키며 얻은 신라왕녀 주周씨가 낳은 아들입니다. 개로왕의 동생입니다. 475년 고구려가 침공할 당시 문주는 상좌평입니다. 백제가 존망을 다투는 매우 위급한 상황에서 조정 영수인 상좌평이 자리를 비운다는 것은 상상할 수 없습니다. 그럼에도 개로왕은 문주를 신라에 급파합니다. 문주는 신라왕실과 혈연적으로 연관을 맺고 있기 때문입니다. 문주는 신라 구원병 1만을 얻지만 개로왕의 죽음과 한성의 몰락을 막지 못합니다. 너무 늦습니다.

김기자 : 문주왕의 성품에 대한 평가가 이채롭군요. '우유부단優柔不斷하나 백성을 사랑하므로 백성도 왕을 사랑한다.' 병주고 약주는 꼴이군요.

백선생 : 문주왕이 실제로 우유부단한 성품의 소유자인지는 알 수 없습니다. 그럼에도 『삼국사기』가 굳이 우유부단하다고 악평한 이유를 든다면 두 가지로 압축됩니다. 하나는 신라 구원병을 제때에 데려오지 못한 점에 대한 평가이고, 또 하나는 짧은 재위기간이 말하듯이 당시 막강한 권력을 휘두른 해구解仇를 제어하지 못한 이유입니다. 문주왕은 해구에게 암살당합니다. 먼저 신라 구원병의 동원이 늦은 이유입니다.

⑦-14. 갑인년(475년) 7월, 고구려왕 거련巨連이 3만을 이끌고 남하하여 부여夫余를 공격하니 부여가 위기에 빠졌다. **부여왕 경사慶司가 태자 문주文洲를 사신으로 파견하여** 우리에게 구원을 청하며 '**순망치한脣亡齒寒입니다. 원컨대 대왕께서 살펴주소서.**' 말하였다. 왕이 조정에 이를 의논케 하니 기보期宝가 '**거련의 이리와 같은 마음은 막기가 어렵습니다.**' 하였다. 이에 **비태比太에게 명하여 서북로군 1만을 인솔하여 구하도록 하였다.**

⑦-15. 보신宝信의 딸 보류宝留가 문주의 처가 되었다. 처음에 문주가 입조하였을 때 보신의 집에 머물렀는데 보류가 문주를 좋아하여 처가 될 것을 청하니 혼인을 허락하고 이를 지키게 하였다.

⑦-16. 8월, **비태比太군이 일모성一牟城 길에 막혀 앞으로 나아가지 못하였다.** 문주와 보류宝留가 비태군영에 들었고 문주는 부여의 각 주군에 영솔을 내렸다. 병관 이종伊宗이 따를 것을 청하니 허락하였다. **문주는 대두성주大豆城主 해구解仇를 병관좌평으로 삼아 군사를 지휘케 하였다.**

⑦-17. 고구려가 부여夫余 북성을 7일간 공격하여 빼앗고 남성으로 옮겨 공격하니 성중이 위태롭고 두려워하며 인심이 흉흉하였다. 왕을 호위하던 신하들은 각자 도망하여 고구려왕에게 목숨을 구하니 경사慶司가 탄식하여 말하길 "**수마須馬(태후)의 말을 듣지 않은 것이 한스럽다.**" 하고 **근신近臣과 왕비, 왕자 등 7명을 데리고 야밤에 북문으로 나가 도주하였다.** 『신라사초』 자비성왕기

『신라사초』 기록입니다. 모두 475년 상황입니다. 7월입니다.(⑦-14) 고구려가 침공하자 문주는 신라에 급파됩니다. 그리고 구원병을 요청합니다. '순망치한脣亡齒寒'이 나옵니다. '입술이 없으면 이가 시리다'입니다. 『춘추좌씨전』에 나오는 고사입니다. 서로 떨어질 수 없는 밀접한 관계를 말합

니다. 신라는 파병을 결정하고 서북로군 1만을 동원합니다. 다음은 신라에서의 문주의 행적입니다.(⑦-15) 백제가 누란에 위기에 빠져있는 절체절명의 상황인데 문주는 그 와중에 신라귀족 보신의 딸(보류)과 혼인합니다. 8월입니다.(⑦-16) 신라 구원군이 출동합니다. 그런데 북진하지 않고 일모성(양성산성,충북청원)에서 머뭇거립니다. 문주는 급히 대두성주 해구에게 군사지휘권을 줍니다. 인근 백제 성에 군사동원령을 발동합니다. 다음은 한성의 상황입니다.(⑦-17) 개로왕이 애타게 기다리던 신라 구원병은 오지 않고 전세는 더욱 악화됩니다. 한성이 고구려군에게 처참히 무너집니다. 그리고 신하들은 하나 둘 도망갑니다. 개로왕도 소수의 인력만 데리고 성을 탈출합니다.

김기자 : 문주가 위급한 와중에도 신라에서 혼인한 이유는 무엇입니까?

백선생 : 문주의 혼인은 신속한 신라의 파병을 이끌어내기 위한 정략적인 선택입니다. 그러나 이마저도 효과는 없습니다. 개로왕의 죽음과 한성의 몰락은 되돌릴 수 없는 상황입니다.

김기자 : 이후 문주의 행적은 어떻게 됩니까?

백선생 : 한성을 초토화시킨 고구려 장수왕은 파죽지세로 남진을 계속합니다. 그리고 지금의 충남 아산의 곡교천[12]까지 내려옵니다. 곡교천을 두고 남북으로 백제와 고구려가 새로운 전선을 형성하고 대치합니다. 신라 구원병은 북진하지 않고 근처 일모성에 대기합니다.

김기자 : 신라의 태도가 미온적이군요. 어차피 백제를 도와줄 요량이면 당연히 북진을 해야 하지 않겠습니까?

백선생 : 당시 곡교천에서 고구려에 대항하여 백제와 신라가 각각 전투를 벌인 기록이 있습니다.

곡교천의 대치전선

⑦-18. 18년(475년) 10월, **비태**比太**와 벌지**伐智**가 고구려군을 감매**甘買 **벌판에서 크게 무찔렀고 해

---

12 충남 아산시의 염치읍 곡교리 앞을 흘러서 인주면 대음리에서 삽교천에 합류하는 하천이다. 천안시 광덕면에서 발원하며 풍세면에 이르러 한천(漢川) 또는 한내라고 부른다. 배방면 세교리에서는 쑥개 또는 봉호(蓬湖), 혹은 봉강(蓬江)이라 한다.

구해仇解와 연신燕信 또한 하남河南에서 고구려군을 무찔렀다. 종신과 종녀가 남하하니 이를 맞아들여 웅진에 도읍을 정하였다. 거련巨連은 더 이상 취할 수 없음을 알고 남녀 8천을 붙잡고 도성의 재물과 보물을 약탈하여 갔다. 『신라사초』 자비성왕기

『신라사초』 기록입니다. 475년 10월입니다. 백제와 신라는 고구려군의 남진을 곡교천에서 억제합니다. 백제군은 하남河南(곡교천 남쪽) 즉 지금의 충남 아산지역에서 고구려군을 무찌르고, 신라군은 지금의 천안 풍세인 감매의 벌판에서 고구려군을 무찌릅니다. 이 전투이후 곡교천을 두고 새로운 대치전선이 형성됩니다. 당시 정황으로 보아 백제와 신라가 연합하여 북진을 감행하는 것은 현실적이지 못합니다. 백제는 개로왕의 공백을 메꿀 새로운 왕이 필요한 상태이고, 신라는 체면치레 정도로 만족합니다. 신라 자비왕(제20대)은 고구려와 백제의 전쟁이 자칫 신라의 전쟁으로 확전되는 것을 경계합니다. 문주는 웅진에 새로이 도읍을 정하고 제22대 왕으로 즉위합니다.

소교수 : 고구려가 충청도까지 남하한 고고학적 증거는 있습니다. 충남 세종시 부강면의 '청원 남성골 산성'입니다. 2001년과 2002년 발굴 조사를 통해 내·외곽을 갖춘 목책성을 확인합니다. 주로 5세기 고구려 토기가 많이 출토되며, 내곽의 성터에는 성책, 집자리 구덩이, 토기가마터 등도 있습니다. 일정기간동안 사용한 생활시설과 생산시설이 존재합니다. 고구려 장수왕의 군대가 이곳에까지 내려온 증거입니다.

장수왕의 남진

김기자 : 이후 전쟁은 어떻게 진행됩니까?

백선생 : 곡교천 대치전선은 장기화됩니다. 해를 넘겨 476년 여름까지 계속 이어집니다. 『고구려사략』 기록입니다.

⑦-19. 64년(476년) 5月, 호덕好德이 백제의 50여 성을 떨어뜨렸다. 문주文周는 자비慈悲에게로 도망쳤다. 이에 상은 자비가 하늘을 거역한 것에 노하여 신라를 정벌하려 하였다. 황률태자가 "멈출 줄 아는 것도 귀중한 것입니다. 두 마리의 사슴을 쫓아서는 아니 됩니다." 간하여 그만두었다.

⑦-20. 64년(476년) 6月, 풍옥風玉태자를 자비慈悲에게 보내서 백제 땅을 나누는 문제를 의논케 하니, 자비는 자신의 두 딸 태자에게 바쳐서 시침侍枕*케 하였다. 태자는 자비가 조서를 봉행하지 않기에 책망하는데도 **자비는 의심하면서 단안을 내리지 못하였다.** 『고구려사략』 장수대제기

☞ *잠자리 시중드는 행위.

476년입니다. 5월입니다.(⑦-19) 곡교천 이북의 백제성 모두가 고구려에 함락됩니다. 50여개 성입니다. 그러나 장수왕은 신라를 공격하려다가 멈춥니다. 두 마리 사슴을 동시에 쫓아서는 안 된다는 간언을 받아들입니다. 6월입니다.(⑦-20) 장수왕이 풍옥태자(고구려는 왕자를 모두 태자라 함)를 신라에 보내 빼앗은 백제 땅을 나눠 갖자고 제안합니다. 일종의 분집分執입니다. 신라 자비왕은 자신의 두 딸을 풍옥태자에게 바치며 단안을 내리지 못하고 머뭇거립니다.

김기자 : 신라 자비왕이 머뭇거린 이유는 무엇입니까?

백선생 : 문주왕은 신라왕실과 혈연관계입니다. 신라입장에서는 차마 인륜을 배신할 수 없습니다. 이 시기 야마토에서 급거 귀국한 곤지가 신라에 파견됩니다.

김기자 : 곤지가 신라로 간 이유는 무엇입니까?

백선생 : 고구려와 전후 협상을 벌입니다. 협상결과는 기록이 없어 알 수 없습니다. 다만 『삼국사기』 기록을 보면, 482년(동성4) 백제가 한산성漢山城에서 말갈과 전투를 벌인 기록이 있습니다. 475년 대전쟁 이후 7년이 지난 시점입니다. 한산성은 옛 한성입니다. 따라서 어느 시기인가 백제는 한강 이남을 수복합니다. 전쟁이 아닌 협상 결과로 이해합니다.

김기자 : 한강 이남이라면 고구려가 빼앗은 백제 땅을 상당수 돌려준 셈이군요. 곤지가 협상을 유리하게 이끌 만한 이유가 있습니까?

백선생 : 곤지는 혼자 몸으로 귀국한 것이 아닙니다. 야마토 지원군 수천을 이끌고 귀국합니다. 『일본서기』 기록입니다.

⑦-21. 20년(476년) 겨울, 고구려왕이 군사를 크게 일으켜 백제를 쳐서 없앴다. 이 때 조금 남은 무리들이 있어 창하倉下에 모였는데 군량이 다하자 매우 근심하여 울었다. 이에 고구려 장수들이 왕에게 "백제는 마음이 일정하지 않습니다. 신들은 그들을 볼 때마다 모르는 사이에 착각하게 됩니다. 다시 덩굴처럼 살아날까 두려우니 쫓아가 없애기를 청합니다." 하였다. 왕이 "**안된다. 과인이 듣기에 백제국은 일본국의 관가官家가 되었는데 그 유래가 오래되었다고 한다. 또 그 왕이 들어가 천황을 섬긴 것은 사방의 이웃들이 다 아는 바이다.**" 하므로 드디어 그만두었다. 〔『백제기』에 이르길 '개로왕 을묘년* 겨울 고구려의 대군이 와서 대성을 7일 밤낮으로 대성을 공격하였다. 왕성이 항복하여 함락되니 위례尉禮를 잃었다. 국왕과 대후, 왕자 등이 모두 적의 손에 죽었다.' 한다.〕『일본서기』 웅략기

☞ *475년

고구려 장수들이 장수왕에게 아예 백제를 멸하자고 제안합니다. 그런데 장수왕은 백제와 야마토와의 특수관계를 들어 거부합니다. 장수왕은 475년 대전쟁이 자칫 백제뿐 아니라 야마토와의 전쟁으로 확전되는 것을 우려합니다. 이는 곤지가 고구려와의 협상을 유리하게 이끌 수 있는 동인입니다. 야마토의 지원군을 이끌고 왔기에 가능한 일입니다.

소교수 : 일본 고분시대의 대표 무덤양식인 전방후원분이 전남지역에서 적잖이 발견됩니다. 현재까지 발견된 무덤은 13기입니다. 광주시 월계동과 명화동, 영암 자라

전방후원분(장고형고분) 분포 (전남지역)

봉, 함평 신덕, 해남 방산리와 용두리 등에 분포합니다. 대략 5세기 후반에서 6세기 전반 사이에 조성됩니다. 철제투구 등 왜계 유물이 출토되어 무덤의 주인공을 두고 해석이 다분합니다. ㉮ 왜인

설 ㉯ 왜인—마한계 토착세력 무덤 혼합설, ㉰ 마한계 왜인의 재이주설, ㉱ 마한계 토착세력 무덤설, ㉲ 마한계 토착세력 무덤설 변형, ㉳ 왜계 백제 관료설 등이 있습니다. 각기 해석상의 약점들이 있어 명확한 정설은 없습니다. 만약 곤지가 야마토 지원군을 이끌고 귀국했다면 그 중 일부는 일본으로 돌아가지 않고 전남지역에 정착한 야마토군 장수들의 무덤일 가능성도 있습니다.

백선생 : 고구려와 협상을 마무리한 곤지는 이듬해인 477년 4월 전격적으로 내신좌평에 기용됩니다. 곤지에게 주어진 책무는 전후 복구사업과 추락한 왕실의 권위 회복입니다. 그러나 곤지는 갑자기 죽습니다.

㉠-22. 3년(477년) 2월, 궁궐을 수리하였다. 4월, **왕은 동생 곤지昆支를 내신좌평으로 삼고, 맏아들 삼근三斤을 태자로 삼았다. 5월, 웅진에 흑룡이 나타났다. 7월, 내신좌평 곤지가 죽었다.**
『삼국사기』 문주왕

㉠-23. 65년(477년) 정월, 문주文周가 궁실을 중수하였다. **문주의 처 해解씨가 병관좌평 해구解仇와 상통하고 정사를 함부로 주물렀다. 문주는 자신이 외톨이임을 알고 곤지昆支를 내신좌평으로 삼고 삼근三斤을 적윤嫡胤*으로 삼아서 해씨를 위안하였다.** 해씨가 해구와 상통한 것은 혼인하기 전부터인지라 문주는 해구를 적대할 수 없었다. 자신의 종형이기 때문이다. 혹간엔 이복형라고도 한다. **7월, 곤지가 갑자기 죽었다. 해씨가 짐독鴆毒으로 죽였다고도 한다.** 『고구려사략』 장수대제기

☞ *태자

『삼국사기』와 『고구려사략』 기록입니다. 해왕비와 해구解仇가 나옵니다. 해왕비는 해구의 사촌 여동생입니다.[13] 그럼에도 두 사람의 관계가 보통이상입니다. 당시 실권자는 해구입니다. 군권을

---

13 『고구려사략』 장수대제기 475년 기록이다. '8월, 화덕(華德)이 연전연승하여 백제 도성을 포위하였다. 경사(慶司) 놈은 오래 지킬 수 없음을 알고, 먼저 처자들로 하여금 포위를 뚫고 남쪽으로 도망치게 하였는데, 장군 풍옥(風玉)이 이들을 잡아서 바쳤다. 경사 놈의 처 아오지(阿吾知)와 가마지(加馬只), 문주의 처 오로지(吾魯知), 곤지의 처 자마(紫麻) 등은 곱게 차리고 술을 따랐는데 슬프고 애통한 기색이 없었다.〔八月 華德連戰連勝圍其都城 慶奴不能久守 先使妻子脫圍南奔 將軍風玉獲而献之 慶奴妻阿吾知加馬只文周妻吾魯知昆支妻紫麻等 画眉行酒無悲哀之相〕' 해왕비는 문주의 처 오로지(吾魯知)로 추정되는 여인이다. 한성이 함락될 때 장수왕의 포로가 되었다가 풀려나 훗날 웅진에 합류한다. 4명 모두 『삼국사기』가 기록하지 않은 백제왕실의 여인이다.

총괄하는 병관좌평입니다. 해구는 처음 대두성주로 있다가 문주왕에게 발탁되어 고구려의 남진을 억제합니다.(222쪽 ⑦-16, 224쪽 ⑦-18 참조) 이후 문주왕을 적극 옹립합니다. 곤지에 의해 전후 협상이 마무리되어 고구려라는 외부변수가 사라지자 해구의 권력이 문주왕을 압도합니다. 그 권력의 중심에는 문주왕의 처 해왕비가 있습니다. 해왕비는 문주왕의 아들 삼근三斤(제23대 삼근왕)을 낳습니다. 문주왕은 곤지를 기용하여 이들 해왕비를 포함한 해씨세력을 적극 견제코자합니다. 【내신좌평 곤지 : 태자 삼근】은 문주왕이 선택한 최상의 카드입니다. 문주왕은 해씨세력과의 정치적 봉합을 꾀합니다. 그러나 이는 곧바로 곤지의 죽음으로 이어집니다.

김기자 : 곤지가 권력싸움에 희생된 겁니까?

백선생 : 흑룡이 나옵니다. 흑룡은 해왕비를 지칭합니다. 곤지는 해왕비에 의해 짐독으로 독살당합니다.

김기자 : 짐독은 어떤 독입니까?

백선생 : 독사만 먹고 산다는 전설에 나오는 짐鴆새의 독입니다. 중국 왕조에도 짐독을 암살도구로 사용한 사례가 더러 있습니다. 『사기』에는 여불위가 짐독을 마셔 죽고, 『한서』에는 한고조 유방의 왕후 여씨가 조왕을 짐독으로 죽입니다. 『후한서』에는 양기가 황제를 짐독으로 죽이고, 『삼국지』〈위서〉에는 동탁이 황제를 시해하고 황후를 짐독으로 죽입니다.

전설의 짐새

김기자 : 곤지를 잃은 문주왕은 어떻게 됩니까?

백선생 : 문주왕은 정치적으로 완전히 고립되어 명목상 왕으로 전락합니다. 모든 권력은 해구가 오로지합니다. 그리고 곤지가 죽은 2개월 후인 477년(문주3) 9월 문주왕은 도적으로 표현된 해구의 심복에게 살해당합니다.

김기자 : 개로왕, 곤지, 문주왕 3형제의 말로가 너무나 비참하군요.

백선생 : 곤지는 이름에서 알 수 있듯이 비유왕의 적자이며 공식 후계자입니다.(212쪽 참조) 그러나 곤지는 백제 왕이 되지 못합니다. 그럼에도 역사는 곤지를 보상합니다. 곤지의 후손이 다시 백제 왕조를 이끌고, 또 일부는 일본에 남아 1천5백 년이 지난 지금까지도 곤지를 비조대신飛鳥大神(아

스카오미카미)으로 추앙하고 추모합니다. 飛鳥大神은 '아스카飛鳥[14]의 큰 신神'입니다.

　　소교수 : 곤지의 무덤을 찾는 연구가 활발합니다. 일본 오사카 가시와라柏原시에 「다카이다야

다카이다야마 고분

마高井田山고분」이 있습니다. 곤지를 제신으로 모시고 있는 아스카베신사의 북쪽에 위치합니다. 백제의 대표 무덤양식인 굴식돌방무덤(횡혈식석실분)입니다. 돌방형태와 부장품 등 백제에서 도입되어 축조된 것으로, 무덤의 주인은 도래인이 아닌 백제에서 직접 건너온 인물로 추정합니다. 돌방바닥에는 2기의 목관이 안치되어 있는데, 부부의 목관입니다. 무령왕릉에서 나온 똑같은 청동다리미가 출토되어 비상한 관심을 끕니다. 일본학자는 백제왕족인 곤지 부부의 무덤으로 봅니다.[15] 한국에는 「송산리 5호분」이 있습니다. 굴식돌방무덤으로 돌방바닥

송산리 5호분 내부

에는 2개의 관대가 있어 역시 부부합장으로 추정됩니다. 돌방내부는 '궁형식(dome roof)'으로 웅진시대 초창기 상당히 정성을 들여 만든 무덤입니다. 바로 옆에 동성왕의 무덤으로 추정되는 '6호분'과 '7호분'인 무령왕릉이 있습니다. 부자父子가 한 장소에 나란히 묻히는 것은 지극히 자연스런 현상이 아닐까 싶습니다.

---

14 아스카의 한자표기는, 『일본서기』는 '阿須簡', '고사기』는 '飛鳥'이다. 두 한자음이 어울리지 않는다. 아스카는 '(날)이 샐 무렵(明日)'의 뜻을 가진 토착어이다. 도래한 백제인들은 한자음을 빌어 '날 비(飛)'자와 '새 조(鳥)'로 쓴다. 후대에 한자의 멋을 살려 '明日香'으로도 표기한다. 한국(백제)식의 '飛鳥'나 중국식의 '明日香' 둘 다 아스카(날이 샐 무렵)로 읽는다. 아스카의 어감이 참 좋다.

15 필자는 곤지의 첫째 아들 의다(意多) 부부의 무덤으로 추정한다. 의다가 묻힌 장소는 다카이다오가(高田丘)이다.(⑦-12) 高井田山과 高田丘는 같은 장소이다.

1. 일본에서 귀국한 동성왕

백선생 : 479년 11월입니다. 고마固麻나루입니다. 20여명이 자색복 의관을 걸치고 누군가를 기다립니다. 백제조정의 고위급 신료들입니다. 겨울이라 강바람이 차갑고 매섭습니다. 백발이 성한 한 노인이 연신 기침을 해댑니다. 조정의 수장인 내신좌평 진남眞男입니다. 그때 배들이 강을 거슬러 올라옵니다. 얼추 30여척입니다. 웅장합니다. 모두 청색 깃발을 달았습니다. 배들은 나루에 정박하고 한 젊은 사내가 배에서 내립니다. 판갑옷으로 무장한 군사들이 사내

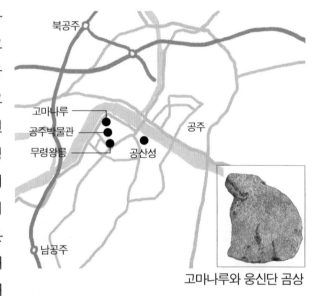

고마나루와 웅신단 곰상

를 호위합니다. 진남과 신료들이 일제히 사내 앞에 무릎을 꿇고 머리를 숙입니다. 최대한의 예의를 표합니다. 사내가 진남을 일으켜 세우며 눈을 마주합니다. 사내의 눈빛이 강렬합니다. 모대牟大입니다. 모대가 말에 오르자 호위 군사들이 일제히 뒤를 따릅니다. 이 장면은 모대가 백제왕에 즉위하기 위해 야마토 군사 500명의 호종護從을 받으며 백제에 도착하는 장면입니다. 모대는 제24대 동성왕東城王입니다. 동성왕은 479년부터 501년까지 23년을 재위합니다. 곤지의 둘째 아들입니다. 동성은 시호입니다. 이름은 5개입니다. 『삼국사기』는 '모대牟大', '마모摩牟', 『삼국유사』는 '여대餘大', '마제摩帝', 『일본서기』는 '말다末多'입니다.

　　김기자 : 다양한 이름을 갖게 된 연유는 무엇입니까?

백선생 : 동성왕의 이름은 두 계열로 나눕니다. 하나는 「大」자 계열입니다. 모대와 여대입니다. 동성왕은 부여왕족입니다. 부여씨입니다. '대'는 아버지 곤지가 지어 준 이름입니다. 부여대입니다. 또한 모대입니다. '牟'자는 어머니 성씨를 따릅니다. 참고로 『신찬성씨록』에 미마나彌麻奈(임나)국의 시조 모류지왕牟留知王이 나옵니다. 모씨는 임나왕족의 성씨입니다. 또 하나는 「摩」자 계열입니다. '마'는 '말다'와 같습니다. 마모는 '말다+모'이며 마제는 '말다+제'입니다.

김기자 : 「마」자 계열은 어떻게 해서 생긴 겁니까?

백선생 : 「마」자 계열은 야마토에서 새로 얻은 이름입니다. 이는 아버지 곤지의 죽음에 기인합니다. 477년 곤지가 백제 웅진에서 갑자기 죽자 모대는 졸지에 아비 없는 자식이 됩니다. 당시 야마토는 웅략왕(제21대) 치세로 신료 중에 대반실옥大伴室屋이 있습니다. 대반실옥는 웅략왕을 옹립한 공신으로 곤지의 후원자입니다. 곤지는 461년~476년까지 15년간 야마토에 체류합니다. 곤지가 죽자 모대는 대반실옥을 양부로 맞이합니다. 그리고 말다라는 새로운 이름을 얻습니다. 원래 '대반大伴(오오도모)'씨는 임나왕족 출신으로 원조는 임나국 용주왕龍主王입니다.(『신찬성씨록』) 또한 『일본서기』 계체繼体(게이타이)기에는 임나왕을 가리켜 '기능말다간기己能末多干岐'로 씁니다. 기능己能은 일본말 '고노(こうの)'로 '大(큰)'입니다. 간기干岐는 가야계 왕의 칭호입니다. 기능말다간기는 '큰+말다+왕'입니다. 따라서 말다는 임나왕을 지칭하는 항렬자(수직 돌림자)입니다.

김기자 : '대'는 친부가 지어준 이름이고, '마(말다)'는 양부가 지어준 이름이군요.

백선생 : 477년(문주3)입니다. 동성왕 즉위 3년 전입니다. 7월 곤지가 문주왕의 왕비 해씨에게 암살당하자 문주왕은 식물왕으로 전락합니다. 모든 권력은 해구解仇가 오로지합니다. 그런데 해구는 딴 마음을 먹습니다. 자신이 직접 왕이 될 생각을 합니다. 명분은 충분합니다. 부여씨에게 빼앗긴 왕권을 해씨가 되찾는 겁니다. 그래서 9월 해구는 자신의 심복을 시켜 문주왕을 살해합니다. 그러나 해구는 왕이 되지 못합니다. 해구의 독주를 견제하는 세력이 있습니다. 구 왕비족인 진眞씨입니다. 또한 곤지를 죽인 해왕비도 해구의 즉위를 반대합니다. 해구는 하는 수 없이 어린 13세의 태자를 보위에 앉힙니다. 백제 제23대 삼근왕三斤王입니다. 세상물정모르는 코흘리개이니 다루기가 쉽습니다. 그러나 이는 해구의 오판입니다. 어린 삼근왕이 해구를 적극 견제합니다. 진씨들과 결탁

하여 오히려 해구를 제거하려듭니다. 급기야 해구는 대두성에서 반란을 일으킵니다.

⑧-1. 2년(478년) 봄, **좌평 해구解仇**가 은솔 연신燕信과 함께 무리를 모아 대두성大豆城에 의거하여 반란을 일으켰다. 왕이 좌평 진남眞男에게 명령하여 군사 2천으로 토벌케 하였으나 이기지 못하였다. 다시 덕솔 진로眞老에게 명령하여 정예병 5백을 거느리고 치게 하여 해구를 죽였다. 연신이 고구려로 달아나자 그의 처자들을 잡아 웅진熊津 저잣거리에서 목을 베었다. 『삼국사기』 삼근왕

⑧-2. 67년(479년) 11월, **모대牟大가 즉위하여 삼근三斤이 죽었음**을 세상에 알렸다. 해구解仇의 처와 딸 모두는 삼근이 언제 무슨 까닭으로 죽었는지 알지 못했다. **모대는 해구의 처의 마음을 얻기 위하여 삼근을 섬겼던 해구의 딸을 처로 삼고 자신의 외삼촌 진로眞老를 위사좌평衛士佐平으로 삼았다.** 『고구려사략』 장수대제기

『삼국사기』와 『고구려사략』 기록입니다. 먼저 478년(삼근2) 『삼국사기』입니다.(⑧-1) 진남과 진로가 나옵니다. 둘 다 진씨입니다. 처음에는 해구가 진남을 이깁니다. 그러나 진로라는 젊은 장수에게 패하여 해구는 죽습니다. 반란에 가담한 연신은 고구려로 도망가고, 처자는 웅진 저잣거리에서 참수당합니다. 다음은 479년(삼근3) 『고구려사략』입니다.(⑧-2) 삼근왕이 15세 나이로 갑자기 사망합니다. 사망사유는 알 수 없으나 문맥상으로 보아 정상적인 죽음은 아닙니다. 해구의 처와 딸이 나옵니다. 삼근왕이 해구의 반란을 진압할 때 해구만 죽이고 처와 딸은 부인으로 삼는데, 동성왕역시 즉위하면서 두 사람을 부인으로 맞이합니다. 또한 위사좌평 진로가 나옵니다. 해구의 반란을 진압한 동성왕의 외삼촌입니다. 위사좌평은 지금의 대통령 경호실장입니다.

김기자 : 그런데 좀 이상하군요. 동성왕의 어머니는 모씨인데, 외삼촌은 진로이군요. 그렇다면 동성왕의 어머니가 진씨라는 얘기가 되는데, 모씨와 진씨는 같은 겁니까?

백선생 : 아닙니다. 결코 두 성씨는 같을 수 없습니다. 『고구려사략』 기록에 곤지의 부인 중에 진로의 여동생인 진선眞善이라는 젊은 여인이 있습니다. 곤지가 476년 야마토에서 웅진으로 귀국한 후 맞아들인 부인입니다. 당시 곤지는 해씨를 견제하고자 하는 진씨와 혼인을 통해 손을 잡습니다. 진선은 동성왕의 친모가 아닙니다. 계모입니다.

김기자 : 동성왕이 아버지 곤지의 덕을 본 것이군요.

백선생 : 삼근왕의 죽음은 백제 부여왕가의 최대 위기입니다. 개로왕은 475년 고구려 장수왕에게 죽임을 당할 때 직계 후손이 모두 죽습니다. 문주왕도 암살당하고 유일한 적자인 삼근왕도 죽습니다. 이제 부여왕가는 곤지의 후손들만 남습니다.

김기자 : 동성왕의 즉위는 어쩔 수 없는 상황이군요.

백선생 : 곤지가 461년 야마토로 건너갈 때 다섯 명의 아들이 있습니다.(제7장 216쪽 ⑦-10 참조) 곤지가 죽은 이후에도 아들들은 모두 야마토에 체류합니다. 『일본서기』에 흥미로운 기록이 있습니다.

⑧-3. 23년(479년) 4월, 백제의 문근왕文斤王*이 죽었다. **천왕이 곤지왕昆支王의 다섯 아들 중 둘째인 말다왕末多王**이 어린 나이에 총명하므로 칙명으로 궁으로 불러 직접 머리를 쓰다듬며 조심하도록 타이르고 그 나라 왕으로 삼았다. 그리고 병기를 주고 아울러 축자국筑紫國 군사 5백을 호위하여 보냈는데 이 사람이 동성왕東城王이다.** 『일본서기』 웅략기

☞ *삼근왕 **동성왕

삼근왕이 죽자 곤지의 아들 중 둘째 말다(동성왕)가 선택됩니다. 어린 나이임에도 총명하다고 하지만, 결코 어린 나이는 아닙니다. 대략 25세 전후로 추정됩니다. 『삼국사기』는 동성왕이 '담력이 뛰어나고 활을 잘 쏘아 백발백중이다.〔膽力過人 善射 百發百中〕'고 합니다. 곤지의 아들 중 가장 뛰어난 아들입니다. 왕의 재목으로 손색이 없습니다. 야마토 웅략왕은 동성왕을 선택하고 특별히 군사 5백을 호위시켜 백제로 보냅니다.

김기자 : 야마토가 백제왕을 지명한 겁니까?

백선생 : 백제와 야마토는 왕가의 뿌리가 같습니다. 둘 다 부여왕가입니다. 개로왕의 경우 형왕兄王을 자처하지만 지금의 사정은 다릅니다. 백제 부여왕가의 최대 위기입니다. 당시 웅략왕은 부여왕가의 어른 격입니다.[1] 곤지의 아들들 중에서 백제왕을 선택해야 한다면 웅략왕에게 어느 정도 선

---

1 『일본서기』 흠명(欽明)기 기록을 보면, 웅략왕 때에 백제 건국신의 사당을 짓고 제사를 지낸 내용이 있다. 웅략왕은 한성백제가 고구려 장수왕의 공격을 받아 몰락하자 우선적으로 백제 시조의 제사부터 챙긴다. 백제와 야마토의 특수관계를 단적으로 보여주는 대목이다. 1929년 도쿄대 가나자와 쇼사부로(金沢庄三郎)는 이를 근거로 하여 일본인과 조선인의 조상은 같다는 소위 「일선동조론日鮮同祖論」을 주장한다. 그러나 일제는 창씨개명, 신사참배, 일본말 사용 등의 황국신민화정책에 「일선동조론」을 적극 악용한다.

택권이 있습니다.

소교수 : 충남 공주에 단지리丹芝里고분군이 있습니다. 2004년 처음 발굴 조사된 고분군입니다. 횡혈묘 15기, 석축고분 7기, 옹관묘 1기가 확인됩니다. 이 중 횡혈묘는 일본 횡혈묘의 초기형태와 유사합니다. 유물은 개배蓋杯(뚜껑 있는 접시), 심발형深鉢形(깊은 바리 모양)토기, 단경호短頸壺(짧은 목 항아리) 등이 출토되는데, 토기의 경우 일본의 대표적 토기인 스에키(すえき)[2]와 제작기법이 유사합니다. 고분군의 조성시기는 대략 5세기 말~6세기 초입니다. 『일본서기』 기록에 나오는 동성왕을 호위한 야마토 군사 5백 중의 일부 무덤입니다.

백선생 : 문헌기록이 고고학적 발굴을 통해 입증된 셈입니다. 우리 역사를 좀 더 풍성하게 해석할 수 있어 좋습니다. 『신라사초』 기록입니다.

⑧-4. 20년(477년) 정월, **문주文州가 모대牟大를 파견하여 입조시켰는데 곤지昆支의 아들이다.** 왕이 그 젊음을 좋아하여 왕녀를 모대의 처로 삼고자 하였다. **준삭俊朔은 남편이 늙어 만족하지 못하는데 모대에게 시집가기를 원하였다.** 그녀는 모대와 마음이 맞아 정을 통하였다. 이 사실을 알게 된 준삭의 남편 습당習棠이 모대를 죽이려 하였다. 모대가 왕에게 보호를 청하니 왕이 습당을 내기捺己로 보냈다. **모대가 준삭의 집에 머무르니 준삭이 크게 기뻐하며 모대를 남편으로 섬겼다.** 낮에는 수레에서 정을 통하고 밤에는 같은 방에서 잠을 잤다. 왕이 기뻐하며 물었다. "그대가 나의 딸을 사랑하니 가히 그대에게 줄 것이다. 딸에게는 이미 아들이 있는데도 받아들일 수 있겠느냐?" 모대가 답하였다. **"신에게도 아비가 있사오니 돌아가 상의한 후 맞이하겠나이다." 왕이 허락하였다.**
『신라사초』 자비성왕기

477년입니다. 정월, 문주왕은 모대를 신라에 파견합니다. 모대가 신라에 머무르면서 자비왕의 딸인 준삭俊朔과 정을 통합니다. 준삭은 유부녀입니다. 오늘날의 도덕관념으로 보면 지탄의 대상

---

2 스에키(須惠器)는 '질 좋은 토기' 또는 '쇠처럼 단단한 토기'라는 뜻에서 붙여진 이름이다. 일본의 중기 고분시대(4세기)에서 평안시대(5세기)에 걸쳐 제작된 토기로 가야의 도질토기(陶質土器-1,100°C이상의 밀폐된 가마에서 구운 토기)의 직접적인 영향을 받아 일본에서 생산된 일본판 도질토기이다.

이지만 당시의 습속은 이를 허용합니다.[3] 모대는 정월에 파견되어 신라에 머무르다가 6월에 백제로 다시 돌아옵니다.(7월 곤지 암실됨) 모대는 적어도 477년에는 한반도에 있습니다. 이는 모대가 479년 백제왕에 즉위하기 위해 야마토(일본)에서 귀국했다는 『일본서기』 기록(⑧-3)과 상충相衝됩니다.

김기자 : 그렇다면 둘 중 하나가 틀린 겁니까?

백선생 : 두 기록은 야마토와 신라에서 각각 일어난 일입니다. 두 기록을 겹쳐보면 다음의 시나리오가 가능합니다. 모대는 476년 아버지 곤지와 함께 야마토에서 귀국합니다. 그리고 477년 정월 신라에 사신으로 갔다가 6월 백제로 돌아옵니다. 그런데 7월 아버지 곤지가 사망하자 모대는 다시 야마토로 건너갑니다. 그리고 2년 후인 479년 삼근왕이 사망하면서 다시 귀국하여 백제왕에 즉위합니다.

2. 모도왕의 거짓과 진실

백선생 : 중국사서에 백제 '모도왕牟都王'이 나옵니다. 중국정사인 『남제서』, 『양서』, 『남사』가 공히 모도왕을 기록합니다. 『양서』 기록입니다.

⑧-5. 진晉 태원연간에는 왕 수須가, 의회연간에는 왕 여영餘映이, 송宋 원가연간에는 왕 여비餘毗가 각각 사신을 파견하여 생구生口를 바쳤다. **여비가 죽고 그의 아들 경慶이 왕위에 올랐다. 경이 죽고 그의 아들 모도牟都가 왕위에 올랐다. 모도가 죽고 그의 아들 모대牟大*가 왕위에 올랐다.**

『양서』〈동이열전〉 백제

☞ *원문은 모태牟太임. 大를 太로 오기함

---

3 유목민족은 항상 이동하며 살기 때문에 사는 지역보다 혈통을 우선시하고, 농경민족은 정착하여 살기 때문에 혈통보다 사는 지역을 우선시한다. 당시 삼국의 지배층은 유목민족의 습속을 따른다. 신라의 '골품제도'가 대표적이다.

왕통계보가 개로왕 → 모도왕 → 동성왕입니다. 이는『삼국사기』의 왕통계보인 개로왕 → 문주왕 → 삼근왕 → 동성왕의 순서와는 다릅니다.

김기자 : 그렇다면 모도왕은 문주왕입니까?

백선생 : 단순 비교하면 모도왕은 문주왕일 수밖에 없습니다. 중국사서를 검토할 때 반드시 염두할 사항이 있습니다. 중국사서는 중국의 입장에서 기록을 남깁니다. 해당국의 사신이 중국에 온 경우에 한해서만 기록합니다. 정확히 언제 사신이 와서 무슨 일을 했다고 기록합니다. 중국사서는 해당국의 내부 사정은 고려하지 않습니다. 고려할 이유도 없습니다. 보고 듣고 확인한 사항만 기록합니다.『삼국사기』기록입니다.

⑧-6.『책부원귀』에는 '**남제南齊 건원2년**(480년) 백제왕 모도牟都가 사신을 파견하여 조공하였다. 조서를 내려 말하길 "**보명寶命***을 새로 받드니 은택이 먼 곳까지 미치고 있다. 모도는 대대로 동쪽의 번藩으로 있으며, 멀리 떨어진 곳에서 자기의 직분을 다하니, '**사지절도독백제제군사진동대장군**'을 제수한다." 하였다. 또 **영명8년**(490년) 백제왕 모대牟大가 사신을 파견하여 표문을 올렸다. 이에 알자복야謁者 僕射 손부孫副를 보내 모대에게 죽은 조부祖父 모도의 관작을 승계케 하고 백제왕으로 삼는 책명을 내리면서 말하길 '아아! 그대는 대대로 충성과 근면을 이어 받았으니 그 정성이 멀리까지 드러나 보였다. 바닷길은 고요하고 조공이 변함없기를 바라며, 법전에 따라 책명을 잇게 하니 공경하는 마음으로 받을 일이다. 아름다운 국가의 위업을 잇는 것이니 어찌 신중하지 않을 수 있겠는가! 이에 '**행도독백제제군사 진동대장군백제왕**'으로 삼는다.' 하였다." 그러나『삼한고기』에는 모도가 왕이 된 사실이 없고, 또 모대는 개로왕의 손자요, 개로왕의 둘째 아들 곤지의 아들로서, 그의 조부가 모도라고 말하지 않으니,『남제서』에 기록되어 있는 바를 의심하지 않을 수 없다.『삼국사기』동성왕

☞ *옥새를 받는 일

『삼국사기』는『책부원귀』[4]를 인용하여 모도왕의 존재를 언급합니다. 이 내용은『남제서』에도 동일하게 나옵니다. 그러나『삼국사기』편찬자는 모도왕을 전면 부인합니다. 편찬당시 참고한 원사

---

4 『책부원귀册府元龜』는 중국 북송시대인 1013년 왕흠약(王欽若), 양억(楊億) 등이 편찬된 유서(類書)의 하나로 오늘날의 백과사전과 같다. 역대 제도의 연혁을 총괄하여 기록한 1000권의 어마어마한 분량이다. 원명은『군신사적君臣事迹』이다.

료인 『삼한고기』에 모도왕이 없다는 이유입니다. 그렇다고 해서 중국기록을 무시할 수 없어서 주석까지 답니다. 『삼국사기』의 강한 부정은 우리가 풀어야할 몫입니다.

김기자 : 복잡하고 어렵군요.

백선생 : 충분히 이해합니다. 저 역시 처음 기록을 접하고 쉬이 이해가 되지 않아 여러 번 되새겼습니다. 기록을 찬찬히 살펴보면 핵심은 두 가지입니다. 하나는 480년으로, 백제 모도왕이 남제南齊(479~502)에 사신을 보내고, 남제 고제(태조,소도성)가 모도왕에게 「사지절도독백제제군사진동대장군」의 관작을 수여합니다. 또 하나는 490년으로, 동성왕(모대)이 남제에 사신을 보내 모도왕의 관작을 승계합니다. 그 사이 모도왕이 죽어서 동성왕이 대신 관작을 받습니다. 다만, 모도왕과 동성왕의 관계가 다릅니다. 『책부원귀』는 모도왕이 동성왕의 할아버지이나(⑧-6), 앞서 『양서』는 동성왕의 아버지입니다(⑧-5).

소교수 : 모도왕의 존재는 백제사 최대의 미스터리입니다. 이병도 박사는 『책부원귀』와 『양서』에 기록된 모대왕을 모도왕의 손자孫子 또는 자子로 기록한 것은 전승의 착오이며 모도는 모대를 와전한 것으로 해석합니다. 모도가 모대라는 설명입니다. 그러나 대체적으로 문주왕을 모도왕으로 보는 시각이 우세합니다. 458년(개로4) 개로왕 시기 송황제로부터 관작을 받은 11명중 보국장군 여도餘都가 모도일 것이라는 추론입니다.(제7장 213쪽 ⑦-7 참조) 여도가 모도이며 문주왕이라는 주장입니다. 그러나 『책부원귀』를 보면 모도왕은 480년 백제왕으로서 관작을 받습니다. 『삼국사기』 기록에 의하면 문주왕은 477년 죽습니다. 따라서 문주왕이 모도왕이 될 수 없습니다. 최근의 학설은 두 가지로 정리됩니다. 첫째는 모도는 동성왕의 할아버지로 실제 왕위에 오른 적은 없으나 손자인 동성왕이 왕위에 오른 후 할아버지 모도를 왕으로 추증했다는 「모도왕 추증설」입니다. 둘째는 모도는 원래 개로왕의 태자로서 개로왕이 고구려군에게 잡혀 죽은 직후 보위에 오르나, 그 역시 전쟁통에 바로 죽게 되어 대신 문주왕이 즉위하는데, 『삼국사기』가 이 내용을 정리하는 과정에서 빠뜨렸을 것이라는 「모도왕 누락설」입니다.

김기자 : 교수님의 설명도 어렵군요.

백선생 : 둘 다 소설입니다. 중국사서 기록과 『삼국사기』 기록을 억지로 꿰맞춘 불편한 해석입니

다. 중국사서는 전임왕과 후임왕은 무조건 동일 계보로 보고 기록합니다. 아버지로 할 것인지 아니면 할아버지로 할 것인지는 시간적 격차를 고려한 선택의 문제입니다. 『양서』는 아버지라 하고, 다른 사서들은 할아버지라고 합니다. 전임 모도왕과 후임 동성왕이 같은 왕족이라는 사실에 방점을 둔 것이 중국사서의 일관된 입장입니다. 결론부터 말씀드리면, 모도왕은 백제 왕통계보와 전혀 상관없는 요서지역 백제군百濟郡의 우현왕입니다. 모도왕은 458년(개로4) 송황제로부터 관작을 받은 보국장군 여도餘都입니다. 458년 당시 우현왕은 여기餘紀(비유왕의 둘째 아들)입니다.(제7장 213쪽 ⑦-7 참조) 모도는 우현왕 여기와 함께 백제군으로 건너가, 이후 여기가 죽자 우현왕을 승계합니다. '牟' 자가 들어간 이유는 모대의 경우와 마찬가지입니다. 모도왕 역시 어머니가 임나왕족인 모씨 출신입니다.[5] 모도왕은 이 시기 백제를 대표하여 남제에 사신을 보내고, 「사지절도독백제제군사진동대장군」의 관작을 받습니다.

김기자 : 우현왕인 모도가 백제를 대표하는 관작을 받을 수 있는 겁니까?

백선생 : 『삼국사기』 기록(⑧-6, 『책부원귀』 인용)의 '보명寶命을 새로 받으니(寶命惟新)'의 표현이 결정적인 단서입니다. 보명은 왕의 옥새를 받는 일입니다. 다시 말해 모도왕이 새로이 백제를 대표하는 왕이 됩니다.

김기자 : 선뜻 이해하기 어렵군요.

백선생 : 백제는 475년 개로왕의 사망과 함께 정치, 경제, 문화의 중심지인 한성을 소실합니다. 한반도 백제(본국)의 기반이 송두리째 무너집니다. 다행히 웅진으로 천도하여 급한 대로 자리를 잡지만 왕권은 약화될 대로 약화되고 왕통은 매우 불안합니다. 본국의 체면이 말이 아닙니다. 479년 야마토의 도움으로 모대(동성왕)가 보위에 오르지만 백제의 상황은 여전히 어렵습니다. 따라서 일시적으로나마 요서지역 백제군(분국) 우현왕 모도가 백제의 대표권을 행사합니다. 『건강실록』 기록입니다.

---

5 『삼국사기』(『책부원귀』 인용) ⑧-6에 모도왕을 모대(동성왕)의 조부(할아버지)로 설명한 기록이 나온다. 그러나 모도왕과 모대가 같은 모계혈족(임나왕족 모씨)임을 감안하면, 조부가 아닌 외조부일 가능성이 높다.

⑧-7. 남제 **건원2년**(480년), 그 왕 **변도弁都***가 사신을 보내 방물을 바쳤다. 영명2년(484), **위로魏虜****가 **백제왕 변도弁都를 크게 파하였다.** 『건강실록』 권16 동남이

☞ *牟都의 오기임.   **북위

이 기록은 『삼국사기』가 인용한 『책부원귀』 기록(⑧-6)을 보완합니다. 480년(동성2) 모도왕이 남제에 사신을 파견하여 관작을 받은 내용은 동일합니다. 그런데 4년 후인 484년(동성6) 모도왕이 북위北魏의 공격을 받습니다. 연유는 알 수 없으나 처음 있는 일입니다. 이는 백제−북위 1차 전쟁입니다. 모도왕은 크게 패합니다.

김기자 : 북위가 백제군을 공격한 이유는 무엇입니까?

백선생 : 이에 대해서는 어느 중국사서 기록에도 나오지 않아 정확한 배경과 이유는 알 수 없습니다. 다만 모도왕은 이 전쟁에서 사망했을 가능성이 높습니다. 백제군의 모도왕 사망은 다시금 백제 대표권의 상실로 이어지고 백제군의 지도체제도 와해됩니다.

김기자 : 결과적으로 모도왕 사망하여 동성왕이 백제의 대표권을 회복한 것이군요.

3. 중국대륙을 호령한 동성왕

백선생 : 『삼국사기』 동성왕 기록입니다.

⑧-8. **10년**(488년), **위魏가 군사를 보내 쳐들어왔으나 우리에게 패하였다.** 『삼국사기』 동성왕

짧막한 내용이지만, 『삼국사기』가 백제와 북위의 전쟁을 언급한 유일한 기록입니다. 488년(동성10)입니다. 북위 군사가 쳐들어왔다가 백제에게 패합니다. 편의상 백제−북위 2차 전쟁이라 칭합니다. 그런데 이 기록만 가지고서는 전쟁 상황을 전혀 알 수 없습니다. 당장은 중국대륙의 북위가 바다건너 한반도의 백제를 쳐들어 온 것인지조차 의문입니다. 그러나 요서지역 백제군의 실체를 알고 있으니 이 문제는 자연스레 해결됩니다. 그럼에도 북위와 백제군 양측의 군사력과 전투장소, 또

한 어떤 전투행태로 백제군이 승리한 것인지 도통 감을 잡을 수 없습니다. 예측이나 예상자체가 불가능합니다. 다만, 『삼국사기』는 한반도 백제의 동성왕이 직간접적으로 관계된 것처럼 짤막히 기록을 남깁니다.

김기자 : 『삼국사기』가 기록을 남긴 이유는 무엇입니까?

백선생 : 이 기록은 『자치통감』에도 나옵니다. '영명6년(488년), 위魏가 병력을 보내어 백제를 공격하였으나 백제에게 패하였다. 진晉 때부터 백제는 요서遼西와 진평晉平 2군을 차지하고 있었다.〔永明六年 魏遣兵擊百濟 晉世百濟亦據有遼西晉平二郡也〕' 『자치통감』 기록은 『삼국사기』 기록(⑧-8)과 별반 차이가 없습니다. 『삼국사기』가 『자치통감』 기록을 차용한 듯합니다. 다만, 『자치통감』은 백제가 요서군과 진평군 2개 군을 설치하고 있다는 사실을 추가적으로 밝히고 있어, 전쟁 장소가 한반도가 아닌 중국대륙이라는 사실을 강하게 시사합니다. 아마도 『삼국사기』 편찬자는 처음 『자치통감』 기록을 보고 이를 『삼국사기』에 넣는 문제를 놓고 상당히 고민했을 겁니다. 이는 『삼국사기』 편집원칙에 정면 배치됩니다. 『삼국사기』는 줄곧 요서지역 백제군의 존재를 부정합니다. 그래서 지금까지 관련 기록들은 모두 삭제합니다. 그러나 이 기록은 살려 놓습니다. 백제가 승리한 일이어서 백제의 체면을 살려줍니다. 감사할 일입니다.

김기자 : 동성왕은 모도왕이 죽어 백제의 대표권을 확보하는데요. 그렇다면 동성왕은 이 전쟁에 직접 참여합니까? 바다건너 중국대륙으로 건너갑니까?

백선생 : 『자치통감』 기록은 백제-북위 2차 전쟁을 언급한 유일한 기록입니다. 하다못해 전쟁당사자인 북위의 사서인 『위서』에도 언급이 없습니다(488년은 북위 효문제 태화12년이다. 백제와의 전쟁 기록은 없다). 그런데 뜻밖에도 『남제서』에 단서가 있습니다. 2차 전쟁이 발생한 지 2년 후입니다. 490년(동성12) 동성왕은 남제에 사신을 파견하여 2차 전쟁에서 공을 세운 장수들의 관작을 요청하는데, 남제는 모두 수용합니다.

구분	이름	전前 관작	위치 비정	후後 관작	위치 비정
한반도 (백제)	저근姐瑾	영삭장군 **면중왕**	전남 광주	관군장군 **도한왕**	전남 고흥
	여고餘古	건위장군 **팔중후**	전남 나주	영삭장군 **아착왕**	전북 익산
	여력餘歷	건위장군	–	용양장군 **매로왕**	전남 장흥
	여고餘固	광무장군	–	건위장군 **불사후**	전북 전주
중국대륙 (백제군)	고달高達	건위장군 **광양태수** 장사	하북성 북경	용양장군 **대방태수**	하북성 노룡현
	양무楊茂	건위장군 **조선태수** 사마	하북성 진황도	건위장군 **광릉태수**	강소성 양주
	회매會邁	선위장군 참군	–	광무장군 **청하태수**	산동성 청하현

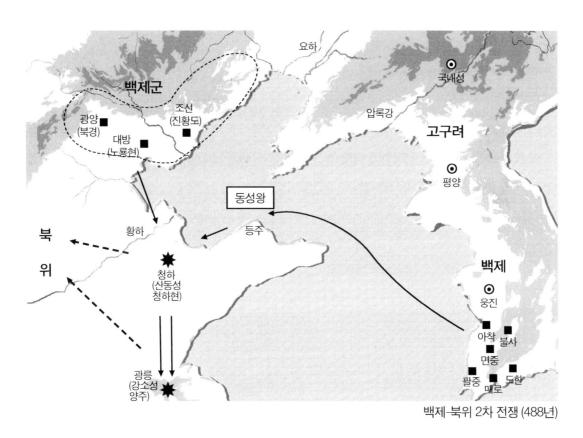

백제-북위 2차 전쟁 (488년)

모두 7명이 관작을 받습니다. 한반도 백제 출신이 4명이고, 요서지역 백제군 출신이 3명입니다. 488년 2차 전쟁을 수행할 당시 관작은 이전이고, 이후는 남제가 새로 수여한 관작입니다. 특히, 한반도 출신은 모두 전남지역이 연고입니다. 전남지역은 좌현왕 관할지역입니다. 참고로『신라사초』를 보면, 489년(동성11) 동성왕은 '대왕'을 자칭합니다.[6] 동성왕은 본국의 '대왕'으로 지방에는 각 지역별로 왕·후를 두어 지도체제를 일원화합니다. 요서지역 백제군의 군사도 동원합니다. 동성왕은 우현왕 모도가 죽은 이후에 백제군의 지휘권도 확보합니다. 백제군에서 관작을 받은 3명은 모두 현지인입니다. '태수'의 관직이 나옵니다.[7] 백제군 산하의 지방관입니다. 모두 하북성과 산동성 일대입니다.

김기자 : 한 가지 궁금하군요. 남제가 공훈을 세운 백제 장수들에게 새로이 관작을 수여했다면, 488년 2차 전쟁에 대한 구체적인 전쟁 상황도『남제서』기록에 있지 않을까요?

백선생 : 당연히 기록이 존재해야합니다. 그러나『남제서』에는 백제–북위 2차 전쟁에 대한 기록이 없습니다. 다만『남제서』〈동남이열전〉을 보면, 고구려전 하단과 백제전 상단 사이에 대략 320여자가 누락되어 있습니다. 아마도 누락된 부분은 2차 전쟁의 구체적인 내용이 담겨있을 겁니다. 중국의 입장에서 보면 상당히 불편한 내용입니다. 그렇다고 해서 무엇이 두려워서 삭제하면서까지 감추고자 했는지 진의眞意가 의심스럽습니다. 중국인들은 눈에 뻔히 보이는 당돌한 행위를 스스럼없이 벌려놓습니다. 심히 유감입니다.

『남제서』〈동남이열전〉 삭제부분

김기자 : 참으로 어이가 없군요.

---

6 『신라사초』소지명왕기 11년(489년) 10월 기록이다. '모대가 천지에 제사지냈다. 스스로 대왕이라 칭하였다.〔牟大祀天地 自稱大王〕'

7 태수는 오늘날 도지사에 해당하는 중국왕조의 지방관 관직이다. 백제의 태수 관직은 모두 한반도가 아닌 중국대륙의 백제군 산하 지방관이다. 중국왕조와 국경을 맞대고 있기 때문에 중국식을 따랐을 것으로 추정된다.『고구려사략』기록을 보면, 고구려도 중국왕조의 접경지역에 한하여 태수의 관직을 사용한 사례가 있다. 한반도내의 태수 관직은 통일신라시대에 처음 등장한다.

백선생 : 앞서 기자님께서 질문한 내용입니다. 동성왕이 직접 군사를 인솔하고 중국대륙으로 건너갔느냐는 문제입니다.

⑧-9. 56년(488년) … **모대**牟大는 위魏와 단교斷交하고, 위魏의 악행을 남제南齊에 알렸다. 등주登州* 를 지키던 장수 이연李延**이 모대가 사냥 나온 것을 듣고 몰래 군사를 이끌고 **모대를 사로잡으려 하였다. 모대가 이를 알아차리고 군병을 보내서 맞서 싸우니, 이연은 이기지 못하여 군사를 후퇴시켰다. 모대는 점차로 옛 땅을 되찾으며 북진하였다.** 감국황제監國皇帝***[8]는 상의 노심勞心을 걱정하여, 불문에 부쳤다. 『고구려사략』 장수대제기

☞ *산동성 **위의 장수 ***제21대 문자명왕

『고구려사략』 기록입니다. 등주登州를 지키던 북위 장수가 동성왕이 사냥 나온 것을 확인하고 은밀히 군사를 움직이나, 동성왕이 이를 사전에 감지하고 오히려 군사를 보내 역공합니다. 위의 군사는 후퇴합니다. 등주는 지금의 산동반도 북단에 있는 봉래蓬萊입니다. 동성왕이 중국대륙 산동반도에 있습니다.

김기자 : 그렇다면 동성왕은 언제 대륙으로 건너간 겁니까?

백선생 : 『고구려사략』 기록을 면밀히 살펴보면 두 가지 사실이 확인됩니다. 첫째는 북위와의 단교斷交입니다. 단교는 외교관계를 끊은 것인데, 실제로 백제가 북위와 교류한 기록이 전혀 없어 사실 확인이 어렵습니다. 다만, 484년 백제군 모도왕이 벌인 백제—북위 1차 전쟁을 감안하면, 백제와 북위와의 관계가 좋지 않습니다. 둘째는 동성왕이 한가로이 사냥이나 즐기기 위해 대륙으로 건너갈리 만무합니다. 사냥은 북위 공격의 명분을 만들기 위한 일종의 미끼입니다. 결국 동성왕은 북위와의 한판 승부를 염두하고 전남지역의 대규모 병력을 이끌고 중국으로 건너갑니다. 굳이 시기를 추론하면 전쟁반발 한 해 전인 487년(동성9) 늦가을 정도입니다.

---

8 감국황제는 장수왕의 손자인 나운(羅雲)이다. 당시 장수왕은 90세가 넘는 고령으로 손자 나운을 감국황제에 봉하고 정사를 맡긴다. 장수왕은 491년 98세의 나이로 사망한다. 나운은 장수왕의 뒤를 잇는다. 고구려 문치시대를 이끈 문자명왕(제21대)이다.

김기자 : 동성왕은 북위와의 전쟁을 사전에 계획한 것이군요.

백선생 : 이어서 동성왕은 '점차로 옛 땅을 되찾으며 북진〔漸復北進〕'합니다. 본격적으로 대규모 군사를 이끌고 북위를 공격합니다.

김기자 : 옛 땅은 어디입니까?

백선생 : 1차 전쟁에서 백제군 모도왕이 북위에 패하면서 빼앗긴 백제군 관할지역입니다. 정확한 지역은 알 수 없으나, 당시 동성왕이 산동반도에 있었다는 사실로 보아. 모도왕이 1차 전쟁에서 북위에게 빼앗긴 지역은 산동반도 일대입니다. 이는 백제군 관할지역 전체를 고려하면 남쪽지역에 해당합니다. 참고로 백제군의 북쪽지역을 추정할 수 있는 단서가 있습니다.

⑧-10. … 모대牟大가 글을 올려 스스로 하소연하길 "**신의 조상 온조溫祚는 동명東明***의 친아들이고 **유리琉璃****의 의붓아들이어서, **한남汗南땅과 구다국句茶國에 봉함을 받았습니다.** 세월이 흐르면서 점점 사이가 벌어지니, 두 분 황제(추모왕/유리왕)의 뜻을 따르지 못하고, 오히려 서로 땅과 경계를 다투게 되었습니다. 패하참사浿河慘事***는 실로 황구할 따름이며, 이전 신하 개로蓋鹵가 머리를 바쳐 더러움을 씻었으니, 형제의 나라가 오래도록 서로의 직분에 흠결이 있어서는 아니 될 것입니다. 생각하건대 감국황제監國皇帝께서는 지극히 어지시며 올바름을 널리 펴고 계시니, 위로는 조종祖宗의 은덕을 생각하시고, 아래로는 큰 나라가 자식을 기르는 은택을 베풀어 **한남汗南땅을 돌려주시면, 이 골육骨肉이 그 땅에 발붙이고 근본根本께 보답하겠습**

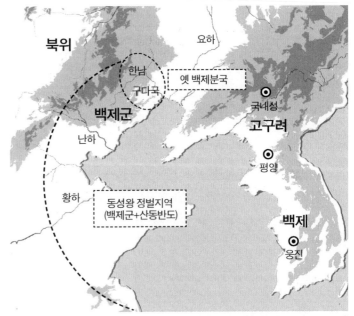

고구려에 요구한 옛 백제(분국) 땅

니다. 신은 우익羽翼이 되어서 동명東明의 큰 꿈을 좇아 서쪽 중원中原으로 쳐들어가 버릇없는 싹수들을 주살하고 참할 것입니다. 이리 한다면 천손의 후예는 크나큰 행운일 것입니다." 하였다.

『고구려사략』 장수대제기

☞ ＊주몽왕 ＊＊유리왕 ＊＊＊고국원왕이 전사한 사건

『고구려사략』 기록입니다. 동성왕이 고구려 감국황제監國皇帝(제21대 문자명왕)에게 올린 일종의 표문입니다. 동성왕은 시조 온조왕이 백제를 건국하기 전에 통치한 고구려 영역내의 한남汗南 땅을 되돌려 달라 요구합니다.(제1장 24쪽 참조) 한남은 지금의 대릉하大凌河 하류인 요녕성 조양朝陽지역입니다. 구다국句茶國은 옛 북부여의 제후국으로 고구려 대무신왕(제3대)이 흡수한 지금의 요녕성 금주錦州지역에 소재합니다.[9] 이는 동성왕이 점령한 중국 동북방지역을 추정할 수 있습니다. 대략적으로 대릉하를 경계로 한 남쪽 지역입니다. 동성왕은 거침이 없습니다. 한남 땅을 되돌려주면 '서쪽 중원으로 쳐들어가 버릇없는 싹수들을 주살하고 참하겠다.〔西入中原 誅斬諸蘖樹〕'는 강력한 의지를 표명합니다. 동성왕의 결기가 대륙을 호령합니다.

김기자 : 장수왕이 한남 땅을 백제에게 내어줍니까?

백선생 : 이후 상황은 기록이 없어 사실여부 판단은 어렵습니다. 다만, 당시 정황으로 보아 고구려가 한남 땅을 백제에 할양한다는 것은 현실적으로 무리입니다. 동성왕이 고구려에 올린 표문은 일종의 전술적 제스처gesture로 이해합니다. 혹시라도 모를 고구려의 후미 공격을 차단하기 위한 뒷문단속 정도입니다. 다음은 백제-북위 3차 전쟁입니다.

⑧-11. … **이 해**(490년)**에 위노魏虜가 또다시 기마병 수십만을 동원하여 백제를 공격하여 그 국경에 들어왔다. 모대牟大가 장수 사법명沙法名, 찬수류贊首流, 해례곤解禮昆, 목간나木干那를 파견하여 군사를 거느리고 노虜 군사를 기습하여 크게 깨뜨렸다.**

---

9 일본인은 百濟를 '구다라(くだら)'로 부른다. 그러나 百濟는 일본식으로 읽으면 '햐쿠사이(ひゃくさい)'이다. 高句麗는 '코우구리(こうくり), 新羅는 '시라기(しらぎ)'로 읽어 한국식 발음과 비슷하지만 百濟는 원래 발음과 전혀 다른 '구다라'이다. 일반적으로 구다라는 '큰 나라' 또는 충남 공주의 곰나루(구드레)에서 어원을 찾는다. 그러나 구다라는 '구다+라(國)'로 구다국을 지칭한다. 구다국은 한남과 더불어 백제의 발원지이다. 중국대륙의 대릉하 유역이다.

⑧-12. 건무2년(495년) … "지난 **경오년**(490년)**에 험윤**獫狁***이 뉘우치지 않고 군사를 일으켜 깊숙이 처들어왔습니다. 신은 **사법명**沙法名 **등으로 하여금 군사를 거느리고 역습하여 토벌케 했는데, 밤에 습격하여 천둥처럼 내려치니, 흉리**匈梨****가 크게 당황하여 바닷물에 씻겨 내려가듯 무너졌습니 다. 기세를 타고 달려 나가 쫓아가서 베니, 쓰러진 시신이 들판을 붉게 물들였습니다. 이로 말미암 아 그 날카로운 기세를 꺾으니, 고래처럼 사나운 적들이 흉악함을 감추었습니다.**

『남제서』〈동남이열전〉 백제국

☞ *북위 **북위

『남제서』기록입니다. 490년(동성12) 백제-북위 3차 전쟁입니다. 2차 전쟁(488년)을 치른 2년 후입 니다. 이번에는『남제서』가 명확히 기록을 남깁니다.『삼국사기』에는 기록이 없습니다. 본문(⑧-11) 과 표문(⑧-12)의 일부입니다. 북위가 먼저 백제(백제군)를 공격합니다. 이전 2차 전쟁의 패배에 대 한 복수전입니다. 북위는 기병 수십만을 동원하여 백제를 공격하나 동성왕은 이들을 모두 물리칩 니다. 특히 표문 나오는 '북위 군사들을 베어 시신이 들판을 붉게 물들였다.〔乘奔追斬 僵尸丹野〕'는 표현이 너무나도 강렬합니다. 그럼에도『남제서』기록은 전투장소 등을 기록하지 않습니다. 전쟁 진행상황의 구체성이 부족하여 아쉽습니다.

김기자 : 동성왕의 대승이군요.

백선생 : 3차 전쟁이후 동성왕은 495년(동성17) 남제에 사신을 파견하 여 승리를 이끈 주역들의 관작을 요청 합니다. 이번에도 남제는 동성왕의 요 구를 모두 수용합니다. 도표는 관작을 받은 장수들의 이름입니다. 모두 8명 입니다. 이전 2차 전쟁에서 관작을 받 은 장수는 하나도 없습니다. 모두 새

구분	이름	관작	위치 비정
한반도 (백제)	사법명沙法名	정로장군 매라왕	전북 옥구
	찬수류贊首流	안국장군 벽중왕	전북 김제
	해례곤觧禮昆	무위장군 불중후	전남 보성
	목간나木干那	관위장군 면중후	전남 광주
중국대륙 (백제군)	모유慕遺	용양장군 낙랑태수	하북성 천진
	왕무王茂	건무장군 성양태수	산동성 청도
	장새張塞	진무장군 조선태수	하북성 진황도
	진명陳明	양무장군	—

로운 장수들입니다. 백제 출신이 4명인데 전남지역 뿐 아니라 전북지역의 지방관도 일부 포함됩니

다. 백제군 출신은 4명으로 역시 태수의 관작을 받습니다. 한 가지 특이한 점은 백제 출신의 장수들의 이름이 외자가 아닌 복자입니다.

김기자 : 특별한 이유가 있습니까?

백선생 : 저 역시 확실한 답을 얻지 못했습니다. 조선왕조의 경우를 보면, 왕족은 모두 외자이고 일반인은 주로 복자입니다. 백제의 경우도 마찬가지입니다. 이 시기 백제 왕족은 자신들의 권위를 높이기 위해 외자를 사용하여 차별화하고, 나머지는 복자를 사용하도록 권장한 것이 아닌가하고 조심스레 추정해 봅니다.

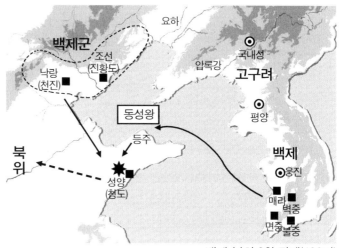
백제-북위 3차 전쟁(490년)

김기자 : 동성왕의 중국대륙에서 활약은 실로 압권이군요. 그럼에도 제가 알고 있는 역사상식으로는 여전히 의구심이 남는군요. 백제가 바다를 건너 대규모 군대를 파견하는 자체가 가능한 일입니까?

백선생 : 백제는 해상국가입니다. 선박기술과 항해술만큼은 단연 최고입니다. 특히 한반도 서남부 세력은 오랫동안 중국과 해상무역을 통해 부를 축적해온 집단입니다. 이들은 황해 바다를 내 집 앞마당 활보하듯이 헤집고 다닌 놀라운 해상능력을 가지고 있습니다. 비록 『삼국사기』가 이들 세력집단의 실체를 철저히 외면하지만 우리는 이들의 활약상을 중국과 일본의 사서기록을 통해 얼마든지 확인할 수 있습니다.

김기자 : 동성왕은 중국대륙을 호령한 정복군주라 할 수 있군요.

백선생 : 백제의 전체 역사과정을 볼 때, 진정한 정복군주는 단연코 동성왕입니다. 488년과 490년 중국대륙에서 북위와의 전쟁을 모두 승리로 이끈 걸출한 영웅입니다. 한반도 서남부세력과 중

국대륙의 백제군 세력을 모두 동원한 강력한 왕권을 소유한 전제군주입니다.

소교수 : 중국문헌상으로 백제와 북위는 484년, 488년, 490년 세 차례 전쟁을 벌입니다. 484년의 경우는『건강실록』말고도『통전』과『태평환우기』에도 기록은 나옵니다. 488년 전쟁은『자치통감』에 나오며,『삼국사기』는 이를 그대로 인용합니다.『남제서』는 488년과 490년을 기록하는데, 전승을 이끈 장수들의 관작과 동성왕의 관작까지 비교적 상세합니다. 이 기록은『남제서』에만 있습니다.『남제서』가 중국정사인 것은 사실이지만 학계는 이를 받아들이지 않습니다. 다만 이에 대해 몇 가지 학설이 있습니다. 첫째는「고구려 오기설」입니다. 백제−북위가 아닌 백제−고구려의 싸움으로 파악하고 고구려를 북위로 오기하거나, 백제가 표문에서 교전국을 험윤獫狁,흉리匈梨라 표현한 점(⑧−12)을 착안하여 오히려 남제의 오해로 파악하는 경향입니다. 둘째는「고구려−북위 연합설」입니다. 위로魏虜를 북위에 붙은 오랑캐 즉 고구려로 파악하여 북위와 고구려가 연합해서 백제를 공격한 것으로 보는 견해입니다. 셋째는「백제의 허위보고설」입니다. 백제가 있지도 않은 전쟁을 무리하게 만들어내어 남제에게 잘 보이기 위한 허위보고로 파악하는 견해입니다. 세 가지 설 모두 설득력은 부족합니다. 교차검증 되지 않은 자의적 해석이 강합니다. 그럼에도 학계는 당시 백제의 역량으로 보아『남제서』기록을 액면 그대로 수용하기 어렵다는 것이 중론입니다.

백선생 : 백제 역사를 한반도에 가두어 놓고 해석하다 보니 발생한 오류입니다.『삼국사기』역사관에 따른 안타까운 산물입니다. 백제 역사는 한반도의 역사가 아닙니다. 중국대륙의 역사이며 일본열도의 역사입니다. 그렇다고 해서『삼국사기』가 잘못되었다는 뜻은 아닙니다.『삼국사기』는 나름의 편집원칙에 충실한 역사서입니다. 또한『삼국사기』역사관을 비판할 생각은 추호도 없습니다. 다만『삼국사기』가 기록하지 않은 숨겨진 역사의 실체를 하나하나 발굴하고 규명하는 것이 중요합니다. 7백년 백제 역사는 우리의 상상너머에 존재합니다. 그 위대함은 과거에도 존재했고 현재도 존재하며 미래에도 존재할 겁니다.

김기자 : 이후 요서지역 백제군은 어떻게 됩니까?

백선생 : 안타깝게도 백제군의 활동은『남제서』기록을 마지막으로 사서에서 사라집니다.『흠정

만주원류고』에는 백제군의 왕도인 거발성을 양무제(502~549)때 한반도 남쪽으로 옮긴 기록이 있습니다.[10] 백제 무령왕 시기입니다. 또한『구당서』와『신당서』는 '그(백제) 땅은 이미 신라와 발해말갈이 차지하고 있어 백제는 결국 멸망하고 말았다.〔而其地已爲新羅渤海靺鞨所分 百濟遂絶〕'고 기록합니다. 이는『삼국유사』에도 나옵니다.[11] 한반도 백제 본국은 신라에 의해 망하고 요서지역 백제군 분국도 망하여 훗날 발해말갈이 그 땅을 차지합니다. 종합하면, 백제군은 4세기 초중반(316년~345년) 부여백제에 의해 성립되어 백제의 분국 형태로 명맥을 유지해오다, 484년(동성6) 모도왕 사후 백제 본국의 동성왕에 의해 단일 지도체제가 성립된 후, 무령왕 시기인 502년(무령2) 도성마저 한반도로 옮기며 독자적인 자치기능을 상실합니다.[12] 소멸 시기는 중국 남북조시대를 마감시킨 통일국가 수隋(581~619)때로 추정합니다. 요서지역 백제군은 4세기 초중반부터 6세기말까지 대략 280년(최소 160년)을 존속한 백제역사의 실존이며 실체입니다.

4. 동성왕에 대한 편견과 오해

백선생 : 다음은 동성왕 시기 맺은 신라와의 동맹입니다.『삼국사기』동성왕 기록입니다.

⑧-13. 15년(493년) 3월, 왕이 신라에 사신을 보내 **혼인을 요청하였다. 신라왕이 이찬 비지**比智**의 딸을 시집보냈다.**

⑧-14. 16년(494년) 7월, **고구려와 신라가 살수**薩水**벌판에서 싸웠다.** 신라가 이기지 못하고 견아성犬

---

10 『흠정만주원류고』〈강역〉백제도성 백제도읍 기록이다. 『양서』에 진(晉) 때 백제는 요서(遼西)와 진평(晉平) 2군이 있고, 스스로 백제군(百濟郡)을 두었다. 양무제 천감연간에 고구려가 그곳을 파하여 남한(南韓) 땅으로 옮겼다. 이후 강국이 되었다.〔梁書 晉世 百濟有遼西晉平二郡地 自置百濟郡 梁天監中 句驪所破 遷居南韓地後更强國〕' 천감(天監)은 양무제 연호로 502년~519년에 해당한다.

11 『삼국유사』〈기이〉말갈과 발해 편에 나온다. 원문은 '又三國史云 百濟末年 渤海靺鞨新羅 分百濟地'. 일연이 인용한 『삼국사』는 『삼국사기』의 핵심 원사료인 『삼국사』와 동일한 사서이다. 김부식은 이 기록을 아예 삭제한다.

12 『태백일사』〈고구려국본기〉기록이다. '문자제(문자명왕) 명치12년(502년) … 이해에 백제가 조공을 바치지 않으므로 군사를 보내어 요서, 진평 등의 군을 공격하여 취하고 백제군을 폐하였다.〔文咨帝明治十二年 … 是歲 以百濟不貢 遣兵攻取遼西晉平等郡 百濟郡廢〕' 백제군의 소멸시점을 502년(무령왕 2년)으로 설정한다. 『삼국사기』〈고구려본기〉에는 기록 자체가 없다.

牙城으로 물러나 지키고 있었는데 고구려 군사가 포위하였다. **왕이 군사 3천을 보내 구원하여 포위를 풀었다.**

⑧-15. 17년(495년) 8월, 고구려가 치양성雉壤城을 포위하였다. **왕이 사신을 신라에 보내 구원을 요청하였다. 신라왕이** 장군 덕지德智에게 명령하여 **군사를 거느리고 와서 구원하니 고구려 군사가 물러갔다.** 『삼국사기』 동성왕

493년(동성15)입니다. (⑧-13) 동성왕이 신라에 사신을 보내 혼인을 요청하고 신라 이찬 비지比智의 딸을 맞이합니다. 일종의 혼인동맹입니다. 그러나 동성왕이 신라에 혼인을 요청한 사유는 『삼국사기』 기록을 통해서는 결코 알 수 없습니다. 『신라사초』에 단서가 있습니다. 기록 내용을 정리하면 이렇습니다. 동성왕은 479년 즉위하면서 수기首器라는 신라출신 여인을 비로 맞이합니다. 이 여인은 원래 전임 삼근왕의 비인데 동성왕이 새로이 맞아들입니다. 그런데 수기가 492년(동성14) 9월, 29세의 나이로 갑자기 죽습니다. 그동안 동성왕의 자식 1남 2녀를 낳습니다. 동성왕은 이듬해인 493년(동성15) 정월 신라에 계혼繼婚을 요청합니다. 죽은 수기를 대처할 새로운 여인입니다. 신라 소지왕(제21대)은 이찬 비지比智의 딸을 선택합니다.[13] 그녀의 이름은 요황瑤黃입니다.

김기자 : 『삼국사기』 기록만 보면 분명 초혼인데 실제는 계혼이군요.

백선생 : 다시 한 번 말씀드리지만, 『삼국사기』는 과정의 역사서가 아니라 결과의 역사서입니다. 결과만을 두고 과정을 추론하는 것은 자칫 왜곡의 소지가 있습니다. 역사가 엉뚱한 방향으로 해석될 수 있습니다. 494년(동성16)과 495년(동성17) 전투는 혼인동맹의 결과입니다. (⑧-14, ⑧-15) 고구려의 공격을 백제와 신라 양국이 공동 대처합니다. 백제는 신라의 견아성(경북문경)을 지원하고 신라는 백제의 치양성(황해배천)을 지원합니다. 두 번 모두 고구려가 물러납니다.

김기자 : 나제동맹은 앞서 비유왕 때도 있었는데 동성왕이 신라 이찬 비지의 딸과 혼인한 것은 새로운 나제동맹입니까?

백선생 : 동맹은 상호 교류가 없거나 또는 상호 필요에 의해 선택하는 일종의 정치적 외교행위입

---

13 『신라사초』 소지명왕기 15년(493년) 정월 기록이다. '국공(國公)에게 명하여 비지(比智)의 집에서 군신들과 함께 연회를 열게 하였다. 비지의 딸을 모대(牟大)의 처로 한 까닭이다. 비지의 딸 요황(瑤黃)이 왕과 천궁(天宮)을 용궁(龍宮)에서 알현하였다.〔命國公 宴群臣 于比智家 將以比智女 妻牟大故也 比智女瑤黃 謁王及天宮 于龍宮〕'

니다. 동성왕의 경우는 초혼도 아니고 계혼입니다. 이를 또 다시 동맹이라 규정하는 것은 적절하지 못한 해석입니다. 그러나 결과적으로 고구려라는 공동의 적을 막아내는 데 충분히 활용되었으니 동맹의 효과는 발현된 셈입니다. 이찬은 신라 17관등 중 2관등입니다. 왕족 출신만이 맡을 수는 고위 관등입니다. 동성왕이 신라왕실과 혼인을 맺었다고 보아도 무방합니다.

김기자 : 이후 동성왕의 활동은 어떠합니까?

백선생 : 498년(동성20) 무진주武珍州(전남광주)로 내려갑니다. 탐라耽羅(제주도)가 공물과 조세를 바치지 않아 이를 평정하기 위해서입니다. 탐라가 소문을 듣고 사신을 보내 즉각 사죄합니다. 동성왕의 위세가 하늘을 찌를 듯 대단합니다. 그런데 동성왕은 갑자기 변하기 시작합니다.

⑧-16. 22년(500년) 봄, **궁궐 동쪽에 임류각臨流閣을 세웠는데 높이가 다섯 길이었다. 또 연못을 파고 진기한 새들을 길렀다.** 간언하는 신하들이 이에 항의하여 글을 올렸으나 왕이 대답하지 않고, 다시 간언하는 자가 있을까 염려하여 **궁궐 문을 닫아버렸다.** 『삼국사기』 동성왕

임류각(공주 공산성)

500년(동성22) 동성왕은 임류각을 짓습니다. 호화로운 전각입니다. 그리고 측근들과 어울려 잔치를 벌입니다. 신하들의 간언을 듣지 않고 상소문을 올려도 일절 대응하지 않습니다. 『삼국사기』는 사론을 통해 동성왕이 신하의 간언을 듣지 않은 행위를 강도 높게 비판합니다.

사관은 평한다. 좋은 약은 입에는 쓰지만 병에는 이롭고, 충고하는 말은 귀에는 거슬리지만 행동에는 이롭다. 그러므로 옛날 현명한 군주는 겸허한 자세로 정사를 남에게 물었으며, 온화한 얼굴빛으로 간언하는 말을 수용하면서도 오히려 사람들이 간언하지 않을 것을 염려하여 **간언하고자 할 때 칠 수 있는 북을 걸어두었고, 비방하는 말을 적는 나무 세우는 것을 중단하지 않았다.** 지금 모대왕牟大王은 간언하는 글이 올라와도 반성하지 않고, 게다가 문을 닫고 거부하였다. 『장자莊子』에 '잘못을 보고도 고치지 않으며, 간언하는 말을 듣고도 더욱 심해지는 것을 사납다고 한다.' 하였는데, 아마도 모대왕과 같은 사람을 이르는 말일 것이다.

『삼국사기』 편찬자는 동성왕을 악덕군주로 낙인찍습니다. 『회남자』의 '요堯임금이 감간敢諫의 북을 설치하고, 순舜임금은 비방誹謗의 나무를 세웠다.〔敢諫之鼓 誹謗之木〕'는 기록과 『장자』의 글을 인용합니다. 이는 결과만을 놓고 판단한 지극히 편협한 해석입니다. 『삼국사기』 편찬자의 도덕관으로 동성왕을 난도질합니다. 심히 유감입니다.

김기자 : 동성왕이 갑자기 변한 이유는 무엇입니까?

백선생 : 『삼국사기』 기록을 보면, 임류각을 세우기 한해 전인 499년(동성21) 여름, 백제에 심한 가뭄이 듭니다. 백성들이 굶주려서 서로 잡아먹을 지경으로 도적이 들끓습니다. 신료들이 창고를 풀어 구제하자고 건의하나 동성왕은 이를 받아들이지 않고 외면합니다.

김기자 : 동성왕이 신료들의 건의를 외면한 이유는 또 무엇입니까?

백선생 : 동성왕의 행위에 대한 설명은 기록이 없습니다. 다만 이 시기 동성왕과 신료들 사이에 알력이 발생한 것으로 추정합니다. 왕권과 신권의 권력다툼입니다. 이듬해 동성왕은 임류각을 짓고 측근들과 어울려 밤새도록 잔치를 벌입니다. 그리고 반대하는 신료들에게는 면담조차 허락하지 않습니다. 아예 궁궐 문을 폐쇄해 버립니다. 이어 동성왕은 자신의 운명을 결정지을 악수惡手를 둡니다.

⑧-17. 23년(501년) 11월, 왕이 웅천熊川의 북쪽 벌판에서 사냥하고, 또 사비泗沘의 서쪽 벌판에서 사냥하는데 큰 눈에 길이 막혀 마포촌馬浦村에서 묵었다. **처음에 왕이 백가苩加에게 가림성加林城을 지키게 하였는데 백가는 가기를 원치 않아 병을 핑계로 사직코자 하나 왕이 허락하지 않았다. 이에 백가는 왕에게 원한을 품었다. 이때에 이르러 백가가 사람을 시켜 왕을 칼로 찔렀다.** 12월에 왕이 죽었다. 『삼국사기』 동성왕

501년(동성23)입니다. 동성왕은 자신의 최측근인 백가苩加를 내칩니다. 백가는 위사좌평(대통령 경호실장)입니다. 백가를 가림성(충남임천) 성주로 좌천시키자 백가는 병을 핑계로 사직합니다. 동성왕은 백가의 사직마저도 받아주지 않습니다. 백가가 원한을 품고 자객을 시켜 사냥터에서 주군인 동성왕을 시해합니다.

김기자 : 동성왕이 최측근인 백가를 내친 이유는 무엇입니까?

백선생 : 『삼국사기』 기록은 없으나 『신라사초』에 흥미로운 내용이 있습니다. 동성왕이 백가의 딸이 미녀라는 소문을 듣고 취하려 하자, 백가가 딸의 얼굴에 진흙을 발라 추녀로 보이게 합니다. 동성왕이 의심하며 딸을 취하는데, 이내 곱고 하얀 피부가 드러나 백가가 자신을 속인 것을 알아차립니다. 그리고 백가를 내칩니다.

김기자 : 결국 여자문제로 동성왕은 자신의 죽음을 자초한 것이군요.

백선생 : 동성왕에게는 시대적 사명이 있습니다. 백제의 재건입니다. 백제는 한성을 소실하면서 정치, 경제의 모든 기반을 잃고 쪼그라듭니다. 국력은 약화되고 왕권은 불안합니다. 동성왕은 왕위계승서열상 적통이 아닙니다. 그러나 당시 백제의 지도층과 야마토 왕가는 동성왕을 선택합니다. 그 선택은 적중합니다. 동성왕은 자신에게 주어진 시대적 사명을 훌륭히 완수합니다. 중앙집권체제가 강화되고 백제의 국력은 날로 커집니다. 그 힘은 대륙까지 뻗어나갑니다. 동성왕은 대륙을 호령한 백제의 유일한 군주입니다.

5. 무령왕릉이 담고 있는 비밀

백선생 : 1971년 7월입니다. 충남 공주 송산리에서 왕릉이 하나 발견됩니다. 긴 장마로 인접 고분의 침수를 막기 위해 배수로 공사를 하는 도중에, 한 인부의 삽자루 끝에 벽돌이 하나 걸립니다. 벽돌을 따라 파내려가니 무덤의 입구인 벽돌 아치arch가 나옵니다. 무령왕릉입니다.

무령왕릉 발굴 장면 (1971년)

소교수 : 무령왕릉은 처녀분입니다. 도굴되지 않은 상태로 세상에 나옵니다. 통상 백제고분은 신라고분과 달리 연도羨道(널길)가 있어 출입이 가능한 구조이어서 열이면 열 모두 도굴된 상태로 발견됩니다. 무령왕릉에서 수습된 유물

무령왕릉 출토 석수

은 총 108종 4,687점입니다. 엄청난 양입니다. 이 중 12종 17점은 국보입니다. 당시 국립박물관장인 김원룡과 공주국립박물관장 김영배가 주도하여 하룻밤 만에 서둘러 발굴을 끝냅니다. 지금 생각해보면 상상할 수 없는 일입니다. 물론 사정은 있습니다. 본격적으로 발굴을 시작하기 전에 기자들에게 무덤을 공개하면서 유물 일부가 훼손되는 일이 발생합니다. 그래서 발굴을 서두릅니다. 이 점에 대해서는 두 분이 공식 사과한 바 있습니다.

백선생 : 무령왕릉에서 출토된 유물 중에 묘지석 두 개가 있습니다. 왕과 왕비의 묘지석입니다. 그런데 왕의 묘지석 명문에 무덤의 주인을 알려주는 뜻밖의 단서가 있습니다.

寧東大將軍百濟斯麻王 年六十二歲 癸卯年五月丙戌朔七日壬辰崩 到乙巳年八月 癸酉朔十二日甲申 安
厝登冠大墓 立志如

**영동대장군 백제 사마왕은 나이 62세 되는 계묘년* 5월 병술 초하루인 7일 임진에 돌아가셨다. 을
사년** 8월 갑신일인 12일에 대묘에 안장하였다. 기록하기를 왼편과 같이 한다.**

☞ *523년 **525년

영동대장군寧東大將軍 백제 사마왕斯麻王입니다. 사마왕은 제25대 무령왕武寧王입니다. 『삼국사기』는 '斯摩'로 『일본서기』는 '斯麻'로 기록합니다. '마'의 한자가 다릅니다. 영동대장군은 무령왕이 512년 중국 양梁으로부터 받은 관작입니다. 『양서』는 「사지절도독백제제군사영동대장군」으로 기록합니다. 일본 사학계가 무령왕릉을 주목합니다. 묘지석에 무령왕의 사망년도가 나옵니다. 523년은 62세입니다. 따라서 무령왕은 461년생입니다. 이는 『일본서기』 기록과 정확히 일치합니다.(제7장 216쪽 ⑦-9 참조) 당시 학계는 동성왕의 둘째 아들이라는 『삼국사기』 기록을 따릅니다. 그러나 지석의 명문이 발견되면서 무령왕이 동성왕의 생물학적 아들이 아니라는 사실이 확인됩니다.

무령왕 묘지석

김기자 : 무령왕릉의 발견으로 백제 역사가 제자리를 찾았군요.

백선생 : 무령왕릉의 유물 중에 목관의 파편이 일부 나옵니다. 훗날 나무의 재질을 정밀 조사해 보니 금송金松입니다. 금송은 우리나라에서 발견된 적이 없습니다. 더구나 목관으로 사용하기 위해서는 다년생이 필요합니다. 다년생 나무는 통상 군락지에서 발견됩니다. 일본 와카야마和歌山현 고야高野산은 금송의 대표적인 군락지입니다.

김기자 : 목관은 일본에서 가져온 겁니까?

백선생 : 그렇습니다. 일본에서 가져온 금송으로 제작한 목관입니다. 이는 무령왕이 당시 야마토 왕조와 깊은 관계를 맺고 있다는 사실을 다시 한 번 입증하는 고고학의 성과입니다. 『일

본서기』 기록대로 무령왕은 461년 일본 규슈섬 북단의 가카라시마加唐島에서 태어나 아버지 곤지를 따라 야마토로 건너가 줄곧 그곳에서 성장합니다. 무령왕과 야마토의 친연성親緣性을 확인할 수 있는 유물은 또 있습니다. 「인물화상경人物畵像鏡」이라는 청동거울입니다. 소재지는 금송 군락지가 있는 와카야마和歌山현입니다. 하시모토橋本시에 있는 쓰다하치만隅田八幡신사입니다. 청동거울 원본은 현재 동경국립박물관이 소장합니다. 일본 국보입니다. 이 청동거울은 5~6세기

고야산과 쓰다하치만신사(일본 와카야마현)

경 제작된 것인데, 거울에 48자의 명문이 새겨있습니다.

癸未年八月日十大王年男弟王在意柴沙加宮時斯麻念長寿遣開中費直穢人今州利二人等取白上同二百旱作此竟
계미년 8월 10일 대왕 연간에 남제왕이 의자사가궁에 있을 때 사마가 장수를 염원하여 보낸다. 개중비직과 예인 금주리 등 두 사람을 보내어 최고급 구리쇠 200한으로 이 거울을 만든다.

인물화상경(일본국보)

계미년은 503년(무령3)으로 무령왕이 야마토에서 귀국하여 백제왕에 즉위한지 3년째가 되는 해입니다. 남제왕男弟王(또는 남대적왕男大迹王)은 야마토의 계체왕繼体王(게이타이, 제26대)입니다. 청동거울은 무령왕이 야마토 남제왕(계체왕)에게 장수를 염원하며 보냅니다. 참고로 무령왕릉에서도 청동거울이 출토되는데 두 청동거울은 마치 쌍둥이처럼 모양이 흡사합니다.

소교수 : 무령왕릉에서 출토된 지석은 당시 우리 학계의 『일본서기』에 대한 편견을 완화시키는

역할을 합니다. 이전까지 우리 학계는 『삼국사기』의 기록을 맹목적으로 수용합니다. 『일본서기』 기록을 배척하는 기류가 지배적입니다. 그러나 이를 계기로 『일본서기』를 새롭게 인식하는 시각이 나타나고, 『일본서기』를 재해석하기 시작합니다. 덕분에 『삼국사기』가 기록하지 않은 백제 역사의 적잖은 부분을 복원합니다.

6. 무령왕의 즉위 내막과 치세

백선생 : 무령왕武寧王의 휘는 융隆(부여융)입니다. 자는 사마입니다. 40세 늦깎이 나이로 제25대 왕에 즉위합니다. 『삼국사기』는 동성왕의 둘째 아들로 설정하나 실제는 동성왕의 배다른 동생입니다. 곤지의 다섯째 아들입니다. 키는 8척으로 190㎝가 넘는 장신입니다. 『삼국사기』는 '눈썹과 눈이 그림과 같으며 인자하고 관대하다.〔眉目如畵 仁慈寬厚〕'고 기록합니다. 대단한 호평好評입니다.

김기자 : 전임 동성왕이 낳은 아들은 없습니까?

백선생 : 『신라사초』를 보면 동성왕의 자손들이 적잖이 나옵니다. 확인된 이름만 8명입니다. 아들은 소말지小末支, 도마, 순기 등 3명이고, 딸은 원지, 손아, 운아, 마지, 백수 등 5명입니다. 모두 신라출신 부인들이 낳은 자식입니다. 동성왕의 부인들 중에는 백제 귀족출신 여인도 있을 겁니다. 당연히 출산했다고 보면 얼추 잡아도 10명은 훌쩍 넘습니다. 이 중 소말지는 동성왕이 즉위 후 얻은 첫 번째 아들입니다. 태자일 확률이 큽니다. 이름을 풀이하면 '소+말다+지'로 '작은 말다왕'입니다. 서양식으로 표현하면 동성왕 2세(Jr.)입니다. 또한 동성왕 곁에는 친동생 모지牟支가 있습니다. 곤지의 셋째 아들입니다. 487년(동성9) 사신자격으로 신라에 파견되기도 합니다. 모지는 동성왕이 야마토에서 귀국할 때 동행하여 줄곧 동성왕과 고락을 함께 합니다.

【동성왕–무령왕 계보도】

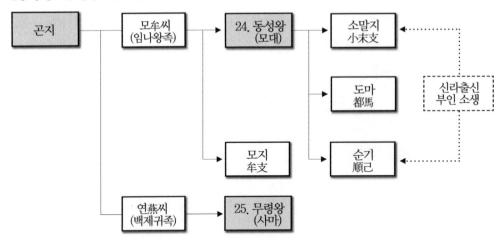

김기자 : 무령왕이 즉위할 수 있었던 특별한 배경은 무엇입니까?

백선생 : 왕위계승 서열을 따져보면, 동성왕의 직계 아들이 1순위, 동성왕의 동생들은 2순위입니다. 특히 무령왕은 동성왕의 배다른 이복동생이니 왕위계승 서열상으로 마지막에 해당합니다. 따라서 당시의 정황으로 보아 무령왕이 왕이 될 확률은 거의 없습니다. 그러나 역사는 무령왕에게 기회를 주고, 또 무령왕을 선택합니다. 『삼국사기』 기록입니다.

⑧-18. 원년(501년) 정월, **좌평 백가苩加가 가림성加林城을 거점으로 반란을 일으키니** 왕이 군사를 거느리고 우두성牛頭城에 이르러 한솔 해명解明을 시켜 토벌케 하였다. **백가가 나와서 항복하자 왕이 백가의 목을 베어 백강白江에 던졌다.** 『삼국사기』 무령왕

500년(동성23) 12월, 동성왕 시해라는 돌발 변수가 발생합니다. 동성왕이 최측근 백가에게 암살당합니다. 그리고 백가는 이듬해인 501년(동성24) 정월, 가림성(충남임천)에서 반란을 일으킵니다. 백제 지도층이 무령왕에게 백가의 반란 진압을 요청합니다. 무령왕에게 기회가 찾아옵니다. 무령왕은 해명을 시켜 백가를 토벌합니다. 백가가 항복하자 가차 없이 목을 베어 금강에 내던져 버립니다. 스스로 군주의 위엄을 보입니다. 그리고 지도층의 추대를 받아 보위에 오릅니다.

김기자 : 5공화국 출범과 비슷하군요. '동성왕-백가-무령왕'은 '박정희-김재규-전두환'과 연결되는군요. 그렇다고 무령왕이 전두환과 같다는 뜻은 아니고요.

백선생 : 역사의 평행이론입니다. 과거는 현재일 수 있고 또 미래일 수도 있습니다. 역사는 시대상황은 다르지만 어떤 형태로든지 반복됩니다. 그래서 역사가 무서운 겁니다.

김기자 : 무령왕은 언제 귀국한 겁니까?

백선생 : 무령왕의 귀국 시점을 정확히 단정할 수 없습니다. 동성왕시기 무령왕의 활동에 대한 기록이 전혀 없기 때문입니다. 그렇다면 새로운 추정을 해야 합니다. 『삼국사기』 무령왕 즉위 전 기록을 보면 '민심귀부民心歸附'라는 표현이 나옵니다. '민심이 무령왕을 따랐다.'고 해석합니다. 무령왕 즉위의 결정적 요인은 백가의 난을 평정한 것이지만, 실은 그 이전부터 민심의 향방은 무령왕에게 있음을 암시합니다. 동성왕이 임류각을 짓고 향락에 빠지면서 민심은 급격히 동성왕을 떠납니다. 민심은 천심입니다. 무령왕이 민심을 등에 업고 동성왕의 보위를 넘봅니다. 따라서 무령왕은 적어도 수년 전에 야마토로부터 귀국하여 웅진에 정착합니다. 대략 495년 전후로 추정됩니다.

소교수 : 동성왕의 죽음과 무령왕의 즉위과정에 모종의 음모가 있다는 조심스런 견해가 있습니다. 『일본서기』 기록입니다.

⑧-19. 4년(501년), 이 해에 **백제 말다왕末多王이 무도하여 백성들에게 포학하므로 국인國人이 마침내 제거하고 도왕嶋王을 세우니 바로 무령왕武寧王이다.** 『일본서기』 무열武烈기

이 기록은 앞의 『삼국사기』 기록(255쪽 ⑧-17)과 정면으로 배치됩니다. 동성왕을 죽인 주체가 백가 한사람이 아니라 국인國人입니다. 국인은 당시 지배층 세력을 말합니다. 무령왕과 국인이 백가를 이용하여 동성왕을 제거하고 무령왕을 옹립한 것으로 해석할 수 있습니다.

김기자 : 이 해석이 맞다면 백가는 이용만 당한 꼴이군요.

백선생 : 백가에 대한 동정론同情論일 뿐입니다. 그러나 어찌되었던 간에 백가가 동성왕을 시해한 사실만큼은 부정할 수 없습니다. 『삼국사기』 편찬자는 백가의 행위를 격렬하게 비판합니다. 철

저하고 완벽한 유교적 판단입니다.[14]

> 사관은 평한다. 『춘추春秋』에는 '신하된 자는 군주를 넘보려는 마음을 가져서는 안된다. 이러한 마음을 가진 자는 반드시 죽여야 한다.' 기록되어 있다. 백가苔加와 같은 극악한 악인은 천하에 용서받지 못할 자인데 즉시 처단하지 않고 이때에 와서 스스로 죄를 벗어나지 못할 것을 알고 반역을 일으킨 후에야 처단하였으니, 때는 늦은 것이다.

김기자 : 무령왕의 치세는 어떠합니까?

백선생 : 무령왕은 501년~523년까지 23년을 재위합니다. 『삼국사기』 기록을 보면 고구려와 말갈과의 전쟁기사가 대부분입니다. 고구려와의 전투는 즉위년인 501년 공격을 시작으로 502년, 507년, 512년 등 총 4회에 걸쳐 나옵니다. 전투 장소는 수곡성, 횡악, 가불성, 원산성, 위천 등 모두 한강 이북입니다. 말갈과의 전투는 503년, 506년으로 고목성에서 전투를 벌입니다. 고목성은 경기도 연천입니다. 475년 고구려 장수왕의 남침으로 빼앗긴 옛 백제 땅을 무령왕 시기에 대부분 수복합니다.

김기자 : 고토古土의 수복이군요.

백선생 : 무령왕은 521년(무령21) 양梁(502~557)에 사신을 파견합니다. 양은 소연蕭衍(고조)이 남제를 무너뜨리고 세운 신흥왕조입니다. 『삼국사기』 기록입니다.

> ⑧-20. 21년(521년) 11월, 양梁에 사신을 보내 조공하였다. 이에 앞서 고구려에게 격파당하여 나라가 쇠약해진 지가 여러 해 되었는데, 이때에 이르러 표문을 올려 이르길 '백제가 여러 번 고구려를 격파하여 비로소 그들과 우호 관계를 맺고, 다시 강국强國이 되었다.' 하였다. 『삼국사기』 무령왕

무령왕은 백제가 '다시 강국이 되었다.(更爲强國)'고 자평합니다. 양고조는 무령왕에게 「사지절

---

14 『삼국사기』는 조선시대 왕실과 지배층이 최소 3번 정도 손본다. 기록에 나오는 소위 사관의 논평이라는 사론(史論)을 보면 숨이 탁탁 막힌다. 철저한 중국의 유교적 관점이다. 『삼국사기』 사론 전체가 김부식과 편찬자들의 작품은 아니다. 조선시대 『삼국사기』 개정판을 내면서 첨부된 내용도 적잖다. 대관절 조선은 무슨 짓을 한 것일까? 우리 역사를 우리의 관습과 전통의 관점에서 보지 않고 일방으로 중국의 관점만을 따른다. 조선은 『삼국사기』의 본래 역사관마저 왜곡한다. 이 또한 슬픈 역사이다.

도독백제제군사영동대장군」의 관작을 수여합니다. 무령왕은 남쪽으로도 영토를 확장합니다. 512년(무령12) 섬진강과 연결되는 전남 동남해안 일대를 장악합니다. 『일본서기』는 임나 4현으로 기록합니다. 상다리上哆唎, 하다리下多唎, 사타娑陀, 모루牟婁 등 입니다. 각각 전남 여수, 돌산, 순천, 광양 등입니다. 이어 513년(무령13) 무령왕은 섬진강 중류지역인 기문己汶(전북남원)을 장악합니다. 그리고 529년(무령29) 대사帶沙(경남하동)를 최종적으로 확보합니다. 대사는 섬진강의 종착지로 백제와 야마토를 연결하는 항구입니다.

　소교수 : 일본학자는 『일본서기』에 나오는 임나 4현을 야마토의 직할지(또는 예속)로 이해하고, 이전부터 이 지역을 지배해오다 무령왕 시기에 백제에 이양했다고 해석합니다. 참고로 전남 순천에 운평리 고분군이 있습니다. 순천은 임나 4현의 하나인 사타娑陀입니다. 2006년과 2008년 두 차례에 걸쳐 조사하여 대가야계 석곽묘(돌덧널무덤)인 7기의 중형급 무덤을 발굴합니다. 대가야 계통의 토기가 다수 출토됩니다.[15] 이들 고분의 조성 시기는 5세기 중엽에서 6세기 초엽으로 대략 50~60년간입니다. 따라서 이 지역은 무령왕이 장악하기 이전에 대가야의 영향력 하에 있음을 알 수 있습니다. 대가야는 적어도 50~60년간 이 지역을 장악합니다. 운평리 고분은 이 지역이 야마토의 직할지가 아닌 대가야의 영향력 하에 있었다는 사실을 입증합니다.

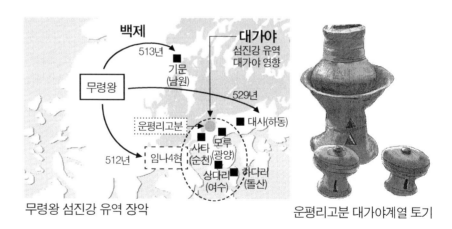

무령왕 섬진강 유역 장악　　　　　　　　　　　　　　운평리고분 대가야계열 토기

---

15 대가야 계통의 토기는 대가야의 중심지인 경남 고령의 지산동 고분군을 비롯하여 경남 하동의 흥룡리 고분군, 전남 순천의 운평리 고분군, 전북 남원의 월산리 고분군 등에서 출토된다. 대가야는 섬진강을 중심으로 남해안 일대의 해상권 장악하고 삼국은 물론 중국, 일본 등과도 활발한 교역활동을 벌인 강성한 해상교역 국가이다.

백선생 : 『양직공도』가 있습니다. 양梁의 소역蕭繹(508~554)이 조공 온 외국사신의 모습을 그린 일종의 화첩입니다. 당초 원본은 25개국 사신도가 있었을 것으로 추정되나 현재는 12국 사신도만 전합니다. 이 중에는 고구려, 백제, 신라의 사신도가 있습니다. 백제의 경우, 사신도 옆에 7행 160 자의 제기題記(화제畵題, 그림에 써 놓은 글)가 있습니다.

百濟國使百濟舊來夷馬韓之屬晉末駒麗畧有遼東樂浪亦有遼西晉平縣自晉巳來常修蕃貢義熙中其王餘腆宋元嘉中其王餘毗齊永明中其王餘太皆受中國官爵梁初以太爲征東將軍尋爲高句驪所破普通二年其王餘隆遣使奉表云累破高麗所治城曰固麻謂邑曰檐魯於中國郡縣有二十二檐魯分子弟宗族爲之旁小國有叛波卓多羅前羅斯羅止迷麻連上巳文下枕羅等附之言語衣服畧同高麗行不張拱拜不申足以帽爲冠襦曰複衫袴曰褌其言參諸夏亦秦韓之遺俗.

백제국사. 백제는 옛날 래이[16]로 마한의 속국이다. 진 말에 고구려가 요동과 낙랑을 취하여 다스리자 백제도 요서 진평현을 취하였다. 진 이래로 항상 조공하였다. 의회연간에 여전*이, 송 원가연간에 여비**가, 제 영명연간에는 **여태***가 모두 중국으로부터 관작을 받았다. 양 초에 여태를 정동장군으로 삼았는데 고구려가 침략하자 이를 무찔렀다. **보통2년에 여융****이 사신을 보내 표를 올리며 말하기를 고구려를 잇달아 무찔렀다고 하였다. 치소를 고마라 하고 읍을 담로라 하는데 이는 중국의 군현과 같다. 22담로가 있어 왕의 자제 등 존속들에게 나누어 다스렸다. 주변 소국으로 반파, 탁, 다라, 전라, 사라, 지미, 마련, 상기문, 하침라 등은 부용하고 있다.** 언어와 의복은 대체로 고구려와 같으나 거동할 때는 두 손을 맞잡으며 절을 할 때는 다리를 펴지 않는다. 모자를 관이라 하고 저고리를 복삼이라 하며 바지를 곤이라 한다. 백제말에는 중국말도 있는데 이는 진한의 습속에서 유래한 것이다.

『양직공도』 백제사신

☞ *전지왕 **비유왕 ***동성왕 ****무령왕

---

16 래이(萊夷)는 지금의 중국 산동반도에 터를 잡고 살아온 범 동이족의 한 갈래이다. 우리민족의 한 부류이다. 중국사서는 동래(東萊)로 표기한다. 『양직공도』가 백제의 기원을 래이로 표현한 점은 한반도 백제와 산동반도 지역과의 유기적 친연성을 나타낸다. 오랜 기간에 걸쳐 상당수 래이가 한반도로 건너와 백제인으로 거듭난다.

내용은 『송서』, 『양서』의 기록과 비슷합니다. 제작 시기는 530년경입니다. 521년(무령21) 무령왕이 양에 사신을 파견한 기록이 있어, 이 시기에 제작자인 소역이 백제 사신의 모습을 참조하여 그린 것으로 추정됩니다. 백제에 부용附庸(소국이 대국에 의탁함)한 9개국이 나옵니다. 반파(대가야,경북고령), 탁(경북경산), 다라(경남합천), 전라(경남함안?), 사라(신라), 지미(전남강진), 마련(전남광양), 상기문(전북남원), 하침라(전남해남)입니다. 앞의 4개 국가는 가야의 소국입니다. 그리고 뒤의 4개 국가는 영산강과 섬진강 일대의 소국입니다. 신라가 나옵니다. 당시 백제가 신라를 부용국으로 인식한 점이 특이합니다.

백제 부용국(『양직공도』)

소교수 : 『양직공도』는 6세기 전반기 백제 무령왕 시대를 복원할 수 있는 중요한 기록물입니다. 비문 기록 못지않게 기록물의 신뢰도는 매우 높습니다. 그럼에도 당시 정황으로 보아 신라가 백제의 부용국이라는 판단은 동의하기 어렵습니다. 소역은 백제 사신의 말을 듣고 제기題記를 작성했을 겁니다. 따라서 이 기록은 철저히 백제의 입장이며 백제의 시각입니다. 다소 표현이 과장될 개연

성이 다분합니다. 더구나 부용국의 나열 순서가 가야 소국이 먼저입니다. 이들 가야 소국은 백제와 직접적으로 국경을 맞대고 있지 않습니다. 예를 들면 고구려는 시종일관 백제를 '속국'으로 인식합니다. 《광개토왕릉비》는 고구려의 시각을 단편적으로 보여줍니다. 가야 소국에 대한 백제의 시각도 고구려가 백제를 보는 시각과 유사할 겁니다.

백선생 : '무령武寧'은 시호입니다. 통상적으로 '武'는 외부 정복활동이 왕성한 왕에게 붙이며, 외치에 해당합니다. '寧'은 '편안하다'는 뜻이니 내치입니다. 따라서 '武寧'의 시호에 내포된 무령왕의 존재는 외적으로는 영토를 확장하고 내적으로는 백제를 안정시킨 군주입니다.

김기자 : 내치는 어떤 것이 있습니까?

백선생 : 무령왕은 506년(무령6) 가뭄이 극심하여 창고를 열어 백성들을 구제하고, 510년(무령10) 제방을 튼튼히 하고 중앙과 지방의 놀고먹는 자들을 모아 농사를 짓게 합니다. 무령왕의 내치입니다. 참고로 무령왕 시대에 활동한 신료들의 이름이 『삼국사기』에 나옵니다. 해명, 우영, 인우, 사오 등입니다. 『일본서기』에는 장군 조미문귀, 주리죽니, 주리즉차, 작막고, 목례불마갑배, 오경박사 단양이, 고안무 등도 나옵니다. 『일본서기』의 언급된 인물은 모두 야마토와 직간접적으로 연결됩니다. 다양한 성씨입니다. 이전에 보이지 않던 성씨들이 적잖이 출현합니다. 이는 무령왕이 폭넓게 인재를 구하여 쓴 반증입니다.

김기자 : 무령왕은 개방적인 인사정책을 폈군요.

백선생 : 돌이켜보면 백제 부여왕가의 역사적 부침은 비운悲運 그 자체입니다. 부여왕가 창업자인 비유왕은 흑룡출현과 함께 암살되고, 개로왕은 고구려 장수왕에게 목숨을 잃으며, 문주왕은 실권자인 해구

송산리고분군(충남 공주)

에게 피살됩니다. 삼근왕은 15살에 의문의 죽음을 당하고, 동성왕은 최측근인 백가에게 역시 살해 당합니다. 모두 불운한 왕입니다. 천수를 다하지 못합니다. 그러나 무령왕은 다릅니다. 아버지 곤지의 비통한 죽음은 평생의 자극제이며 배다른 형 동성왕의 굴곡은 스스로의 채찍입니다. 40세의 늦깎이 나이로 즉위하지만 무령왕은 철저히 준비된 왕입니다. 무령의 시호는 결코 허세도 허상도 아닙니다. 가장 합당한 시호입니다. 523년 5월, 무령왕은 62세의 나이로 조용히 눈을 감습니다.

9장
미륵을 꿈꾸며
남부여의 좌절

1. 대통사 창건에 담긴 뜻

백선생 : 국립 공주박물관 뜰에 석조(물을 담는 돌그릇) 두 개가 있습니다. 중동 석조와 반죽동 석조
입니다. 보물 148호, 149호입니다. 반죽동 석조가 조금 더 큽
니다. 너비 155㎝, 깊이 56㎝, 돌의 두께 16.5㎝입니다. 받침
기둥에 연화문이 빙 둘러 새겨 있고, 그릇 가운데에 여덟 개의
연꽃문양도 있습니다. 부드럽고 온화합니다. 이 석조는 공주시
반죽동 봉황산의 한 절터에서 수습하여 박물관에 옮겨다 놓았
습니다. 일제강점기 이 절터에서 '大通'이란 글자가 새겨진 명
문기와편이 출토됩니다. 대통사입니다.

반죽동 석조(공주박물관)

김기자 : 대통의 이름을 갖게 된 연유는 무엇입니까?

백선생 : 대통사大通寺의 창건은 『삼국유사』에 나옵니다.

⑨-1. **대통大通*원년 정미에 법흥왕**法興王**이 양**梁**황제를 위하여 웅천주**熊川州**에 절을 짓고 이름을 대
통사**大通寺**라 하였다.**〔웅천은 곧 공주로 당시 신라에 속하기에 정미년**이 아니고 중대통中大通***원
년인 기유년****에 창건되었을 것이다. 처음 흥륜사興輪寺를 세우던 정미년에는 미처 다른 군에 사찰
을 세울 틈이 없었을 것이다.〕『삼국유사』〈흥법〉

☞ *양무제 3번째 연호(527~529), **527년, ***양무제 4번째 연호(529~534), ****529년

창건 연대는 527년입니다. 이 해는 백제 성왕 5년이고 신라 법흥왕(제23대) 14년입니다. 양梁황제
는 양무제(소연,502~549)입니다. 527년은 대통, 529년은 중대통의 연호를 사용합니다. 일연은 세 가
지를 착각합니다. 첫째는 창건연대가 529년입니다. 이유는 신라 최초의 사찰인 흥륜사가 527년에
세워져 다른 곳에 사찰을 세울 여유가 없다는 논리입니다. 둘째는 창건주체가 신라 법흥왕입니다.

당시 웅진은 신라 땅이 아닙니다. 삼국통일은 먼 훗날 일입니다. 셋째는 창건목적이 양 황제를 위해서입니다. 당시 신라는 양과 교류한 사실이 없습니다. 따라서 대통사는 527년 신라 법흥왕이 아닌 백제 성왕이 수도 웅진에 창건한 사찰입니다.

김기자 : 백제 최초의 사찰입니까?

백선생 : 백제가 불교를 공식적으로 받아들인 때는 침류왕 시기입니다. 『삼국사기』를 보면 384년(침류1) 인도승려 마라난타에 의해 불법佛法[1]이 전수되고, 이듬해인 385년 한산에 사찰을 짓고 승려 10명을 출가시킵니다. 따라서 최초의 사찰은 아닙니다. 다만 사찰명이 확인된 것은 최초입니다.

김기자 : 성왕이 사찰을 창건한 이유는 무엇입니까?

백선생 : 성왕은 불교와 인연이 깊습니다. 『삼국사기』 기록입니다.

⑨-2. 19년(541년), 왕이 양梁에 사신을 보내 조공하고 아울러 **표문을 올려 모시**毛詩**박사와 열반경**涅槃
經 **등의 경서 해설서 및 공장**工匠, **화사**畵師 **등을 보내주기를 요청하니, 이를 들어주었다.**

『삼국사기』 성왕

『열반경』은 석가모니가 열반에 들기 전의 설법을 기록한 불교경전입니다. 성왕은 불교관련 서적을 양에 요청하여 구합니다. 모시毛詩는 『시경』입니다. 모시박사는 시경에 정통한 학자를 말합니다. 기술자와 화가도 요청하며 양의 문물을 적극적으로 받아들입니다. 526년에는 겸익謙益을 인도에 파견하여 불교의 율律을 구하기도 합니다. 또한 성왕은 일본에 불교를 전파합니다. 552년 노리사치계怒利斯致契를 파견하여 석가모니 불상과 경서를 일본에 전합니다.[2]

김기자 : 성왕 시기에 불교 활동이 왕성하군요. 성왕의 '聖'자는 '성스러울 성'인데, 혹 불교와 연관이 있습니까?

---

1 불교(佛敎)는 일제강점기 일본인들이 처음으로 만들어 쓴 용어이다. 이전에는 불교라는 용어가 없었다. 불법(佛法)이라고 한다.

2 일본의 불교 전래는 『일본서기』 기록에 따른다. 552년 백제 성왕이 파견한 노리사치계이다. 그러나 『상궁성덕법왕제설上宮聖德法王帝說』과 『원흥사녹기元興寺綠起』에는 흠명왕 7년(538년)으로 나온다. 역시 성왕 재위시기이다. 일본은 불교 전래시기를 552년과 538년 둘 다 병용한다.

백선생 : 성왕은 불교에서 말하는 '전륜성왕轉輪聖王'입니다. 전륜성왕은 고대 인도신화에 나오는 통치의 수레바퀴(법륜法輪)를 굴려 세계를 통일하고 지배하는 신화속의 제왕인데, 불교와 접합하면서 무력이 아닌 정법을 통해 세계를 지배하는 이상적인 제왕으로 변화합니다.[3] 당시 백제에는 미륵신앙이 성행합니다. 미륵신앙은 도솔천에 있는 미륵불이 전륜성왕이 통치하는 국토로 내려와 중생들을 제도하고 그 국토를 정토淨土(부처가 될 보살이 사는 청정한 땅)로 바꾸는 신앙입니다. 미륵불의 정토 즉 불국토를 용화龍華세계라고 합니다. 용화세계는 모든 사람이 불로장생하고 만사가 뜻대로 이루어지는 만사여의萬事如意의 세상입니다. 성왕은 용화세계를 건설하고 다스리는 전륜성왕입니다.

태양신 수리아(Surya)와
법륜(방콕박물관)

김기자 : 불교를 국가 통치이념으로 받아들인 겁니까?

백선생 : 성왕은 불교를 통치이념으로 받아들입니다. 대통사는 이런 맥락에서 창건되며, 미륵불의 하생下生을 기원하는 사찰입니다. 현재 절터는 민가와 시가지가 들어서 있어 정확한 규모는 알 수 없습니다. 다만 가람 배치는 탑과 금당, 강당이 남북 일직선상에 놓여있는 '1탑1금당식'으로 추정됩니다.

소교수 : 대통사 창건 연도와 유래에 대해서는 다른 의견이 있습니다. 『삼국유사』는 창건연대를 기유년(529년)으로 본 까닭이 양무제의 연호에 유래하고 창건연유는 양무제를 위해 지은 사찰로 이해합니다. 그러나 『삼국유사』의 추정은 잘못된 것이며 대통사는 양무제의 연호에서 유래한 것이 아니라 『법화경』의 '대통불大通佛'이란 부처이름에서 유래한 것으로 보는 해석입니다. 『법화경』에 따르면 대통불은 전륜성왕의 아들이며, 전륜성왕의 손자는 석가모니 즉 법왕입니다. 백제는 성왕

---

3 전륜성왕을 자처한 대표적인 왕은 인도 마우리아(Maurya)왕조의 아소카(Ashoka)왕(제3대, 서기전273년~서기전232년)이다. 인도 최초의 통일제국을 건설한 왕이다. 『중아함경』에 의하면 전륜성왕은 왕위에 오를 때 하늘로부터 광명이 빛나는 윤보(輪寶-수레바퀴)를 얻어 이것을 회전시킴으로써 무력에 의지하지 않고 정의로 세계를 지배한다고 한다. 『미륵하생경』에 따르면 전륜성왕이 출현하여 다스리는 세계가 되면 비로소 미륵부처가 하생(下生)한다.

이 전륜성왕을 자처하고 성왕의 후손인 법왕(제29대)은 석가모니를 자처합니다. 따라서 성왕의 대통사 창건은 『법화경』의 석가모니계보를 백제왕실에 대비시켜 왕실의 성족聖族 관념을 고양시키기 위한 목적으로 보는 견해입니다.

백선생 : 성왕이 양의 문물을 적극 받아드리는 등 선린우호관계를 맺은 것은 사실이지만 백제 도성인 웅진의 한복판에 양 황제를 위해 기원사찰을 건립한다는 것은 너무나 어색한 명분입니다. 백제 왕들 중에는 성왕 말고도 전륜성왕을 자처한 왕이 더러 있습니다. 위덕왕, 법왕, 무왕입니다. 모두 성왕의 후손입니다. 이 시기 신라도 528년(법흥15) 이차돈의 순교이후 불교를 적극 받아들입니다. 법흥왕(제23대), 진흥왕(제24대)은 불교식 시호입니다. 경주 황룡사 창건설화를 보면, 신라 진흥왕도 전륜성왕을 자처합니다. 또한 두 아들에게도 동륜성왕과 철륜성왕을 가리키는 동륜과 사륜(철륜)의 이름을 지어주고, 진흥왕 자신은 말년에 머리를 깎고 출가하기도 합니다. 6세기부터 백제와 신라는 갑자기 불교문화를 꽃피우기 시작합니다. 불교를 국가 통치이념으로 받아들이며 생긴 결과물입니다.

2. 부여제국의 부활을 꿈꾸며

백선생 : 성왕은 제26대 왕입니다. 523년~554년까지 재위기간은 32년입니다. 휘는 명明(부여명)입니다. 자는 명농明穠입니다. 『일본서기』는 '성명聖明'이라고 합니다. 『삼국사기』는 지혜와 식견이 뛰어나고 일을 처리함에 결단성이 있다고 평합니다. 군주의 자질이 풍성합니다. 『일본서기』는 성왕이 천문지리에 통달하여 그 이름이 사방에 퍼졌다고 기록합니다. 세상의 이치를 통달한 대단한 지식인입니다. 성왕은 시호이나, 『삼국사기』는 무령왕의 뒤를 이어 즉위하자 '나라사람國人이 성왕이라 불렀다.〔國人稱爲聖王〕'고 기록한 점으로 보아, 성왕은 생전의 호칭입니다.

김기자 : 전륜성왕이군요.

백선생 : 성왕은 무령왕의 아들이나 태자는 아닙니다. 원래 태자는 따로 있습니다.

김기자 : 누구입니까?

백선생 : 『일본서기』 기록에 나옵니다.

⑨-3. 7년(513년) 8월, 계미 초하루 무신일에 **백제 태자 순타淳陀가 죽었다.** 『일본서기』 계체繼体기

순타淳陀태자입니다. 513년 8월에 사망합니다. 『삼국사기』에는 순타태자의 대한 기록이 없습니다. 순타태자는 일본에서 태어나 무령왕을 따라 귀국했다가 무령왕이 즉위하자 태자에 봉해진 후 다시 일본으로 건너갑니다. 다만, 당시의 정황으로 보아 백제가 태자를 야마토에 보낼 만한 이유가 없습니다. 부자간의 어떤 갈등이나 왕실과 귀족간의 정치적 다툼이 원인입니다. 이에 반해 『일본서기』는 기록을 남깁니다. 그럴만한 이유가 있습니다. 고야신립高野新笠이라는 여인이 있습니다. 야마토 광인왕光仁王(고닌, 제49대)의 부인으로 환무왕桓武王(간무, 제50대)의 어머니입니다. 순타태자의 후손입니다. 이 기록은 『속일본기』에 나옵니다.[4]

김기자 : 백제와 야마토 두 나라 왕실이 인연을 맺은 직접적인 증거이군요. 2001년 12월로 기억하는데요. 일본 명인왕明仁王(아키히토, 제125대)이 2002년 한일월드컵 개최를 앞두고 68세 생일을 맞아 인터뷰한 기사가 언론에 소개되었는데, "내 개인적으로는 환무(간무)천황의 생모가 백제 무령왕의 자손이라고 『속일본기』에 쓰여 있는데 대해 한국과의 연緣을 느끼고 있다."는 발언이 한때 커다란 반향을 불러일으킨 적이 있지요.

백선생 : 성왕의 출생년도를 추정할 수 있는 단서가 『일본서기』에 나옵니다. 성왕의 아들인 부여창扶餘昌(위덕왕)의 나이가 553년(성31)에 29세라는 기록입니다.[5] 부여창은 525년(성3)에 출생합니다. 따라서 성왕이 20세 전후에서 부여창을 낳았다고 가정하면, 성왕은 502년~505년 사이에 출생합니다. 이때는 성왕의 아버지 무령왕이 즉위한 직후입니다. 성왕은 무령왕이 즉위 전에 혼인한 여인의 소생이 아니라, 무령왕 즉위에 공을 세운 백제 귀족가문출신 여인의 소생입니다. 성왕은 513년(무령13) 순타태자가 일본에서 사망하면서, 비록 10세 정도의 어린 나이이지만 자연스레 무령왕의 후계자가 됩니다.

---

4 『속일본기』 황태후 고야신립(高野新笠) 전의 연력8년(789년) 12월 기록이다. '후(后)는 앞서 백제 무령왕의 아들 순타태자에서 나왔다.〔后先出自百濟武寧王之子純陀太子〕'

5 『일본서기』 흠명(欽明)기 14년(553년) 10월 기록이다. '부여창이 대답하였다. "나의 성은 너희 왕과 같은 성씨이며 직위는 간솔이고 나이는 29세다."〔餘昌對曰 姓是同姓 位是杆率 年二九矣〕'

김기자 : 성왕의 치적은 무엇입니까?

백선생 : 성왕은 재위16년인 538년 봄에 사비泗沘(충남부여)로 천도하고 국호를 남부여南夫餘로 변경합니다. 먼저 사비 천도입니다. 한 국가의 천도는 하루아침에 뚝딱 해치울 수 있는 일은 결코 아닙니다. 사전에 철저한 준비가 필요합니다. 성왕은 최소 10년 정도를 준비합니다. 『삼국사기』 기록입니다.

⑨-4. 4년(526년) 10월, **웅진성熊津城을 수리하고** 사정沙井에 목책을 세웠다.

⑨-5. 7년(529년) 10월, **고구려왕 흥안興安*이 직접 병사를 거느리고 침범하여 북쪽 변경의 혈성穴城을 함락시켰다.** 왕이 좌평 연모燕謨에게 명령하여 보병과 기병 3만을 거느리고 오곡五谷 벌판에서 막아 싸우게 하였으나 이기지 못하였다. **죽은 자가 2천여였다.** 『삼국사기』 성왕

☞ *안장왕

526년(성4)입니다.(⑨-4) 성왕은 도성인 웅진성을 대대적으로 수리합니다. 또한 527년(성5) 대통사를 창건합니다. 많은 물자와 노동력이 소요됩니다. 웅진 호족세력들의 불만이 쌓여갑니다. 529년(성7) 기록입니다.(⑨-5) 고구려 안장왕(제22대)이 직접 군사를 이끌고 백제를 공격합니다. 좌평 연모가 3만 군사로 방어에 나서지만 오곡 벌판(서울 강서구 오곡동, 김포공항)에서 대패합니다. 2천 군사를 잃습니다.

김기자 : 새로운 돌파구가 필요한 상황이군요.

백선생 : 성왕은 천도를 결심합니다. 웅진도성에 미륵불의 용화세계를 건설하겠다는 꿈을 접습니다. 고구려와의 전쟁에서 입은 2천 인력손실이 결정타입니다. 웅진 호족세력의 불만이 극에 달하며 왕권조차 위협합니다. 성왕은 천도지를 물색하고 사비를 선택합니다. 사비는 지금의 충남 부여입니다. 원래 사비땅은 매우 습한 지역입니다. 사람이 살 수 없고 농사도 지을 수 없는 버려진 땅입니다. 습한 땅을 단단히 다져 사람이 살 수 있는 공간으로 만들고, 궁궐을 짓는 데는 많은 물자와 인력이 필요합니다. 이 시기 『일본서기』 기록을 보면 상좌평 사택기루沙宅己婁가 나옵니다. 사비지역의 호족인 사씨(또는 사택씨)입니다. 성왕은 사씨가문과 손을 잡습니다. 사택기루를 조정의 영수인

상좌평에 임명하고 천도 관련 업무 일체를 맡깁니다.

소교수 : 고대 사회에 있어 도성은 정치, 경제, 사회, 문화의 중심지입니다. 천도는 곧 중심의 이동입니다. 지배세력의 변화와 밀접한 관계를 가집니다. 예를 들어 고구려 장수왕은 427년 평양천도이후 이전 도성인 국내성 귀족들의 거센 반발을 경험하고, 신라 신문왕(제31대)은 689년 달구벌(경북대구)로 천도를 계획하다가 경주 귀족들의 반발로 그만둡니다. 그런 측면에서 성왕의 사비천도는 성공적입니다. 이 시기 문헌기록을 보면 웅진 귀족세력이 반발했다는 내용은 전혀 없습니다. 성왕을 결단성 있는 군주로 평한 『삼국사기』 기록을 새겨볼 만합니다. 성왕의 사비천도는 이전 웅진천도와는 성격이 다릅니다. 웅진천도는 고구려 장수왕의 공격으로 한성이 소실되어 발생한 외부요인의 천도라면, 사비천도는 성왕이 주도한 내부 요인의 천도입니다.

김기자 : 천도이후 성왕의 정책은 무엇입니까?

소교수 : 『삼국사기』 기록은 없지만, 중국사서 『주서』를 보면 성왕은 사비천도 후 관제를 일대 정비한 것으로 나옵니다. 중앙은 고이왕 시기 도입된 1품 좌평에서 16품 극우에 이르는 '16관등제'와 전내부 등 내관 12부와 사군부 등 외관 10부의 '22부제'로 확대 개편합니다. 또한 수도를 상부, 전부, 중부, 하부, 후부 등 5부로 나누고 5부 밑에 5항巷을 둔 '5부5항제'를 실시합니다. 지방은 종래의 담로제를 개편해 전국을 동방, 서방, 남방, 북방, 중방의 5방方으로 나누고, 그 밑에 7~10개의 군과 또 아래에 성을 둔 '5방군성(현)제'로 전환합니다. 이는 귀족회의체 중심의 정치 운영을 약화시키고 왕권중심의 정치 운영체제를 확립한 혁신적 조치입니다.

백선생 : 교수님께서 설명을 잘 해주셨습니다. 성왕은 사비천도와 동시에 국호를 '남부여'로 변경합니다. 이는 어떻게 보십니까?

소교수 : 부여의 계승으로 이해합니다. 사비천도 후 국가체제를 일신하면서 취한 국가 정체성에 대한 대내외 천명입니다. 『삼국유사』는 『고전기』를 인용하여 '제26대 성왕에 이르러 도읍을 소부리(사비)로 옮기고 국호를 남부여라고 하였다.〔至二十六世聖王 移都所夫里 國號南扶餘〕'고 기록합니다. 그러나 남부여의 국호 사용은 일시적입니다. 백제라는 국호의 전통적 이미지가 국내외적으로 워낙 강하게 퍼져있습니다. 『제왕운기』(1287년, 이승휴)에는 '후대의 왕 때에 국호를 남부여

라고 한 적이 있으며 또 응준鷹準 혹은 나투羅鬪라고 칭하기도 하였다.〔後主惑號南夫餘 惑稱鷹準 與羅鬪〕'는 기록이 있습니다. 남부여 국호가 일시적으로 사용된 것으로 보는 해석입니다. 응준鷹準과 나투羅鬪는 '매'를 가리킵니다.[6] 이는 백제의 정식국호가 아니더라도 다른 나라에서 백제를 지칭할 때 사용한 일종의 별칭입니다. 남부여 국호는 별칭이 아닙니다. 그럼에도 성왕이 정한 남부여 국호는 이후『삼국사기』와 중국, 일본의 사서에도 일체 언급이 없습니다. 모두 남부여가 아닌 백제로 사용합니다.

백선생 : 부여의 계승이라는 포괄적 시각에는 동의합니다. 그러나 남부여로의 국호변경은 부여의 역사 부침에 방점을 찍고 싶습니다. 상고해 보면 부여의 기원은 해모수의 북부여(서기전239~서기전86)입니다. 고구려 시조 주몽은 북부여 왕족의 후손입니다. 이어 해부루의 동부여(서기전86~22)가 있습니다. 동부여는 대소왕(제3대)이 고구려 대무신왕(제3대)에 의해 멸망당하고 대소왕의 동생과 종제에 의해 갈사부여(22~68)와 연나부여(낙씨부여,22~494)로 분화합니다. 마지막으로 연나부여는 494년 고구려 문자명왕(제21대)에 의해 멸망당하여 만주지역의 부여는 역사에서 사라집니다. 백제는 부여왕족 위구태의 서부여(122~345)에서 기원합니다. 서부여의 본거지는 요서지역입니다. 서부여의 한 부류가 백가제해하여 한반도 부여백제를 세웁니다. 그 한 부류는 일본열도로 건너가서 397년 야마토를 세우며 또 한 부류는 427년 한성백제를 접수합니다. 비유왕입니다. 성왕이 사비천도를 단행할 당시 부여는 역사에서 사라지고 없습니다. 백제 분국인 요서지역의 백제군도 수명을 다합니다. 성왕의 선대인 무령왕 시기에 요서백제군의 거발성은 폐쇄되어 웅진 도성에 편입됩니다. 성왕은 사비천도를 단행하면서 역사에서 사라진 부여의 부활을 꿈꿉니다. 남부여의 국호변경은 부여의 계승차원을 넘어서는 실질적인 부여의 재건입니다.[7] 사비도성은 새로운 부여국의 탄생지입니다. 부활한 부여제국의 중심지입니다.

---

6 『삼국유사』〈탑상〉황룡사9층탑 편에 백제의 별칭 '응유(鷹遊)'가 나온다. 응준(鷹準)과 같다. 응유는 매를 가지고 노는 행위인 '매사냥'을 가리킨다. 『삼국사기』에는 백제 아신왕이 매사냥을 좋아했다는 기록이 있으며, 『일본서기』인덕(仁德)기에는 백제 왕족 주군(酒君)이 야마토왕실에 매사냥 기술을 전파한 기록도 있다. 매사냥은 백제 왕족과 귀족 사회에서 널리 유행한 고급 스포츠이다.
7 『한원』백제 조에는, 백제를 가리켜 '부여의 여러 나라를 모은 것〔輯扶餘之曹〕'이라고 설명한다.

【부여와 백제의 계통도】

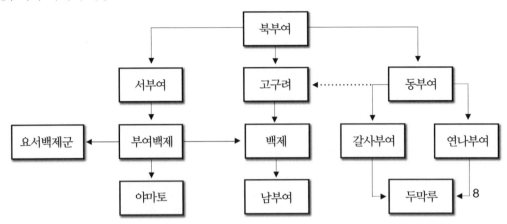

김기자 : 사비도성은 어떤 도시입니까?

백선생 : 철저히 계획된 도시입니다. 중국 양梁의 수도 건강建康(중국 남경)이 모델model입니다. 부

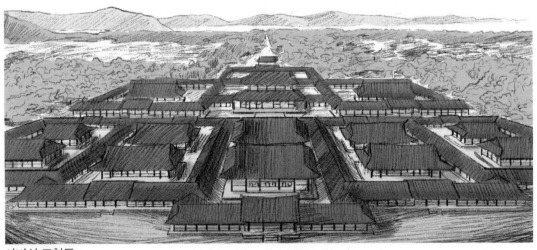

사비성 모형도

---

8 두막루(豆莫婁)는 부여유민이 건국한 나라로 대막루(大莫婁), 대막로(大莫盧)라고 한다. 두막루의 위치는 오늘날 중국 흑룡강성 하얼빈시 부근이다. 두막루는 410년경에 건국되어 약 300년간 존속하다가 726년 발해 무왕(대무예-大武藝)에게 멸망당한다.

소산 남쪽 자락에 자리 잡은 왕궁을 중심으로 남북으로 길게 드리워진 대로와 그 양쪽으로 펼쳐진 바둑판식 가옥 배치는 중국의 고대 어느 도성과 비교해도 손색이 없습니다.

소교수 : 충남 부여읍에 정림사지定林寺址가 있습니다. 사비도성 내에 있는 옛 절터입니다. 발굴 결과 가람배치는 강당과 금당, 중문이 일직선상으로 놓여 있고 강당과 중문을 연결하는 회랑이 있으며 금당과 중문사이에 한 개의 탑을 배치한 장방형의 '1탑1금당식' 사찰입니다. 백제의 전형적인 가람배치입니다. 사찰의 유래가 전해지지 않아 창건시기 등을 알 수 없으나 이곳에서 발견된 기와에 '太平八年戊申定林寺大藏堂草'라는 명문이 있어 정림사로 확인됩니다. 현재 절터에는 국보 제9호인 「부여정림사지5층석탑」이 있습니다.[9] 백제시대 만든 탑입니다. 정림사의 창건시기를 성왕 때로 추정합니다. 성왕은 웅진에 대통사를 세웠듯이 사비천도를 단행하면서 도성 안에 정림사를 창건합니다. 사비도성 역시 미륵불의 용화세계를 구현할 수 있는 이상적인 공간입니다.

부여 정림사지 5층석탑

백선생 : 성왕은 가야지역에 대한 영향력도 확대합니다. 『삼국사기』 기록은 없지만, 『일본서기』에 세부적인 내용이 나옵니다. 특히 『일본서기』 흠명왕欽明王(긴메이, 제29대)의 재위기록은 온통 백제 이야기입니다. 기록 자체가 백제의 역사입니다. 531년(성9) 안라국(아라가야, 경남함안)에서 고당高堂회의가 열립니다. 백제, 신라, 가야, 야마토가 참석합니다. 회의 배경은 529년 반파국(대가야, 경북고령) 왕이 신라와 동맹을 맺고 신라왕실 여인을 맞아들이는데 이때 따라온 신라 종자 100여명이 신라 의복을 입고 다니며 신라의 정치적 위신을 과시합니다. 이에 가야 소국은 반파국이 신라와 굴욕적인 맹약을 맺었다고 의심하여 신라 종자들을 모두 쫓아냅니다. 신라는 이를 빌미로 녹국(경북경산)을 멸망시키고, 탁순국(경남창원) 또한 영토의 반을 점령합니다. 이 사건으로 가야 소국들은 맹주국인 반파국을 불신하고 남부의 안라국을 중심으로 뭉칩니다. 안라국의 고당회의 개최는 백제,

---

9 정림사지5층석탑 1층 탑신에 '大唐平百濟國碑銘' 새겨있다. 당의 소정방이 백제를 멸망시키고 이를 기념하여 새긴 글자이다. 참으로 황당하고 괘씸하기 짝이 없다. 패자(백제)에 대한 최소한의 배려도 할 줄 모르는 중국이다.

신라의 간섭으로부터 벗어나기 위한 고육책입니다. 그러나 회의는 흐지부지 끝나버립니다. 이후 백제는 군사를 동원하여 안라국을 복속시킵니다. 이를 계기로 백제는 534년(성12)경부터 가야지역에 군령성주郡令城主(감독관)를 상주시켜 가야지역에 대한 영향력을 강화합니다.

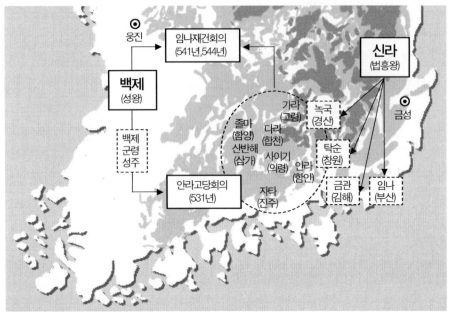

백제와 신라의 가야지역 쟁탈

　소교수 : 백제의 가야지역 진출은 고고학적으로 확인됩니다. 예를 들면 경남 합천의 삼가고분과 경북 고령의 고아리고분의 경우 널길을 갖춘 굴식돌방무덤(횡혈식석실분)으로 아치형 벽이나 바닥의 도량설치 등에서 백제 무령왕릉과 송산리 6호분의 고분 축조방식과 연결됩니다. 가야지방에 미친 백제문화의 영향으로 이해합니다.

　백선생 : 성왕은 가야 소국의 수장들을 사비도성으로 불러들입니다. 541년(성19) 4월과 544년(성22) 11월, 백제와 가야 소국 간 국가회의가 두 차례 열립니다. 소위 '임나재건회의'라고 합니다. 이전 안라국 고당회의와 마찬가지로 『삼국사기』 기록에는 없고 『일본서기』에만 나옵니다. 배경은 532년 남가라국(금관가야,경남김해)가 신라에 멸망당합니다. 이로 인해 안라국 등 남부 가야 소국들

은 존망의 기로에 서고 필사적으로 외교활동에 매달립니다. 그 하나가 임나 재건을 위한 국제적 대책회의입니다. 안라, 가라, 졸마 ,산반해, 다라, 사이기, 자타 등 가야 7개 소국의 수장들과 야마토 파견사신이 사비도성에 모입니다. 두 차례 회의는 서로간의 입장차와 명분싸움에 휘말려 흐지부지 결렬됩니다. 백제는 가야 소국의 수장들에게 선물을 주며 회유합니다. 이후 가야 소국의 신흥 맹주를 자처하던 안라국이 백제에 예속됩니다.

  김기자 : 성왕의 가야지역 진출은 어떤 의미입니까?

  백선생 : 6세기로 들어서며 가야세력은 급속히 약화됩니다. 이유는 주변국인 백제와 신라, 야마토의 힘이 무척 강해집니다. 가야 연맹체를 이끌고 있던 임나가 와해되면서 가야지역은 이들 삼국의 각축장으로 변질됩니다. 성왕이 임나를 재건하려 한 것은 이전의 가야지역에 대한 백제의 영향력을 회복하기 위해서입니다. 그러나 백제의 가야 진출은 필연적으로 신라와의 충돌을 예고합니다. 신라는 옛날의 신라가 아닙니다. 이미 가야 소국 상당수가 신라에 흡수된 상태입니다. 가야지역을 놓고 벌인 백제와 신라의 대결은 점진적으로 한반도 전체로 확대됩니다.

3. 성왕의 죽음이 남긴 좌절의 아픔

  백선생 : 538년(성16) 사비 천도를 단행하여 내부를 안정시킨 성왕은 540년(성18) 고구려 우산성을 공격하지만 실패합니다. 548년(성26) 오히려 고구려의 공격을 받아 한수 이북의 독산성이 위기에 빠집니다. 성왕은 급히 신라에 구원을 요청하고, 신라 진흥왕(제24대)은 군사 3천을 파견하여 백제를 지원합니다. 신라군은 독산성 아래에서 고구려군과 일전을 벌여 승리합니다. 그러나 신라의 협조는 여기까지입니다. 550년(성28) 백제와 고구려는 상대방의 도살성과 금현성을 서로 공격하여 빼앗습니다. 그리고 공방을 거듭하며 양측은 지칠 대로 지쳐갑니다. 이 광경을 은밀히 지켜보는 사람이 있습니다. 신라 진흥왕입니다. 진흥왕은 이사부로 하여금 백제와 고구려의 2개 성을 공격하여 아예 신라의 성으로 편입합니다.

  김기자 : 신라가 어부지리漁夫之利를 한 겁니까?

백선생 : 이후 신라 진흥왕의 행보는 거침이 없습니다. 551년 거칠부로 하여금 고구려를 공격하여 10개 군을 빼앗고, 553년 백제의 동북 변경을 빼앗아 신주新州를 설치하고, 아찬 김무력을 군주로 임명합니다. 한강유역이 통째로 신라 수중으로 들어갑니다.[10]

김기자 : 신라가 한강유역을 차지하는 순간이군요.

백선생 : 성왕은 분노합니다. 하루아침에 주적主敵이 바뀝니다. 혈연동맹으로 맺은 순망치한脣亡齒寒의 동지가 견원지간犬猿之間의 원수로 변합니다.

⑨-6. 32년(554년) 7월, 왕이 신라를 습격하고자 **몸소 보병과 기병 50명***을 거느리고 밤에 구천狗川에 이르렀다. 신라의 복병이 나타나 그들과 싸우다가 혼전 중에 왕이 군사들에게 살해되었다. 시호를 '성聖'이라 하였다. 『삼국사기』 성왕

⑨-7. 15년(554년) 7월, **백제왕 명농明穠**이 가량加良***과 함께 관산성管山城에 쳐들어왔다.** 군주 각간 우덕于德과 이찬 탐지耽知 등이 맞서 싸웠으나 전세가 불리하였다. **신주新州의 군주 김무력金武力이 주州의 군사를 이끌고 나아가 어우러져 싸웠는데, 비장인 삼년산군의 고간 도도都刀가 빠르게 공격하여 백제왕을 죽였다.** 이에 모든 군사들이 승세를 타고 싸워서 크게 이겼다. **좌평 4명과 병사 2만9천6백의 목을 베었으며, 돌아간 말이 한 마리도 없었다.** 『삼국사기』〈신라본기〉 진흥왕

☞ *『삼국사기』〈일본 국내성본〉은 '5천五千'임. **성왕 ***대가야

『삼국사기』 기록입니다. 554년(성32) 7월입니다. 〈백제본기〉⑨-6는 성왕의 죽음만을 묘사하고, 〈신라본기〉⑨-7는 관산성 전투 전반을 설명합니다. 관산성은 지금의 충북 옥천입니다. 백제는 좌평 4명과 군사 2만9천6백이 죽습니다. 모두 목을 베었다고 기록한 점으로 보아 신라는 승리를 자축하며, 죽은 자와 산 자 가릴 것 없이 하나하나 세어가며 모두 목을 벱니다. 말馬조차 한 마리도 돌아가지 못합니다.

김기자 : 신라의 행위가 너무 잔혹하군요.

백선생 : 7백년 백제 역사에서 가장 가슴 아픈 역사 현장입니다. 3만여 명이 한 순간에 저승길

---

10 진흥왕은 한강 유역과 함경도 일부 지역까지 영토를 넓힌다. 북한산(北漢山-555년), 창녕(昌寧-561년), 황초령(黃草嶺-568년), 마운령(摩雲嶺-568년)에는 《진흥왕순수비眞興王巡狩碑》와 충북 단양 적성산성에는 《단양적성비丹陽赤城碑》 등을 남긴다.

로 떠납니다. 우리 역사에 전무후무한 가장 참혹하고 참담한 장면입니다. 〈신라본기〉에 도도都刀가 나옵니다. 성왕을 죽인 인물입니다. 『일본서기』는 고도苦都라고 합니다. 『일본서기』의 내용은 다소 설화적이지만 상세합니다.

⑨-8. 15년(554년) … **신라는 명왕明王*이 직접 왔음을 듣고 모든 군사를 내어 길을 차단하고 무찔렀다.** 이때 신라에서 **좌지촌左支村의 사마노飼馬奴** 고도苦都〔다른 이름은 곡지谷智이다.〕**에게 이르길 "고도는 천한 노비이고 명왕은 뛰어난 군주이다. 이제 천한 노비로 하여금 뛰어난 군주를 죽이게 하면 후세 사람들의 입에서 잊혀지지 않을 것이다." 하였다. 얼마 후 고도가 명왕을 사로잡아 두 번 절하고 **"왕의 머리를 베게 하여 주십시오."** 하였다. 명왕이 **"왕의 머리를 노비의 손에 맡길 수 없다."** 하니, 고도가 "우리나라의 법에는 명세한 것을 어기면 비록 왕이라도 마땅히 노비의 손에 죽습니다." 말하였다.〔다른 책에는 "명왕이 의자에 걸터앉아 차고 있던 칼을 곡지에게 풀어주어 베게 했다." 한다.〕 명왕이 하늘을 우러러 크게 탄식하며 허락하길 "과인은 매양 뼈에 사무치는 고통을 참고 살아왔지만 구차하게 살고 싶지 않다." 하고 머리를 내밀었다. **고도는 머리를 베고 구덩이에 파묻었다.**〔다른 책에는 '**신라가 명왕의 머리는 남겨두고 나머지 뼈를 백제에 예를 갖춰 보냈다. 지금 신라왕이 명왕의 뼈를 북청北廳 계단 아래에 묻었는데, 이 관청을 도당都堂이라 이름 지었다.**' 한다.〕 『일본서기』 흠명기

☞ *백제 성왕 **말몰이꾼

『일본서기』는 도도(고도)를 말몰이꾼 노비로 설명합니다. 또한 백제 성왕은 전투 중 사망한 것이 아니라 도도에게 사로잡혀 참수당합니다. 이 기록대로라면 참수된 성왕의 머리는 백제로 돌아오지 못합니다. 신라 관청의 계단 아래에 묻힙니다. 백제 성왕은 부여제국의 부활과 백제 중흥의 꿈을 구천狗川(충북 옥천)[11]에 모두 묻습니다. 대신 신라는 성왕의 머리를 밟고 삼국통일의 꿈을 꿉니다. 백제 성왕과 신라 진흥왕은 둘 다 미륵의 용화세계를 꿈꾼 전륜성왕입니다. 한 하늘에 두 개의 해가 존재할 수 없듯이 한 영웅은 역사 밖으로 밀려납니다.

성왕유적비(충북 옥천)

---

11 충북 옥천군 군서면 월전리에 구진벼루가 있다. 서하천을 끼고 있는 암석 벼랑이다. 구천은 구진이 있는 서하천을 말한다. 구진벼루에 인접한 하천 둑방길에 「백제국 제26대 성왕 유적비」가 세워져 있다.

소교수 : 일본 나라현에 소재한 법륭사法隆寺(호류지) 몽전에 「구세관음상救世觀音像」이 있습니다. 높이 179.9cm로 녹나무를 조각하여 금박을 입힌 목조불상입니다. 일본 국보입니다. 관음상의 얼굴을 찬찬히 살펴보면 우리가 평소 알고 있는 부처의 얼굴이 아닙니다. 어딘가 모르게 친근한 한국인의 얼굴입니다. 일본 고문헌 『성예초聖譽秒』는 '백제 위덕왕이 부왕父王(성왕)의 모습을 연모하여 만들어서 나타낸 존상이 구세관음상이다.〔威德王戀慕父王像 所造顯之尊像卽 救世觀音像是也〕'고 기록합니다.[12] 관음상의 얼굴은 영락없는 백제 성왕의 얼굴입니다.

구세관음상(일본 나라현 법륭사)

4. 위덕왕 즉위의 논란

백선생 : 위덕왕威德王의 이름은 창昌(부여창)입니다. 성왕의 장자입니다. 제27대 왕으로 554년~598년까지 45년을 재위합니다. 비교적 재위기간이 긴 편입니다. 그러나 위덕왕의 즉위과정은 순탄치만은 않습니다.

⑨-9. 16년(555년) 8월, 백제 여창餘昌*이 여러 신하들에게 말하길 "저는 이제 승하하신 부왕**을 받들기 위하여 출가하여 수도에 정진하고자 한다." 하였다. 여러 신하와 백성들이 "지금 왕자께서 출가하여 수도자가 되고자 하신다면 명을 받들겠습니다. 그러나 슬프기 한량없습니다. 이전 생각이 바르지 못하여 후에 큰 근심이 생겼으니 누구의 잘못을 탓하겠습니까? 무릇 고구려와 신라가 앞 다

---

12 일본 고문헌 『부상략기扶桑略記』 추고(推古) 원년(593년) 기록이다. '금당에 안치된 금동구세관음상은 백제국왕이 서거한 뒤에 국왕을 몹시 그리워하면서 만든 불상이다. 이 불상이 백제국에 있을 때에 불상, 경륜, 법복, 여승과 함께 왜 왕실로 건너왔다.〔金堂安置金銅救世觀音像 百済國王吾入滅後 戀慕渴仰所造之像也 在百済國之時 佛像經律論法服尼等 渡越是朝〕' 구세관음상은 백제에서 만들어져 일본왕실로 보내진다.

투어 우리 백제를 멸망시키고자 한 것이 개국 이래 지금까지 계속되고 있으니 장차 종묘사직을 어느 나라에게 넘겨주려하십니까? 모름지기 도리道理는 왕명을 따르는 것인데 만약 노신들의 말을 들었다면 어찌 지금에 이르렀겠습니까? **바라건대 앞의 잘못은 잊으시고 속세를 떠나는 일은 거두어 주소서. 원하시는 것을 굳이 하고 싶다면 백성들을 출가시키는 것이 마땅하옵니다.**" 말하였다. 여창이 답하길 "좋다."하고는 곧 나아가 신하들의 뜻에 따랐다. **신하들은 상의하여 마침내 100명을 출가시키고 번개幡蓋***를 많이 만들어 여러 가지 공덕을 행하였다고 운운하였다.**

『일본서기』흠명기

☞ *위덕왕 **성왕 ***의례용 장식 깃발

성왕이 사망한 이듬해인 555년입니다. 성왕의 후계자인 부여창은 즉위를 미루고 출가를 고집합니다. 출가는 불교에 귀의하여 승려가 되는 것입니다. 신하들이 적극 말립니다. 그런데 설득 내용이 좀 이상합니다. 부여창의 지난 과오를 우회적으로 비판합니다.

김기자 : 관산성 패전에 대한 책임입니까?

백선생 : 그렇습니다. 관산성 공격을 주도한 사람은 부여창입니다. 553년 신라 진흥왕이 한강유역을 탈취하자 성왕과 백제조정은 혼란에 빠집니다. 신라를 응징해야한다는 목소리가 봇물 터지듯 솟구칩니다. 명분은 충분합니다. 신라의 행위는 의義에 대한 배신이요 도道에 대한 배신입니다. 나제동맹이 하루아침에 휴지조각으로 변합니다. 혈기 왕성한 부여창이 전쟁을 주창합니다. 그러나 조정 신료들이 반대합니다. 신라의 위세가 강하니 훗날을 기약하자고 설득합니다. 특히 노신들이 적극 반대합니다. 그러나 성왕은 암묵적으로 부여창의 주장에 동조합니다. 백제 전역에 군사 동원령이 내려지고, 야마토에 지원군을 요청합니다. 야마토는 축자(후쿠오카)의 군사 1천을 파병합니다. 『일본서기』에 기록이 있습니다. 또한 대가야의 군사도 참여합니다.

김기자 : 관산성의 중요성은 무엇입니까?

백선생 : 관산성은 전략적 요충지입니다. 신라 수도 경주와 한강유역을 연결하는 회랑의 중간지점입니다. 백제는 관산성을 확보하여 신라의 통로를 차단할 계획입니다. 관산성만 확보하면 신라에게 **빼앗긴** 한강유역을 얼마든지 되찾을 수 있다고 판단합니다. 백제 군사는 야마토와 가야의

지원군을 합하여 3만입니다. 다국
적 연합군입니다. 전투 초기는 백
제가 우세하여 신라군을 패퇴시킵
니다. 그러나 신라는 경기도의 신
주군주 김무력의 군사와 인접지역
의 군사가 급히 합류합니다. 양측
은 양보 없는 대접전을 벌입니다.
이 와중에 백제 성왕이 신라의 기
습으로 갑자기 죽습니다. 전세가
신라쪽으로 급격히 기웁니다. 백

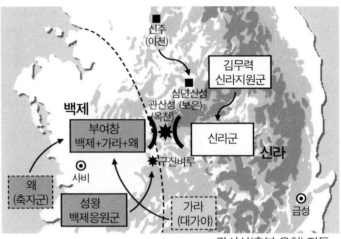

관산성(충북 옥천) 전투

제연합군 2만9천6백이 몰살당합니다. 신라 진흥왕은 산 자와 죽은 자를 가리지 않고 모두 목을 벱
니다. 한 순간 모두 저승길로 향합니다. 부여창은 야마토 장수의 도움으로 겨우 탈출에 성공합니다.

　김기자 : 신라의 행위가 너무 잔인하군요.

　백선생 : 관산성전투는 삼국 역사의 분수령이자 변곡점입니다. 이 전투 결과로 백제와 신라는 나
라의 명운이 완전히 갈립니다. 백제의 패배는 멸망의 단초가 되지만, 신라의 승리는 삼국통일의 초
석이 됩니다.

　김기자 : 솔직히 삼국지에 나오는 '적벽대전'은 잘 알면서도 정작 우리 역사의 장면들은 잘 몰라
부끄럽까지 하네요. 특히 삼국시대의 중요 장면들은 너무나도 무지하군요.

　백선생 : 『일본서기』 기록에 의하면 위덕왕은 557년 즉위합니다.[13] 554년 성왕이 사망하니 3년
의 공위空位가 발생합니다. 이는 위덕왕 개인의 자책감보다 당시 백제의 정치상황으로 판단해야 합
니다. 관산성 패배는 위덕왕에게 최대의 위기입니다. 비록 성왕의 후계자이지만 패배의 원죄를 지
고 있는 위덕왕으로서는 보위에 오를 명분을 상실한 상태입니다. 돌파구가 필요합니다. 위덕왕은

---

13 『일본서기』 흠명(欽明)기 기록이다. '18년(557년) 봄3월 경자 초하루, 백제 왕자 여창(餘昌)이 보위를 이었는데, 이
　가 위덕왕(威德王)이다.〔十八年春三月庚子朔 百濟王子餘昌嗣立 是爲威德王〕'

출가수도出家修道의 패를 꺼냅니다. 이는 조정신료들의 책임추궁과 불만을 일거에 제압하는 최상의 방책입니다. 신료들은 위덕왕의 출가수도를 적극 반대합니다. 대신 100명을 따로 출가시키는 선에서 타협점을 찾습니다. 위덕왕의 승부수가 성공합니다.

소교수 : 1995년 충남 부여 능산리 한 절터에서 사리감이 하나 출토됩니다. 절의 이름은 알 수 없으나 성왕의 명복을 빌기 위해 위덕왕이 창건한 왕실의 원찰願利(죽은 자의 명복을 비는 사찰)입니다. 「백제창왕명석조사리감百濟昌王銘石造舍利龕」이라고 합니다.

국보 288호입니다. 좌우 양쪽에 각각 10자의 명문이 새겨있습니다. '百濟昌王十三季太歲在 丁亥妹兄公主供養舍利'입니다. 창왕(위덕왕) 13년인 정해년(567년)에 위덕왕의 누이동생 형공주가 사리를 봉양한 내용입니다. 『삼국사기』 기록에 따르면 위덕왕의 즉위년은 554년입니다. 이와 비교하면 명문의 정해년은 위덕왕 13년이 아닌 14년의 기년에 해당합니다. 따라서 명문의 위덕왕 즉위년은 555년입니다. 이는 『일본서기』가 기록한 위덕왕 즉위년

백제창왕명석조사리감(부여박물관)

557년과는 또 다릅니다. 정리하면 이렇습니다. 『삼국사기』는 성왕의 사망년도에 맞춰 위덕왕의 즉위년을 554년으로 설정합니다. 명문의 555년과 『일본서기』의 557년은 위덕왕이 성왕사후 곧바로 즉위하지 못한 사실을 전합니다. 위덕왕은 일정의 공위기간을 거친 후에 즉위합니다. 명문기록의 신뢰도를 우선적으로 고려하면 위덕왕의 즉위년은 555년이 유력합니다.

5. 위덕왕 재평가

백선생 : 백제 역대 왕들 중에 평가 절하된 왕은 단연코 위덕왕입니다. 위덕왕의 재임기간은 45년으로 백제 후반기 왕들 중에 가장 오랫동안 재위합니다. 재위기간이 길다는 것은 왕권이 안정화됨을 의미합니다. 왕으로서는 여러 치적을 쌓을 수 있는 최적의 조건입니다. 그러나 우리가 아는

위덕왕은 존재 그 자체일 뿐입니다.

김기자 : 평가 절하된 이유는 무엇입니까?

백선생 : 관산성 패배와 성왕의 죽음을 좌초하게 만든 원죄 때문입니다. 『삼국사기』 기록을 펼쳐 보면 위덕왕은 재위14년인 567년을 기점으로 변화합니다. 재위전반기는 신라에 대한 보복과 능산리 원찰 건립 등 선대 성왕의 복수와 추모사업에 집중합니다. 이는 위덕왕이 정치적 안정을 되찾은 시기입니다. 재위후반기는 중국 남북조의 여러 왕조와 활발한 외교를 벌이며 국제적 위상을 드높입니다. 신라와의 전쟁기록입니다.

⑨-10. 승성3년(554년) 9월, **백제 군사가 진성珍城에 쳐들어와서 남녀 3만9천과 말 8천 필을 빼앗아 갔다.** 『삼국유사』〈기이〉 진흥왕

⑨-11. 8년(561년) 7월, 왕이 군사를 보내 신라의 변경을 침범하였다가 **신라군의 반격으로 패하였다. 죽은 자가 1천여이었다.** 『삼국사기』 위덕왕

⑨-12. 23년(562년) 7월, 백제가 변방의 백성을 노략질하였다. **왕이 군사를 내보내 막아 싸우게 하였다. 1천여를 죽이거나 사로잡았다.** 9월, 가야가 반란을 일으켰다. 왕이 이사부異斯夫에게 명하여 토벌케 하였는데, 사다함斯多含이 부장이 되었다. 사다함은 5천의 기병을 이끌고 선두에 서서 달려갔다. 전단문에 들어가 흰 깃발을 세우니 성 안의 사람들이 두려워하며 어찌할 바를 모르다가 이사부가 군사를 이끌고 다다르자 일시에 모두 항복하였다.
『삼국사기』〈신라본기〉 진흥왕

먼저 554년 9월 『삼국유사』(⑨-10)입니다. 백제군이 신라 백성 3만9천과 말 8천 필을 빼앗은 사건입니다. 관산성 패전이 554년 7월이니 2개월 후의 일입니다. 진성의 위치는 알 수 없으나 백제는 대규모 전과를 올립니다. 관산성 패전의 손실을 뛰어넘습니다.

김기자 : 위덕왕이 대승을 거둔 겁니까?

백선생 : 이 기록은 『삼국사기』에는 없습니다. 기록의 사실 여부는 가릴 수 없으나, 위덕왕이 신라에 대한 보복전을 벌인 것은 분명합니다. 다음은 『삼국사기』〈백제본기〉(⑨-11)와 〈신라본

기〉(⑨-12)입니다. 같은 사건인데 1년 차이가 납니다. 위덕왕의 공위기간 1년을 감안하면 사건 발생년도는 〈신라본기〉의 562년입니다. 7월 백제가 신라변경을 침범하다가 신라의 반격으로 1천이 죽습니다. 이어 9월 대가야가 신라 이사부의 공격을 받고 멸망합니다. 대가야 멸망은 554년 관산성전투의 결과물입니다. 백제편에 가담한 대가야는 백제가 대패하면서 신라에 예속되었다가 이 시기 완전히 멸망합니다. 이로써 신라는 562년(진흥23)을 기점으로 경남지역의 가야 소국들을 모두 병합합니다.

김기자 : 관산성전투의 여파가 대가야의 몰락으로 이어졌군요.

백선생 : 신라와의 전쟁은 한차례 더 있습니다. 재위후반기인 577년(위덕24)입니다. 백제가 신라의 서쪽 변방을 공격하지만 패배합니다. 『삼국사기』〈신라본기〉는 신라가 백제 군사 3천7백의 목을 벤 것으로 기록합니다.

김기자 : 신라의 행위가 너무 잔인하군요. 관산성 전투에서도 2만9천6백을 목 베었는데 또 3천7백입니까? 대관절 무슨 이유입니까?

백선생 : 패자의 목을 베는 것은 북방기마민족의 습속입니다. 이는 신라의 지배층이 북방기마민족 출신임을 단적으로 보여주는 사례입니다.[14] 위덕왕은 중국으로 시선을 돌립니다. 재위후반기는 외교에 치중합니다. 당시 중국의 사정을 교수님께 부탁드립니다.

소교수 : 중국은 남북조시대를 거쳐 수隋(581~618)에 의해 통일국가가 들어서는 시기입니다. 남조는 양梁(502~557)이 멸망하고 진陳(557~589)이 들어섭니다. 북조는 북위北魏(386~535)가 동위東魏(534~550)와 서위西魏(535~557)로 나누어지고, 다시 동위는 북제北齊(550~557)로, 서

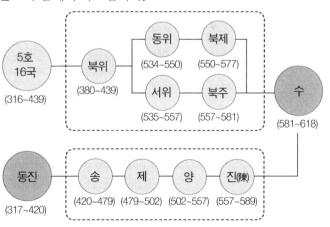

---

14 정재수, 『신라 역사의 명암』(논형, 2018) 제6,8장 참조.

위는 북주北周(557~581)로 교체됩니다. 북주가 북제를 멸망시키고 한때 화북지역을 통일하나 얼마 못가서 북주는 수로 대체됩니다. 이어 수는 남조의 진陳을 멸망시키고 589년 중국을 통일합니다. 남북조시대(420~589)가 마감됩니다.

김기자 : 남북조시대 말기가 복잡하군요. 북조 나라들의 존속기간이 짧아 헷갈리네요.

백선생 : 백제는 전통적으로 남조와 외교관계를 맺어 왔습니다. 성왕은 524년(성2) 양고조로부터 「지절도독백제제군사수동장군백제왕」의 관작을 받습니다. 위덕왕은 양梁의 뒤를 이은 진陳에 사신을 파견하는 등 남조와의 전통적인 우호관계를 유지합니다. 그러나 위덕왕은 이에 만족하지 않고 과감히 북조와 외교관계를 수립합니다. 외교가 확대되어 남북조 왕조들과 동시에 교류가 이루어집니다. 570년(위덕17) 북제로부터 「사지절시중거기대장군대방군공백제왕」을, 이어 571년(위덕18) 「사지절도독동청주제군사동청주자사」의 관작을 연거푸 받습니다. 남북조 양쪽 모두와 외교관계를 맺는 등거리 외교가 활발히 진행됩니다.

김기자 : 동청주는 어디입니까?

백선생 : 이 기록은 『삼국사기』뿐 아니라 『북사』에도 나옵니다. 『삼국사기』 편찬자는 『북사』 기록을 그대로 옮깁니다. 북제北齊(550~557)는 존속기간이 채 10년이 안되는 단명한 왕조입니다. 수도는 업鄴으로 지금의 베이징(북경) 이남입니다. 청주靑州는 하북성 이남인 산동성에 있습니다. 동청주는 청주의 동쪽지역인 산동반도입니다. 참고로 동청주지역은 백제군의 옛 통치지역입니다.(제8장 245쪽 참조) 이 지역은 하북성의 대방지역과 마찬가지로 백제군의 잔존세력이 존재합니다.

김기자 : 북제가 위덕왕에게 관작을 준 특별한 이유가 있습니까?

백선생 : 관작은 주는 쪽이나 받는 쪽 모두 상호인정이 전제되어야 합니다. 예를 들어 주는 쪽이 관작을 주는데 받는 쪽이 이를 부당하다 여겨 거부하면 받을 수 없습니다. 동일한 지역을 두고 제군사와 자사를 줍니다. 제군사는 백제 입장이지만 자사는 북제 입장입니다. 제군사는 위덕왕의 군통수권이지만 자사는 북제의 지방행정관입니다. 서로 상충됩니다. 그럼에도 북제는 제군사와 자사의 관작을 동시에 주고 위덕왕은 수용합니다. 북제는 동청주지역에 존재하는 백제세력을 인정하는 대신 자신들의 행정구역 편입을 시도합니다. 더 정확히 표현하면 북제는 유사시 백제세력의 도

움을 받을 요량입니다. 그러나 북제는 건국 7년 만에 북주에게 멸망당합니다.

소교수 : 동청주 지명에 대해 일부에서는 충북 청주의 동쪽으로 보는 견해도 있습니다. 이는 완전히 틀린 해석입니다. 청주는 고려 태조 23년(940년)부터 사용한 행정지명입니다. 따라서 동청주는 한반도가 아닌 중국대륙에 소재한 것이 맞습니다.

백선생 : 581년 북주를 무너뜨리고 화북지역을 통일한 수문제(고조)는 위덕왕에게 「상개부의동삼사대방군공」의 관작을 줍니다. 개부의동삼사(제1관등)는 신하가 받을 수 있는 최고의 품계입니다. 오늘날 국무총리급입니다. 이에 화답이라도 하듯 위덕왕은 586년 수가 남조의 진을 무너뜨리고 중국을 통일하자 서둘러 사신을 보내 축하 표문을 올립니다. 『삼국사기』에 흥미로운 기록이 있습니다.

ⓨ-13. 45년(598년) 9월, 왕이 장사 왕변나王辯那를 시켜 수隋에 조공하였다. **왕은 수가 요동에서 전쟁을 일으킨다는 소문을 듣고 사신을 보내 표문을 올리고 군대의 길잡이가 되기를 청하였다.** 황제가 조서를 내려 말하였다. "지난날에 고구려가 조공을 바치지 않고 신하로서의 예의를 갖추지 않기에 장수들로 하여금 그들을 토벌하게 했으나, 고구려 왕과 신하들이 겁을 내며 죄를 청하기에 짐이 이미 용서하였으니 그들을 칠 수는 없다." 그리고 우리 사신을 후대하여 돌려보냈다. **고구려가 이 일을 알고 군사를 보내 우리 국경을 침범하였다.** 『삼국사기』 위덕왕

598년(위덕45) 9월입니다. 수가 고구려를 공격한다는 소문을 듣고 위덕왕은 길잡이를 자청합니다. 그러나 수문제는 고구려가 죄를 청해 용서했다며 사신을 후하게 대접하여 돌려보냅니다. 이 사실을 고구려 영양왕(제26대)이 알고 백제의 국경을 침범합니다. 전쟁의 승패는 기록이 없습니다.

김기자 : 위덕왕의 얄미운 행동이군요.

백선생 : 외교는 예나 지금이나 자국의 이익을 최우선합니다. 위덕왕이 북조와의 외교에 공을 들인 이유는 전적으로 고구려의 견제입니다. 비록 신라에게 한강 중류지역을 빼앗긴 상태이지만 고구려는 여전히 백제에게 위협적인 존재입니다. 586년(위덕33) 위덕왕은 중국대륙을 통일한 수의 존재를 예의주시합니다. 그리고 적극적으로 수를 활용하는 외교전을 벌입니다. 또한 위덕왕은 이 시

기에 선진 불교문화를 야마토에 전파합니다. 『삼국사기』 기록은 없지만, 『일본서기』를 비롯하여 일본측 문헌에서 확인됩니다. 577년(위덕24) 경론 몇 권과 율사, 선사, 비구니, 주금사, 조불공, 조사공 등 6명을 파견합니다. 이때부터 일본은 사찰과 부처를 만들기 시작합니다. 583년(위덕30) 고승 일라가 건너갑니다. 584년(위덕31) 불상 1구와 미륵상 1구를 보냅니다. 그리고 588년(위덕35) 불사리와 승려 6명, 노반박사 백매순, 와박사 마나문노, 양귀문, 석마제미 등 4명과 화공 1명을 파견합니다. 모두 사찰 건축에 필요한 기술자입니다.

김기자 : 성왕이 일본에 불교를 전래했다면 위덕왕은 불교문화를 전파했군요.

백선생 : 위덕왕은 598년 12월 세상을 떠납니다. 돌이켜보면 위덕왕은 태자시절 신라의 배신행위를 보고 울분을 참지 못해 분연히 앞장서 신라 관산성을 공격하지만, 아버지 성왕의 죽음과 함께 3만여 군사가 전멸하는 아픔을 겪습니다. 그렇지만 위덕왕은 45년을 재위하면서 안정된 왕권을 바탕으로 묵묵히 백제를 이끌어 갑니다. 신라의 힘이 날로 강해져 가야지역을 완전히 신라에 넘겨주지만 성왕과 마찬가지로 불교를 통치이념으로 삼아 내치에 힘쓴 결과 백성들의 삶은 그 어느 때보다 윤택합니다. 『삼국사기』는 재위기간 내내 자연재해는 물론이고 백성들의 고충을 추정할 수 있는 일체의 기록도 남기지 않습니다. 어찌 보면 태평성대 시절입니다. 처음으로 중국 남북조 왕조와 동시다발적 외교관계를

부여 능산리고분군 1호분(동하총) 내부

수립하여 국가의 실익을 챙긴 것도 위덕왕의 치적입니다. 『일본서기』가 자주 인용하는 백제 역사서 『백제본기』도 위덕왕 시절에 편찬합니다. 『삼국사기』는 왕이 죽어 '군신들이 의논하여 위덕威德을 시호로 삼았다.〔群臣議謚曰威德〕'고 기록합니다. 위덕왕은 시호대로 위엄과 덕을 갖춘 군주입니다.

6. 위덕왕 후손을 찾아서

백선생 : 위덕왕의 뒤를 이어 혜왕惠王이 즉위합니다. 혜왕은 제28대 왕으로 휘는 계季이며, 위덕왕의 동생입니다. 『일본서기』 기록을 보면 혜왕은 554년 관산성 전투를 앞두고 야마토에 파견되어 지원군 1천을 인솔하여 귀국합니다. 또한 아버지 성왕의 부고訃告를 야마토에 알립니다. 이후 활동 기록은 없습니다. 혜왕은 즉위한지 1년 만에 죽습니다. 혜왕의 뒤는 법왕法王이 잇습니다. 법왕은 제29대 왕으로 휘는 선宣이며 자는 효순孝順입니다. 혜왕의 아들입니다. 그러나 법왕 역시 1년 만에 사망합니다. 두 왕은 재위기간이 극히 짧다는 공통점이 있습니다. 『삼국사기』를 보면 법왕은 짧은 재위기간임에도 불구하고 일부 기록을 남깁니다. 재위 첫해인 599년(법1) 12월에 살생을 금하고 민가에서 기르는 새매를 놓아주며 고기 잡고 사냥하는 도구들을 모두 불태웁니다. 이듬해인 600년(법2) 정월에 왕흥사王興寺를 창건하고 승려 30명에게 도첩度牒을 줍니다.

김기자 : 법왕은 불교와 연관됩니까?

백선생 : 불교에서는 석가모니부처를 가리켜 법왕이라고 합니다. 법왕은 왕의 지위를 부처의 지위로까지 끌어 올립니다. 불교를 통치이념 이상으로 격상시켜 석가모니부처에 버금가는 전제적 왕권을 구축합니다. 이를 뒷받침 하기위해 법왕은 사찰 건립에 심혈을 기울입니다. 전북 김제 모악산 자락의 금산사金山寺, 충남 예산의 수덕사修德寺, 충남 보령의 성주사聖住寺(원명은 오함사烏含寺) 등이 법왕 시기에 창건됩니다. 법왕은 왕실 사찰인 왕흥사를 중심으로 도처에 사찰을 건립하며 백제를 이상적인 불교국가로 탈바꿈시키기 위해 노력합니다.

김기자 : 법왕은 진정한 불교군주이군요.

소교수 : 충남 부여의 부소산 북서쪽으로 백마강을 건너면 왕흥사 절터가 있습니다. 『삼국사기』와 『삼국유사』 기록에 따르면 600년 법왕이 창건한 사찰입니다. 일제강점기인 1934년 '王興'이 새겨진 명문기와 조각이 수습되면서 왕흥사의 존재가 알려집니다. 2007년 조사 발굴 중에 목탑터에서 사리함舍利函 하나를 출토합니다. 바깥면에 29자의 명문이 새겨있습니다.

丁酉年二月十五日百濟王昌爲亡王子立刹本舍利二枚葬時神化爲三
정유년 2월 15일 백제왕 창이 죽은 왕자를 위하여 탑을 세우고 본래
사리 두 매를 묻었는데 신의 조화로 셋이 되었다.

☞ 577년

사리함

정유년은 577년입니다. 위덕왕 24년에 해당합니다. 557년은 『삼국사기』가 기록한 왕흥사 창건 연대 600년과 23년의 시간차이가 납니다. 왕흥사는 위덕왕 시절에 착공을 시작하여 법왕 때 완공된 것으로 이해합니다. 또한 명문은 위덕왕의 죽은 왕자가 있다는 사실을 증언합니다.

백선생 : 위덕왕의 아들은 죽은 왕자 말고도 또 있습니다. 아좌阿佐태자와 임성琳聖태자입니다. 『삼국사기』 기록에는 없고 『일본서기』와 일본문헌(족보)에 나옵니다. 두 사람은 597년(위덕44) 일본으로 건너갑니다. 아좌태자는 『일본서기』에 나오는 인물입니다. 일본불교의 신으로 추앙받는 성덕聖德(쇼토쿠)태자[15]의 초상화(일본 국내청 소장)를 그립니다. 참고로 초상화의 구도는 성덕태자를 가운데 두고 다른 두 사람을 양쪽에 작게 배치합니다. 불교의 삼존불 구성과 유사합니다. 초상화의 제작 시기는 하쿠호白鳳시대(645~709)의 작품으로 보기도 하고, 또는 가마쿠라鎌倉시대(1185~1336)의 모본模本으로 보기도 합니다. 초상화가 진본이든 아니면 후대의 모본이든 간에 아좌태자가 그린 것만은 확실합니다.

성덕태자 초상화(일본 국내청)

김기자 : 임성태자는 누구입니까?

백선생 : 임성태자는 오우치大內가의 족보에 나옵니다. 오우치가는 14세기 야마구치山口 일대를

---

15 성덕태자는 일본 불교를 중흥시킨 인물로 용명왕用明王(요메이-제31대)의 아들로 태어나 622년 사망한다. 고구려 승 혜자(惠慈)와 백제승 혜총(惠聰)으로부터 불교를 배우며, 사재를 털어 법륭사(法隆寺-호류지)를 창건하여 불교 전파에 힘써 일본이 불교국가로 자리 잡는데 공헌한다.

장악하고 한반도와 무역을 독점하면서 성장한 일본의 유력호족입니다. 족보에 따르면 임성태자가 처음 도착한 곳은 야마구치현 타타라多多良입니다. 임성태자는 도착장소인 타타라를 성씨로 하사 받는데 12세기경 그의 후손이 오우치로 성씨를 바꿉니다. 오우치가는 1557년 에도막부에 의해 멸문당합니다. 그러나 이때 살아남은 일부가 오우치가의 명맥을 유지하고 또 일부는 도요타豊田 성씨로 분파합니다. 임성태자는 오우치가의 족보에는 성왕의 셋째아들로, 도요타가의 족보에는 위덕왕의 셋째아들로 나옵니다. 임성태자가 일본으로 건너 간 시기를 감안하면 위덕왕의 아들입니다. 참고로 『조선왕조실록』에 오우치가문의 기록이 나옵니다. 1398년(정종1) 당시 일본 서부지역을 장악하고 있던 오우치 요시히로大内義弘가 조선조정에 공문을 보내 자신들의 시조 임성태자의 족보를 입증해 달라 요구합니다. 그 후 몇 차례 후손들이 추가로 요구하지만, 조선조정은 답을 하지 못합니다. 당시 조선조정이 소장한 어떤 문헌에도 임성태자의 기록이나 흔적이 없기 때문입니다.

김기자 : 아좌와 임성은 둘 다 태자이며, 또한 같은 해에 일본으로 건너가는데요. 혹시 두 사람은 동일인입니까?

백선생 : 동일인으로 보는 시각도 있습니다. 그러나 동일인은 아닙니다. 위덕왕의 왕자는 왕흥사 사리함 명문에 나오는 죽은 왕자까지 포함하면 3명입니다. 첫째는 죽은 왕자입니다. 태자일 확률이 큽니다. 둘째는 아좌입니다. 그리고 셋째가 임성입니다. 597년 아좌와 임성이 일본으로 건너갈 때는 아좌가 태자이고 임성은 왕자일 겁니다. 『일본서기』가 아좌태자만을 기록에 남긴 것은 나름 합당한 이유가 있습니다. 아좌태자는 당시 야마토의 중심지인 일본 기내지역에 정착하고, 임성왕자는 야마토 중심에서 멀리 떨어진 야마구치지역에 정착했기 때문입니다. 야마토 입장에서 보면 임성왕자는 관심 밖입니다. 또한 임성왕자가 태자가 된 것은 그의 후손들에 의해 격상되었다고 봅니다. 물론 아좌가 아닌 임성이 태자일 수도 있습니다.

김기자 : 두 사람이 동시에 일본으로 건너간 이유는 무엇입니까?

백선생 : 주목해야 할 인물이 있습니다. 혜왕의 뒤를 이은 법왕입니다. 혜왕의 직계아들 효선입니다. 597년 당시 위덕왕과 위덕왕의 동생인 혜왕은 70세 전후로 노쇠합니다. 젊은 왕자들 간의 권력투쟁이 벌어져 효선이 승리한 것으로 추정됩니다. 위덕왕의 직계인 아좌와 임성은 권력투쟁에

패하여 백제에서 추방당합니다.

　　김기자 : 아좌와 임성은 백제로 돌아옵니까?

　　백선생 : 법왕은 채 1년을 채우지 못하고 사망합니다. 위덕왕의 직계인 아좌와 임성이 다시 백제로 돌아와 법왕의 뒤를 잇는 것이 순리입니다. 그러나 두 사람은 돌아오지 못합니다. 아니 정확히 표현하면 돌아올 수 없습니다. 여기에는 이유가 있습니다. 숨겨진 인물이 있습니다.

　　김기자 : 누구입니까?

　　백선생 : 위덕왕의 또 다른 왕자입니다.

【성왕-위덕왕-혜왕-법왕의 계보도】

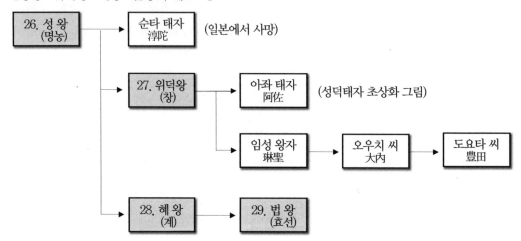

10장
설화 속으로
서동요와 삼천궁녀

1. 서동설화가 전하는 역사의 뒤안길

백선생 : 입에서 입으로 전해져 내려오는 이야기를 설화라고 합니다. 설화는 민족 구성원의 생활 감정과 풍습을 담고 있습니다. 크게 신화, 전설, 민담으로 나눕니다. 신화는 신적 존재와 그 활동에 관한 이야기이고, 전설은 인간과 사물의 행위를 주제로 한 이야기입니다. 민담은 흥미위주로 된 일종의 옛 이야기입니다. 『삼국유사』는 우리가 잘 아는 단군신화를 비롯한 수많은 이야기가 수록된 설화의 보고寶庫입니다. 그래서 사기史記라 하지 않고 유사遺事라고 합니다. 『삼국유사』〈기이〉편에 백제 무왕에 대한 기록이 나옵니다. 서동설화입니다.

김기자 : 서동설화하면 서동요가 먼저 떠오르는군요. 서동이 신라 선화공주를 얻기 위해 서라벌 아이들을 동원하여 퍼트린 노래지요.

백선생 : 서동요는 이두史讀로 표기된 우리나라 최초의 4구체 향가鄕歌입니다. 노래의 해석은 다양하나 대체적으로 이렇습니다.

善化公主主隱	선화 공주님은
他密只嫁良置古	남 몰래 정을 통해 놓고
薯童房乙	서동 도련님을
夜矣卯乙抱遺去如	밤에 몰래 안고 간다.

짧은 가사이나 내용은 자못 흥미롭습니다. 행위의 주체는 선화공주입니다. 공주는 신분이 높은 절대적인 존재입니다. 그 공주가 남몰래 서동이라는 미천한 신분의 사내와 육체적 관계를 맺습니다. 그리고 또 밤에 몰래 만나 일을 벌입니다. 엄청난 스캔들입니다. 소문은 순식간에 서라벌 도성에 쫙 퍼집니다. 백성들이 숙덕거립니다. 신라 진평왕(제26대)은 급히 선화공주를 불러 사실여부를 추궁합니다. 선화공주는 펄쩍 뛰며 부인합니다. 당연합니다. 선화공주는 서동과 정분情分을 일으킨 적이 없습니다. 서동의 존재도 모릅니다. 그러나 이미 엎질러진 물입니다. 선화공주는 왕실에서 쫓겨납니다. 예정된 수순입니다. 그때 서동이 선화공주 앞에 당당히 나타납니다. "내가 서동이요. 공주님을 사

모한 나머지 헛소문을 퍼뜨렸소." 이 대목에서 여성의 미묘한 심리가 작동합니다. 서동이 밉지 않습니다. 선화공주는 서동을 받아들입니다.

김기자 : 서동의 치밀한 전략에 선화공주가 넘어간 것이군요.

백선생 : 여담이지만 학창시절 한 친구가 있었습니다. 키가 작고 생김새는 볼품없습니다. 타과에 한 여학생이 있는데 정말 미모가 뛰어난 퀸카queen card입니다. 어느 남학생도 감히 말도 못 붙입니다. 친구가 부탁을 합니다. 그 퀸카 여학생을 보면 무조건 자신의 이름을 대며 아느냐고 물어 보라합니다. 저를 포함하여 또 다른 친구들은 퀸카 여학생을 볼 때마다 열심히 묻습니다. 족히 수십 차례는 계속해서 반복됩니다. 그리고 한 달이 지날 즈음 친구가 술 한 잔을 거하게 삽니다.

김기자 : 친구가 퀸카 여학생을 꼬신 겁니까?

백선생 : 두 사람은 평생 동반자가 됩니다. 훗날 알게 된 사실이지만, 그 퀸카 여학생은 사람들이 하도 친구의 이름을 대며 물으니 귀찮았답니다. 처음에는 그냥 흘려들었는데 어느 때부터인가는 이름의 주인공이 어떤 사람인지 궁금증이 생기더랍니다. 그래서 친구가 자신의 앞에 나타났을 때는 왕자님의 모습이었다고 합니다.

김기자 : 친구께서 서동요를 잘 이해하고 응용했군요.

백선생 : 『삼국유사』에 나오는 서동설화 내용을 간추리면 이렇습니다.

> 백제 수도 남쪽 연못가에 사는 과부가 연못의 용과 통정하여 아이를 낳았는데 마를 캐어 팔아서 서동薯童이라고 불렀다. 신라 진평왕眞平王의 셋째 공주 선화善花가 천하의 미인이라는 말을 듣고 중의 행색으로 서라벌에 가 거리의 아이들에게 마를 주어 친해졌다. 서동요를 지어 아이들에게 부르게 했는데, 그 노래가 궁중에 들어가 신하들이 공주를 귀양 보내도록 간하였다. 귀양지로 가는 도중 서동이 나타나 같이 가다가 정을 통했으니 그제야 노래의 징험徵驗을 알게 되었다. 함께 백제로 간 뒤 공주가 떠나올 때 왕후가 준 금金을 꺼내 놓으니, 서동은 마를 캐던 곳에 쌓여 있는 게 그것이라고 하였다. 용화산龍華山 사자사師子寺의 지명知命법사에게 부탁해 금을 하룻밤 사이에 신라 궁중으로 옮겨 놓았다. 이로써 서동이 인심을 얻어 왕위에 올랐다.

그럼에도 서동설화에 등장하는 서동과 선화공주의 실존에 대해서 의문을 제기하는 분도 있습니다. 교수님께 설명을 부탁드립니다.

소교수 : 『삼국유사』는 서동을 제30대 무왕으로 설명합니다. 그러나 서동요에 대해서는 다양한 해석이 있습니다. 493년 신라이찬 비지의 딸과 혼인한 동성왕의 작품으로 보기도 하며, 신라 원효스님의 '소똥노래'를 서동요로 보는 견해도 있습니다. 또한 서동은 실제 인물이 아닌 설화적 존재인데 이를 민담으로 발전시킨 승려들이 사실로 기록한 것이라는 주장도 있습니다. 일부에서는 표기법을 들어 백제가 아닌 고려시대 작품으로 보기도 합니다. 현재 서동설화의 주인공은 미륵사 창건의 사찰연기설화로 보는 것이 일반적인 추세입니다.

김기자 : 사찰연기설화는 무엇입니까?

소교수 : 불교의 전파와 교화를 목적으로 한 사찰과 관련된 설화를 말합니다. 사찰의 창건 유래, 사찰터를 잡게 된 유래, 사찰 이름의 명명에 얽힌 유래 등의 불교설화입니다. 미륵사 창건설화를 기록한 『삼국유사』와 『신증동국여지승람』입니다.

⑩-1. 하루는 **무왕武王이 부인과 함께 사자사師子寺에 가려고 용화산龍華山 밑의 큰 연못가에 이르니 미륵삼존彌勒三尊이 못 한가운데서 나타나서 수레를 멈추고 절을 올렸다.** 부인이 왕에게 말하길 "모름지기 이곳에 큰 절을 지어 주십시오. 그것이 제 소원입니다" 하였다. 왕이 허락하였다. **지명知命법사에게 가서 못을 메울 일을 물으니 신비스러운 힘으로 하룻밤 사이에 산을 무너뜨려 못을 메우고 평지를 만들었다.** 이에 미륵彌勒 삼회三會를 법상法像으로 하여 전전殿과 탑탑塔과 낭무廊廡를 각각 세 곳에 세우고, **절 이름을 미륵사彌勒寺〔『국사國史』에는 왕흥사王興寺라 한다.〕로 하였다. 진평왕眞平王이 여러 공인工人들을 보내서 이를 도왔는데 그 절은 지금도 남아 있다.**〔『삼국사기』에는 이 분을 법왕法王의 아들이라고 하였지만 여기서는 과부의 아들이라고 전하니 자세한 것은 알 수 없다.〕

『삼국유사』〈기이〉무왕

⑩-2. **미륵사彌勒寺는 용화산龍華山에 있다. 전하기를, 무강왕武康王이 인심을 얻어 마한국馬韓國을 세우고, 하루는 선화부인善花夫人과 함께 사자사獅子寺에 가고자 산 아래 큰 연못가에 이르렀는데 세 미륵불이 연못 속에서 나왔다.** 부인이 왕께 아뢰어 이곳에 절을 짓기를 원하였다. 왕이 허락하고 지명知命법사에게 못을 메울 방술을 물으니 **법사가 신력으로 하룻밤 사이에 산으로 못을 메워 이에 불전을 창건하고 또 세 미륵상을 만들었다. 신라 진평왕眞平王이 백공百工을 보내어 도왔는데 석탑이**

매우 커서 높이가 여러 길이나 되어 동방의 석탑 중에 가장 큰 것이다.

『신증동국여지승람』 전라도 익산군 불우조佛宇條

미륵사지彌勒寺址는 전북 익산시 금마면에 소재하는 백제시대의 절터로 사적 제150호입니다. 미륵사는 백제 무왕의 꿈과 낭만이 깃든 사찰입니다. 전체면적은 1338만 4699㎡으로 당시로서는 최대 규모입니다.(신라 황룡사의 2배) 탑은 3개입니다. 가운데는 목탑이고 좌우의 동탑과 서탑은 석탑입니다. 3개의 탑을 중심으로 금당과 회랑이 펼쳐지는데 전체형태는 동양 유일의 「3원1가람」입니다.[1] 3개의 사찰이 1개의 가람을 형성합니다. 이는 미륵삼존이 출현하여 절을 세운 기록과 일맥상통합니다. 『삼국유사』와 『신증동국여지승람』 기록 공히 무왕과 부인을 언급합니다. 『삼국유사』는 무왕과 부인(선화공주)이고, 『신증동국여지승람』은 무강왕과 선화부인입니다. 무강왕은 무왕입니다. 『삼

미륵사(전북 익산 금마) 복원도

---

1 일반적으로 사찰은 1개 탑과 1개 금당(대웅전)으로 이루어진 '1탑1금당'이다. 이를 1원(院)이라 한다. 백제사찰의 기본배치이다. 그런데 미륵사지는 '3탑3금당'이다. 미륵부처가 이승에서 3번 설법을 한 후 극락세계로 들어간다는 내용에 기인한다. 각기 설법을 한 공간이 3금당(대웅전 3개)이고, 또 각각의 금당 앞에 1개 탑을 세워 3탑이 된다. 3개 사찰을 하나로 묶어 1개 가람을 형성한다. 그래서 '3원1가람'이라고 한다. 참고로, 고구려사찰은 1탑2금당, 신라사찰은 2탑1금당이 기본배치이다.

국유사』기록(⑩-1)을 보면, 특별히 신라 진평왕이 기술자를 보내 미륵사의 창건을 돕습니다. 선화공주의 존재는 의심의 여지가 없습니다. 서동설화는 역사적 사실입니다. 그러나 2009년 반전이 일어납니다. 미륵사 서탑의 보수를 위해 해체하는 과정에서 심주석 중앙 사리공에서 사리장엄과《금제사리봉안기金製舍利奉安記》가 출토됩니다. 그런데 봉안기 명문 중 일부 내용이 너무 뜻밖입니다.

我百濟王后佐平沙乇積德女種善因於曠劫受勝報於
今生撫育萬民棟梁三寶故能謹捨淨財造立伽藍以己
亥年正月卄九日奉迎舍利
우리 **백제왕후**께서는 **좌평 사택적덕의 따님**으로 지극히 오랜 세월에 선인을 심어 금생에 뛰어난 과보를 받아 만민을 어루만져 기르고 삼보*의 동량이 되셨기에 능히 정재를 희사하여 가람을 세우시고 **기해년** 정월 29일에 사리를 받들어 맞이하였다.

☞ *불교 **639년

《금제사리봉안기》

무왕의 왕비는 선화공주가 아니라 좌평 사택적덕沙乇積德의 딸입니다. 사택왕후입니다. 이는『삼국유사』기록을 전면 부정하는 내용입니다. 이를 두고 학계는 잠시 혼란에 빠져 논쟁을 벌인 바 있습니다. 현재는『삼국유사』의 서동설화 자체를 부정하는 기류도 있지만, 선화부인과 사택왕후 둘 다 인정하는 입장입니다.

백선생 : 서동설화의 주인공은 백제 무왕입니다.『삼국유사』가 서동을 무왕으로 단정한 것은 참조한 옛 문헌이 모두 무왕으로 기록되어 있기 때문입니다. 선화부인과 사택왕후 두 사람의 존재도 사실입니다. 다만 두 사람은 시간적 차이가 있습니다. 선화부인은 무왕이 즉위전에 얻은 부인이고, 사택왕후는 무왕이 즉위후 새로 얻은 부인입니다. 왕후입니다. 무왕을 옹립한 세력은 사택씨입니다. 사택씨는 당대 최고의 권문세가입니다.

김기자 : 혹시 선화부인이 죽어 사택왕후가 뒤를 이은 겁니까?

백선생 : 그렇습니다. 『삼국사기』 기록에 따르면, 무왕은 즉위 3년인 602년부터 신라와의 전쟁을 시작합니다. 재위기간 중 무려 13번이나 신라와 전투를 벌입니다. 백제의 역대 어느 왕도 무왕처럼 신라와 줄기차게 전쟁을 벌인 왕은 없습니다. 이는 선화부인이 살아있다면 불가능한 일입니다. 선화부인은 무왕이 즉위하기 전에 사망합니다.

2. 무왕의 출생 비밀과 웅비한 세월

백선생 : 무왕武王은 제30대 왕입니다. 600년~641년까지 재위기간은 42년입니다. 휘는 장璋(부여장)입니다. 자는 서동薯童입니다. '무武'는 시호인데 '무강武康'이라 하기도 하고, '말통末通'이라고도 합니다. 『삼국사기』는 무왕을 법왕의 아들로 설정합니다. 또 법왕이 죽자 '子嗣位'했다고 기록합니다. 그냥 '嗣位'하면 될 터인데 '子'를 앞에 붙여 '아들로서 왕위를 이었다'고 재차 못을 박습니다.

김기자 : 특별한 이유가 있습니까?

백선생 : 무왕은 법왕의 아들이 아닙니다. 이는 『삼국사기』 편찬자 역시 잘 아는 문제입니다. 생물학적으로 불가능합니다. 『삼국사기』는 되도록이면 왕통의 일계一系를 지키는 것이 편집원칙입니다. 글자 하나를 무리하게 삽입해서 자신의 기록을 부정한 셈입니다.

소교수 : 무왕의 출신에 대해서는 학계에서도 의견이 분분합니다. 법왕의 아들이라는 『삼국사기』 기록을 액면 받아들이는 학자는 드뭅니다. 혜왕의 또 다른 아들인 법왕의 이복동생으로 보는 시각이 지배적입니다. 중국사서 『북사』는 무왕을 위덕왕의 아들로 기록합니다. 그러나 중국사서는 관작을 수여할 경우에 한해서 왕의 계보를 부자지간으로 연결하는 경향이 있습니다. 이 기록 또한 믿기 어렵습니다.

백선생 : 『삼국유사』 서동설화의 앞부분입니다.

⑩-3. 제30대 무왕武王의 이름은 장璋이다. **그의 어머니는 과부였는데 수도 남쪽 연못가에 집을 짓고 살다가 연못의 용과 정을 통하고 아들을 낳았다.** 어려서의 이름은 서동薯童이다. 서동은 재주와 도량이 커서 헤아리기 어려웠다. 늘상 마를 깨어 팔아 생활하였기에 사람들이 이를 이름으로 삼았다.

『삼국유사』〈기이〉 무왕

무왕의 어머니는 과부입니다. 사비도성의 남쪽 연못가에 삽니다. 지금의 충남 부여의 궁남지宮南池입니다. 그 연못의 용과 정을 통하여 무왕을 낳습니다. 용은 왕입니다. 용은 무왕의 어머니와 정을 통할 때도 왕의 신분일 공산이 큽니다. 법왕의 아버지인 혜왕의 재위기간은 채 1년이 안됩니다. 더구나 나이가 70세 전후입니다. 용은 결코 혜왕으로 볼 수 없습니다. 따라서 무왕은 법왕의 이복동생이 아닙니다.

궁남지 (충남 부여)

김기자 : 그렇다면 무왕의 아버지는 누구입니까?

백선생 : 단서는 법왕입니다. 법왕 역시 혜왕과 마찬가지로 재위기간이 채 1년이 안됩니다. 젊은 나이이니 자연사는 아닙니다. 법왕은 권력암투에 의해 희생된 것으로 추정됩니다. 만약 무왕이 법

왕의 이복동생이라면 당시 법왕을 제거한 세력은 무왕을 선택할 수 없습니다. 훗날 무왕이 어떤 식으로든지 법왕의 죽음을 문제 삼고 보복할 수 있습니다.『삼국사기』에는 무왕의 보복을 추정할 수 있는 기록이나 단서가 전혀 없습니다. 이는 무왕이 법왕의 동생이 될 수 없다는 증거입니다. 결론적으로 무왕은 위덕왕의 아들입니다. 비록 혼외왕자이지만 엄연히 위덕왕의 혈육입니다.

김기자 : 무왕을 옹립한 세력은 어떤 세력입니까?

백선생 : 무왕은 혼외왕자이지만 단순히 마를 캐는 서동은 아닙니다. 신라 진평왕의 사위이며 수많은 황금을 보유한 재력가입니다. 무왕의 본거지는 전북 익산지역입니다. 무왕은 즉위이후 익산지역에 별도別都를 건설합니다. 무왕의 수도입니다. 전북 익산시 왕궁면에는 '왕궁평'이란 옛 지명이 있고 왕궁터도 확인됩니다. 근처에는 제석사와 미륵사 등 왕실사찰과 사자사, 오금사도 있습니다. 사자사는 서동설화에 등장하는 지명법사가 거주한 절이며, 오금사는 무왕이 5금金을 발견한 자리에 어머니를 위하여 창건한 절입니다. 무왕은 익산세력의 절대적인 지지와 후원을 받습니다.

김기자 : 무왕이 태어난 곳은 사비도성의 연못인 궁남지이고 또한 무왕의 본거지가 익산이면 무왕은 어느 시기에는 사비를 떠나 익산으로 거처를 옮겨야 하는데요. 언제 옮긴 겁니까?

백선생 :『삼국유사』의 궁남지와 달리『신증동국여지승람』에는 마룡지馬龍池(용샘)가 나옵니다. '서동대왕薯童大王의 어머니가 축실築室한 곳〔薯童大王王母築室處〕'입니다. 무왕의 어머니가 집을 짓고 살던 곳입니다. 전북 익산시 왕궁면에 마룡지의 옛터가 있습니다. 연못은 거의 없어지고 지금은 흔적만 남아 있습니다. 궁남지와 마룡지는 일견 상충됩니다. 그러나 시간적으로 펼쳐보면 무왕의 어머니는 부여의 궁남지 근처에서 무왕을 낳은 후 익산의 마룡지 근처로 처소를 옮깁니다. 이동시기는 젖먹이 시절로 추정합니다.

김기자 : 무왕 어머니의 비애이군요. 젖먹이 무왕을 데리고 사비도성에서 쫓겨날 수밖에 없는 운명이군요.

백선생 : 오히려 전화위복轉禍爲福입니다. 역사는 무왕을 선택하고 또 보상합니다. 위덕왕의 정실 후계자들은 모두 법왕에게 정치적 패배를 당하여 백제에서 쫓겨납니다. 597년(위덕44) 일본 야마토

로 망명합니다. 아좌태자와 임성왕자입니다. 두 사람은 602년 법왕이 죽은 후에도 돌아오지 못하고 일본에서 생을 마감하며 또한 일본 땅에 묻힙니다.

【위덕왕–무왕 계보도】

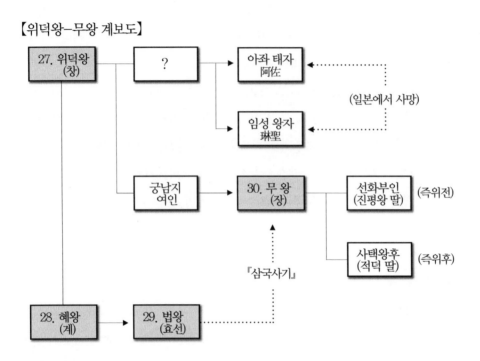

소교수 : 전북 익산에 왕궁리 유적이 있습니다. 행정구역상으로 왕궁면 왕궁리와 금마면 동고도리 일대입니다. 백제시대에는 금마저로 불린 곳입니다. 1989년 7월부터 본격적으로 발굴 조사됩니다. 백제 무왕 때인(639년) 건립한 제석사터를 비롯하여 관궁사, 대궁사의 절터와 국보 제 289호인 왕궁리 5층석탑, 이를 둘러싼 직사각형 모양의 성곽과 왕궁터가 확인됩니다. 『신증동국여지승람』, 『대동지지』, 『익산읍지』 등의 문헌에는 이곳이 '옛날 궁궐터', '무왕이 별도別都를 세운 곳', '마한의 궁성터'라고 기록하고 있어 이를 뒷받침합니다. 이 일대

익산 왕궁리 5층석탑

는 1998년 사적 408호로 지정되고, 2015년 백제역사유적지구로 공주, 부여와 함께 유네스코 세계유산으로 등재됩니다.

백선생 : 무왕의 치적은 신라에 대한 군사적 압박과 고구려에 대한 외교적 견제로 정리할 수 있습니다. 신라에 대한 군사적 압박은 신라와 국경을 접하는 서쪽방면에서 성과를 거둡니다. 서북쪽의 가잠성(충북괴산)의 경우는 뺏고 뺏기는 공방전을 벌이나 독산성(충북충주)을 확보하며, 서쪽으로는 모산성(전북남원)과 속함성(경남함양), 서곡성(경남거창?) 등을 빼앗습니다. 덕유산과 가야산 일대입니다. 또한 서남쪽으로 앵잠성, 기잠성, 봉잠성, 기현성, 용책성 등을 확보합니다. 이들 성의 위치는 정확히 알 수 없으나 섬진강의 동쪽으로 추정합니다. 따라서 무왕시기에 옛 영토의 일부는 되찾고, 또 일부는 더 확보하는 전과를 올립니다.

김기자 : 무왕이 성왕과 위덕왕의 한을 풀은 겁니까?

백선생 : 무왕시기 백제는 군사적으로 신라를 압도합니다. 모두 백제의 승리입니다. 그러나 당시 신라의 사정을 보면 병력 자체가 분산되어 있습니다. 신라는 진평왕(제26대)의 치세입니다. 『삼국사기』 기록을 보면 진평왕은 한강유역에서 여러 차례 고구려의 공격을 받습니다. 신라가 한강유역에 집중할 수밖에 없는 상황입니다.

김기자 : 한강유역을 빼앗은 신라의 업보이군요.

백선생 : 무왕은 신라의 사정을 간파하고 전략적으로 병력을 운용합니다. 승리는 무왕에게 값진 선물입니다. 왕실과 조정 그리고 백성들을 하나로 묶는 원동력입니다. 무왕은 익산에 별도別都를 만들고 미륵사를 창건하는 등 불교문화를 꽃피웁니다. 다음은 무왕의 외교입니다.

⑩-4. 8년(607년) 3월, **한솔 연문진燕文進을 수隋에 보내 조공하였다. 또 좌평 왕효린王孝隣을 보내 공물을 바치고 아울러 고구려 토벌을 요청하였다. 수양제隋煬帝가 이를 허락하고 고구려의 동정을 엿보라 하였다.** 5월, 고구려가 송산성松山城을 공격하다가 함락시키지 못하자 병사를 옮겨 석두성石頭城을 습격하였다. 남녀 3천을 사로잡아 돌아갔다.

⑩-5. 12년(611년) 2월, **수隋에 사신을 보내 조공하였다. 수양제隋煬帝가 고구려를 정벌하려 하므로 왕이 국지모國智牟를 보내 군사 일정을 물었다.** 수양제가 기뻐하며 후하게 상을 내리고 상서기부랑尙書起部郞 석률席律을 보내와 왕과 상의하게 하였다. 『삼국사기』 무왕

무왕이 중국 수(581~618)와 외교전을 펼친 『삼국사기』 기록입니다. 먼저 607년(무8)입니다.(⑩-4) 3월 무왕은 전격적으로 수에 사신을 파견합니다. 연거푸 두 번이나 파견합니다. 그리고 고구려 정벌을 제안합니다. 수양제가 무왕의 제의를 받아들이고 백제와 수는 군사동맹을 체결합니다. 5월 백제는 고구려의 공격을 받습니다. 남녀 3천이 고구려에 포로로 잡혀갑니다.

김기자 : 고구려가 무왕의 행위에 격분하여 백제를 공격한 것이군요.

백선생 : 다음은 611년(무12)입니다.(⑩-5) 무왕은 수양제가 고구려를 침공한다는 소식을 듣고 사신을 급파하여, 고구려 공격일정을 물으며 적극적으로 협조할 뜻을 전달합니다. 수양제는 기뻐합니다. 그리고 구체적으로 상의도 합니다. 이듬해 수양제는 고구려를 침공합니다. 우리가 잘 아는 '고수(고구려 -수)전쟁'의 시작입니다. 612년 1차는 113만의 대군을 이끌고 고구려를 침공하지만 살수에서 을지문덕에게 대패합니다. 613년 2차는 군수물자 조달 책임자인 양현감이 본국에서 반란을 일으켜 철수합니다. 614년 3차는 1,2차의 인명과 물자의 손실로 농민들의 봉기가 일어나는 등, 수의 국내정세가 불안하여 고구려와 화의하고 철수합니다. 이후 618년 수양제가 암살되면서 수는 멸망합니다. 거듭되는 고구려 원정의 실패가 멸망의 직접적인 원인입니다.[2]

김기자 : 고수전쟁에 백제도 참여합니까?

백선생 : 참여하지 않습니다. 그저 생색만 냅니다.

소교수 : 『삼국사기』 기록(⑩-4)은 『수서』 백제조에도 상세히 나옵니다. 기록에 따르면 수가 고구려를 공격하자 무왕은 국경에 군사를 배치할 뿐 출동시키지는 않습니다. 이를 두고 『수서』 기록은 무왕의 양단兩端으로 설명합니다. 두 마음을 품었다는 뜻입니다. 수의 입장에서는 안 된 일이지만 무왕의 외교술이 돋보이는 대목입니다.

김기자 : 수양제가 무왕의 술책에 놀아났군요.

백선생 : 이후 무왕은 수의 뒤를 이은 당唐(618~907)과도 적극적으로 외교를 펼칩니다. 과하마果下馬와 명광개明光鎧, 금갑金甲과 조부雕斧를 보내 성의를 표하며 여러 차례 사신을 파견합니다. 당 태종(이세민)은 비단 도포와 채색비단 3천단을 무왕에게 보내기도 합니다. 모두 고구려를 견제하기

---

2 정재수.『고구려 역사의 부활』(논형, 2018) 제10장 참조.

위한 무왕의 외교전입니다. 641년 무왕이 죽자, 당태종은 친히 현무문에 나아가 무왕을 애도하며 조서를 내립니다.

소교수 : 전북 익산시 석왕동에 쌍릉이 있습니다. 크고 작은 2개의 봉분이 남북으로 연하여 있는데 북쪽은 대왕릉, 남쪽은 소왕릉입니다. 전형적인 백제 무덤양식인 횡혈식석실분(굴식돌방무덤)입니다. 『신증동국여지승람』에 쌍릉의 기록이 있습니다. '오금사五金寺 봉우리 서쪽 수백보에 있다. 『고려사』에는 후조선 무강왕武康王과 왕비의 능이라고 한다. 속칭 말통대왕릉末通大王陵이다. 일설에는 백제 무왕의 어릴 때 이름이 서동인데, 말통은 서동이 변한 것이라 한다.' 쌍릉은 백제 무왕과 선화부인의 능입니다.[3]

대왕묘
(추정 무왕묘)

소왕묘
(추정 선화공주묘)

쌍릉(전북 익산)

---

3 대왕릉은 일제강점기 조선총독부에 의해 처음 발굴된 후 폐쇄된다. 2017년 다시 개방하여 일제가 회수하지 않은 인골을 추가로 발굴하는데, 정밀 감식결과 인골은 키 161~170㎝의 남성 노인이며 620년~659년 사이에 사망한 것으로 추정되어 백제 무왕일 가능성이 높다.

3. 삼천궁녀와 해동증자의 함수관계

백선생 : '낙화암'이라는 제목의 칠언고시七言古詩가 있습니다. 조선전기 문신 김흔(1448~1492)이 자신의 문집『안락당집』에 남긴 시입니다.

扶餘王氣日衰替	부여의 왕기가 날로 쇠미해지니
月滿當虧枉黷筮	달도 차면 기우는 것 애꿎은 점쟁이만 죽었구나.
鼓角聲殷炭峴動	은은한 고각 소리 탄현을 뒤흔들고
樓船影壓白江蔽	누선 그림자가 백마강을 덮었네.
藥石忠言口初苦	약석 같은 충신의 말이 처음은 입에 써서
宴安鴆毒臍終噬	호강만 누리더니 끝내는 후회막급.
三千歌舞委沙塵	삼천궁녀들이 모래에 몸을 맡겨
紅殘玉碎隨水逝	꽃 지고 옥 부서지듯 물 따라 가버렸네

삼천궁녀 투신 모사도(부여 고란사)

삼천궁녀가 나옵니다. 낙화암의 삼천궁녀를 최초로 언급한 시입니다. 이후 문신 민제인 (1493~1549)도 '구름 같은 삼천궁녀 바라보며 후궁들의 고운 얼굴에 눈이 어두웠네.〔望三千其如雲 眩後宮之粉紅〕'라는 싯구절을『백마강부』에 남깁니다. 역시 삼천궁녀입니다.

김기자 : 의자왕의 삼천궁녀는 사실입니까?

백선생 : 백제가 망하자 의자왕의 궁녀들이 백마강으로 뛰어내렸다는 기록은『삼국유사』에 나옵니다.

⑩-6.『백제고기』에 기록되어 있다. '부여성 북쪽 모퉁이에 큰 바위가 있는데 그 아래로 강물을 굽어보고 있다. 전해 내려오기를 의자왕이 여러 후궁들과 죽음을 면하지 못할 것을 알고 "차라리 자살할지언정 남의 손에 죽지는 않을 것이다." 하며 서로 이끌고 이곳에 와서 강물에 투신하여 죽었다고 한다. 그래서 세상에서는 이 바위를 타사암墮死岩이라고 한다.'
『삼국유사』〈기이〉 태종 춘추공

일연은 『백제고기』를 인용하여 '타사암' 즉 '떨어져 죽은 바위'의 유래를 설명하면서 의자왕의 궁녀들을 언급합니다. 타사암은 지금의 낙화암입니다.

김기자 : 삼천궁녀는 어떻게 해서 생긴 겁니까?

백선생 : 원래 삼천궁녀는 많은 궁녀를 지칭하여 쓰는 표현입니다. 중국사서에 적잖이 나옵니다. 진시황도 삼천궁녀를 씁니다. 한자에는 평측平仄이 있습니다. 일종의 높낮이를 말하는데 많은 숫자를 표시할 때 나란히 놓인 글자 '三千'을 사용합니다. 삼천은 큰 숫자를 지칭합니다. 불교에서 말하는 삼천세계三千世界도 같은 맥락입니다. 김흔과 민제인도 궁녀가 많다는 의미에서 삼천궁녀를 차용합니다. 이후 삼천궁녀는 역사적 사실로 굳어집니다. '삼천궁녀 의자왕'입니다. 삼천궁녀는 의자왕의 호號가 되어 의자왕의 이름에 항상 따라붙습니다. 삼천궁녀를 거느린 의자왕은 향락과 타락의 화신으로 둔갑시켜 백제 멸망을 가져온 역사의 추악한 죄인으로 매도합니다. 일제강점기 일본 식민사학자에 의해 각색되고 역사소설과 대중가요 등에서 윤색되면서 불변의 진실로 굳어집니다. 슬픈 일입니다.

소교수 : 『삼국사기』를 보면 의자왕은 자신의 왕자 41명을 좌평으로 삼은 기록이 있습니다. 왕자만 41명이니 공주까지 합하면 의자왕은 얼추 100명의 자손을 둔 셈입니다. 의자왕의 후궁은 최소 수십 명은 될 듯합니다.

백선생 : 『조선왕조실록』을 보면 왕들의 궁녀 숫자가 나옵니다. 태종은 수십 명, 성종은 최소 105명, 인조는 230명입니다. 『성호사설』에는 영조가 궁녀를 684명까지 증원한 기록도 있습니다. 물론 궁녀 모두가 왕과 잠자리를 같이 하는 것은 아닙니다. 하물며 인구가 많은 조선의 경우도 궁녀 수가 최대 7백 정도입니다. 의자왕이 후궁을 포함하여 3천 궁녀를 두었다는 것은 억측입니다. 중국사서 『주서』의 기록에 따르면, 당시 백제의 사비도성 인구는 남녀노소 합하여 5만입니다. 인구비율로 보더라도 의자왕의 삼천궁녀는 무리입니다.

김기자 : 삼천궁녀가 아니라는 것이 역사적 사실이군요.

백선생 : 의자왕은 7백년 백제 역사를 한순간 지워버린 망국의 군주입니다. 641년~660년까지 20년을 재위한 백제의 마지막 왕입니다. '의자義慈'는 시호입니다. 의롭고 자애로운 왕입니다. 휘와

자는 기록이 없습니다. 『삼국사기』는 무왕의 원자元子로 설정합니다. 용감하고 대담하여 결단력이 있으며, 또한 부모에게 효도하고 형제간에 우애가 있어 '해동증자海東曾子'로 불립니다.

　　김기자 : 증자曾子는 중국 춘추시대의 유학자를 말합니까?

　　백선생 : 그렇습니다. 공자孔子의 수제자입니다. 공자의 인의仁義의 도를 계승하고 『대학』과 『효경』을 저술하여 유교사상의 근본을 정립한 5대 성인의 한 사람입니다. 증자는 효孝와 신信의 상징입니다. 의자왕은 증자의 모델model입니다. 효도가 크고 형제간의 우애도 깊으니 전형적인 도덕군주입니다. 그러나 의자왕이 해동증자로 칭송받기까지는 남모를 애로가 있습니다.

　　김기자 : 어떤 애로입니까?

　　백선생 : 먼저 의자왕의 출생 시기를 알아봅니다. 2002년 중국 하남성 낙양의 북망산에서 의자왕의 아들 부여융(615~682)의 묘지명이 발견됩니다. 묘지명에 의하면 부여융은 615년생입니다. 의자왕이 부여융을 20세 전후에 낳았다고 가정하면 의자왕은 595년경에 출생합니다. 이는 아버지 무왕이 즉위한 600년과 비교하면 5년 전에 해당합니다. 의자왕은 무왕이 즉위하기 전에 낳은 아들입니다. 이 시기 무왕은 사비도성이 아닌 익산에 거주합니다. 선화공주가 부인입니다. 따라서 의자왕의 어머니는 선화공주입니다. 의자왕은 신라왕실의 피를 이어 받습니다.

　　김기자 : 신라왕실의 피를 이어 받은 것이 오히려 약점이 될 수 있겠군요.

　　백선생 : 무왕은 즉위3년째인 602년부터 신라를 공격합니다. 선화공주가 죽었기에 가능한 일입니다. 이 시기 무왕은 자신을 옹립한 사택가문(사비세력)의 사택왕후를 맞이한 상태입니다. 의자왕은 자신의 처지와 한계를 직시합니다. 그리고 선택합니다. 아버지 무왕의 눈밖에 벗어나지 않기 위해 열성으로 효도하며, 계모 사택왕후에게도 최선을 다합니다. 또한 사택왕후와 다른 후궁들이 낳은 이복동생들에게도 철저히 우애합니다.

　　김기자 : 해동증자의 칭송은 의자왕의 생존전략이군요.

　　백선생 : 드디어 참고 인내한 보람이 의자왕에게 찾아옵니다. 632년(무왕 33) 의자왕은 태자에 책봉되어 무왕의 후계자로 공식 지명을 받습니다. 의자왕의 나이 30대 중반입니다.

　　김기자 : 태자 책봉이 너무 늦군요. 무왕이 태자 책봉을 늦춘 이유는 무엇입니까?

백선생 : 『일본서기』에 단서가 있습니다.

⑩-7. 3년(631년) 3월, **백제왕**百濟王 **의자**義慈**가 왕자 풍장**豊璋**을 들여보내 볼모로 삼았다.**
『일본서기』 흠명기

631년(무왕32)입니다. 의자왕이 태자에 책봉되기 한해 전입니다. 왕자 풍장은 부여풍입니다. 부여
풍이 전격적으로 야마토로 건너갑니다. 형식은 볼모입니다. 부여풍은 사택왕후가 낳은 왕자로 추
정됩니다. 무왕이 즉위한 후 얻은 정실왕후의 소생입니다.

김기자 : 혹시 내란이 발생한 겁니까? 의자왕과 부여풍이 태자자리를 놓고 한판 붙은 겁니까?

백선생 : 부여풍의 도왜사건은 내란의 결과입니다. 부여풍을 야마토에 보낸 사람은 무왕이 아니
라 의자왕입니다. 더구나 의자왕는 태자 책봉 전인데도 '백제왕'입니다. 631년 의자왕이 정치적 쿠
데타를 일으켜 경쟁자인 부여풍을 제거합니다. 그리고 의자왕은 태자의 신분이지만 정사를 주도합
니다. 그래서 『일본서기』는 의자를 왕으로 기록합니다.

⑩-8. 33년(632년) 정월, **원자**元子 **의자**義慈**를 태자에 책봉하였다.** 2월, 마천성馬川城을 고쳐 쌓았다. 7
월, 군사를 일으켜(發兵) 신라를 정벌하였으나(伐新羅) 이득을 얻지 못하였다. 왕이 생초生草 벌판에
서 사냥하였다. 『삼국사기』 무왕

632년(무33) 『삼국사기』 기록입니다. 정월 의자왕은 태자에 책봉됩니다. 2월 마천성을 고쳐쌓
고, 7월 군사를 일으켜 신라를 공격합니다. 같은 시기 아버지 무왕은 한가로이 생초 벌판에서 사
냥을 즐깁니다. 한자를 보면 '發兵'입니다. 통상 '遣兵'을 쓰는데 '遣'이 아닌 '發'을 씁니다. 군사
를 대대적으로 징집하여 동원합니다. 또한 '伐新羅'입니다. 통상 '伐'이 아닌 '攻'이나 '侵'을 씁
니다. '伐'은 명분과 의지가 분명할 때 사용합니다. 그런데 군사는 어느 정도 동원했는지 또 신라
의 어디를 공격하여 정벌했는지 구체적인 내용은 아예 없습니다. 또한 결과가 아무런 이득이 없
다고 부연합니다. 막연하고 모호한 기록이지만, 이 전쟁을 주도한 사람은 태자인 의자왕입니다.
의자왕은 태자가 된 이후 자신의 정체성을 명확히 밝혀야 합니다. 비록 신라왕실의 피가 섞였지

만 엄연히 백제의 태자라는 위상을 조정 신료와 백성들에게 보여줘야 합니다. 그래서 신라 정벌을 기획하고 실행합니다.

김기자 : 아무런 이득이 없다하니 혹여 생색만 낸 겁니까?

백선생 : 그럴 개연성이 다분합니다. 의자왕은 신라공격을 통해 태생에 대한 불신을 일소하고 정국 주도의 강력한 동력을 확보합니다. 태자인 의자왕이 정국을 주도한 증거는 당시 무왕의 행태에서 확인됩니다. 『삼국사기』 무왕 기록을 보면, 무왕은 의자왕을 태자에 책봉한 632년(무33)부터 사망하기까지 10년 동안 급격히 권력에서 멀어집니다. 636년(무37) 백마강 동쪽 포구인 대왕포와 망해루에서 신하들과 잔치를 벌입니다. 또 638년(무39) 궁녀들과 큰 못에 배를 띄우고 놉니다. 무왕은 현실 정치에서 벗어나 유유자적합니다.

4. 대야성에 묻힌 불행의 씨앗

백선생 : 무왕은 641년 3월 사비궁에서 조용히 사망합니다. 70대 전후로 천수를 다합니다. 이어 의자왕이 즉위합니다. 40대 중반입니다. 의자왕은 당에 사신을 보내 먼저 자신의 즉위를 알립니다. 당태종은 이전 무왕에게 수여한 「주국대방군백제왕」의 관작을 의자왕에게도 수여합니다. 의자왕은 이듬해인 642년(의자2) 전국을 순행합니다. 당시 백제의 행정체제는 '5부 37군 200성'입니다. 5부는 5방이라고도 합니다. 의자왕은 백성들을 위무하며 신왕의 즉위를 알립니다. 그리고 사형수를 제외하고 죄의 경중을 따져 모두 풀어줍니다. 대사면을 실시합니다.

김기자 : 민심을 얻고 자신의 존재를 알리는 일석이조—石二鳥의 효과이군요.

백선생 : 내부의 안정과 결속을 다진 의자왕은 그 해 7월 신라를 공격합니다. 642년(의자2)입니다. 의자왕은 친히 전장의 선두에 서서 친정親征합니다. 신라 미후성 등 40여개 성을 일거에 함락합니다. 모두 서쪽 지역입니다. 이어 8월에는 신라 대야성大耶城을 공격합니다.

⑩-9. 2년(642년) 8월, **장군 윤충**允忠**을 보내 군사 1만을 거느리고 신라의 대야성**大耶城**을 공격하였**

다. 성주 품석品釋이 처자를 데리고 나와 항복하였는데 윤충이 그들을 모두 죽이고 품석의 목을 베어 왕도王都로 보냈다. 남녀 1천여를 사로잡아 서쪽지방의 주와 현에 나누어 살게 하고 군사를 남겨 성을 지키게 하였다. **왕이 윤충의 공로를 표창하여 말 20필과 곡식 1천 섬을 하사하였다.**

『삼국사기』 의자왕

대야성은 지금의 경남 합천입니다. 백제에서 신라의 수도 경주에 이르는 최단코스로 전략적 요충지입니다. 562년 신라 진흥왕(제24대)이 대가야를 멸망시키면서 흡수한 신라의 심장부입니다. 백제장군 윤충이 나옵니다. 의자왕이 태자시절부터 키워온 최측근입니다. 대야성주는 신라의 품석입니다. 김품석입니다. 품석의 아내는 김춘추의 딸 고타소입니다. 품석은 김춘추의 사위입니다. 품석이 처자를 데리고 성 밖으로 나와 항복합니다. 사실 품석이 항복한 이유는 자신의 심복 검일의 배신 때문입니다. 검일은 품석이 자신의 아내를 빼앗아 첩으로 삼자 앙심을 품고 백제로 전향합니다. 대야성의 모든 정보를 백제에 제공하고 대야성 성내에 불을 지르기까지 합니다. 대야성의 신라군은 일거에 무력화됩니다. 윤충은 품석의 처자를 모두 죽입니다. 그리고 시신을 백제 왕도로 보냅니다. 일설에는 품석이 목숨을 살려주는 조건으로 항복하는데 검일이 품석부부를 살해했다고도 합니다. 백제는 품석과 고타소의 머리를 사비도성의 감옥 바닥 아래에 묻어 버립니다. 성왕에 대한 복수입니다. 의자왕은 윤충의 공로를 치하하며 특별히 말 20필과 쌀 1천석을 하사합니다.

김기자 : 쌀 1천석이면 어마어마한 포상이군요.

백선생 : 백제의 대야성 승리는 신라에게 치명상입니다. 백제는 확실한 군사적 우위를 점하고 신라를 계속해서 군사적으로 압박합니다. 반면 신라는 군사적 열세를 만회하기 위해 다른 방향을 모색합니다. 당시 신라는 선덕여왕(제27대) 치세로 김춘추와 김유신이라는 걸출한 두 영웅이 선덕여왕을 떠받칩니다. 김춘추는 외교전에 신라의 사활을 겁니다. 당과 고구려는 물론이고 백제의 전통우방인 야마토(일본)에까지 손을 내밉니다. 당시 딸(고타소)의 죽음을 접한 김춘추의 비통한 모습이 『삼국사기』에 실려 있습니다.

⑩-10. 11년(642년) 겨울, **김춘추**金春秋**는 딸의 소식을 듣고 하루 종일 기둥에 기대서서 눈도 깜박이지 않았고, 사람이 앞을 지나가도 알아보지 못하였다.** 『삼국사기』〈신라본기〉 선덕왕

　김춘추는 넋이 나간 사람마냥 비통한 심정을 가누지 못합니다. 그로부터 6년 후인 648년(의자8) 김유신은 대야성을 되찾습니다. 이때 포로로 잡은 백제 장수 8명과 고타소와 김품석의 유골을 맞교환합니다. 산 자와 죽은 자의 교환입니다. 김유신이 김춘추의 아픔을 달랩니다. 참고로 경남 합천 황강변에 전통 사찰 연호사煙湖寺가 있습니다. 대한불교조계종 제12교구 소속(경남합천 해인사의 말사)입니다. 642년 대야성 전투에서 죽은 김춘추의 딸 고타소와 신라 장병의 원혼을 달래기 위해 643년 와우선사가 세운 왕생기도 도량입니다. 아마도 김춘추는 연호사가 창건되던 날 이곳을 방문하여 딸의 복수를 다짐했을 겁니다.

연호사 전경 (경남 합천 대야성지)

김기자 : 김춘추의 비통한 모습이 눈에 선하군요.

백선생 : 역사를 가리켜 복수의 심리학이라고도 합니다. 의자왕은 성왕의 복수를 하고, 김춘추

는 딸의 복수를 합니다. 적절한 표현은 아니지만 자식에 대한 복수가 더 강하고 절실해 보입니다. 김춘추의 복수심은 삼국통일의 씨앗을 잉태하고, 이는 곧바로 백제의 멸망으로 이어집니다.

김기자 : 대야성 승리이후 의자왕은 어떤 태도를 취합니까?

백선생 : 의자왕은 또 이듬해인 643년(의자3) 11월 신라의 당항성(경기화성)을 공격합니다. 당항성은 원래 백제성인데 신라에게 빼앗깁니다. 의자왕이 당항성을 수복에 나선 이유는 신라가 당으로 건너가는 길목을 차단하기 위해서입니다. 『삼국사기』 기록입니다.

> ⑩-11. 12년(643년) 9월, 당에 사신을 보내 왕의 말을 전하였다. "고구려와 백제가 우리나라를 여러 차례 침범하여 수십 개의 성을 공격하였습니다. 이제 두 나라가 연합하여 기필코 우리나라를 빼앗으려 이번 9월에 크게 군사를 일으키려고 합니다. 이리 되면 우리나라의 사직은 보전될 수 없습니다. 삼가 저의 신하를 보내어 대국에 우리나라의 운명을 맡기려니 약간의 병사라도 보내 주시기 바랍니다." 황제가 사신에게 말하였다. "나는 너희 신라가 두 나라로부터 침략당하는 것을 참으로 안타깝게 여겨 자주 사신을 보내 세 나라가 친하게 지내도록 권하였다. 그러나 고구려와 백제는 사신이 돌아서자마자 약속을 어기고 너희 나라를 집어삼켜 땅을 나누어 가지려고 하는구나. 너희 신라는 어떤 기묘한 꾀로써 나라의 멸망을 면하려고 하는가?" 사신이 대답하였다. "**우리 왕은 사정이 궁하고 계책도 다하여 오로지 대국에게 위급함을 알려 나라가 온전하기를 바랄 뿐입니다.**"
>
> 『삼국사기』〈신라본기〉 선덕왕

백제가 당항성을 공격하기 3개월 전인 643년(의자3, 선덕12) 9월입니다. 신라 선덕여왕은 백제의 당항성 공격정보를 사전에 감지하고 급히 당에 사신을 급파하여 군사지원을 요청합니다.

김기자 : 신라의 사대事大가 너무 지나치군요. 당에 일러바치는 격이군요.

백선생 : 선덕여왕의 전언과 신라사신의 말을 100% 신뢰하지 않습니다. 이는 당에 의존할 수밖에 없는 신라의 현실을 반영합니다. 적어도 의자왕이 당항성을 공격하기 전까지 신라는 백제에게 밀리는 형세입니다. 의자왕은 일단 당을 의식하여 당항성에서 철수합니다. 당태종은 이듬해인 644년(의자4) 백제와 신라에 각각 사신을 보내 서로 싸우지 말라 권유합니다. 의자왕은 당과 화친조약을 맺는 등 대당 외교에 상당한 공을 들입니다. 고구려를 의식한 일종의 외교전인데 신라가 틈을

비집고 들어옵니다. 신라 김춘추는 642년 대야성 패배이후 고구려로 달려갑니다. 신라와 고구려가 연합하여 백제를 없애버리자고 제안합니다. 당시 고구려는 연개소문이 실권자입니다. 연개소문은 쿠데타를 일으켜 영류왕(제27대)을 죽이고, 보장왕(제28대)을 보위에 앉힙니다.[4] 연개소문은 김춘추의 제안을 단호히 거절합니다. 이에 김춘추는 고구려와의 연합을 포기하고 대당 외교에 총력을 기울입니다.[5] 김춘추로 인해 동아시아 전체가 외교전에 휘말립니다. 외교전과 달리 백제와 신라의 군사적 힘의 균형도 당항성 공격이후인 644년(의자4)부터 변합니다. 백제의 군사력 우위가 막을 내리고 막상막하의 공방전이 이어집니다. 이때부터 신라 김유신이 전면에 등장합니다. 백제는 김유신에게 연전연패를 당합니다.

5. 의자왕의 친위 정변과 멸망의 길목

백선생 : 655년(의자15) 의자왕은 반대파를 대거 숙청합니다. 왕족을 포함하여 40여명을 백제에서 추방합니다. 『일본서기』 기록입니다.

⑩-12. **원년(642년)** 2월, … 백제 조문사 처소에 보내 그쪽 소식을 물었다. 조문사가 대답하였다. "백제 국왕께서 저희들에게 '새상塞上이 항상 나쁜 짓만 하므로 돌아오는 사신에 딸려 보내 달라 청해도 천조天朝께서 허락하지 마시라.'고 말씀하셨습니다." 백제 조문사의 겸인傔人들이 말하였다. "지난 해 11월 대좌평大佐平 지적智積이 죽었고, 또 백제사신이 곤륜崑崙사신을 바다 속에 던졌습니다. 금년 정월에 국왕의 어머니가 돌아가셨고, 또 국왕의 동생 아들 교기翹岐와 누이동생 4명, 내좌평內佐平 기미岐味 그리고 명성이 높은 사람 40여명이 섬으로 추방되었습니다." 『일본서기』 황극皇極기

---

4 정재수, 『고구려 역사의 부활』(논형, 2018) 제11장 참조.
5 648년 김춘추는 당에 파견된다. 이에 앞서 한 해 전인 647년 김춘추는 야마토(왜)를 방문한다. 『일본서기』 효덕(孝德)왕 기록이다. '이 해(647년) 신라가 상신 대아찬 김춘추 등을 보내고 박사 소덕 고향흑마려, 소산중 중신연압응을 보내 와서, 공작 1쌍과 앵무 1쌍을 바쳤다. 그리고 춘추를 인질로 삼았다. 춘추는 용모가 아름답고 담소(談笑)를 잘하였다.〔新羅遣上臣大阿飡金春秋 等 送博士小德高向黑麻呂 小山中中臣連押熊 來獻孔雀一隻 鸚鵡一隻 仍以春秋爲質 春秋美姿顔善談咲〕' 김춘추의 야마토 방문은 신라가 직접적인 군사 지원을 받는 것보다 야마토의 백제 군사 지원을 억제하기 위한 외교로 이해한다.

두 사람이 죽습니다. 대좌평 지적과 왕의 어머니입니다. 사택지적과 사택태후입니다. 두 사람은 의자왕이 감히 넘볼 수없는 조정과 왕실의 최고 어른입니다. 의자왕은 두 사람이 죽자 반대파 40여명을 전격적으로 제거합니다. 명성이 높다고 하니 모두 고위직 인사입니다. 이 기록은 황극왕皇極王(고교쿠, 제35대) 원년인 642년 기록이나, 실제는 제명왕齊明王(사이메이, 제37대) 원년인 655년 기록입니다. 이 기록대로라면 사택지적은 641년에 사망합니다. 그러나 1948년 충남 부여 관북리에서 발견된《사택지적비》의 명문[6]에는 사택지적이 654년에 고향으로 돌아옵니다. 사택지적은 641년 아닌 654년 11월에 사망합니다. 이어 655년 정월에 왕의 어머니가 죽습니다. 어머니는 무왕의 왕후인 사택왕후로 의자왕의 계모이며 당시에는 태후의 신분입니다. 따라서 654년 11월 사택지적이 죽고, 이듬해인 655년 정월에 사택태후도 죽습니다.

《사택지적비》
(부여박물관)

　소교수 : 의자왕의 친위정변으로 이해합니다. 친위세력을 동원하여 반대파를 제거한 일종의 친위 쿠데타입니다. 반대파는 주로 대좌평 사택지적과 사택태후의 사람들로 의자왕을 견제한 세력입니다. 의자왕의 친위세력은 백제말기 의자왕을 보좌한 신진세력으로 대표적인 인물은 장군 윤충과 좌평 성충입니다. 의자왕은 친위정변을 일으켜 확고한 권력독주의 기반을 구축합니다.

　김기자 : 친위정변이 사실이라면 비중이 큰 사건이군요. 『삼국사기』에 기록이 있습니까?

　백선생 : 없습니다. 다만 『삼국사기』 기록을 면밀히 살펴보면, 655년(의자15)을 기점으로 의자왕의 기록에 급격한 변화를 보입니다. 외적으로는 653년(의자13) 야마토와 우호관계를 맺은 이후 당과의 교류가 사라집니다. 내적으로는 의자왕의 행위가 독단으로 일관하며, 갑자기 향락에 빠져듭

---

6 《사택지적비》 명문이다. '갑인년(甲寅年) 정월 9일 내기성(奈祇城)의 사택지적은 해가 쉬이 가는 것을 슬퍼하고 달은 어렵사리 돌아오는 게 서러워서 금을 캐어 진당(珍堂)을 짓고 옥을 파내어 보탑(寶塔)을 세우니 그 높디높은 자애로운 모습은 신령스런 빛을 토하여 구름을 보내는 듯하고 그 우뚝 솟은 자비로운 모습은 성스러운 밝음을 머금어…… 甲寅年正月九日奈祇城砂宅智積 慷身日之易往慨體月之難還穿金 以建珍堂鑿玉以立寶塔巍巍慈容 吐神光以送我悲銀雲含聖明以,' 늙어감을 탄식해 사찰을 건립한다는 사택지적의 자기고백이 담겨 있다.

니다. 자신의 최측근인 좌평 성충마저 간언한다고 하여 옥에 가둡니다. 한마디로 의자왕의 독단은 통제 불능입니다.

김기자 : 재위15년을 넘겼으니 세상만사가 귀찮아질 만도 하겠군요.

백선생 : 특이한 점은 이 시기 해괴한 망조亡兆현상이 갑자기 출현합니다. 659년과 660년 두 해에 집중되는데, 마치 660년 백제의 멸망을 기정사실화하듯 거침없이 쏟아냅니다. 정리하면 이렇습니다. ㉮ 여우 떼가 궁궐에 들어오다. 흰여우 한 마리가 상좌평 책상에 올라앉다. ㉯ 태자궁에서 암탉이 참새와 교미하다. ㉰ 큰 물고기가 죽어 사비하에 떠오르는데 길이가 3장丈이다. ㉱ 여자의 시체가 생초진에 떠내려 오는데 길이가 18척이다. ㉲ 대궐 뜰에서 홰나무가 울다. ㉳ 궁궐 남쪽 길에서 귀신이 곡을 하다. ㉴ 도성의 우물이 핏빛으로 변하다. ㉵ 서쪽 바닷가에서 작은 물고기가 떼죽음 당하다. ㉶ 사비하 강물이 핏빛으로 변하다. ㉷ 두꺼비 수만마리가 나무꼭대기에 모이다. ㉸ 도성 저잣거리에 사람들이 까닭 없이 놀라 달아나다 죽다. ㉹ 폭풍우가 몰아쳐 천황사와 동양사 두 탑에 벼락이 치다. ㉺ 백석사 강당에 벼락이 치다. ㉻ 검은 구름이 동쪽과 서쪽 동궁에서 서로 싸우다. 등등 14가지입니다.

김기자 : 영화 '십계'가 연상되는군요. 모세Moses의 히브리 하나님과 람세스Ramesses왕의 이집트 바알신이 벌인 10대 재앙사건 같군요. 강물이 핏빛으로 변하고 물고기가 떼죽음을 당하며 수만 마리 두꺼비가 나타나고 사람들이 이유 없이 놀라 달아나다 넘어져 죽고 모두 섬뜩한 장면들이군요.

백선생 : 세계 역사를 고찰해 보면, 한 나라가 망하면서 이처럼 많은 망조현상이 집중적으로 나타난 사례는 없습니다. 또 이를 기록한 역사도 없습니다. 망조현상을 하나하나 펼쳐보면, 일부는 자연현상으로 이해할 수도 있지만, 마치 신의 영역처럼 느껴집니다. 더구나 일정한 시차를 주고 계속해서 나타나며 공포의 강도가 점점 더 강해집니다. 처음 이 기록들을 보고 매우 놀랐습니다. 내용이 섬뜩하고 무서워서가 아닙니다. 과학적인 증명도 아닙니다. 『삼국사기』 편찬자의 의도를 이해하려 노력했습니다. 『삼국사기』의 편찬원칙을 준용하면 원사료에 기록이 있더라도 한두 개 정도 기록하고 나머지는 삭제할 수도 있습니다. 그저 한두 개 망조현상이 나타났으니 백제는 멸망할 수밖에 없다고 설명하면 그만입니다. 그러나 『삼국사기』는 모두를 기록합니다. 마치 없는 것도 만들

어 추가한 것처럼 온통 망조현상으로 기록을 도배합니다.

김기자 : 다른 의도가 있는 겁니까?

백선생 : 『삼국사기』는 의자왕의 향락과 망조현상을 한 세트로 묶어 백제멸망의 당위성을 설명합니다. 떼려야 뗄 수 없는 완벽한 각본입니다. 의자왕에 대한 재해석이 필요합니다. 의자왕은 말 그대로 의롭고 자애로운 왕이며 해동증자로 칭송받은 군주입니다. 그가 말년에 향락에 빠지지만 그 자체가 백제멸망의 직접적인 원인은 아닙니다. 수많은 망조현상이 의자왕의 향락을 완벽하게 보완합니다. 깊은 통찰이 필요합니다. 아래 『삼국사기』 기록은 망조현상의 완결판입니다.

⑩-13. 20년(660년) 6월, **왕흥사王興寺**[7] 승려들이 배의 돛대 같은 것이 큰 물을 따라 절문으로 들어오는 것을 보았다. 들 사슴 같은 개 한 마리가 서쪽으로부터 사비하泗沘河* 언덕으로 와서 왕궁을 향하여 짖더니 갑자기 사라졌다. 왕도의 개들이 길가에 모여서 짖기도 하고 울어대다가 얼마 후에 곧 흩어졌다. **귀신 하나가 궁궐 안으로 들어와 큰소리로 "백제가 망한다. 백제가 망한다." 외치더니 곧바로 땅 속으로 들어갔다.** 왕이 괴이하게 여겨 사람을 시켜 땅을 팠다. 3자쯤 깊이에 거북이 한 마리가 있었다. 그 등에 '**백제는 둥근 달 같고 신라는 초승달 같다.**'고 쓰여 있었다. 왕이 무당에게 물으니 무당이 말하길 "둥근 달 같다는 것은 가득 찬 것이니 가득 차면 기울게 되는 것이며 초승달 같다는 것은 가득 차지 못한 것

왕흥사(충남 부여 규암) 추정도

7 충남 부여군 규암면에 소재한 백제의 사찰이다. 금강을 사이에 두고 부소산성과 마주한다. 현재는 절터만 남아 있어 왕흥사지 (사적 제427호)로 불린다. 『삼국사기』에 의하면, 600년 백제 법왕(또는 무왕) 때 창건한 것으로 전해지며, 법왕이 30명을 출 가시켜 왕흥사 승려가 되게 했다는 기록도 있다. 백제 사비시대의 대사찰이다. 660년 백제 멸망 이후 이 절에 남아있던 백제 군 700여명이 신라 무열왕(김춘추)에 의해 죽임을 당하면서 폐허가 된다. 1934년 '王興'의 명문이 새겨진 기와 조각들이 발견 된 바 있다.

이니 가득 차지 못하면 점점 차게 되는 것입니다." 하였다. 왕이 노하여 무당을 죽였다. **어떤 자가 말하**
길 "둥근 달 같다는 것은 왕성하다는 것이요, 초승달 같다는 것은 미약하다는 것이니 생각해보건대
우리나라는 왕성해지고 신라는 차츰 쇠약해지는 게 아닌가 싶습니다." 하였다. 왕이 기뻐하였다.

『삼국사기』 의자왕

☞ *금강

660년 6월은 백제가 나당연합군의 공격을 받기 한 달 전입니다. 이제 귀신이란 존재가 나타나 노
골적으로 백제가 망한다고 선언합니다. 그리고 땅속으로 들어가서 이를 파보니 거북이 나오는데
백제는 둥근달에 신라는 초승달에 비유합니다. 의자왕은 둘 중의 하나를 선택합니다. 무당을 죽여
자신의 선택을 분명히 합니다.

소교수 : 마지막 장면은 조작 가능성이 농후합니다. 『삼국사기』 〈열전〉 김유신 편을 보면, 김유신
이 백제에 파견한 고정간첩이 나옵니다. 조미압租未押입니다. 원래 부산현령으로 있다가 백제에 포
로로 끌려가 좌평 임자任子의 종이 되어 두터운 신임을 받습니다. 이후 고정간첩으로 활동하며 백
제의 내부정보를 김유신에게 제공하고 백제에서 직접 공작활동도 벌입니다. 망조현상의 일부는 김
유신의 사주를 받은 조미압의 작품으로 추정됩니다.

김기자 : 신라가 간첩활동을 벌인 겁니까?

소교수 : 사실 의자왕을 향락에 빠지도록 부추긴 인물은 따로 있습니다. 은고恩古[8]라는 여인입니
다. 『일본서기』에 나오는 이름입니다.[9] 의자왕의 왕후로 태자 부여효扶餘孝를 낳습니다. 원래 태자
는 부여융扶餘隆입니다. 부여융은 644년(의자4) 태자에 책봉되는데 어느 순간 태자에서 밀려납니다.
대신 은고왕후가 낳은 부여효가 태자가 됩니다. 『일본서기』 기록입니다.

---

8 단재 신채호의 『조선상고사』에는 금화(金花)로 나온다. 김유신이 직접 선발하여 백제에 보낸 무녀(巫女)이다. 좌평 임자에 의
해 의자왕에게 소개되고 의자왕은 금화를 총애하여 왕비로 삼는다. 의자왕의 측근인 좌평 성충과 장군 윤충은 금화의 모함을
받고 물러난다.

9 『일본서기』 제명기 6년(660년) 10월 기록이다. '백제왕 의자(義慈), 처 은고(恩古), 아들 융(隆)을 비롯하여 신하인 좌평 천보,
국변성, 손등 등 50여 명이 7월 13일 소장군(소정방)에게 잡혀 당(唐)에 보내졌다.〔百濟王義慈 其妻恩古 其子隆等 其臣佐平千
福國弁成孫登等 凡五十餘 秋於七月十三日 爲蘇將軍所捉 而送去於唐國〕' 은고는 백제멸망 때 의자왕과 함께 당으로 잡혀간다.

⑩-14. 6년(660년) … 혹은 말하였다. "**백제는 스스로 망하였다. 군대부인君大夫人 요녀妖女가 무도하여 국병國柄을 마음대로 빼앗아 어진 신하들을 죽였기에 화를 불렀다.**" 『일본서기』 제명齊明기

은고왕후는 사택태후가 죽고 655년(의자15) 의자왕이 친위정변을 일으키면서 본격적으로 권력의 전면에 등장합니다. 친위정변에 일정부분 가담합니다. 그러나 의자왕을 향락에 빠트리고 국정을 오로지하며 적잖은 신료들을 제거합니다. 김유신과 내통한 좌평 임자와도 교류했을 것으로 추정합니다. 의자왕의 재위후반기는 은고왕후가 의자왕을 대신하여 국정을 장악하고 농락합니다.

김기자 : '은고–임자–김유신'의 커넥션connection입니까?

소교수 : 하나의 가설입니다. 다만 의자왕의 향락이 백제멸망의 전부는 아닙니다. 『삼국사기』 편찬자가 『일본서기』 기록을 검토했는지는 의문입니다. 은고왕후의 존재 자체를 기록에 남기지 않아 더욱 의문이 갑니다. 『삼국사기』 기록대로라면 선생님의 해석이 정확합니다. 『삼국사기』 편찬자는 백제멸망 전체를 의자왕에게 덮어씌웁니다. 이 부분 만큼은 『삼국사기』가 결코 자유로울 수가 없습니다.

김기자 : 그렇다면 백제멸망의 근본적인 배경은 무엇입니까?

백선생 : 백제멸망의 결정타는 의자왕의 향락과 같은 백제 내부의 문제가 아니라 외부의 문제입니다. 신라와 당의 연합입니다. 나당연합이 없다면 백제멸망의 역사는 결코 이루어지지 않습니다. 당시 신라는 단독으로 결코 백제를 멸망시킬 수 없습니다. 비록 백제는 김유신에게 군사적으로 밀리지만 국력은 신라보다 강합니다. 의자왕 초기만 하더라도 당은 백제와 신라를 동등한 입장에서 판단합니다. 643년(의자3) 의자왕이 신라의 당항성을 공격하자, 당은 백제와 신라에 사신을 보내 양국이 서로 싸우지 말라 권유한 것이 증거입니다. 그러나 신라의 집요한 구애로 당은 흔들립니다. 당에게는 뼈에 사무치는 아픔이 있습니다. 「고당(고구려–당)전쟁」의 패배입니다.[10] 당태종은 645년 안시성 전투에서 대패합니다. 결국 패배의 후유증으로 649년 사망합니다. 당의 최대 목표는 고구려 정벌입니다. 때마침 김춘추가 솔깃한 제안을 합니다. 나당이 연합하여 1차적으로 백제를 멸하

---

10 정재수, 『고구려 역사의 부활』(논형, 2018) 제11장 참조.

고 이어 고구려를 멸하자고 합니다.[先濟後麗] 당고종은 김춘추의 제안을 받아들입니다. 당시 백제는 의자왕의 친위정변 이후 국정이 은고왕후에게 넘어가 극심한 내홍을 겪고 있습니다. 내부가 급격히 와해되는 상황이니 외부에 신경 쓸 여력이 없습니다.

6. 660년 여름, 멸망의 그날

백선생 : 660년 6월. 사비궁의 의자왕에게 급보가 도착합니다. 소정방이 이끄는 당군이 덕물도(덕적도)에 도착합니다. 이어 또 하나의 급보가 꼬리를 물고 전해집니다. 김유신의 신라군이 동부전선에 당도합니다. 의자왕은 급히 어전회의를 소집합니다. 그리고 군신들에게 싸울 것인지 아니면 지킬 것인지를 묻습니다. 『삼국사기』가 전하는 회의내용입니다.

⑩-15. 당군은 멀리 바다를 건너왔습니다. 물에 익숙하지 못한 자들이 배를 오래 탄 탓에 분명 피로에 지쳐 사기가 떨어져 있을 것이니 상륙하여 사기가 회복되기 전에 급습하면 뜻을 이룰 수 있습니다. 신라군은 대국의 지원을 믿고 우리를 경시할 것이니 만약 당군이 불리해지는 것을 보면 반드시 두려워서 감히 진격하지 못할 것입니다. 그러므로 우선 당군과 결전을 벌이는 것이 옳습니다.

⑩-16. 그렇지 않습니다. 당군은 멀리서 왔으므로 빨리 싸우려 할 것이니 그 기세를 당할 수 없습니다. 그러나 신라군은 이전에 여러 번 우리 아군에게 패했기에 아군의 기세를 보면 두려워할 겁니다. 오늘의 계책은 당군의 길목을 막아 피로해지기를 기다리면서 먼저 일부 군사로 하여금 신라군을 쳐서 기세를 꺾은 후에 형편을 보아 합세해서 싸운다면, 전군을 온전히 하면서 나라를 보전할 수 있습니다.

⑩-17. 당군은 숫자가 많고 군율이 엄할 것입니다. 더구나 신라와 함께 우리의 앞뒤에서 작전을 펼치니 만약 평탄한 벌판과 넓은 들에서 싸운다면 승패를 알 수 없습니다. **백강白江**[혹은 **기벌포伎伐浦**라 함]과 **탄현炭峴**[혹은 **침현沈峴**이라 함]은 우리나라의 요충지로서 한 명이 한 자루의 창을 가지고도 만 명을 당해낼 수 있으니 마땅히 용감한 군사를 뽑아서 그곳에 가서 지키게 하여 당군이 백강으로 들어오지 못하게 하고, 신라군이 탄현을 통과하지 못하게 해야 합니다. 대왕께서는 성문을 굳게 닫고 지키면서 그들의 물자와 군량이 떨어지고, 장졸들이 지칠 때를 기다린 후에 힘을 떨쳐 공격한다면

반드시 저들을 쳐부술 수 있을 것입니다.

⑩-18. 흥수興首는 오랫동안 옥중에 갇혀있어 대왕을 원망하고 애국의 마음이 없을 것이니 그의 말을 따라서는 안됩니다. 당군으로 하여금 백강으로 들어오게 해서 강물을 따라 배를 나란히 가도록 할 수 없게 하고 신라군으로 하여금 탄현에 올라가 좁은 길을 따라 말을 나란히 몰 수 없게 하는 것이 낫습니다. 이때 군사를 풀어 공격하면 **그것은 마치 닭장에든 닭과 그물에 걸린 물고기를 잡는 일과 같을 것입니다.** 『삼국사기』 의자왕

첫째 단락(⑩-15)은 좌평 의직義直의 말입니다. 당군을 먼저 공격하자고 주장합니다. 둘째 단락(⑩-16)은 달솔 상영常永의 말입니다. 신라군을 먼저 공격하자고 주장합니다. 양쪽의 주장이 모두 타당합니다. 갑자기 주위가 소란해지며 의견이 둘로 갈라집니다. 그리고 서로가 옳다고 목소리를 높입니다. 의자왕은 미간을 찌푸립니다. 그리고 잠시 머뭇거리다가 한 신료에게 신호를 보냅니다. 신료는 며칠 전 특명을 받고 고마미지古馬彌知(전남장흥)에 귀양가있는 좌평 흥수興首로부터 방책을 받아옵니다. 셋째 단락(⑩-17)은 흥수의 방책입니다. 흥수는 기벌포와 탄현을 틀어막고 사비성을 수성하면서 나당연합군의 군량을 소진시키며 지칠 때까지 기다렸다가 역공한다면 승산이 있다고 주장합니다. 넷째 단락(⑩-18)은 흥수의 방책에 대한 반대 의견입니다. 차이가 있다면 흥수의 주장은 기벌포伎伐浦(금강하구, 충남장항)와 탄현炭峴(대전동구와 충북옥천 사이)의 입구부터 틀어막는 원천적인 봉쇄의 의견이고, 반대는 기벌포와 탄현의 문을 개방하여 나당연합군을 협로로 끌어들여 공격하자는 의견입니다. 역시 양쪽의 주장이 모두 타당합니다.

김기자 : 『삼국사기』가 의자왕의 대책회의의 기록만큼은 자세히도 남겼군요.

백선생 : 분명한 것은 기벌포와 탄현이 백제가 전략적으로 필승작전을 펼칠 수 있는 최적의 장소라는 점입니다. 기벌포와 탄현을 잘만 활용하면 백제는 나당연합군을 얼마든지 패퇴시킬 수 있습니다. 어떤 것을 선택하든 이는 취사取捨의 문제입니다. 의자왕은 또 한참을 망설이다 결단을 내립니다. 흥수의 방책이 아닌 신료들의 의견을 따르기로 결정합니다.

김기자 : 양측의 전력은 어느 정도입니까?

백선생 : 당군은 13만으로 주로 전투 병력입니다. 신라군은 5만으로 대부분 지원 병력입니다. 지

원 병력은 주로 군량미 등 군수물자를 운반하는 짐꾼입니다. 나당은 처음 백제정벌을 계획하면서 군량미와 군수물자는 신라가 제공하기로 협약합니다. 이에 반해 백제는 2만정도의 전투 병력으로 추정됩니다. 주로 사비도성을 중심으로 인근 충남지역에서 동원된 병력입니다.

김기자 : 군사력만 비교하면 백제가 절대적으로 열세이군요.

백선생 : 『삼국사기』 기록입니다.

⑩-19. 20년(660년), 왕은 당군과 신라군이 이미 백강과 탄현을 통과하였다는 소식을 듣고 **장군 계백**階 伯을 보내 결사대 5천 명을 거느리고 **황산**黃山으로 가서 신라군과 싸우게 하였다. 계백은 네 번 싸 워서 모두 이겼으나 군사의 수가 적고 힘이 다해 마침내 패배하였다. 계백은 그곳에서 **전사하였다.** 이에 왕은 군사를 규합하여 웅진 어귀를 막고 강을 따라 주둔시켰다. 소정방은 강 왼쪽 언덕으로 나와 산 위에 진을 쳤다. 우리 군사가 싸웠으나 대패하였다. 『삼국사기』 의자왕

당군과 신라군이 기벌포와 탄현을 통과했다는 급보가 의자왕에게 전달됩니다. 이 기록대로라면 기벌포와 탄현의 방어전은 때를 놓칩니다. 의자왕은 급히 계백階伯을 불러 황산으로 보냅니다. 계 백은 5천의 군사를 이끌고 출정합니다. 황산에서 김유신을 맞이하여 4번의 전투에서 모두 승리하 나 신라 화랑 관창의 희생으로 신라군이 사기가 올라 결국 패배하고 계백은 죽음을 맞이합니다. 때 마침 당군이 사비성으로 진격해오자 의자왕은 웅진 어귀를 막고 당군에 대항하지만 역부족입니다. 결국 백제군은 대패합니다.

김기자 : 계백에 대해 좀 더 알 수 있습니까?

백선생 : 의자왕이 망국의 상징이라면 계백은 충절의 표상입니다. 『삼국사기』는 의자왕과 계백 을 대척점에 놓습니다. 백제멸망이라는 역사적 사건을 놓고 의자왕이 악惡이라면 계백은 선善입니 다. 『삼국사기』〈열전〉 계백 편에 따르면 계백은 출전에 앞서 처자식을 모두 죽입니다. 마치 백제의 패배와 멸망을 알고 있듯이 행동합니다. 또한 계백이 이끈 5천 군사를 『삼국사기』는 결사대로 표 현합니다. 비장함과 엄숙함이 느껴집니다. 『삼국사기』 편찬자는 계백에 대해서만큼은 후한 점수를 줍니다. 참고로 순암 안정복이 『동사강목』에 밝힌 계백의 평가입니다.

슬프다! 계백의 황산 싸움을 볼 것 같으면, 위급할 때 명을
받고서 5천의 보잘 것 없는 군사를 이끌고 10만의 강한 적
을 앞에 두었는데도, 거조擧措에 조금도 혼란됨이 없었고 의
기意氣 또한 편안하였다. 험지에 의거해서 진영을 설치한 것은
지智요, 싸움에 임해서 무리에게 맹세한 것은 신信이며, 네 번
싸워 이긴 것은 용勇이요, 관창을 잡았다가도 죽이지 않은 것
은 인仁이며, 두 번째 잡았을 때 죽여서 그 시체를 돌려보낸 것
은 의義요, 중과부적해서 마침내 한번 죽는 것도 마다하지 않았
으니 충忠이다. **삼국 때에 충신과 의사가 필시 많았지만, 역
사서에 보이는 것을 가지고 말한다면 마땅히 계백을 으뜸으
로 삼아야 할 것이다.**

『동국신속삼강행실도』 개백오전

소교수 : 『삼국사기』〈열전〉에 수록된 사람은 김유신을 포함하여 총 69명입니다. 이 중 백제인은
멸망기에 활약한 계백과 흑치상지黑齒常之뿐입니다. 『삼국사기』는 계백을 위국충절의 표본으로 삼
습니다. 통상적으로 당대 인물을 다룬 열전은 편찬자에게 의해 각색되는 경향이 농후합니다. 『삼
국사기』 또한 예외는 아닙니다.

백선생 : 백제멸망의 변곡점은 사비도성 전투입니다. 웅진 어귀에서 당군에게 패한 백제군은 일
단 사비성에 집결하여 전열을 가다듬습니다. 소정방의 당군이 도성 밖 30리에 접근하자 의자왕은
백제군을 출진시킵니다. 그러나 백제군은 또 대패하고 1만이 전사합니다. 엄청난 인력손실입니다.
일순 사비도성은 공포와 혼란에 휩싸입니다. 의자왕은 민심을 추스르고 남은 군사를 하나로 뭉쳐
다음 전투에 대비해야 합니다. 그런데 의자왕은 돌연 둘째 아들 부여태扶餘泰에게 전권을 넘기고
태자 부여효(은고왕후 소생)를 비롯한 일부 측근을 데리고 사비도성을 탈출합니다. 옛 도성인 웅진성
으로 피신합니다.

김기자 : 의자왕의 피신은 후일을 도모하기 위한 고육책입니까?

백선생 : 의자왕의 탈출행위를 고육책으로 보는 시각도 있습니다. 그러나 이는 의자왕을 위한 변
명입니다. 의자왕은 사비도성이 함락된 후 6일 만에 웅진성에서 저항 한 번 못하고 항복합니다. 그

기간 동안 의자왕이 웅진성에서 다시 군사를 모으고 일전을 준비한 기록이나 근거는 전혀 없습니다. 그냥 시비도성과 백성들을 사지에 남겨놓고 의자왕은 홀로 도망칩니다. 이는 의자왕의 향락 못지않은 또 하나의 약점입니다.

김기자 : 의자왕이 떠난 사비도성은 어떻게 됩니까?

백선생 : 의자왕이 떠난 사비도성에서 이해할 수 없는 일이 발생합니다. 의자왕으로부터 전권을 인수받은 둘째 아들 부여태가 갑자기 왕을 자처하고 나섭니다. 의자왕이 버젓이 살아있는 상황에서 쿠데타 같지 않은 쿠데타가 발생합니다. 왕족들과 귀족들이 동요합니다. 태자 부여효의 아들 부여문사文思가 주동이 되어 적극적으로 반발합니다. 『삼국사기』 기록입니다.

⑩-20. **20년**(660년) 태자의 아들 문사文思가 왕자 융隆에게 말하였다. "**왕이 태자와 함께 나가 버렸고 숙부는 마음대로 왕이 되었으니 만약 당군이 포위를 풀고 가버리면 우리들의 목숨을 어떻게 보존할 수 있겠습니까?**" 그리고 측근들을 데리고 밧줄을 타고 성을 빠져 나가니 백성들도 모두 뒤를 따랐다. 태泰는 이를 중지시키지 못하였다. 『삼국사기』 의자왕

그런데 문사의 말이 조금 이상합니다. 숙부인 부여태가 왕이 되었으니 훗날 당군이 포위를 풀고 물러가면 목숨을 보존할 수 없다고 항변합니다. 목숨의 위태로움이 당군이 아니라 의자왕의 문책입니다. 반역자로 처단될 수 있다는 두려움입니다. 문사 등은 밧줄을 타고 하나 둘 성을 빠져나가 당군에게 항복합니다. 백성들도 뒤따릅니다. 이 상황을 지켜볼 수밖

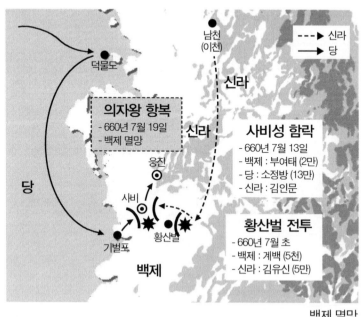

백제 멸망

에 없던 부여태도 결국 성문을 열고 목숨을 구걸하며 항복합니다. 당군은 손가락 하나 까딱하지 않고 사비도성을 접수합니다. 660년 7월 13일입니다.

김기자 : 자발적인 항복이라면 백제는 타살이 아니라 자살로 멸망한 것이군요.

백선생 : 사비도성이 함락된 후 6일째인 7월 19일 의자왕과 태자 부여효도 웅진성에서 항복합니다. 660년 7월 19일, 이 날이 공식적인 백제멸망의 날입니다. 7백년 백제역사가 문을 닫는 날입니다. 이후 의자왕과 태자 부여효, 왕자 부여태, 부여융, 부여연과 대신과 장군 88명 그리고 12,807명의 백성들이 당의 수도 장안(서안)으로 끌려갑니다.[11]

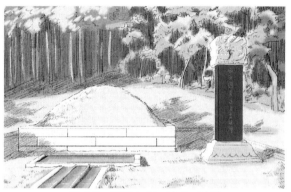
의자왕 가묘(부여 능산리고분군)

소교수 : 의자왕의 웅진성 항복에 대해서는 다른 해석이 있습니다. 2006년 낙양의 한 골동품가게에서 서안(장안)에서 출토된 백제 예식진禰寔進의 묘지명이 발견됩니다. 묘지명에 따르면 예식진은 백제 웅천(웅진) 출신으로 당의 정3품「대당좌위위대장군」을 지낸 인물입니다. 660년 나당연합군이

《예식진묘지명》

백제를 침공할 당시 '장군 예식이 의자왕과 함께 항복하였다.〔某將 禰寔與義慈降〕'는『구당서』와『신당서』에 나오는 예식과 동일인입니다. 당시 웅진성의 성주인 예식진의 매국행위로 의자왕이 항복할 수밖에 없다고 보는 견해입니다. 의자왕의 웅진성 항복은 자발적인 아닌 예식진의 작품입니다.

---

11 의자왕은 당에 끌려간 지 4개월 만에 사망한다. 당고종은 의자왕을「금자광록대부위위경」에 추봉하고, 낙양에 있는 오(吳)와 진(陳)의 마지막 왕인 손호(孫皓)와 진숙보(陳叔寶)의 무덤 주변에 시신을 묻고 비석을 세운다. 2000년 부여군은 중국의 협조를 받아 의자왕의 묘를 찾았으나 찾지 못한다. 대신 주변의 흙을 일부 가져와 부여 능산리고분군에 가묘를 조성하고 비석을 세운다.

【의자왕 가계도】

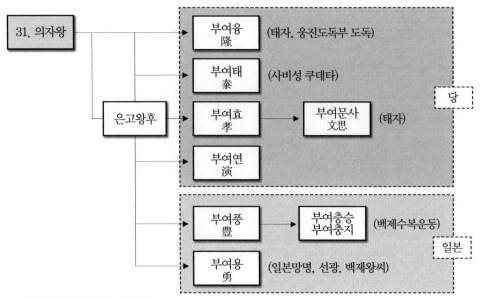

※ 문헌상으로 확인되는 왕자임.

11장
주류성의 통곡
수복운동과 백강의 핏물

1. 취리산의 회맹會盟

백선생 : 665년 8월, 햇빛이 따갑게 내리쬐는 한 여름입니다. 취리산就利山[1] 정상입니다. 당의 유인원이 지켜보는 가운데 백제 웅진도독부 도독 부여융扶餘隆과 신라 문무왕(제30대) 김법민金法敏이 회맹會盟합니다. 회맹은 중국 고대 의식의 하나로 백마를 죽여 천신과 지신 그리고 산천의 신에 제사한 후 그 피를 입에 발라 맹세하는 의식입니다. 부여융이 먼저 입술에 백마의 피를 바릅니다. 김법민도 따라합니다. 부여융이 힐끗 김법민을 쳐다봅니다. 두 사람의 눈빛이 마주칩니다. 순간 부여융의 미간이 심하게 떨립니다. 피에 적신 입술을 꽉 깨물며 불편한 심기를 드러냅니다. 시간은 5년 전으로 거슬러 올라갑니다. 660년 7월입니다. 사비도성이 함락되던 날 부여융은 성벽을 내려와 당군에게 항복합니다. 그때 김법민이 부여융을 말 앞에 무릎 꿇리고 얼굴에 침을 뱉습니다. 그리고 "너의 아비는 나의 누이동생 고타소를 참혹하게 죽여 너희 나라 감옥에 묻어 놓고 나로 하여금 20년이나 마음을 아프게 하고 고통스럽게 하였다."고 호통치듯 말합니다. 김법민은 642년 대야성 전투

회맹비(충남 공주)

에서 참수되어 백제의 감옥에 묻혔던 누이동생 고타소의 일을 상기시킵니다. 이는 의자왕이 행한 일이나 김법민은 의자왕의 아들인 부여융을 나무라며 얼굴에 침을 뱉는 치욕을 줍니다. 부여융은 고개를 떨굽니다. 그리고 끓어오르는 분노를 억누릅니다. 패자인 까닭에 수모를 당해도 항변할 수가 없습니다.

김기자 : 의자왕과 무열왕 김춘추가 행한 선대에 일을 두고 자식인 두 사람의 앙금이 골이 너무

---

1 충남 공주시 쌍신동에 위치한 해발 45m의 야트막한 동산이다. 치미산이라고도 한다.

깊군요.

백선생 : 유인원이 맹문盟文(맹세문)을 낭독합니다. 『삼국사기』〈신라본기〉 문무왕 기록에 전문이 나옵니다. 내용은 이렇습니다. 백제와 신라는 지난날의 묵은 감정을 풀어버리고 새롭게 우호를 맺어 형제처럼 화친하라고 합니다. 또한 두 나라는 당의 번국藩國(변방의 제후국)으로 복종하라고 합니다. 부여융과 김법민은 묵묵히 듣고만 있습니다. 사정은 다르지만 씁쓸한 것은 매한가지입니다.

김기자 : 신라가 다시 백제의 존재를 인정한 겁니까?

백선생 : 취리산 회맹은 당과 신라가 맺은 일종의 국경회담입니다. 표면적으로는 백제와 신라의 회맹입니다. 나당은 3년 동안 벌어진 백제의 강력한 저항을 완전히 제압합니다. 그리고 당은 백제 땅에 웅진도독부熊津都督府를 설치하고[2] 그 수장인 도독에 의자왕의 아들 부여융을 임명합니다. 당의 행위는 신라에게 백제 땅을 결코 넘기지 않겠다는 의지이며 또한 백제유민의 반발을 무력화시키려는 계산된 의도입니다. 웅진도독부는 당의 괴뢰정권입니다.

김기자 : 신라가 당의 웅진도독부를 인정하고 취리산 회맹을 수락한 이유는 무엇입니까?

소교수 : 기록에 따르면 회맹은 이전에도 있었습니다. 664년 2월 웅진에서 개최된 일종의 예비회담입니다. 신라는 김법민의 동생 김인문이 참석합니다. 665년 취리산 회맹은 본회담입니다. 회맹은 사전에 약정된 사항을 확인하는 절차입니다. 백제를 멸망시킨 나당의 다음 목표는 고구려입니다. 당시 나당은 고구려 공격을 눈앞에 두고 있습니다. 처음 김춘추가 당과 약속한 사항은 백제와 고구려를 멸한 후에 대동강을 기준으로 이남은 신라가 이북은 당이 나누어 갖는 조건입니다.[3] 당으

---

2 당은 660년 백제를 멸한 후 백제 지역에 통치기구인 5개 도독부를 설치한다. 다소 위치가 불명확한 마한(馬韓), 동명(東明), 금련(金漣), 덕안(德安) 등의 4개 도독부와 충남 공주를 치소로 하는 웅진도독부이다. 웅진도독부가 실질적인 중심이다. 웅진도독부의 수장인 도독은 처음에는 당의 관리(왕문도,유인궤)를 임명하나, 백제유민의 저항이 강해지자 의자왕의 아들 부여융을 임명하여 백제유민의 반발을 무마한다. 이후 신라가 웅진을 빼앗아 소부리주(所夫里州)를 설치하자, 웅진도독부는 한반도를 떠나 요서지역으로 옮긴다. 한때 부여융의 아들 부여경(扶餘敬)이 도독에 임명된다.

3 나당연합시 실제 영토협약이 있었는지는 의문이다. 『삼국사기』, 『삼국유사』는 물론이고 『구당서』, 『신당서』 등에도 직접적인 내용은 없다. 다만, 문무왕이 당의 설인귀에게 보낸 답서(답당설총관인귀서答唐薛摠管仁貴書:『동문선』 제57권)의 서두에 당 태종이 신라에 넘겨주기로 약속했다는 평양 이남의 백제 땅에 대한 언급이 나온다. 그러나 설인귀의 일반적인 주장이어서 액면 그대로 받아들이기 어렵다. 이후 영토협약 문제는 735년 신라 성덕왕이 패강(浿江-대동강) 이남을 빌려 달라 요청하고, 당 현종이 등주(登州-산동반도)를 침공한 발해를 견제하기 위해 패강 이남을 신라에 넘겨줌으로써 일단락된다.

로서는 고구려를 멸하지 않은 상태에서 백제 땅을 덜컥 신라에 넘겨주면 신라가 딴 마음을 먹을 수 있다고 판단합니다. 웅진도독부 설치는 신라의 변심을 막기 위한 일종의 담보입니다. 또한 백제 땅을 영구히 지배하려는 노골적인 술수입니다. 신라는 당의 흑심을 잘 압니다. 그러나 어쩔 수 없습니다. 울며 겨자 먹기 식으로 당의 제안을 받아들입니다.

백선생 : 유인원이 맹문의 낭독을 마칩니다. 그리고 유인원, 부여융, 김법민 세 사람은 손을 잡아 결의를 확인시킵니다. 부여융은 자신도 모르게 김법민의 손을 잡고 꼭 힘을 줍니다. 김법민이 눈을 흘기며 응수합니다. 잠시 후 김법민이 먼저 수하들을 데리고 취리산을 떠납니다. 부여융은 김법민의 뒷모습에 시선을 고정합니다. 눈에 잔뜩 힘을 주지만 거기까지입니다. 김법민은 여전히 승자이며 더구나 신라의 왕입니다. 이에 반해 부여융은 여전히 패자이며 당의 앞잡이가 되어 있습니다. 부여융에게는 당으로부터 부여받은 임무가 있습니다. 백제유민의 반발을 무마시켜야합니다. 부여융의 눈가에 한줄기 눈물이 흘러내립니다.

김기자 : 이후 두 사람의 인연은 어떻게 됩니까?

백선생 : 두 사람이 다시 만난 기록은 없습니다. 신라 문무왕 김법민은 668년 당과 연합하여 고구려를 멸한 후에 본격적으로 당의 축출에 나섭니다. 백제 땅의 웅진도독부를 몰아내고 676년에 고구려 땅의 안동도호부마저 몰아내며 한반도(삼국)통일의 결실을 맺습니다. 김법민은 681년 신라 수도 경주에서 사망하여 동해 앞바다 대왕암의 수중릉에 묻힙니다. 반면 부여융은 웅진도독부 철수 시기에 당으로 옮겨가 「광록대부태상원외경 겸 웅진도독대방군왕」에 봉해집니다. 682년 당의 수도 낙양에서 사망하여 북망산北邙山에 묻힙니다.

2. 백제 수복운동의 장정

백선생 : 먼저 용어를 정리합니다. '부흥', '회복', '수복'이란 단어가 있습니다. 뜻은 비슷하지만 엄밀히 따지면 조금씩 차이가 있습니다. '부흥復興'은 쇠퇴하였던 것이 다시 일어나는 것을 말하

며, '회복回復'은 원래 상태로 돌이키거나 원래 상태를 되찾는 것을 의미합니다. '수복收復'은 잃었던 땅이나 권리 따위를 되찾는 것을 말합니다. 통상적으로 백제가 멸망한 이후 펼쳐진 일련의 과정을 '백제 부흥운동'이라 합니다. 부흥이란 용어가 언제부터 어떤 이유로 사용되었는지 알 수 없으나 이는 적절치 않습니다. 부흥은 말 그대로 쇠잔해진 상태에서 다시 일어나는 것으로 대상이 없어진 멸망과는 어울리지 않습니다. 부흥은 재건이나 복구의 개념이 강합니다. '회복운동'이라는 용어도 일부 사용하나 '회복'은 주로 상태의 호전을 말하니 이 또한 어색합니다. 이에 반해 '수복'은 유무형의 모든 것을 다시 되찾는 것이니 가장 적절한 표현입니다.[4]

김기자 : 솔직히 부흥하면 '경제부흥'이나 기독교에서 말하는 '심령부흥회'가 먼저 떠오르는군요.

백선생 : 백제 수복운동은 660년~663년까지 3년에 걸쳐 펼쳐진 영토와 주권을 되찾는 군사적 활동을 말합니다. 660년 7월 13일 사비도성이 함락되고, 이어 19일 웅진성으로 탈출한 의자왕이 항복하면서 왕조를 잃은 백제는 멸망합니다. 역설적이긴 하지만 의자왕의 조기 항복은 백제 전체로 보면 결코 나쁜 것만은 아닙니다. 만약 의자왕이 웅진성에서 항복하지 않고 이리저리 피신하며 저항했다면 백제의 전 국토는 초토화되고 엄청난 인력손실을 입었을 겁니다. 수복운동 자체가 형성될 수 없습니다. 나당연합군의 공격이 시작된 지 채 한 달도 안 돼 백제는 멸망하지만, 수복운동은 장장 3년에 걸쳐 이루어진 점을 주목해야합니다.

김기자 : 수복운동은 언제 어디에서 시작합니까?

백선생 : 시발지는 충남 북부지역에 소재하는 임존성任存城입니다. 충남 예산군 대흥면의 봉수산입니다. 의자왕이 항복한 직후인 660년 8월 26일, 성주 흑치상지黑齒常之가 신라군의 대대

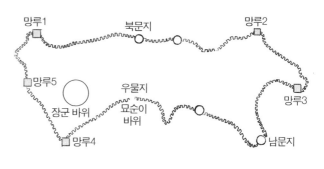

임존성(충남 예산) 평면도

4 단재 신채호는 '옛 땅을 되찾는다.'는 뜻을 가진 '다물(多勿)'의 용어를 사용한다.

적인 공격을 막아내면서 수복운동의 중심지로 급부상합니다. 승리의 소식이 전해지자 백성들이 임존성으로 몰려듭니다. 순식간에 3만이 모입니다. 이때 복신福信과 도침道琛도 합류합니다. 9월 3일, 당의 소정방은 의자왕 등 백제 왕족들과 군신들 그리고 백성 1만2천을 포로로 잡아 서둘러 귀국합니다. 대신 사비도성에는 유인원의 당군 1만과 신라군 7천을 잔류시켜 수복군에 대응하도록 조치합니다. 9월 23일, 수복군은 사비남령에 성을 쌓고 본격적으로 사비도성 진공進攻작전을 준비합니다. 이때 인근 20여 성이 수복군에 합류합니다. 이에 당은 급히 삼년산성(충북보은)에 머무르고 있던 신라 무열왕 김춘추에게 지원을 요청하고, 김춘추는 즉각 군사를 이끌고 달려옵니다. 10월 18일, 이례성(충남논산) 전투에서 신라군이 승리하고 주변 20여 성도 항복합니다. 김춘추는 여세를 몰아 수복군 본진이 있는 사비남령을 공격합니다. 수복군은 신라군에 패하고 일단 임존성으로 후퇴합니다.

김기자 : 이후 수복운동은 어떻게 전개됩니까?

백선생 : 전열을 정비한 수복군은 661년 초에 사비도성을 재차 공격하나 별다른 성과를 거두지 못합니다. 때마침 당은 유인궤를 추가로 파견하여 사비도성의 나당연합군을 지원합니다. 이 소식을 접한 수복군은 본진을 임존성에서 주류성周留城으로 옮깁니다. 복신은 금강입구에서 유인궤의 당군 진입을 차단하기 위해 목책을 세우고 대비합니다. 도침은 사비도성의 외곽에 주둔하며 여전히 사비도성을 포위하고 있습니다. 그러나 복신의 수복군이 유인궤의 당군에 패하여 1만의 전사자가 발생합니다. 수복전쟁이후 가장 많은 사상자가 발생한 뼈아픈 패배입니다. 3월 도침의 수복군도 일단 사비도성의 포위를 풀고 후퇴합니다. 도침은 임존성으로 철수하고 복신은 주류성으로 물러납니다.

김기자 : 복신과 도침은 어떤 인물입니까?

백선생 : 복신은 왕족출신으로 무왕의 조카이자 의자왕의 사촌동생으로 알려져 있습니다. 부여복신입니다. 그런데 복신의 성씨가 『일본서기』와 『신찬성씨록』에는 '귀실鬼室'씨로 나옵니다. 이를 두고 복신은 부여씨에서 분파한 성씨로 이해하기도 하나, 당시 상황으로 보아 의자왕의 사촌가계에서 곧바로 갈라졌다고 보기는 무리입니다. 복신은 627년(무28) 당에 대표 외교사절로 파견된 기

록이 있습니다. 그런데《유인원기공비》[5]에는 복신의 관등이 5품 한솔입니다. 과거 외교사절의 대표인 점을 감안하면 수십 년이 지난 후에도 여전히 5품 관등을 유지하고 있다는 자체가 어울리지 않습니다. 따라서 외교관 출신인 귀실복신과 왕족인 부여복신은 이름만 같을 뿐 전혀 다른 인물입니다. 여하튼 복신은 백제 멸망이후 흑치상지가 있는 임존성에 합류하며 수복군을 대표하는 인물로 급부상합니다. 부여복신은 660년 10월 야마토에 사람을 보내 의자왕을 포함하여 직계왕자들이 당에 끌려간 사실을 알리고, 의자왕을 대처할 인물로 당시 야마토에 머물고 있던 부여풍大餘豊의 귀국을 요청하기도 합니다. 이에 반해 도침은 승려출신이라는 것 이외에는 알려진 바가 없습니다. 초기 임존성이 수복운동의 중심지로 부상하면서 복신과 마찬가지로 임존성에 합류합니다. 복신과 도침 두 사람은 초기 백제수복운동을 이끈 중추인물입니다.

　김기자 : 사비도성 진공작전 실패이후 수복운동은 어떻게 전개됩니까?

　백선생 : 유인궤의 당군이 합류하면서 나당연합군의 군사력은 보강됩니다. 그러나 수복군은 밀리지 않고 두량윤성(충남청양)에서 신라군의 공격을 격파하며 기세를 올립니다. 또한 웅진성의 당군 1천을 모두 몰살시키기도 합니다. 유인궤는 급히 신라에 원군을 요청하고 김춘추는 김흠(김흠순, 김유신 동생)을 보내 수복군의 중심거점인 주류성을 치게 하나 오히려 복신에게 대패합니다. 김흠이 돌아온 후 신라군은 다시 나가려하지 않았다는 기록으로 보아, 신라군의 피해상황도 만만치 않습니다. 이 전투 이후 수복군의 기세가 하늘을 찌릅니다. 당은 사태의 심각성을 깨닫고 급히 수복군에게 사신을 파견하여 회유를 시도합니다. 그러나 복신은 사신의 관직이 낮다며 만나주지도 않고 되돌려 보냅니다. 복신은 당의 사신을 홀대합니다.

　김기자 : 수복군이 승기를 잡은 것이군요.

　백선생 : 661년 6월 신라 무열왕 김춘추가 갑자기 사망합니다. 뒤를 이어 문무왕인 태자 김법민이 즉위합니다. 661년 8월 당고종은 고구려 정벌을 명령합니다.(제2차 고당전쟁) 당고종은 소정방 부

5《유인원기공비劉仁願紀功碑》는 백제가 660년 멸망한 이후 당의 장수 유인원을 기념하여 세운 높이 3.35m의 비이다. 충청남도 부여군 부소산에 있던 것을 국립부여박물관으로 옮겨놓는다. 보물 제21호이다. 어찌하여 백제를 멸망시킨 적장의 기공비를 우리의 보물로 지정한단 말인가? 통탄할 일이다.

대(평양도행군, 패강도행군, 옥저도행군)를 수군을 이용하여 평양으로 직행케 하고, 백제를 점령하고 있던 유인원 부대도 출진시킵니다. 이때 신라 문무왕은 김유신과 함께 당군의 군량미 수송을 맡은 지원부대를 이끌고 경주를 출발합니다. 그러나 수복군은 옹산성(계족산성, 대전대덕구)을 틀어막고 신라군의 북진을 억제합니다. 옹산성에서 3일간 치열한 전투가 벌어집니다. 수복군은 수천을 희생하면서 항전하나 결국은 9월 27일 옹산성이 김유신에 의해 함락됩니다. 이어 우술성(연축동산성, 대전대덕구)도 무너집니다. 『삼국사기』는 옹산성전투 상황을 전합니다.

⑪-1. 용삭원년 6월, … 이에 김유신이 군사를 이끌고 나아가 성을 포위하고 사람을 시켜 성 아래로 가까이 접근하여 적장에게 말하였다. "너희 나라가 공손치 않았기에 대국의 토벌을 받은 것이다. 명에 순응하는 자는 상을 받고 명을 거역하는 자는 죽임을 당하리라. 이제 너희들이 홀로 고립된 성을 지켜서 무엇을 하자는 것이냐? 결국 참혹하게 죽을 수밖에 없으니 나와서 항복하는 것만 못하다. 그러면 생명을 보존할 수 있을 뿐 아니라 부귀도 기대할 수 있으리라." 적장이 큰 소리로 외쳤다. "**비록 하잘 것 없는 작은 성이지만 병기와 식량이 충분하며 우리 군사들이 의롭고 용감하니 차라리 목숨을 걸고 싸울지언정 맹세코 살아서 항복하지는 않겠다.**" 김유신이 웃으며 말하였다. "궁지에 몰린 새나 곤경에 처한 짐승도 스스로를 구할 줄 안다고 하는 것이 이를 두고 하는 말이로구나." 이어 곧 깃발을 휘두르고 북을 울리며 공격하였다. 대왕*이 높은 곳에 올라 군사들을 보며 눈물어린 말로 격려하니 군사들이 모두 분격 돌진하여 칼날을 겁내지 않았다. **9월 27일에 성이 함락되자 적장을 잡아 죽이고 백성들은 놓아 주었다.** 『삼국사기』〈열전〉 김유신

☞ *신라 문무왕

신라 문무왕이 높은 곳에 올라 눈물어린 말로 신라군을 독려할 정도이니 당시 옹산성전투에서 보여준 수복군의 결기는 말 그대로 결사항전입니다. 적장으로 표현된 수복군의 장군이 나옵니다. 『동사강목』을 편찬한 안정복(순암)은 자신의 문집에 옹산성전투에서 충절을 지킨 백제 장군을 기리며, 「옹산성장가甕山城將歌」라는 시 한편을 남깁니다.

甕山城小如甕	물장군만큼이나 작은 옹산성
將軍之氣何崢嶸	장군의 기상은 어찌 그리 드높았나.
怒目煌煌如磔	성난 눈은 번쩍이고 수염은 빳빳하네.
眠底已無唐羅兵	나당군은 그 안중엔 이미 없어
男兒義重富貴輕	남아의 의기 앞에 부귀가 다 뭐라더냐.
熊魚取舍此其時	값진 길을 선택할 이 시기가 아니더냐.
宗社亡矣國君降	종묘사직 다 망하고 왕도 무릎 꿇고
擧頭天地將何爲	머리 들고 살아간들 장래 할 일 뭐라던가.
興衰撥亂會有期	망한 나라 흥할 기회 반드시 있나니
恢復全齊惟卽墨	제 나라 온전히 회복한 건 바로 묵이라네.
臨陣一呼猛如虎	진중에 맹호 같은 호령 한 번 떨어지자
百千義勇爭死敵	백천의 의로운 용사들 목숨 걸고 싸웠다네.
嗚呼白日不照將軍之衷誠	아! 저 태양도 장군의 진심을 몰랐던가.
至今冤血流爲碧	억울하게 죽은 피가 지금도 푸르네.
英魂在天應不孤	하늘에 있는 영혼이야 외롭지 않겠지요.
階伯周勤相爲伍	계백, 주근 두 장군과 서로 짝이 될 테니까
甕山城小如甕	옹산성은 작아 물장군 같아도
將軍大名垂千古	장군의 큰 이름 천고에 빛나리.

김기자 : 이름조차 남기지 못한 백제 장군이군요.

백선생 : 이즈음 평양인근까지 침투한 소정방 부대는 당의 국내사정(회흘부족 반란)으로 급히 회군합니다. 이에 따라 유인원 부대와 신라 지원부대도 북진을 멈추고 되돌아옵니다. 이후 나당연합군과 수복군은 각기 전열을 정비하며 소강상태로 접어듭니다. 662년 5월 부여풍이 야마토에서 귀국합니다. 『일본서기』 기록입니다.

⑪-2. 원년(662년) 5월, 대장군 대금중大錦中 아담비라부연阿曇比邏夫連 등이 **수군 1백7십 척을 거느리**

고 풍장豊璋 등을 백제국에 보냈다. 칙명을 내려 풍장에게 왕위를 잇게 하였다. 또 금책金策을 복신福信에게 주고 그 등을 어루만지며 칭찬하여 작록爵祿을 내려주었다. 그 때 풍장과 복신이 이마가 땅에 닿도록 절하며 칙명을 받자 사람들이 눈물을 흘렸다. 『일본서기』 천지天智기

풍장豊璋(부여풍)은 수군 1백7십 척을 거느리고 귀국합니다.[6] 대략 5천 정도의 야마토 군사가 백제에 파병됩니다. 야마토 파병군은 수복군의 전력을 보강하는 천군만마千軍萬馬입니다. 그러나 수복군은 그해 7월 갑자기 내분이 발생하며 복신이 도침을 죽입니다. 그리고 병권을 거머쥐고 수복군 내에 자신의 세력을 확대합니다.

김기자 : 복신이 도침을 죽인 이유는 무엇입니까?

백선생 : 661년 9월, 웅산성전투(661년 9월) 패배이후 임존성이 나당연합군에게 완전히 노출됩니다. 수복군은 보다 안전한 곳을 선택합니다. 본거지를 임존성에서 남쪽의 주류성으로 옮깁니다. 주류성은 지금의 우금산성(전북부안)입니다. 주류성은 도침의 세력권입니다.(일설에는 도침이 개암사(우금산성 근처)를 창건한 묘련스님의 제자라 함.) 수복군의 본거지를 주류성으로 옮기면서 도침이 복신을 압도하는 형세가 전개됩니다. 때마침 부여풍이 귀국하며(662년 5월) 의자왕을 대신하여 주류성을 새 도성으로 삼고 즉위합니다. 백제왕조의 부활입니다. 이때 도침세력이 신조정을 장악하자 복신세력은 위기감에 빠집니다. 복신의 도침 제거는 신조정의 권력재편 과정입니다. 복신이 도침과 그의 추종세력을 제거하고 일거에 권력을 장악합니다. 풍왕은 이를 보고도 어찌하지 못하며 제사만 주관합니다. 복신의 힘이 풍왕을 압도합니다.

김기자 : 망국의 상황에서도 수복군 수뇌부가 권력싸움을 벌였다는 사실 자체가 믿기지 않는군요.

소교수 : 주류성의 위치비정은 다양합니다. 사서와 지리지 등 여러 문헌기록과 지리적 요건 등이 고려됩니다. 충남 서천의 건지산성, 충남 홍성의 학성, 충남 연기의 당산성, 전북 부안의 우금산

---

6 662년 풍장(부여풍)의 귀국을 종용한 사람은 복신이다. 『일본서기』에는 복신이 660년 10월, 당군 포로 100여명을 야마토로 이송하고, 이듬해인 661년 11월, 당군 포로 106명을 또 다시 야마토로 이송한 기록이 있다. 야마토의 군사지원을 받기 위한 백제수복군의 사전 포석으로 이해된다.

성입니다. 건지산성의 경우 쓰다 소우키치津田左右吉가 처음 제기한 이후 이병도가 지지하며 한동안 통설로 인정받습니다. 충남 홍성은 김정호가 『대동지지』에서 제기하고, 홍성읍에서 멀지 않은 학성과 주변의 석성산성, 태봉산성을 묶어 주류성으로 비정합니다. 충남 연기는 단재 신채호가 비정한 지금의 연기군 남면의 당산성입니다. 마지막으로 전북 부안의 우금산성입니다. 이마니시 류今西龍가 처음 제기한 후 후학들에 의해 집중적으로 보완되어 현재 가장 설득력 있는 장소입니다.

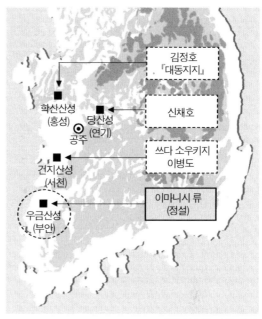

주류성의 위치비정

백선생 : 수복군의 내분은 곧바로 나당연합군의 호기로 이어집니다. 충남지역의 수복군이 집중적으로 나당연합군의 공격을 받습니다. 662년 7월 지라성, 윤성, 사정책, 대산책 등 4개성이 당군에 의해 함락되며 이어 진현성이 무너집니다. 특히 진현성(흑석동산성,대전서구)은 신라와 당을 연결하는 교통로에 위치한 전략적 요충지입니다. 나당연합군은 진현성을 확보하며 군량미 수송에 대한 부담을 덜게 됩니다. 또 8월에는 내사지성(구성리산성,대전유성구)마저 신라군에 의해 점령되면서, 충남지역의 수복군은 임존성을 제외하고 모두 와해됩니다.

김기자 : 내분의 결과가 참으로 혹독하고 준엄하군요.

백선생 : 그해 662년 12월, 풍왕의 신조정은 도성을 주류성에서 피성避城으로 옮깁니다. 피성은 지금의 전북 김제입니다. 『일본서기』에 천도 기록이 나옵니다.

⑪-3. 원년(662년) 12월, **백제왕 풍장豊璋, 좌평 복신福信** 등은 협정연빈랑狹井連檳榔, 박시진전래진朴市秦田来津와 의논하길 "이 주유州柔*는 농토와 멀리 떨어져 있어 토지가 척박하다. 농업과 양잠에 적합하지 않으나 방어하기는 좋아 싸울 만한 곳이다. 그러나 여기에 오래 머문다면 백성들이 굶주릴

것이니 이제 피성避城으로 옮기는 것이 좋겠다. 피성은 서북쪽으로 띠를 두르듯 고련단경古連旦涇이 흐르고 동남쪽으로는 깊은 진흙의 큰 제방**이 있어 도랑을 터트리면 물이 쏟아지니 방어하기 좋다. 꽃이 피고 열매가 여니 삼한에서 가장 기름진 곳이다. 의복과 식량의 근원이 하늘과 땅 사이에 감춰진 곳이다. 비록 토지가 낮은 곳에 있지만 옮기는 것이 좋겠다." 하였다. 이에 박시진전래진이 홀로 간하였 다. 나아가 **"피성은 적이 있는 곳에서 하룻밤이면 갈 수 있습니다. 서로 매우 가까우니 만약 예기치 않은 일이 발생하면 후회해도 소용없습니다. 굶는 것은 나중 일이고 망하는 것이 먼저입니다. 지금 적이 함부로 오지 않는 것은 주유가 산이 험한 곳에 있어 모두가 방어물이 되며 산이 높고 계곡이 좁아 지키기 쉽고 공격하기 어렵기 때문입니다. 만일 낮은 곳에 있으면 어찌 굳건히 지키며 흔들리 지 않고 오늘에 이르겠습니까?"** 그러나 간언을 듣지 않고 피성으로 도읍하였다.

『일본서기』 천지天智기

☞ *주류성. **벽골제(동진강 원평천)

'굶는 것은 나중 일이고 망하는 것이 먼저입니다.〔夫飢者後也 亡者先也〕'는 야마토 장수 박시진 전래진朴市秦來津(에치하타노 다구쓰)의 통찰이 무척 인상적입니다.

김기자 : 풍왕이 피성으로 도성을 옮긴 이유는 무엇입니까?

백선생 : 풍왕의 신조정은 산성이 아닌 평지성(피성)으로 도성을 옮겨 본격적으로 백제의 재건을 도모합니다. 비록 사비도 성을 포함하여 충남지역의 영토는 빼앗기 지만 전라도지역은 여전히 나당연합군의 힘이 미치지 않는 백제의 영토입니다. 풍 왕의 신조정은 야마토 파병군을 어느 정 도 확보한 상태이므로 얼마든지 나당연합 군에 대항할 수 있다고 판단합니다. 그러

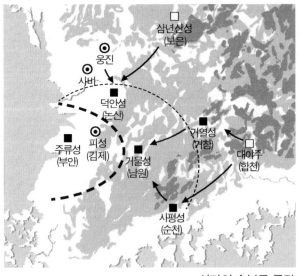

신라의 수복군 공격

나 이는 풍왕과 신조정의 달콤한 생각입니다. 해가 바뀌어 663년 2월 신라는 흠순과 천존을 보내 백제의 남쪽을 집중 공략합니다. 거열성(경남거창), 거물성(전북남원), 사평성(전남순천)과 덕안성(충남논산) 등이 신라군에 의해 맥없이 무너집니다. 이에 위기의식을 느낀 풍왕과 신조정은 부랴부랴 다시 산성인 주류성으로 도읍을 옮깁니다. 덕안성 전투의 경우 수복군 1천7십이 죽습니다.

김기자 : 피성의 도읍 기간이 2개월이면 너무 짧군요.

백선생 : 주류성으로 다시 도읍을 옮긴 풍왕의 신조정은 다시 한 번 내분에 휩싸입니다. 663년 6월 풍왕이 전격적으로 복신을 죽여 버립니다. 『구당서』와 『일본서기』의 기록입니다.

⑪-4. 이때 **복신福信은 이미 병권을 모두 장악하여 부여풍扶餘豊과 점점 서로 시기하여 사이가 나빠졌다.** 복신은 병을 핑계로 굴실窟室에 누워서 장차 부여풍이 문병 오기를 기다려 덮쳐 죽일 계획을 세웠다. **부여풍은 낌새를 알아차리고 그의 심복들을 거느리고 가서 복신을 덮쳐 죽이고,** 또 고구려와 왜국에 사자를 보내어 구원병을 청하여 관군을 막았다. 『구당서』 동이열전 백제

⑪-5. 2년(663년) 6월, … 백제왕 **풍장豊璋은 복신福信이 모반하려는 마음을 가졌다고 의심하여 복신의 손바닥을 뚫고 가죽으로 묶었다.** 이때 스스로 결정하기 어려워하며 여러 신하에게 "복신의 죄가 중하니 목을 베는 것이 좋겠는가?" 물었다. 이에 달솔 덕집득德執得이 "이 악한 반역죄인은 풀어주어서는 안됩니다." 하였다. 복신이 덕집득에게 침을 뱉으며 "썩은 개와 같은 어리석은 놈"이라 하였다. **왕이 시종하는 병졸들로 하여금 목을 베어 머리를 소금에 절이도록 하였다.**
『일본서기』 천지기

풍왕과 복신 사이가 급속도로 악화되며 돌이킬 수 없는 상황으로 치달립니다. 『구당서』 기록은 복신이 먼저 풍왕을 제거하기 위해 모의한 것으로 되어 있으나, 『일본서기』 기록은 정반대입니다. 어느 쪽이 먼저인지는 알 수 없으나 결과는 풍왕이 복신을 사로잡고, 신료들에게 복신의 처분을 묻습니다. 노련한 풍왕입니다. 덕집득이 나서 복신을 죽이라고 합니다. 예정된 수순입니다. 이어 풍왕은 복신을 참수하고 그 머리를 소금에 절입니다.

김기자 : 풍왕의 행위가 너무 잔인하군요. 복신이 풍왕의 미움을 살만한 이유가 있습니까?

백선생 : 덕집득의 표현을 빌면 복신은 이미 반역자로 낙인찍힙니다. 복신의 반역은 이전 모든 행위에 소급됩니다. 도침을 죽인 일로부터 시작하여 하다못해 피성으로 도성을 옮긴 일까지 모두 반역행위로 규정합니다. 그러나 복신의 반역죄는 권력을 오로지하며 풍왕의 권위와 왕권을 추락시킨 일이 가장 클 겁니다.

김기자 : 권력의 무상함을 느끼게 하는군요.

백선생 : 복신을 제거한 풍왕은 복신의 추종세력도 숙청합니다. 상당수가 죽임을 당하거나 또는 죽음을 피해 당과 신라로 투항합니다. 이로 인해 풍왕의 수복군 전력은 급격도로 약화됩니다. 당이 이를 모를 리 없습니다. 당고종은 손인사에게 40만의 증원군을 주어 백제를 완전히 토벌하라 명령합니다. 40만의 당군은 처음 파병된 소정방의 13만과 비교하면 정확히 3배의 규모입니다. 너무 대병이어서 기록자체가 의심스럽지만 당군은 병력을 보충하고 아예 끝장을 보겠다고 단단히 벼릅니다.

소교수 : 손인사가 이끌고 온 40만 증원군은『삼국사기』〈신라본기〉문무왕 기록에 있습니다. 그러나『구당서』백제전에는 당고종이 유주, 청주, 내주, 해주의 군사 7천을 징발하여 우위위장군 손인사를 파견했다고 하고,『신당서』백제전에는 우위위장군 손인사를 웅진도행군총관으로 삼아 제병齊兵 7천을 징발하여 보낸 것으로 나옵니다. 제병은 옛 춘추전국시대 7웅의 하나인 제齊의 군대를 지칭하는데 유주, 청주, 내주, 해주 등 4곳과 일치합니다.[7]『삼국사기』편찬자가 어떤 원사료를 보고 40만으로 기록했는지 알 수 없으나 다소 과장된 표현입니다.『구당서』와『신당서』는 당의 기록이니만큼 7천이 정확합니다.

백선생 : 손인사의 증원군이 도착하자, 나당연합군은 풍왕과 백제 수복군의 본거지인 주류성 공격을 계획합니다. 신라 문무왕은 친히 김유신 등 28명의 장군과 대군을 이끌고 당의 본산인 웅진주의 유인원의 당군과 합세합니다. 그리고 세부계획을 수립합니다. 당의 손인사와 유인원 그리고 신라 문무왕은 육군을 거느리고 진격하고, 유인궤, 두상, 부여융은 수군과 군량선을 이끌고 웅진강(금

---

7 지금의 중국 산동성(산동반도) 주변일대이다. 고구려 유민출신 이정기(李正己)가 732년~781년까지 54년간 당(唐)에 대항하여 독립왕국을 건설한 지역이기도 하다.

강)으로부터 백강(동진강)으로 가서 육군과 합세하여 주류성을 공략하는 작전을 세웁니다.

김기자 : 갑자기 나당연합군 안에 부여융이 나오는데요. 어찌된 일입니까?

백선생 : 부여융은 663년 5월 손인사의 증원군을 따라 환국합니다. 당이 부여융을 데리고 온 이유는 풍왕과 백제 수복군을 완전히 멸한 뒤 부여융을 내세워 백제 땅의 영구 지배를 획책하기 위해 준비한 히든카드hidden card입니다.

소교수 : 충남 부여군 은산면 은산마을 뒷산에 별신당이 있습니다. 별신당 안으로 들어가면 중앙에 산신화가 있고 좌측에는 복신장군, 우측에는 토진대사의 초상화와 위패가 모셔져 있습니다. 원래는 주신인 산신을 모신 산신당인데 후대에 두 신을 추가해서 모신 것으로 추정됩니다. 토진은 도침입니다. 왜냐하면 두 사람은 나당에 망한 백제의 재건을 꾀한 사람이기 때문입니다. 제사는 매년 정초에 산신제를 지내고, 3년에 한 번씩은 별신제를 지냅니다. 중요무형문화재 제9호인 「은산별신제恩山別神祭」입니다. 전설에 따르면, 옛날 마을에 역병이 돌아 죽는 사람들이 많았는데, 어느

별신당(충남 부여 은산)

날 한 노인의 꿈에 백마를 탄 한 장군이 나타나 억울하게 죽은 부하들의 백골을 수습해 달라 부탁하여 꿈을 깬 노인이 마을 사람들과 함께 장군이 알려준 곳을 찾아 백골들을 수습하니, 마을에 병이 없어지고 평화가 찾아왔다는 데서 유래한다고 합니다. 별신제는 마을의 평안뿐 아니라 백제 수복전쟁을 벌이다 전몰한 장수와 그 부하의 영혼을 달래는 의식입니다.

3. 백강의 핏물은 어디론가 사라지고

백선생 : 663년 8월, 동아시아 역사를 송두리째 바꿔놓은 대사건이 발생합니다. 백강(백촌강) 어귀입니다. 지금의 동진강 하구입니다. 당의 전선 1백7십 척과 야마토의 1천 척이 맞붙은 대 해전입니다. 결과는 4백 척의 야마토 전선이 침몰합니다.

⑪-6. 당 용삭2년(663년), 이에 손인사孫仁師와 유인원劉仁願과 신라왕 김법민金法敏은 육군을 거느리고 나아가고 유인궤와 별수 두상杜爽, 부여융扶餘隆은 수군과 군량을 실은 배를 거느리고 웅진강熊津江으로부터 백강白江으로 가서 육군과 합세하여 주류성周留城으로 갔다. **백강 어귀에서 왜倭의 군사를 만나 네 번 싸워서 모두 이기고 그들의 배 4백 척을 불사르니 연기와 불꽃이 하늘로 덮고 바닷물도 붉게 되었다.**『삼국사기』의자왕

⑪-7. 2년(663년) 8월, **갑오일(13일)에 신라는 백제왕이 자신의 양장良將*을 목 벤 까닭에 곧장 백제로 들어가 먼저 주유州柔를 빼앗으러 계획하였다.** 이에 백제왕은 적의 계획을 알고 여러 장수에게 말하길 "지금 듣자니 일본국**의 구원장수 여원군신廬原君臣이 군사 1만을 이끌고 바다를 건너오고 있다. 여러 장수들은 미리 대처하길 바란다. 나는 직접 백촌白村에 가서 기다리고 있다가 연회를 베풀고자 한다." 하였다. **무술일(17일)에 적장이 주유에 이르러 왕성을 에워쌌다. 당의 장군이 전선 1백7십 척을 이끌고 백촌강白村江***에 진을 쳤다. 무신일(27일) 일본 수군 중 먼저 도착한 전선들이 당의 수군과 서로 싸웠는데 일본이 불리하여 물러났다.** 당은 굳게 진을 치고 지켰다. 기유일(28일) 일본 장수들과 백제왕이 날씨를 살피지 않고 서로 "우리가 먼저 공격하면 적들은 스스로 물러갈 것이다." 말하였다. 대오隊伍가 갖추어지지 않은 중군中軍의 군사를 이끌고 진을 굳건히 한 당의 군사를 공격하였다. **당은 즉각 좌우에서 전선을 협공하며 에워싸니 순식간에 관군官軍이 잇따라 패하며 물속에 떨어져 익사하는 자가 많았다.** 전선의 앞뒤를 돌릴 수 없었다. **박시진전래진朴市秦田來津이 하늘을 우러러 맹세하고 분하여 이를 갈며 수십 명을 죽이고 전사하였다.** 『일본서기』천지기

☞ *복신. **야마토. ***동진강

먼저 『삼국사기』 기록(⑪-6)입니다. 이 내용은 『구당서』, 『신당서』, 『자치통감』에도 동일하게 나옵니다. 당군은 4번 싸워 모두 이기는데 야마토의 4백 척을 백강 어귀에서 화공으로 불태우고 침몰시킵니다. 다음은 『일본서기』 기록(⑪-7)입니다. 전투가 벌어진 8월 27일과 28일 양일의 상황이 비교적 상세합니다. 이를 근거로 당시 전투 상황을 정리합니다. 8월 13일, 풍왕은 여원군신盧原君臣의 야마토 1만 군사가 온다는 소식을 듣고 백강구로 맞이하러 나갑니다. 8

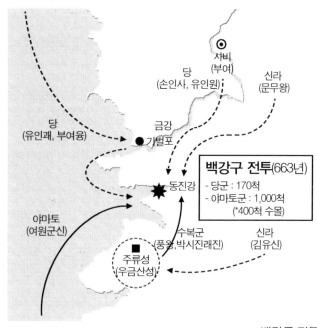

백강구 전투

월 17일, 나당연합군이 풍왕이 없는 주류성을 에워쌉니다. 당의 수군 1백7십 척도 백강에 도착하여 진을 칩니다. 8월 27일, 야마토 수군과 당 수군 사이에 두세 차례 소규모 전투가 벌어지고 야마토 수군이 모두 패합니다. 8월 28일, 야마토 수군이 당 수군을 총 공격합니다. 전날 소규모 전투의 패배를 일거에 만회하려 합니다. 그러나 야마토 장수들과 풍왕은 날씨를 오판합니다. 바람을 잘못 읽습니다. 당 수군의 화공에 말려듭니다. 엎친데 겹친 격으로 야마토 전선들은 뱃머리조차 돌릴 수 없습니다. 오도 가도 못합니다. 4백 척이 일순간 불타며 침몰하고 승선해 있던 수많은 야마토 군사들이 물귀신이 됩니다.[8] 박시진전래진朴市秦田來津은 분전하다가 전사합니다. 풍왕은 주류성이 아닌 고구려로 도망칩니다.

김기자 : 4백 척의 야마토 전선이 침몰했다고 해서 깜짝 놀랐는데 전투사정을 알고 나니 야마토

---

8 『자치통감』은 '연기와 불꽃이 가득하였고, 강물이 새빨갛게 물들었다.〔煙炎灼天 海水爲丹〕'고 기록한다.

의 패배를 어느 정도 이해할 수 있겠군요.

백선생: 백강구 전투에 투입된 야마토의 전선과 파병군은 1천 척과 2만7천으로 알려져 있습니다. 전선 1천 척은『삼국사기』기록에, 파병군 2만7천은『일본서기』기록에 따릅니다. 그러나 엄밀히 따지면 전선은 1천 척이 맞으나 파병군의 규모는 2만7천을 훨씬 웃도는 3만7천입니다.『일본서기』를 보면 야마토의 파병은 3차에 걸쳐 이루어집니다. 1차는 661년 5월 부여풍의 환국을 호종한 전선 1백7십 척입니다. 주요 지휘관은 안담비라부安曇比羅夫와 박시진전래진朴市秦田來津입

백강구 전투 장면

니다. 군사는 5천여로 추정합니다. 2차는 663년 3월 일본을 출발한 군사 2만7천으로 지휘관은 상모야군치자上毛野君稚子와 아부인전신비라부阿部引田臣比羅夫입니다. 전선은 7백여 척입니다. 3차는 662년 6월경 일본을 출발하여 8월에 도착한 군사 1만입니다. 지휘관은 여원군신廬原君臣입니다. 전선은 3백여 척입니다. 이 중 662년에 파병된 2차와 3차

의 병력이 백강구전투에 직접 참가합니다. 전선 1천 척과 군사 3만7천입니다. 야마토는 8월 27일, 28일 양일간에 걸쳐 전선 4백 척과 추정군사 1만5천을 잃습니다. 이들은 주로 중군소속으로 파병군의 주력입니다. 당시 야마토군의 편제는 전군, 중군, 후군 등 3군 체제입니다. 전군은 선봉이고 중군이 주력이며, 후군은 후방지원의 성격이 강합니다. 따라서 이 전투의 패배로 야마토군은 전투력을 완전히 상실합니다.

김기자: 이후에도 야마토군과 당군은 전투를 벌입니까?

백선생: 단 한 번으로 끝납니다. 이후 야마토군과 당군이 전투를 벌인 기록은 없습니다. 당시 당군에게는 주류성 함락이 급선무입니다. 이미 신라의 육군이 주류성을 포위하고 있습니다. 신라에게 주도권을 빼앗길 수 있으니 당군은 서둘러야 합니다. 더구나 야마토군은 이미 전투력을 상실하

여 후방은 걱정할 필요가 없습니다. 나당연합군은 수복군의 본영인 주류성을 총공격합니다. 9월 7일, 풍왕이 없는 주류성은 결국 성문을 열고 항복합니다.

⑪-8. 3년(663년) 9월, 정사일(7일) 백제의 **주유성**州柔城이 당에 항복하였다. 이때 나라사람들이 말하였다. **"주유가 항복하였으니 이제 어찌할 수 없게 되었구나. 백제의 이름이 오늘로 끊어졌으니 어찌 조상의 무덤이 있는 곳에 다시 돌아갈 수 있단 말인가?** 다만 저례성枳禮城에 가서 일본의 장군들과 만나 앞으로 필요한 것들을 의논해 보자꾸나." 침복기성枕服岐城의 처자들에게 나라를 떠날 것을 알렸다. **신유일**(11일)에 **모저**牟르를 출발하여 **계해일**(13일)에 저례에 이르렀다. 갑술일(24일)에 일본의 수군과 좌평 여자신餘自信, 달솔 목소귀자木素貴子, 곡나진수谷那晉首, 억례복류憶禮福留가 나라사람들과 함께 저례성에 도착하였다. **다음날 배를 띄워 비로소 일본으로 향하였다.** 『일본서기』 천지기

한때 풍왕을 옹립하며 백제의 재건을 꾀한 수복운동은 주류성 함락과 함께 종지부를 찍습니다. 그리고 나당에 항복하지 않은 수많은 백제인들은 야마토 파병군을 따라 백제를 떠납니다.[9] "백제의 이름이 오늘로 끊어졌으니 어찌 조상의 무덤이 있는 곳에 다시 돌아 갈 수 있단 말인가?(百濟之名絶于今日 丘墓之所 豈能復往)"[10] 말하며 피눈물을 쏟아내는 백제인의 절망은 두고두고 역사의 한으로 남습니다.

김기자 : 야마토는 무엇 때문에 대규모 파병군을 백제에 보낸 겁니까?

백선생 : 『일본서기』 기록을 보면, 660년 10월 복신이 좌평 귀지를 야마토에 보내 정식으로 파병군을 요청합니다. 야마토는 곧바로 파병준비에 들어갑니다. 군사를 모으고 전선 제작에 들어가 3차에 걸쳐 축차적으로 파병군을 백제에 보냅니다. 전선 1천 척은 하루아침에 뚝딱 제작할 수 없습니다. 엄청난 물자와 인력 그리고 시간이 소요됩니다. 야마토 역시 백제수복에 국가의 사활을 걸고

---

9 『일본서기』에 백제유민의 야마토 이주 기록이 적잖이 나온다. 665년 백제인 400여명이 이주하며, 666년 겨울 백제인 2,000여 명이 야마토 동국(東國)지방에 정착한다. 669년 여자신(餘自信), 귀실집사(鬼室集斯) 등의 백제인 남녀 700여 명을 야마토 오오미가와(近江) 일대로 이주시킨다.

10 필자는 이 글을 읽을 때마다 우리 한국인과 일본인을 생각한다. 얼마나 가슴 아픈 역사인가? 눈물이 한없이 앞을 가린다.

총력 매진합니다. 야마토의 입장에서 본다면, 백제에 지원군을 파병해야 할 당위성과 필요성이 있어야 합니다. 이를 두고 일본학계는 야마토가 자신의 속국인 백제를 구원하기 위한 것이라든가 또는 백제가 망하게 되면 조공을 받을 수 없게 된다는 등 지극히 자기중심적인 편협한 시각으로 해석합니다. 일제 식민사학의 단면입니다. 한발 더 나아가 중국과 동등한 일본이 한반도 위에 서기 위하여 대국 일본이라는 꿈을 갖고 정치적 우위를 달성하려는 또는 그러한 관계를 만들기 위한 군사개입이라고 설명합니다. 참 표현도 잘 만듭니다. 또한 백강구전투의 본질은 당 중심의 대大제국주의와 일본 중심의 소小제국주의가 충돌한 고대 제국주의 전쟁이라고 주장합니다. 소위「고대 제국주의 전쟁론」입니다. 본말이 전도되어도 너무 전도됩니다. 백제는 어디론가 사라지고 일본과 당의 전쟁이라는 황당무계荒唐無稽한 해석입니다.

> ⑪-9. 6년(660년) 10월, 천황이 조칙을 내리며 말하였다. "**군대를 빌리고 구원을 청하는 것은 옛적에도 있었다. 위험에 빠진 자를 도와주고 끊어진 것을 있도록 하는 것이 법도이다.** 백제국이 곤궁에 빠져 우리에게 와서 '본국이 환란에 빠져 의지할 곳이 없다. 창을 베고 자며 쓸개를 핥는다. 반드시 구원해 달라'며 멀리서 와서 청하니 이를 뿌리치기 어렵다. 장군들에게 명하노니 여러 길로 함께 나아가라. **구름처럼 모이고 번개처럼 움직여 악한 무리들을 베고 위급에 빠진 백제를 도우라. 마땅히 유사有司들은 모두 참여하여 예를 갖추고 출발시켜 보내라.**" 하였다.
> 『일본서기』제명齊明기

이 기록은 당시 야마토 제명왕齊明王(사이메이, 제37대)이 백제 지원을 조정에 명한 내용입니다. 여왕의 결기가 자못 비장합니다. 당장 백제로 달려가 구원하라 호통치듯 결연합니다. 재삼 강조하지만 백제와 야마토는 본류가 같습니다. 부여왕가로서 한 뿌리입니다. 두 나라는 서로 줄곧 형제국을 자처해 왔습니다. 백제는 끊임없이 선진 문물과 문화를 일본에 전해주어 야마토가 국가체제를 갖추는데 적극 기여합니다. 또한 야마토 조정을 떠받치고 있는 지배층은 대다수 백제출신입니다. 이들은 이미 세력가가 되어 중앙뿐 아니라 지방에서도 막강한 권력과 부를 소유합니다. 당연히 자신들의 모국이 위기에 빠졌는데 이를 불구경만 한다면 오히려 이상한 일입니다. 모국에 대한 일종의 회귀본능입니다.

김기자 : 차후 야마토는 어떻게 대응합니까?

백선생 : 백강구전투 패배이후 야마토 조정은 나당연합군이 일본 열도까지 침공할지 모른다는 두려움에 휩싸입니다. 그래서 부랴부랴 북규슈에서 야마토의 수도가 있는 오사카에 이르는 주요 길목에 성을 쌓아 적극 대비합니다.[11] 오오노大野성, 기구치鞠智성, 기이基肄성, 나카토長門성, 다카야스高安성 등이 대표적입니다. 이들 성을 가리켜 한반도식 산성으로 표현합니다. 그러나 엄밀히 말하면 백제식 산성입니다. 『일본서기』 기록에 따르면, 당시 백제에서 망명한 억례복류憶禮福留 장군의 지도아래 성들을 쌓은 것으로 나옵니다.

한반도식(백제식) 산성

김기자 : 나당연합군이 일본 열도를 공격합니까?

백선생 : 나당연합군의 다음 목표는 일본열도의 야마토가 아닌 고구려입니다. 비록 아주 많은 백

---

11 664년 백제 주둔 총사령관인 유인원은 곽무종(郭務悰)을 파견하여 일본 북규슈의 축자(筑紫−후쿠오카)에 축자도독부(筑紫都督府)를 설치한다. 축자도독부는 웅진도독부의 분원인 셈이다. 672년 5월까지 8년간을 존속한다.

제유민이 일본열도로 건너갔다고 해서 그들을 뒤쫓는 무리수를 두며 야마토를 공격할 필요는 없습니다.

소교수 : 백강구전투의 패배와 백제의 멸망은 일본 역사에 일대 변화를 가져옵니다. 일본은 이후 본격적으로 소위「일본화과정」에 돌입합니다. 백제의 틀에서 벗어나 일본식 만들기에 몰두합니다. 율령을 반포하고 전국의 호적을 정리하며, 중앙집권화를 강화하고 독자적으로 불교문화를 꽃피웁니다.『고사기』와『일본서기』도 이때 편찬합니다. 일본 나라奈良시대(710~794)가 활짝 만개합니다.

4. 망국 백제의 그림자들

백선생 : 주류성은 함락되지만 백제의 불꽃은 완전히 꺼지지 않습니다. 임존성이 마지막까지 버티고 있습니다.

김기자 : 임존성은 처음 수복운동이 시작된 곳이 아닙니까?

백선생 : 임존성은 백제 수복운동의 알파(α)요 오메가(ω)입니다. 출발지이자 종착지입니다. 660년 9월 의자왕이 항복하자 흑치상지는 임존성에 의거해 봉기합니다. 유민들이 대거 몰려들고 나당연합군의 공격을 막아내면서 임존성은 초기 수복운동의 중심지로 부상합니다. 이후 수복운동을 이끌던 복신, 도침 등이 본거지를 남쪽 주류성으로 옮기면서 임존성은 기록에서 사라집니다. 이때 흑치상지도 기록에서 사라집니다. 그러나 아이러니컬하게도 임존성의 마지막 불꽃을 끈 사람은 흑치상지입니다. 663년 9월 주류성을 함락한 나당연합군은 마지막 남은 임존성에 집중합니다. 김유신의 신라군은 임존성에 소나기 공격을 퍼붓지만 별다른 성과를 거두지 못하고, 11월 4일 회군해 버립니다. 당시 임존성은 지수신이 지키고 있습니다. 신라군이 회군하자, 유인궤는 흑치상지에게 당군을 주어 임존성을 공격합니다. 임존성의 내부사정을 속속들이 너무나 잘 알고 있는 흑치상지에게 임존성은 결코 난공불락이 될 수 없습니다. 흑치상지가 당군을 이끌고 임존성을 공격하여 함락

시킵니다. 처음 임존성에서 백제 수복운동의 불을 지폈던 흑치상지가 자신의 손으로 그 마지막 불꽃을 꺼버립니다. 옛 전우인 지수신은 고구려로 망명합니다.

김기자 : 흑치상지가 배신한 겁니까?

백선생 : 배신입니다. 더 정확히 표현하면 변절입니다. 『구당서』 기록입니다.

⑪-10. **오직 임존성任存城의 지수신遲受信이 항복하지 않았다.** 일찍이 소정방蘇定方이 백제를 공격하여 파하자 흑치상지黑齒常之와 사타상여沙吒相如는 달아나 흩어진 군사들을 불러 모아 험한 곳에 웅거하며 복신에 호응하였다. 이때에 이르러 모두 항복하였다. 유인궤劉仁軌가 그들에게 진심을 보여 달라며 임존성을 취하여 스스로 증험證驗하게 하였다. 갑옷과 무기, 양곡을 내주었다. 손인사孫仁師가 말하길 "저들은 흑심을 가지고 있어 믿을 수 없는데 만약 갑옷과 양곡을 내어준다면 도둑에게 편의를 제공하는 꼴이다." 하였다. 이에 유인궤가 말하였다. "내가 상지와 상여를 보건데 모두 충용스럽고 지모가 뛰어나 기회를 주면 반드시 공을 세울 것인데 무엇을 의심하겠는가?" **마침내 두 사람이 임존성을 공격하여 빼앗자 지수신이 처자를 버리고 고구려로 달아났다. 이로써 백제가 모두 평정되었다.** 『구당서』 〈열전〉 유인궤

이 내용은 『신당서』, 『자치통감』에도 나옵니다. 흑치상지가 당군을 이끌고 임존성을 공격한 내막입니다. 내용 중에 유인궤와 손인사의 대화가 있습니다. 손인사는 흑치상지를 의심하지만 유인궤는 오히려 흑치상지에게 기회를 주어 전향의 진정성을 증명케 합니다.

김기자 : 유인궤가 이이제이以夷制夷 전법을 썼군요.

백선생 : 흑치상지가 변절한 단서가 나옵니다. '복신에 호응하였다.〔應福信〕'는 표현으로 보아 흑치상지는 복신파입니다. 부여풍이 복신을 죽이고 복신파를 대대적으로 숙청할 즈음 흑치상지는 당에 투항한 것으로 추정됩니다. 단재 신채호도 흑치상지의 투항을 내분의 여파로 설명합니다.

김기자 : 변절은 어떠한 이유로도 합리화될 수 있는 문제가 아니지요.

백선생 : 1929년 중국 낙양의 북망산에서 《흑치상지묘지명》이 출토되면서 흑치상지의 생애에

대한 보다 많은 정보가 알려집니다. 특히 당에서의 압도적인 군사 활동은 흑치상지의 진면목을 보여줍니다. 『삼국사기』〈열전〉편에 수록된 백제인은 계백과 흑치상지 두 사람입니다(도미都彌는 정절 설화임). 계백은 백제를 마지막까지 지킨 충절忠節의 표상이라면 흑치상지는 백제의 이름을 빛낸 명성名聲의 표상입니다. 『삼국사기』 기록을 보면 흑치상지가 당에서 받은 관직이 2개 나옵니다. 좌령군원외장군양주자사와 연연도대총관입니다. 그러나 묘지명에는 좌무위장군, 우무위위대장군, 신무도경략대사, 회원군경략대사, 좌무위위대장군, 검교좌우림군, 증좌옥검위대장군 등 관직이 줄줄이 나옵니다. 화려합니다. 주로 토번(티베트)과 돌궐을 제압하는데 공을 세웁니다. 그러나 흑치상지의 말로末路는 비참합니다. 689년 흑치상지는 반역을 도모했다는 모함을 받고 교수형에 처해집니다. 한 많은 생을 마감합니다.

⑪-11. **흑치상지黑齒常之는 아랫사람을 은덕으로 다스렸다.** 흑치상지 말馬이 병졸에게 채찍으로 맞는 일이 생기자 어떤 자가 병졸을 처벌하라 권하였다. 흑치상지가 말하길 "어찌 사사로이 말에 관한 일로 해서 관병을 매질할 수 있겠는가?" 하였다. 흑치상지는 자기가 받은 상을 휘하의 부하들에게 모두 나누어 주어 남겨둔 재산은 거의 없었다. **흑치상지가 죽게 되자 사람들은 모두 그의 억울함을 슬퍼하였다.**

흑치상지의 고매한 성품과 청빈한 삶의 뒷모습을 그린 기록입니다. 『삼국사기』는 흑지상치의 변명에 상당한 노력을 기울입니다.

소교수 : 백제가 멸망하면서 당에 끌려가 이름을 남긴 사람은 더러 있습니다. 대부분 당시 백제사회를 이끌었던 지배층 출신이라는 공통점이 있습니다. 흑치상지 말고도 사타충의沙吒忠義가 있는데, 그 역시 무장으로 이름을 떨칩니다. 697년 우무위위장군으로 전군총관이 되어 군사 20만을 거느리고 거란의 반란을 진압하는데 기여하며, 698년 천병서도총관으로 군사 30만을 이끌고 돌궐의 묵철가한默啜可汗을 공격합니다. 당은 백제의 망명객 출신들을 중용하여 이민족을 제압하는데 활용합니다. 고구려 망명객 출신인 고선지高仙芝의 경우도 마찬가지입니다. 티베트(토번吐蕃)까지 당의 영역을 확장시키는데 기여하지만 말년에는 모함을 받고 역적으로 몰려 참수당

합니다.[12]

　김기자 : 유민출신의 한계이며 비애이군요.

　백선생 : 일본의 사례입니다. '백제왕百濟王(구다라노코니시키)'씨가 있습니다. 691년 일본 지통왕持統王(지토, 제41대)이 식봉 2백호와 함께 하사한 성씨입니다. 부여용扶餘勇입니다. 의자왕의 아들입니다. 부여용은 663년 9월, 주류성이 함락되면서 백제유민과 함께 일본으로 망명합니다. 오사카 일대에 정착하며 훗날 선광禪廣으로 개명합니다. 불교냄새가 물씬 풍깁니다. 선광의 4대손 중에 경복敬福이 있습니다. 종3위의 고위직 관품을 받는데, 동대사(東大寺, 일본 나라현 소재) 대불大佛에 입힐 황금

동대사 대불 (일본 나라현)

9백 냥을 기부합니다. 동대사 대불은 나라奈良대불이라고도 합니다. 높이 16m의 청동불상으로 250톤입니다. 얼굴길이만 5m입니다.

5. 700년 백제를 회상하며

　김기자 : 지금까지 백제의 출발부터 멸망까지 7백년 역사를 구석구석 살펴보았습니다. 처음 두 분 선생님과 함께 잃어버린 백제 역사찾기 여행을 떠날 때만 하더라도, 백제의 역사는 제가 알고 있는 상식에서 크게 벗어나지 않을 것이라 생각했습니다. 그러나 저의 오만입니다. 막상 여행길에 접어들어 하나하나 역사현장을 살펴보면서 새삼 저의 무지를 통감했습니다. 부끄럽습니다. 백제

---

12 정재수, 『고구려 역사의 부활』(논형, 2018) 제11장 참조.

의 세 번째 시조 구태의 존재는 우리의 시각을 중국대륙으로 돌려놓고, 국가체제의 기본 틀을 만든 고이왕은 북방 기마족의 한 부류입니다. 정복군주 근초고왕은 만들어진 역사이고, 부여백제 여구왕과 고구려 광개토왕의 대결은 일본의 재탄생으로 이어집니다. 475년 고구려 장수왕의 남침으로 백제는 한강유역을 소실하면서 한반도의 중심을 잃습니다. 이는 중국대륙의 백제를 와해시키고, 일본열도의 백제를 독립시킵니다. 그 와중에도 동성왕은 떳떳이 중국대륙을 호령합니다. 성왕, 무왕으로 이어지는 재기의 몸부림과 불교문화의 융성은 차선이 아닌 최선입니다. 후발주자 신라의 급성장은 백제를 또다시 코너로 몰아넣습니다. 관산성과 대야성의 상호보복전은 백제에게 치명상입니다. 그리고 의자왕은 망국의 모든 책임을 뒤집어쓰고 백제의 문을 닫습니다. 돌이켜보니 모든 것이 실로 압권이고 충격입니다.

백선생 : 우리 한민족을 농경민족이라고 합니다. 이들은 구석기와 신석기 그리고 청동기 문명을 일군 한반도의 토박이입니다. 그러나 우리는 우리역사를 토박이역사라고 말하지 않습니다. 중국대륙이 혼란에 휩싸이거나 힘이 강해지면 어김없이 그 여파는 한반도에 미칩니다. 수많은 북방민족이 내려와 원주민인 농경 집단위에 군림합니다. 왕조국가를 만들고 원주민을 지배합니다. 그들 역시 우리 한민족입니다. 북방에서 한반도로 내려온 경로는 크게 세 가지입니다. 하나는 요동반도에서 한반도 서해안으로 들어옵니다. 백제입니다. 둘은 북만주에서 동해안을 따라 내려와 남해안에 다다릅니다. 신라와 가야입니다. 마지막으로 산둥반도에서 서해를 건너 한반도로 건너옵니다. 역시 백제이며 일부는 가야입니다. 이들 또한 한반도가 혼란에 빠지거나 힘이 강해지면 또 다시 일본열도로 밀려갑니다. 그 축에는 백제가 존재합니다. 백제는 중국대륙, 한반도, 일본열도로 이어지는 고대 동아시아 역사벨트의 결정체結晶體입니다.

소교수 : 백제역사는 여전히 미궁이며 미로의 역사입니다. 원죄는 『삼국사기』의 폐쇄적 역사관이 한 몫 합니다. 이로 인해 백제역사는 많은 부분이 소실됩니다. 유감스러운 것은 일본의 역사학자들이 『삼국사기』의 역사서술을 적극 활용하여 식민사학을 만들고, 그 식민사학이 오늘도 백제의 역사뿐 아니라 우리의 삼국역사 전체를 지배합니다. 역사는 역사학자의 전유물이 아니며, 결코 될 수도 없습니다. 온 국민이 관심을 가지고 힘을 한데 모은다면, 우리역사는 얼마든지 잃어버린 부분

을 복원해 낼 수 있습니다. 역사가 강한 민족은 결코 무너지지 않습니다. 이는 과거의 역사가 증명하고, 또 미래의 역사가 증명할 것입니다. 선생님과 함께한 백제 역사 찾기 여행이 또 하나의 해법을 찾는 기회가 되리라 믿어 의심치 않습니다.

|사료 원문|

〈1장〉

①-1. 百濟始祖溫祚王 其父 鄒牟 或云朱蒙 自北扶餘逃難 至卒本扶餘 扶餘王無子 只有三女子 見朱蒙 知非常人 以第二女妻之 未幾 扶餘王薨 朱蒙嗣位 生二子 長曰沸流 次曰溫祚[或云 朱蒙 到卒本 娶越郡女 生二子] 及朱蒙在北扶餘所生子 來爲太子 沸流溫祚 恐爲太子所不容 遂與烏干馬黎等十臣南行 百姓從之者 多 遂至漢山 登負兒嶽 望可居之地 沸流欲居於海濱 十臣諫曰 惟此河南之地 北帶漢水 東據高岳 南望沃澤 西阻大海 其天險地利 難得之勢 作都於斯 不亦宜乎 沸流不聽 分其民 歸弥鄒忽以居之 溫祚都河南慰禮城 以十臣爲輔翼 國號十濟 是前漢成帝鴻嘉三年也 沸流以弥鄒 土濕水鹹 不得安居 歸見慰禮 都邑鼎定 人民安泰 遂慙悔而死 其臣民皆歸於慰禮 後以來時百姓樂從 改號百濟 其世系與高句麗 同出扶餘 故以扶餘爲氏

①-2. 一云 始祖沸流王 其父優台 北扶餘王解扶婁庶孫 母召西奴 卒本人延陁勃之女 始歸于優台 生子二人 長曰沸流 次曰溫祚 優台死 寡居于卒本 後朱蒙不容於扶餘 以前漢建昭二年 春二月 南奔至卒本 立都號高句麗 娶召西奴爲妃 其於開基創業 頗有內助 故朱蒙寵接之特厚 待沸流等如己子 及朱蒙在扶餘所生禮氏子孺留來 立之爲太子 以至嗣位焉 於是 沸流謂弟溫祚曰 始 大王避扶餘之難 逃歸至此 我母氏傾家財 助成邦業 其勤勞多矣 及大王厭世 國家屬於孺留 吾等徒在此 鬱鬱如疣贅 不如奉母氏 南遊卜地 別立國都 遂與弟率黨類 渡浿帶二水 至彌鄒忽以居之

①-3. 『北史』及『隋書』皆云 東明之後有 仇台 篤於仁信 初立國于帶方故地 漢遼東太守公孫度以女妻之 遂爲東夷强國 未知孰是

①-4. 優臺王, 北夫餘解夫婁王之庶孫也 解夫婁王以日神降靈之後布德 北方天下泰平 分遣王子于列國以監民疾苦 時卒本太守延陁勃有女曰召西奴甚美 優台聞之請往卒本 王以優台母徵不許 優台乃私行至卒本與山西奴相通 延陁勃以王不許欲禁之 乃相逃避太伯山谷沸流川上 祀河神而生子曰沸流 延陁勃聞之使人迎飯遂以卒本之地飯之 時漢元年初元二年甲戌歲也 時解夫婁王太子金蛙立 卽優台之父也 命優台王于卒本 時解夫婁王太子金蛙立 卽優台之父也 命優台王于卒本

①-5. 三年甲辰 正月 以順奴艶奴爲沸流治 都彌鄒忽 以灌奴桂婁爲溫祚治 都牛壤 涓奴黃龍荇茶卑離上與召皇后治之 以慰召后之心

①-6. 元年癸卯 正月 沸流東行 南渡帶水 至彌鄒忽 欲居之 溫祚與烏干馬黎 尊西南行 而渡浿河 亦會于彌鄒
忽 立沸流爲王

①-7. 高朱蒙 在位時 嘗言 曰若嫡子琉璃來 當封爲太子 召西弩 慮將不利於二子 歲庚寅三月 因人得聞浿帶之
地肥物衆 南奔至辰番之間 近海僻地而居之十年 買田置庄 致富累萬 遠近聞風 來附者衆 南至帶水 東濱
大海 半千里之土境

①-8. 五年丁未 四月 遣王弟溫祚於馬韓 借地 時馬韓政衰 畏末曷樂浪加耶之漸盛 欲使王制末曷樂浪 乃許東
北百里之地 且許採鐵鑄兵戈 優待王弟而歸

①-9. 辰韓在馬韓之東 其耆老傳世 自言古之亡人避秦役 來適韓國, 馬韓割其東界地與之 … 名樂浪人爲阿殘
東方人名我爲阿 謂樂浪人本其殘餘人 今有名之爲秦韓者 始有六國 稍分爲十二國

①-10. 十三年 春二月 王都老嫗化爲男 五虎入城 王母薨 年六十一歲, 夏五月 王謂臣下曰 國家東有樂浪 北有
靺鞨 侵軼疆境 少有寧日 況今妖祥屢見 國母棄養 勢不自安 必將遷國 子昨出巡 觀漢水之南 土壤膏腴
宜都於彼 以圖久安之計, 秋七月 就漢山下 立柵 移慰禮城民戶, 八月 遣使馬韓 告遷都 遂畫定疆場 北
至浿河 南限熊川 西窮大海 東極走壤, 九月 立城闕

①-11. 十三年乙卯 二月 嫗化爲男 五虎入城 王母召西奴薨六十一, 五月 王弟溫祚出遊漢山下謂其臣曰"靺鞨
樂浪連侵王都妖祥累見國母棄養此地膏腴可居 而兄王無遷都之意 吾等分衆居此地" 何如棠曰諾, 七月
溫祚立柵於漢山下請分居王許之 分慰禮城民戶與之, 八月溫祚遣使馬韓告移居而請借邊地

①-12. 八年 春二月 靺鞨賊兵三千來圍慰禮城 王閉城門不出 經旬 賊糧盡而歸 王簡銳卒 追及大斧峴 一戰克
之 殺虜五百餘人

①-13. 二年己丑 正月 汗南旱蝗民飢 来投者千余戶 賑恤而置之西河 … 溫祚改國號曰伯濟

①-14. 夫餘本屬玄菟 漢末 公孫度雄張海東 威服外夷 夫餘王尉仇台更屬遼東 時句麗鮮卑彊 度以夫餘在二虜
之間 妻以宗女

①-15. 百濟者 其先蓋馬韓之屬國 夫餘之別種 有仇台者 始國於帶方

①-16. 百濟卽 後漢末夫餘王尉仇台之後

①-17. 百濟本 夫餘之別種 當馬韓之故地 其後 有仇台者 高句麗所破 以百家濟因 號百濟 東北 至新羅

①-18. 晉簡文帝 咸安二年 正月 百濟遣使貢方物, 六月遣使拜百濟王餘句, 按百濟爲夫餘王尉仇台之後 故以
夫餘爲姓

〈2장〉

②-1. 三年乙巳 五月 甘兒生子多婁 時王后碧蘿 生三女而無子 太后命取多婁爲王子 妻以碧蘿之女蛙氏

②-2. 十五年壬寅 九月 多婁献汗南故地 而南下 遣兵伐新羅 以助多婁

②-3. 三十七年 夏四月 旱 至六月乃雨 漢水東北部落饑荒 亡入高句麗者一千餘戶 浿帶之間 空無居人

②-4. 二年己丑 正月 汗南旱蝗民飢 來投者千余戶 賑恤而置之西河

②-5. 六十九年 十二月 王率馬韓穢貊一萬餘騎 進圍玄菟城 扶餘王遣子尉仇台 領兵二萬 與漢兵并力拒戰 我軍大敗

②-6. 十年辛酉 十二月 姚光誘勾麗渠帥屠利爲玄菟都尉 與卑離反賊尉仇台 謀復紫蒙故地, 新置玄菟府于川西 而居之 上親率馬韓蓋馬軍一萬騎 而攻川西 不克而還.

②-7. 建武二十五年 夫餘王遣使奉貢 光武厚答報之 於是使命歲通

②-8. 安帝永初五年 夫餘王始將步騎七八千人寇鈔樂浪 殺傷吏民 後復歸附

②-9. 永寧元年 乃遣嗣子尉仇台詣闕貢獻 天子賜尉仇台印綬金綵

②-10. 十一年壬戌 二月 上復引馬韓勾茶蓋馬三國兵 伐川西勾麗拔之 姚光逃走 爲其部下所殺仇台 逃入西紫蒙自稱西夫餘 後爲宇文所逐

②-11. 二十八年 春正月 丙申晦日有食之 冬十月 新羅阿飡吉宣謀叛 事露來奔 羅王移書請之 不送 羅王怒 出師來伐 諸城堅壁 自守不出 羅兵絶糧而歸

②-12. 十二年 冬十月 阿飡吉宣謀叛 發覺 懼誅亡入百濟 王移書求之 百濟不許 王怒出師伐之 百濟嬰城守不出 我軍粮盡乃歸

②-13. 三十八年 乙巳 十月 新羅阿飡吉宣來投 新羅求之不送 新羅怒引兵來侵諸城堅守不出 羅兵絶糧而歸

②-14. 三十六年 癸卯 二月 以吉宣爲上佐平 委以軍事 吉宣以其妹女歸我 而置大宅妻妾于兩國 往來不常 羅新君疑之 不重用 吉宣自以爲祇摩之孫 當王頗有不軌心 王戒之曰 "王者天命也 非人力可求 勿妄動可也" 三十八年 乙巳 十月 吉宣事敗而逃歸 羅王求之 王答之曰 "爲臣不忠固可罪矣 而其女爲小國內君幸 爲小國貸其一命" 羅王怒不聽 遣其將大解來侵 不利而還

②-15. 十二年 十月 吉宣謀反事覺 走入夫余 上命夫余獻之 夫余不聽 上大怒 命大解將西路軍伐夫余 吉宣以吉門之孫 密華之子 嫁其女於夫余 而仍爲夫余左平 娶夫余骨女 生子女十余人 置廣宅于其都 上疑其有異謀 不以兵事委之 至是果反兩國失和

②-16. 諱伯古 己婁王第七子 而蓋婁王之異母弟也 寬仁有聖德 國人敬慕之曰 "仇臺王復來矣" 時蓋婁王同母弟皆持寵 擅威 不得人心 蓋婁王深疾之 臨崩 謂其后沙氏曰 "吾弟雖多 唯伯古最賢 吾死而汝子皆幼 若

諸弟得志 必不利於汝子 未若迎伯古以爲汝繼夫" 沙氏乃以深夜密納宮中 是夜雪深丈餘 諸王弟皆不能知

②-17. 夫餘本屬玄菟 漢末 公孫度雄張海東 威服外夷 夫餘王 尉仇台更屬遼東 時句麗鮮卑彊 度以夫餘在二虜之間 妻以宗女

②-18. 三年 庚午 三月 公孫度王以女宝妻歸王曰"聞王未有室家 故敢以賤息往 奉巾櫛 幸勿棄焉" 王乃以白馬三雙爲幣 以娶焉

②-19. 東明之後 有仇台者 篤於仁信 始立其國于帶方故地 漢遼東太守公孫度 以女妻之 漸以昌盛 爲東夷强國 初以百家濟海 因號百濟

②-20. 二年 己巳 二月 遼東太守公孫度王遣使請和 王亦遣胞弟大知獻方物 三年 庚午 三月 公孫度王以女宝妻歸王曰"聞王未有室家 故敢以賤息往 奉巾櫛 幸勿棄焉" 王乃以白馬三雙爲幣 以娶焉 十月 王助遼富山之軍 大獲赴利 十年 丁丑 五月 麗延優逐其兄 而奪其嫂 公孫度王欲問罪 命我出兵 王謝仁祖之國不忍相殘 公孫度王不悅 十七年 甲申 九月 公孫度王薨 太子康立 王遣使吊慰之 二十二年 乙丑 十月 麗延優移都丸都 卑詞請和 王畏公孫康王 不敢顯待 而令太子呂仁密待其使於境上 以送之 三十年 丁酉 三月 公孫康王始稱帶方王 更以其妹宝皐滕之 時朝廷頗用漢人 多依遼東王 以此重宝妻宝皐 而無子 三十四年 辛丑 七月 帶方王康薨 弟恭立 以康子晃質于漢王 遣使吊問之

②-21. 十三年 五月 吉宣死 于夫余 其君仇知 葬以太公禮 吉宣女田氏爲仇知妻有寵 乃以其女呂氏妻吉宣

②-22. 四十九年 秋九月 命北部眞果 領兵一千 襲取靺鞨石門城 冬十月 靺鞨以勁騎來侵 至于述川 王薨

②-23. 十六年 十一月 靺鞨入牛谷界 奪掠人物 王遣精兵三百 拒之 賊伏兵夾擊 我軍大敗

〈3장〉

③-1. 桓靈之末 韓濊彊盛 郡縣不能制 民多流入韓國

③-2. 建安中 公孫康分屯有縣以南荒地爲帶方郡 遣公孫模張敞等收集遺民 興兵伐韓濊 舊民稍出 是後倭韓遂屬帶方

③-3. 十四年 己未 三月 移帶方人三千于國西 七月 王西巡至浿河口

③-4. 曹魏時 始置南帶方郡[今南原府] 故云 帶方之南 海水千里 曰瀚海[後漢建安中 以馬韓南荒地爲帶方郡 倭韓遂屬 是也]

③-5. 二十五年 春 靺鞨長羅渴獻良馬十匹 王優勞使者以還之

③-6. 二十七年 春正月 置內臣佐平 掌宣納事內頭佐平 掌庫藏事內法佐平 掌禮儀事衛士佐平 掌宿衛兵事朝廷

佐平 掌刑獄事兵官佐平 掌外兵馬事 又置達率恩率德率扞率奈率及將德施德固德季德對德文督武督佐軍振武克虞 六佐平並一品 達率二品 恩率三品 德率四品 扞率五品 奈率六品 將德七品 施德八品 固德九品 季德十品 對德十一品 文督十二品 武督十三品 佐軍十四品 振武十五品 克虞十六品

③-7. 景初中 明帝密遣帶方太守劉昕 樂浪太守鮮于嗣越海定二郡 諸韓國臣智加賜邑君印綬 其次與邑長 其俗好衣幘 下戶詣郡朝謁 皆假衣幘 自服印綬衣幘千有餘人

③-8. 部從事吳林以樂浪本統韓國 分割辰韓八國以與樂浪 吏譯轉有異同 臣智激韓忿 攻帶方郡崎離營 時太守弓遵 樂浪太守劉茂興兵伐之 遵戰死 二郡遂滅韓

③-9. 十四年庚申 帶方人弓遵 自稱魏太守 略邊 通羅倭 生梗甚多 命於灌 率韓臣智等 擊殺之

③-10. 東夷馬韓 新彌諸國 依山帶海 去幽州四千餘里 歷世未附者二十餘國 並遣使朝獻

③-11. 高句麗伐帶方 帶方請救於我 先是 王娶帶方王女寶菓 爲夫人 故曰 "帶方我舅甥之國 不可不副其請" 遂出師救之 高句麗怨 王慮其侵寇 修阿旦城蛇城 備之

③-12. 十九年 壬寅 六月 太子責稽納帶方王女宝果. 二十年 癸卯 二月 帶方王沼薨 子虔立 請婚王 以第五女烏古里妻之

③-13. 十三年 秋九月 漢與貊人來侵 王出禦 爲敵兵所害 薨

③-14. 七年戊午 責稽攻帶方漢貊五部, 遇伏兵而死

③-15. 七年 春二月 潛師襲取樂浪西縣 冬十月 王爲樂浪太守所遣刺客賊害 薨

③-16. 五年甲子 二月 汾西襲奪樂浪西都 破之, 以其地為郡 其地, 本汾西母宝果之國都也 汾西為其母奪之 樂浪王子述遣使于長莫思請和 上命長莫思 與汾西相通謀分樂浪述怨而斥和 憤汾西之襲取西都 而欲報仇. 是年十月 述臣黃倡郎者 鷄林人也 美而有膽勇 飾以美女而往見汾西 汾西愛其美 納于車中 黃刺汾西殺之

〈4장〉

④-1. 五年甲子 宝果立其所嬖比流爲王 仇首之庶子也 古爾之時 避于民間 熟知民情 且有力能射

④-2. 十三年 春 旱 大星西流 夏四月 王都井水溢 黑龍見其中

④-3. 二十二年 冬十月 天有聲 如風浪相激, 十一月 王獵於狗原北 手射鹿

④-4. 二十四年 秋七月 有雲如赤烏夾日, 九月 內臣佐平優福 據北漢城叛 王發兵討之

④-5. 十三年朱鳥 九月 夫余悅福等來降 初比流母餘音爲素嫻所逐 隱于平村 與其村主私通生子優福 比流爲君 優福依餘音而位之內臣 頗多擅姿 時靑稽妻沙鷄爲比流小妻 而優福慕其色 而欲得爲妻 不得乃懍異

志 且與比流諸子不和 乃據北漢山而叛 比流討之 婁年相持 至時優福死 其子悅福等率其衆 而請歸于我 許之 以此复欠和

④-6. 夫餘本屬玄菟 漢末 公孫度雄張海東 威服外夷 夫餘王尉仇台更屬遼東 時句麗鮮卑彊 度以夫餘在二虜之間 妻以宗女 尉仇台死 簡位居立 無適子 有孽子麻余 位居死 諸加共立麻余 牛加兄子名位居 爲大使 輕財善施 國人附之 歲歲遣使詣京都貢獻

④-7. 至太康六年 爲慕容廆所襲破 其王依慮自殺 子弟走保沃沮 帝爲下詔曰"夫餘王世守忠孝 爲惡虜所滅 甚愍念之 若其遺類 足以復國者 當爲之 方計 使得存立" 有司奏護東夷校尉鮮于嬰不救夫餘 失於機略 詔免嬰 以何龕代之 明年 夫餘後王依羅遣 詣龕 求率見人還復舊國 仍請援 龕上列遣 督郵賈沈以兵送之 廆又要之於路 沈與戰 大敗之 廆衆退 羅得復國

④-8. 句麗百濟及宇文段部之人 皆兵勢所徙 非如中國慕義而至 咸有思歸之心 今戸垂十萬 狹湊都城 恐方將爲國家深害 宜分其兄弟宗屬 徙于西境諸城 撫之以恩 檢之以法 知國之虛實

④-9. 初夫餘居于鹿山 爲百濟所侵 部落衰散 西徙近燕 而不設備 燕王皝遣世子儁帥慕容軍慕容恪慕輿根三將軍萬七千騎襲夫餘 夫餘儁居中指授軍事皆以任恪 遂拔夫餘 虜其王玄及部落五萬餘口而還 皝以玄爲鎭軍將軍 妻以女

④-10. 百濟國 本與高驪俱 在遼東之東千餘里 其後高驪略有遼東 百濟略有遼西 百濟所治 謂之晉平郡晉平縣

④-11. 其國本與句驪在遼東之東 晉世句驪既略有遼東 百濟亦據有遼西晉平二郡地矣 自置百濟郡

④-12. 太和五年 十一月 戊寅 燕散騎侍郎餘蔚帥扶餘 高句麗 及上黨質子五百餘人 夜開鄴北門 納秦兵 燕主□與上庸王評 樂安王臧 字襄王淵 左衛將軍孟高 殿中將軍艾朗等奔龍城 〈胡三省: 餘蔚 扶餘王子 故陰率諸質子開門以納秦兵〉

④-13. 北史云 百濟東極新羅 西南限大海 北際漢江 其都曰居拔城 又云固麻城

④-14. 宋書言所治謂之晉平郡晉平顯 都城號居拔城 則百濟郡卽晉平 而居拔城卽晉平城也, 馬端臨謂晉平在唐柳城北平之間 實今錦州寧遠廣寧之境 『一統志』謂居拔城在今朝鮮境內者

④-15. 二年 春正月 祭天地神祇 拜眞淨爲朝廷佐平 淨王后親戚 性狠戾不仁 臨事苛細 恃勢自用 國人疾之

④-16. 咸安二年 六月 遣使拜百濟王餘句爲鎭東將軍領樂浪太守

④-17. 二十四年 秋九月 高句麗王斯由帥步騎二萬 來屯雉壤 分兵侵奪民戸 王遣太子 以兵徑至雉壤 急擊破之獲五千餘級 其虜獲分賜將士 冬十一月 大閱於漢水南 旗幟皆用黃

④-18. 先是 高句麗國岡王斯由親來侵 近肖古王遣太子拒之 至半乞壤將戰 高句麗人斯紀 本百濟人 誤傷國馬蹄 懼罪奔於彼 至是 還來 告太子曰"彼師雖多 皆備數疑兵而已 其驍勇 唯赤旗 若先破之 其餘不攻自潰"

太子從之 進擊大敗之 追奔逐北 至於水谷城之西北 將軍莫古解諫曰"嘗聞道家之言 知足不辱 知止不殆 今所得多矣 何必求多"太子善之 止焉 乃積石爲表 登其上 顧左右曰"今日之後 疇克再至於此乎"其地有巖石 礧若馬蹄者 他人至今 呼爲太子馬迹

④-19. 三十九年土蛇(己巳) 正月 百濟還奪伊珍城 我軍多傷 最嶷太守于訥以上將 不能容仙克 失期而敗 上怒召還于訥 以藍豊代之 百濟乘勝 益軍於岑 將取水谷城 其將莫古解善用兵 得士卒之心 我軍勞閒 無戰意, 五月 百濟進擊水谷城破之 時濟人興奮 以其太子大仇首爲先鋒而當陣 士卒皆願死戰 曰"太子尙如此 況吾輩乎"上聞之 乃決親征 太輔于莘諫之 不聽 增發四衛軍二万 南赴據大岩山 出屯雄壤 進圍北漢山 敵不可敵 空城而退 我軍乘勝迢至伊珍川 大暑 山中多虷蛇虎豹 兩軍俱疫 遂屯山下 抄掠而待秋, 九月 敵自海路增軍襲雄壤 時我軍大疲 死者相繼 且多虎侵 上命選精壯 逐虎于山 敵知我疲 以新銳突出 我軍大潰 上單騎入撫山 天雨不止 猝寒如冬 士卒多傷 上顧左右 曰"朕不聽太輔之言 而致此敗"遂命班師

④-20. 二十六年 高句麗擧兵來 王聞之 伏兵於浿河上 俟其至 急擊之 高句麗兵敗北 冬 王與太子帥精兵三萬 侵高句麗 攻平壤城 高麗王斯由 力戰拒之 中流矢死 王引軍退移都漢山

④-21. 四十一年辛未 十月 百濟聞我移兵征西 欲勝虛來攻 時上欲伐燕以雪恥故也 樂浪又大擧入寇 陽疇力戰死之 大仇首來攻北漢城 我軍伏兵於漢水而大破之未幾 大肖古又引精兵三万自來助其子 大仇首士氣大振 我軍欲征西而皆聚遼東 故分禦樂浪肖古仇首 兵力寡少 上自將四衛軍 躬詣陳前督勵將士 故上下服之 至是大戰于漢城西山 上中二流矢 一肩一臂 力拔之而復欲出陣 左右極諫止之 鮮明見創甚而諱之 引軍固守陣也 使仙克藍豊力戰 當鮮明密扈上躬退至高相岑 痛極而崩 臨崩呼解后天罡不絕於口 左右皆泣下秘不發喪 驅至王川 急報于國父解玄 玄與解后來迎 入都發喪

④-22. 二年白羊 十月 近肖古擊斯由射殺之 移都漢山 有驕傲之志 帝命山公巡西路 以飭邊備

④-23. 四十九年 春三月 以荒田別鹿我別爲將軍 則與久氏等共勒兵而度之 至卓淳國 將襲新羅 時或曰"兵衆少之 不可破新羅 更復奉上沙白盖盧請增軍士"即命木羅斤資沙沙奴跪〈是二人不知其姓人也 但木羅斤資者 百濟將也〉領精兵與沙白盖盧共遣之 俱集于卓淳 擊新羅而破之 因以平定比自㶱南加羅㖨國安羅多羅卓淳加羅七國 仍移兵西廻至古爰津 屠南蠻枕彌多禮 以賜百濟, 於是 其王肖古及王子貴須亦領軍來會 時比利辟中布彌支半古四邑自然降服 是以百濟王父子及荒田別木羅斤資等 共會意流村〈今云州流須祇〉相見欣感 厚禮送遣之 唯千熊長彦與百濟王 至于百濟國登辟支山盟之 復登古沙山共居磐石上 時百濟王盟之曰"若敷草爲坐 恐見火燒 且取木爲坐 恐爲水流故居磐石而盟者 示長遠之不朽者也 是以自今以後 千秋萬歲 無絕無窮 常稱西蕃 春秋朝貢"則將千熊長彦 至都下厚加禮遇 亦副久氏等 而送之

④-24. 六二年 二月 新羅不朝 卽年遣襲津彦擊新羅 百濟記云 壬午年 羅不奉貴國 貴國遣沙至比跪令討之 新
羅人莊飾美女二人 迎誘於津 沙至比跪受其美女 反伐加羅國 加羅國王 己本旱岐 及 兒 百久至 阿首至
國沙利 伊羅麻酒 爾汶至 等 將其人民 來奔百濟 百濟厚遇之 加羅國 王妹 旣殿至 向大倭啓云 天皇遣
沙至比跪 以討新羅 而縌新羅美女 捨而不討 反滅我國 兄弟人民皆爲流沈 不任憂思 故以來啓 天皇大
怒 旣遣木羅斤資 領兵衆來集加羅 復其社稷

〈5장〉

⑤-1. 孝武帝 太元十一年 以百濟王世子餘暉 爲使持節都督 鎭東將軍 百濟王

⑤-2. 二年乙酉 … 是年 二月 枕流創寺于漢山 十月成 度僧十人 而死 其弟辰斯継之 強勇聰慧有智略 枕流妻
悅之 迎爲継夫而專政 以其子莘爲徧

⑤-3. 七年 春正月 重修宮室 穿池造山 以養奇禽異卉, 夏四月 靺鞨攻陷北鄙赤峴城, 秋七月 獵國西大島 王親
射鹿, 八月 又獵橫岳之西

⑤-4. 八年辛卯 四月 解星引靺兵二千 拔濟赤峴沙道二城 時 倭侵加羅至濟南 辰斯與佳利奢其宮室 穿池造山
以養奇禽 異世卒 聞此報 逃入國西大島 已而倭退 還入橫岳 恐人之笑 假托射鹿 其不振甚矣

⑤-5. 八年 秋七月 高句麗王談德 帥兵四萬 來攻北鄙 陷石峴等十餘城 王聞談德能用兵 不得出拒 漢水北諸部
落 多沒焉, 冬十月 高句麗攻拔關彌城 王田於狗原 經旬不返, 十一月 薨於狗原行宮

⑤-6. 二年壬辰 七月 上引兵四万親征辰斯斬嘉讚於石峴 分作四道拔其城柵十二, 十月 又引水陸軍分七道攻關
彌城晝夜不休二十日而拔之 其城 四面峭絶 海水圍繞 故辰斯 以爲不落而與其妻佳利獵于狗原經旬而待
我退 至是聞陷而驚倒乃不起而死 佳利乃以枕流子莘代之

⑤-7. 三年 是歲百濟辰斯王立之失禮於貴國天皇 故遣紀角宿禰 羽田矢代宿禰 石川宿禰 木菟宿禰 嘖讓其无
禮狀 由是 百濟國殺辰斯王以謝之 紀角宿禰等便立阿花爲王而歸

⑤-8. 百殘新羅舊是屬民由來朝貢 而倭以辛卯年來渡海破 百殘□□新羅 以爲臣民 以六年丙申 王躬率水軍 討
伐殘國 軍□□首攻取壹八城 曰模盧城 若模盧城 幹弓利城 □□城 閣彌城 牟盧城 彌沙城 古舍城 阿旦城
古利城 □利城 雜珍城 奧利城 勾牟城 古須耶羅城 頁□□ □□□ 分而耶羅城 □□ □□城 □□□ 豆奴
城 沸□ □利城 彌鄒城 也利城 大山韓城 掃加城 敦拔城 □□ □□城 婁賣城 散那城 □□城 細城 牟婁城
于婁城 蘇灰城 燕婁城 析支利城 巖門至城 林城 □□□ □□□ □利城 就鄒城 □拔城 古牟婁城 閏奴城
貫奴城 三穰城 □□ □□□ 羅城 仇天城 □□□ □□□其國城 殘不服義敢出百戰 王威赫怒 渡阿利水 遣
刺迫城 橫□□□□ 便國城 而殘主因逼獻□男女生口一千人 細布千匹 歸王 自誓從 今以後永爲奴客 太

王恩赦 先迷之愆 錄其後順之誠, 於是 取五十八城 村七百 將殘主弟 幷大臣十人 旋師還都

⑤-9. 帝 躬率水軍 攻取熊津 林川 蛙山 槐口 伏斯買 雨述山 進乙禮 奴斯只等城 路次俗離山 期早朝祭天而還

⑤-10. 六年 夏五月 王與倭國結好 以太子腆支爲質

⑤-11. 八年 春三月 百濟人來朝〈『百濟記』云 阿花王立无禮於貴國 故奪我枕彌多禮 及峴南 支侵 谷那東韓之地 是以遣王子直支于天朝 以脩先王之好也〉

⑤-12. 譽田天皇 足仲彦天皇第四子也 母曰氣長足姬尊 天皇以皇后討新羅之年 歲次庚辰 冬十二月 生於筑紫之蚊田 幼而聰達 玄監深遠 動容進止 聖表有異焉 皇太后攝政之三年 立爲皇太子 初天皇在孕而 天神地祇授三韓 旣産之宍生腕上 其形如鞆 是肖皇太后爲雄裝之負鞆 故稱其名謂譽田天皇

⑤-13. 九年己亥百殘違誓與倭和通王巡下平壤而新羅遣使白王云倭人滿其國境潰破城也以奴客爲民歸王請命太王恩慈矜其忠誠特遣使還告以密計

⑤-14. 十四年 是歲 弓月君自百濟來歸 因以奏之曰"臣領己國之人夫百廿縣而歸化 然因新羅人之拒 皆留加羅國" 爰遣葛城襲津彦 而召弓月之人夫於加羅 然經三年而襲津彦不來焉

⑤-15. 十年庚子教遣步騎五萬往救新羅從男居城至新羅城倭滿其中官軍方至倭賊退□□□□□□□自倭背急追至任那加羅從拔城 城卽歸服安羅人戍兵 拔新羅城 鹽城 倭寇大潰 城內□□□□□□□□□□□□□□十九 盡拒隨倭

⑤-16. 十六年 八月 遣平群木菟宿禰 的戸田宿禰於加羅 仍授精兵詔之曰"襲津彦久之不還 必由新羅人拒而滯之 汝等急往之擊新羅披其道路" 於是木菟宿禰等進精兵莅于新羅之境 新羅王愕之服其罪 乃率弓月之人夫 與襲津彦共來焉

⑤-17. 元年 三月 與倭國通好 以奈勿王子未斯欣爲質

⑤-18. 八年 秋八月 王欲侵高句麗 大徵兵馬 民苦於役 多奔新羅 戸口衰減減

⑤-19. 二十年 秋九月 倭漢直祖阿知使主 其子都加使主 並率己之黨類十七縣而來歸焉

⑤-20. 十二年 春二月 倭國使者至 王迎勞之 特厚 秋七月 遣兵侵新羅邊境

〈6장〉

⑥-1. 三年 春二月 拜庶弟餘信爲內臣佐平 解須爲內法佐平 解丘爲兵官佐平 皆王戚也

⑥-2. 四年 春正月 拜餘信爲上佐平 委以軍國政事 上佐平之職 始於此 若今之冢宰

⑥-3. 五年 倭國遣使 送夜明珠 王優禮待之

⑥-4. 十四年 夏 遣使倭國 送白綿十匹

⑥-5. 十二年 東晉安帝遣使 冊命王 爲使持節都督百濟諸軍事鎭東將軍百濟王

⑥-6. 號所治城曰固麻 謂邑曰檐魯 如中國之言郡縣也 其國有二十二檐魯 皆以子弟宗族分據之

⑥-7. 十五年乙巳 是年 九月 莘死, 秘不發喪 迎腆支于倭莘之季弟碟禮殺其仲兄訓解而自立 腆支與倭衛入島 待之 解忠等殺碟而迎立 腆支其妻八須 仁德女也 與胥狗妾同母 生子于島中 乃久尒辛也

⑥-8. 二五年 百濟直支王薨 卽子久尒辛立爲王 王年幼 大倭木滿致執國政 與王母相婬 多行無禮 天皇聞而召 之〈『百濟記』云 木滿致者是木羅斥資討新羅時 娶其國婦而所生也 以其父功專於任那 來入我國往還貴 國 承制天朝執我國政 權重當世 然天皇聞其暴召之〉

⑥-9. 毗有王 久尒辛王之長子[或云 腆支王庶子 未知孰是] 美姿貌 有口辯 人所推重 久尒辛王薨 卽位

⑥-10. 二年 春二月 王巡撫四部 賜貧乏穀有差 倭國使至 從者五十人

⑥-11. 十五年戊辰 三月 毗有巡國賑民 與倭使五十人 宴飮而納倭女 云

⑥-12. 十二年黃龍 三月 扶餘毗有迎野王女辜二娘至月奈

⑥-13. 七年 秋七月 遣使入新羅 請和

⑥-14. 八年 春二月 遣使新羅 送良馬二匹, 秋九月 又送白鷹 冬十月 新羅報聘以良金明珠

⑥-15. 十七年水鷄 七月 毗有遣其弟好嘉夫獻美女七人曰 "小佐新立無以奉上國 謹以妹獻以備九宮則幸甚 願 解宿憾而互相持護以禦北虜如何" 王欲伐野人故許其和

⑥-16. 二十一年 五月 訥祇與毗有復和 奸輩之反復無常 自作其蘗也

⑥-17. 十八年木狗 二月 毗有又遣其叔伊辛來獻雪花馬二匹 請娶王女爲正妃 王以王女色不美憂之 少女周氏 年十三而色美願自往 王大喜盛飾以送之, 九月 孔嘉夫與仙明來朝獻白鷹二頭 蘇時珠女生故也, 十月 孔嘉夫仙明歸扶餘 賜良金明珠以褒毗有

⑥-18. 二十一年 夏五月 宮南池中有火 焰如車輪 終夜而滅

⑥-19. 三十五年 五月 毗有居池 鬼火如輪終夜不滅矣 以旱 饑民多入羅

⑥-20. 二十七年 毗上書獻方物 私假臺使馮野夫西河太守 表求易林式占腰弩 太祖並與之

⑥-21. 二十九年 春三月 王獵於漢山 秋九月 黑龍見漢江 須臾雲霧晦冥飛去 王薨

⑥-22. 四十三年 三月 如美川陵聞毗有獵于漢山 將軍風豚請襲而檎之 上曰 "出其不意雖似好策 安知其非無備 乎 凡事 皆先計而行則雖敗不至大損 無究而臨發雖成而不利 況毗有之爲人 糅而輕人 淫而好遊 其能久 乎 久則蠹國而己 置亦自傷 何費虛力哉" 果然是年九月 毗有暴殂 子慶司立 毗有者 腆支之通其婦而生 者也 慶司者 毗有之通解須妻而生者也 毗有之妻無子而養之 毗有又通餘蠆之妻而生子餘殷 通燕吉之 妻而生子餘杞 皆有寵而爭嗣 毗有妻 遂害毗有 立慶司 云

〈7장〉

⑦-1. 二十一年 … 至是 高句麗對盧齊于再曾桀婁古尒萬年[再曾古尒 皆複姓] 等帥兵 來攻北城 七日而拔之
移攻南城 城中危恐 王出逃 麗將桀婁等見王下馬拜 已向王面三唾之 乃數其罪 縛送於阿且城下戕之 桀
婁萬年 本國人也 獲罪逃竄高句麗

⑦-2. 六十三年 九月五日 桀婁檻慶而至 上欲活之 群臣請斬乃獻首級于國罡陵 以其生口八千爲五部奴婢 慶司
妻妾及宮人賜公卿及有功諸將爲婢妾

⑦-3. 十五年 秋八月 遣將侵高句麗南鄙 冬十月 葺雙峴城 設大柵於靑木嶺 分北漢山城士卒 戍之

⑦-4. 六十三年 二月 大閱於黃山 以梁王華德爲征南大將軍 以桀萬等爲鄕導先鋒 七月 上如朱留宮 而還至黃
山行永樂大祭 謂宗室三輔 日 "先帝 欲雪國罡之恥 而天不假壽 朕養兵待機已久 今其期已熟 兒童皆唱
伯濟骸骨南渡水 慈悲爲之警界云 人心察天心 于黙黙之中 此乃慶奴必亡之秋也" 諸臣異口同讚 上命華
德引兵三万 先發

⑦-5. 六十三年 時新羅築一牟沙尸廣石沓達仇禮坐羅等城 以備濟 濟民 日三驚以爲北兵大至 抑宸如穴居 知
兩而預感矣

⑦-6. 二十一年 … 近蓋婁聞之 謂子文周曰 予愚而不明 信用姦人之言 以至於此 民殘而兵弱 雖有危事 誰肯爲
我力戰 吾當死於社稷 汝在此俱死 無益也 盍避難以續國系焉 文周乃與木劦滿致祖彌桀取[木劦祖彌 皆
複姓 隋書 以木劦爲二姓 未知孰是] 南行焉

⑦-7. 世祖大明元年 遣使求除授 詔許, 二年 慶遣使上表 曰 "臣國累葉偏受殊恩 文武良輔世蒙朝爵 行冠軍將軍
右賢王餘紀等十一人 忠勤宜在顯進 伏願垂愍 並聽賜除" 仍以行冠軍將軍右賢王餘紀爲冠軍將軍 以行征
虜將軍左賢王餘昆行征虜將軍餘暈並爲征虜將軍 以行輔國將軍餘都餘乂並爲輔國將軍 以行龍驤將軍沐
衿餘爵並爲龍驤將軍 以行寧朔將軍餘流糜貴並爲寧朔將軍 以行建武將軍于西餘婁並爲建武將軍

⑦-8. 五年 夏四月 百濟加須利君〈蓋鹵王也〉飛聞池津媛之所燔殺〈適稽女郎也〉而籌議曰 "昔貢女人爲釆女
而旣無禮 失我國名 自今以後不合貢女" 乃告其弟軍君〈崑支君也〉曰 "汝宜往日本以事天皇" 軍君對曰 "
上君之命不可奉違 願賜君婦而後奉遣" 加須利君則以孕婦 旣嫁與軍君曰 "我之孕婦旣當産月 若於路産
冀載一船 隨至何處速令送國" 遂與辭訣奉遣於朝

⑦-9. 六月丙戌朔 孕婦果如加須利君言 於筑紫各羅嶋産兒 仍名此兒曰嶋君 於是軍君卽以一船送嶋君於國 是
爲武寧王 百濟人呼此嶋曰主嶋也

⑦-10. 秋七月 軍君入京 旣而有五子〈『百濟新撰』云 辛丑年蓋鹵王遣王遣弟昆支君 向大倭侍天皇 以脩先王
之好也〉

⑦-11. 四年 … 〈『百濟新撰』云 末多王無道暴虐百姓 國人共除 武寧立 諱斯麻王 是混攴王子之子 則末多王異母兄也 混攴向倭時 至筑紫嶋生斯麻王 自嶋還送 不至於京産於嶋 故因名焉 今各羅海中有主嶋 王所産嶋 故百濟人號爲主嶋 今案嶋王 是蓋鹵王之子也 末多王是混攴王子之子也 此曰異母兄未詳也〉

⑦-12. 三年 十一月 百濟意多郎卒 葬於高田丘上

⑦-13. 文周王[或作汶洲] 蓋鹵王之子也 初 毗有王薨 蓋鹵嗣位 文周輔之 位至上佐平 蓋鹵在位二十一年 高句麗來侵 圍漢城 蓋鹵嬰城自固 使文周求救於新羅 得兵一萬廻 麗兵雖退 城破王死 遂卽位 性柔不斷 而亦愛民 百姓愛之

⑦-14. 木虎(甲寅) 七月 麗主巨連 引兵三萬南下 攻扶餘甚急 扶餘君慶司 使其太子文洲 請救於我 曰 "脣亡齒寒 願大王察之" 王下其議 于朝廷 期宝曰 "巨連之狼心 不可不制也" 乃命比太 引西北路軍一萬

⑦-15. 以宝信女宝留妻文洲 初文洲入朝 館于宝信家 與宝留悅之 乃許以妻之 約以永修姻好

⑦-16. 八月 比太軍 于一牟路塞 不能輕進 文洲與宝留 入比太軍 行令于扶餘州郡 兵官伊宗 請從文州 許之 文洲以大豆城主解仇爲兵官佐平 使之指揮軍事

⑦-17. 麗攻扶余北城七日 而拔之 移攻南城 城中危懼 人心洶洶 侍衛之臣 各自逃生麗君 慶司歎 曰 "恨 不聽須馬之言也" 乃與近臣 及妃子等七人 夜出北門 而逃

⑦-18. 十月 比太伐智 大破麗軍 于甘買之原 解仇燕信 亦破麗兵 于河南 迎宗臣宗女等 而南下 乃立都 于熊津 巨連知不可取 掠男女八千口 及京中財宝 而去

⑦-19. 六十四年 五月 好德下濟五十余城 文周逃于慈悲 上怒慈悲逆天 欲伐之 晃太子諫 曰 "貴在知止 不可逐二鹿矣" 乃止之

⑦-20. 六十四年 六月 遣風玉太子于慈悲 議分濟地 慈悲以其女二人献于太子 侍枕太子 以慈悲不奉詔責之 慈悲疑貳不斷

⑦-21. 二十年 冬 高麗王大發軍兵 伐盡百濟 爰有少許遺衆 聚居倉下 兵粮既盡 憂泣玆深 於是高麗諸將言於王 曰 "百濟心許非常 臣每見之 不覺自失 恐更蔓生 請逐除之" 王曰 "不可矣 寡人聞 百濟國者爲日本國之官家 所由來遠久矣 又其王入仕天皇 四隣之所共識也" 遂止之〈『百濟記』云 蓋鹵王乙卯年冬 狛大軍來攻大城七日七夜 王城降陷 遂失尉禮國 王及大后王子等皆沒敵手〉

⑦-22. 三年 春二月 重修宮室, 夏四月 拜王弟昆支爲內臣佐平 封長子三斤爲太子, 五月 黑龍見熊津, 秋七月 內臣佐平昆支卒

⑦-23. 六十五年 … 文周重修宮室 其妻解氏與兵官解仇相通而擅政 文周知勢孤 而以昆支爲內臣 三斤為嫡亂 以慰解氏 解之與仇相通已自未嫁時 故不可猝拒 仇乃其從兄也 或云異胞, 七月 昆支暴死 解氏鴆之 云

〈8장〉

⑧-1. 二年 春 佐平解仇與恩率燕信聚衆 據大豆城叛 王命佐平眞男以兵二千討之 不克 更命德率眞老 卽精兵
五百 擊殺解仇 燕信奔高句麗 收其妻子 斬於熊津市

⑧-2. 六十七年 十一月 牟大卽位而發三斤喪 解仇妻女皆不知三斤之死日及由 牟大欲收解仇妻心 仍以解仇女
事三斤者爲妻 以其舅眞老爲衛士佐平

⑧-3. 二三年 夏四月 百濟文斤王薨 天皇以昆支王五子中 第二末多王幼年聰明 勅喚內裏 親撫頭面誠勅慇懃
使王其國 仍賜兵器 幷遣筑紫國軍士五百人 衛送於國 是爲東城王

⑧-4. 二十年 火龍 正月 文州遣牟大 入朝 昆支子也 王美其兒 欲以王女妻之 俊朔以其夫老 不洽 欲嫁牟大 乃
享牟大 于其家 而通之 俊朔之夫習棠怒 欲害之 牟大之臣 護之 而訴王 乃放習棠 于捺己 使牟大 館于俊
朔之家 朔大喜 事牟大如夫 晝必同車 而行 夜必同帳 而宿 王笑謂牟大曰 "汝愛吾女 可以與之 而有子之
女 故不得也" 牟大曰 "臣有君與夫 歸議 而迎之也" 王許之

⑧-5. 晉太元中王須 義熙中王餘映 宋元嘉中王餘毗並遣獻生口 餘毗死立子慶 慶死子牟都立 都死立子牟太

⑧-6. 〔『冊府元龜』云 南齊建元二年 百濟王牟都 遣使貢獻 詔曰 寶命惟新 澤被絶域 牟都世蕃東表 守職遐外 可
卽授使持節都督百濟諸軍事鎭東大將軍 又永明八年 百濟王牟大遣使上表 遣謁者僕射孫副 策命大襲亡
祖父牟都 爲百濟王 曰 於戲 惟爾世襲忠勤 誠著遐表 海路肅澄 要貢無替 式循彝典 用纂顯命 往敬哉 其
敬膺休業 可不愼歟 行都督百濟諸軍事鎭東大將軍百濟王 而『三韓古記』無牟都爲王之事 又按牟大 蓋鹵
王之孫 蓋鹵第二子昆支之子 不言其祖牟都 則齊書 所載 不可不疑〕

⑧-7. 南齊 建元二年 其王牟都使貢方物 永明二年 魏虜征之大破 百濟王牟都

⑧-8. 十年 魏遣兵來伐 爲我所敗

⑧-9. 五十六年戊辰 … 牟大 與魏相絶 而章魏惡于南齊 故登州守將李延潛師島中 聞牟大來獵 而欲擒之 牟大
探知之 遣兵相戰 延失利而叛 牟大漸復北進 監國皇帝恐上勞心 而不聞

⑧-10. … 牟大 上書自訴 曰 "臣祖溫祖 東明之親子而琉璃之義子也 故封以汗南之地勾茶之國 後世稍遠, 不思
二帝之志 分爭境土 浿河慘事 實所愧懼 先臣蓋鹵献首消雪 則兄弟之國不可久缺恭 惟監國皇帝陛下 至
仁弘義 上念祖宗一視之恩 下視大國子育之澤 還付汗南之地 使此骨肉得以容足報本 則臣當羽翼 得逐
東明大計 西入中原 誅斬諸蘖樹 此天孫之裔 幸甚幸甚"

⑧-11. 是歲 魏虜又發騎數十萬攻百濟 入其界 牟大遣將沙法名贊首流解禮昆木干那率衆襲擊虜軍 大破之

⑧-12. 建武二年 … 去庚午年 獫狁弗悛 擧兵深逼 臣遣沙法名等領軍逆討 宵襲霆擊 匈梨張惶 崩若海蕩 乘奔
追斬 僵尸丹野 由是摧其銳氣 鯨暴韜凶

⑧-13. 十五年 春三月 王遣使新羅請婚 羅王以伊飡比智女 歸之

⑧-14. 十六年 秋七月 高句麗與新羅戰薩水之原 新羅不克 退保犬牙城 高句麗圍之 王遣兵三千救 解圍

⑧-15. 十七年 秋八月 高句麗來圍雉壤城 王遣使新羅 請救 羅王命將軍德智 帥兵救之 麗兵退歸

⑧-16. 二十二年 春 起臨流閣於宮東 高五丈 又穿池養奇禽 諫臣抗疏不報 恐有復諫者 閉宮門

⑧-17. 二十三年 十一月 獵於熊川北原 又田於泗沘西原 阻大雪 宿於馬浦村 初 王以苩加鎭加林城 加不欲往 辭以疾 王不許 是以怨王 至是 使人刺王 至十二月乃薨

⑧-18. 春正月 佐平苩加 據加林城叛 王帥兵馬 至牛頭城 命扞率解明討之 苩加出降 王斬之 投於白江

⑧-19. 四年 是歲 百濟末多王無道 暴虐百姓 國人遂除而立嶋王 是爲武寧王

⑧-20. 二十一年 冬十一月 遣使入梁朝貢 先是 爲高句麗所破 衰弱累年 至是上表 稱 累破高句麗 始與通好 而 更爲强國

〈9장〉

⑨-1. 大通元年丁未 爲梁帝創寺於熊川州 名大通寺 [熊川卽公州也 時屬新羅故也 然恐非丁未也 乃中大通元 年己酉歲所創也 始創興輪之丁未 未暇及於他郡立寺也]

⑨-2. 十九年 王遣使入梁朝貢 兼表請 毛詩博士 涅槃等經義 幷工匠畫師等 從之

⑨-3. 七年 秋八月癸未朔戊申 百濟太子淳陀薨

⑨-4. 四年 冬十月 修葺熊津城 立沙井柵

⑨-5. 七年 冬十月 高句麗王興安 躬帥兵馬來侵 拔北鄙穴城 命佐平燕謨 領步騎三萬 拒戰於五谷之原 不克 死 者二千餘人

⑨-6. 三十二年 秋七月 王欲襲新羅 親帥步騎五十 夜至狗川 新羅伏兵發與戰 爲亂兵所害薨 諡曰聖

⑨-7. 十五年 秋七月 百濟王明穠與加良 來攻管山城 軍主角干于德伊飡耽知等 逆戰失利 新州軍主金武力 以 州兵赴之 及交戰 裨將三年山郡高干都刀 急擊殺百濟王 於是 諸軍乘勝 大克之 斬佐平四人 士卒二萬九 千六百人 匹馬無反者

⑨-8. 十五年 … 新羅聞明王親來 悉發國中兵斷道擊破 是時新羅謂佐知村飼馬奴苦都〈更名谷智〉曰 "苦都賤 奴也 明王名主也 今使賤奴殺名主 冀傳後世莫忘於口" 已而苦都乃獲明王 再拜曰 "請斬王首" 明王對曰 "王頭不合受奴手" 苦都曰 "我國法違背所盟 雖曰國王當受奴手"〈一本云 明王乘踞胡床 解授佩刀於谷知 令斬〉明王仰天大憩涕泣 許諾曰 "寡人每念常痛入骨髓 顧計不可苟活" 乃延首受斬 苦都斬首而殺 堀 坎而埋〈一本云 新羅留理明王頭骨 而以禮送餘骨於百濟 今新羅王埋明王骨於北廳階下 名此廳曰都堂〉

⑨-9. 十六年 八月 百濟餘昌謂諸臣等曰 "少子今願奉爲考王出家修道" 諸臣百姓報言 "今君王欲得出家修道者
且奉敎也 嗟夫前慮不定 後有大患 誰之過歟 夫百濟國者 高麗新羅之所爭欲滅 自始開國迄于是歲 今此
國宗將受何國 要須道理分明應敎 縱使能用耆老之言 豈至於此 請悛前過無勞出俗 如欲果願 須度國民"
餘昌對曰 "諾" 卽就圖於臣下 臣下遂用相議 爲度百人 多造幡盖種種攻德云云

⑨-10. 承聖三年九月 百濟兵來侵於珍城 掠取人男女三萬九千 馬八千匹而去

⑨-11. 八年 秋七月 遣兵侵掠新羅邊境 羅兵出擊敗之 死者一千餘人

⑨-12. 二十三年 秋七月 百濟侵掠邊戶 王出師拒之 殺獲一千餘人 九月 加耶叛 王命異斯夫討之 斯多含副之
斯多含領五千騎先馳 入栴檀門 立白旗 城中恐懼 不知所爲 異斯夫引兵臨之 一時盡降

⑨-13. 四十五年 秋九月 王使長史王辯那 入隋朝獻 王聞隋興遼東之役 遣使奉表 請爲軍道 帝下詔曰 往歲 高
句麗不供職貢 無人臣禮 故命將討之 高元君臣 恐懼畏服歸罪 朕已赦之 不可致伐 厚我使者而還之 高
句麗頗知其事 以兵侵掠國境

〈10장〉

⑩-1. 一日王與夫人 欲幸師子寺 至龍華山下大池邊 彌勒三尊出現池中 留駕致敬 夫人謂王曰 須創大伽藍於此
地 固所願也 王許之 詣知命所 問塡池事 以神力 一夜頹山塡池爲平地 乃法像彌勒三尊 殿塔廊廡各三所
創之 額曰彌勒寺 [『國史』云 王興寺] 眞平王遣百工助之 至今存其寺 [『三國史』云 是法王之子 而此傳之
獨女之子 未詳]

⑩-3. 第三十 武王名璋 母寡居 築室於京師南池邊 池龍交通而生 小名薯童 器量難則 常掘薯蕷 賣爲活業 國
人因以爲名

⑩-4. 八年 春三月 遣扞率燕文進 入隋朝貢 又遣佐平王孝隣入貢 兼請討高句麗 煬帝許之 令覘高句麗動靜 夏
五月 高句麗來攻松山城 不下 移襲石頭城 虜男女三千而歸

⑩-5. 十二年 春二月 遣使入隋朝貢 隋煬帝將征高句麗 王使國智牟入請軍期 帝悅 厚加賞錫 遣尙書起部郞席
律來 與王相謀

⑩-6. 『百濟古記』云 扶餘城北角有大岩 下臨江水 相傳云 義慈王與諸後宮 知其未免 相謂曰寧自盡 不死於他人
手 相率至此 投江而死 故俗云墮死岩

⑩-7. 三年 三月庚申朔 百濟王義慈入王子豐章爲質

⑩-8. 三十三年 春正月 封元子義慈爲太子 二月 改築馬川城 秋七月 發兵伐新羅 不利 王田于生草之原

⑩-9. 二年 八月 遣將軍允忠 領兵一萬 攻新羅大耶城 城主品釋與妻子出降 允忠盡殺之 斬其首 傳之王都 生獲

男女一千餘人 分居國西州縣 留兵守其城 王賞允忠功 馬二十匹穀一千石

⑩-10. 十一年 冬 春秋聞之 倚柱而立 終日不瞬 人物過前而不之省

⑩-11. 十二年 秋九月 遣使大唐上言 高句麗百濟侵凌臣國 累遭攻襲數十城 兩國連兵 期之必取 將以今玆九月 大舉 臣國社稷 必不獲全 謹遣陪臣歸命大國 願乞偏師 以存救援 而帝謂使人曰 我實哀爾爲二國所侵 所以頻遣使人和爾三國 高句麗百濟旋踵翻悔 意在吞滅 而分爾土宇 爾國設何奇謀以免顚越 使人曰 吾王事窮計盡 唯告急大國 冀以全之

⑩-12. 元年 二月戊子 … 倭漢書直縣遣百濟弔使所 問彼消息 弔使報言 百濟國主謂臣言 塞上恒作惡之 請付還使 天朝不許 百濟弔使人等言 去年十一月 大佐平智積卒 又百濟使人擲崑崙使於海裏 今年正月 國主母薨 又弟王子兒翹岐 及其母妹女子四人 內佐平岐味 有高名之人卌餘被放於嶋

⑩-13. 二十年 六月 王興寺衆僧皆見 若有船楫 隨大水 入寺門 有一犬狀如野鹿 自西至泗沘河岸 向王宮吠之 俄而不知所去 王都群犬集於路上 或吠或哭 移時乃散 有一鬼入宮中 大呼 百濟亡 百濟亡 卽入地 王怪之 使人掘地 深三尺許 有一龜 其背有文曰 百濟同月輪 新羅如月新 王問之巫者 曰 同月輪者滿也 滿則虧 如月新者未滿也 未滿則漸盈 王怒殺之 或曰 同月輪者盛也 如月新者微也 意者國家盛 而新羅寖微者乎 王喜

⑩-14. 六年 … 或曰 百濟自亡 由君大夫人妖女之無道擅奪國柄誅殺賢良 故召斯禍矣

⑩-15. 唐兵遠涉溟海 不習水者 在船必困 當其初下陸 士氣未平 急擊之 可以得志 新羅人恃大國之援 故有輕我之心 若見唐人失利 則必疑懼 而不敢銳進 故知先與唐人決戰 可也

⑩-16. 不然 唐兵遠來 意欲速戰 其鋒不可當也 新羅人前屢見敗於我軍 今望我兵勢 不得不恐 今日之計 宜塞唐人之路 以待其師老 先使偏師 擊羅軍 折其銳氣 然後 伺其便而合戰 則可得以全軍 而保國矣

⑩-17. 唐兵旣衆 師律嚴明 況與新羅共謀掎角 若對陣於平原廣野 勝敗未可知也 白江[或云伎伐浦]炭峴[或云沈峴] 我國之要路也 一夫單槍 萬人莫當 宜簡勇士 往守之 使唐兵不得入白江 羅人未得過炭峴 大王重閉固守 待其資粮盡 士卒疲 然後奮擊之 破之必矣

⑩-18. 興首久在縲紲之中 怨君而不愛國 其言不可用也 莫若使唐兵入白江 沿流而不得方舟 羅軍升炭峴 由徑而不得并馬 當此之時 縱兵擊之 譬如殺在籠之雞離網之魚也

⑩-19. 又聞唐羅兵已過白江炭峴 遣將軍堦伯 帥死士五千 出黃山 與羅兵戰 四合皆勝之 兵寡力屈 竟敗 堦伯死之 於是 合兵禦熊津口 瀕江屯兵 定方出左涯 乘山而陣 與之戰 我軍大敗

⑩-20. 二十年 … 太子子文思 謂王子隆曰 王與太子出 而叔擅爲王 若唐兵解去 我等安得全 遂率左右 縋而出 民皆從之 泰不能止

<11장>

⑪-1. 龍朔元年 六月 … 於是 庾信以兵進而圍城 使人近城下 與賊將語曰 "而國不襲 致大國之討 順命者賞 不順命者戮 今汝等 獨守孤城 欲何爲乎 終必塗地 不如出降 非獨存命 富貴可期也" 賊高聲唱曰 "雖蕞爾小城 兵食俱足 士卒義勇 寧爲死戰 誓不生降" 庾信笑曰 "窮鳥困獸 猶知自救 此之謂也" 乃揮旗鳴鼓攻之 大王登高見戰士 淚語激勵之 士皆奮突 鋒刃不顧 九月二十七日 城陷 捉賊將戮之 放其民 論功賞將士

⑪-2. 元年 夏五月 大將軍大錦中阿曇比羅夫連等 率船師一百七十艘 送豐璋等於百濟國 宣勅 以豐璋等使繼其位 又予金策於福信 而撫其背 褒賜爵祿

⑪-3. 元年 冬十二月丙戌朔 百濟王豐璋 其臣佐平福信等與狹井連〈闕名〉朴市田來津議曰 "此州柔者 遠隔田畝 土地磽埆 非農桑之地 是拒戰之場 此焉久處 民可飢饉 今可遷於避城 避城者西北帶以古連旦涇之水 東南據深泥巨堰之防 繚以周田 決渠降雨 華實之毛則三韓之上腴焉 衣食之源則二儀之隩區矣 雖曰地卑 豈不遷歟" 於是朴市田來津獨進而諫曰 "避城與敵所在之間 一夜可行 相近玆甚 若有不虞其悔難及者矣 夫飢者後也 亡者先也 今敵所以不妄來者 州柔設置山險盡爲防禦 山峻高而谿隘 守而攻難之故也 若處卑地 何以因居而不搖動 及今日乎" 遂不聽諫而都避城

⑪-4. 二年 七月 … 時福信旣專其兵權 與扶餘豐漸相猜貳 福信稱疾 臥於窟室 將候扶餘豐問疾 謀襲殺之 扶餘豐覺而率其親信掩殺福信 又遣使往高麗及倭國請兵以拒官軍

⑪-5. 二年 六月 百濟王豐璋嫌福信有謀反心 以革穿掌而縛 時難自決 不知所爲 乃問諸臣曰 "福信之罪旣如此 焉 可斬不" 於是 達率德執得曰 "此惡逆人不合放捨" 福信卽唾於執得曰 "腐狗癡奴" 王勒健兒 斬而醢首

⑪-6. 二年 七月 … 於是 仁師仁願及羅王金法敏 帥陸軍進 劉仁軌及別帥杜爽扶餘隆 帥水軍及粮船 自熊津江 往白江 以會陸軍 同趨周留城 遇倭人白江口 四戰皆克 焚其舟四百艘 煙炎灼天 海水爲丹

⑪-7. 二年 秋八月壬午朔甲午 新羅以百濟王斬己良將 謀直入國先取州柔 於是 百濟知賊所計 謂諸將曰 "今聞 大日本國之救將盧原君臣率健兒萬餘 正當越海而至 願諸將軍等應預圖之 我欲自往待饗白村", 戊戌 賊 將至於州柔繞其王城 大唐軍將率戰船一百七十艘 陣烈於白村江 己酉 日本諸將與百濟王不觀氣象 而相 謂之曰 "我等爭先彼應自退" 更率日本亂伍中軍之卒進打大唐堅陣之軍 大唐便自左右夾船繞戰 須臾之際 官軍敗績 赴水溺死者衆 艫舳不得廻旋 朴市田來津仰天而誓 切齒而嗔殺數十人 於焉戰死

⑪-8. 二年 九月辛亥朔丁巳 百濟州柔城始降於唐 是時國人相謂之曰 "州柔降矣 事無奈何 百濟之名絶于今日 丘墓之所豈能復往 但可往於弖禮城會日本軍將等相謀事機所要" 遂敎本在枕服岐城之妻子等令知去國 之心, 辛酉 發途於牟弖 癸亥 至弖禮, 甲戌 日本船師及佐平余自信 達率木素貴子 谷那晉首 憶禮福留 并 國民等至於弖禮城 明日發船始向日本

⑪-9. 六年 冬十月 … 詔曰 乞師請救聞之古昔 扶危繼絶 著自恒典 百濟國窮來歸我 以本邦喪亂靡依靡告 枕戈 嘗膽 必存拯救 遠來表啓 志有難奪可分命將軍百道俱前 雲會雷動 俱集沙喙殱其鯨鯢 紓彼倒懸 宜有司 具爲與之 以禮發遣云云

⑪-10. 賊帥遲受信據任存城不降 先是 百濟首領沙吒相如 黑齒常之自蘇定方軍回後 鳩集亡散 各據險以應福 信 至是率其衆降 仁軌諭以恩信 令自領子弟以取任存城 又欲分兵助之 孫仁師曰 "相如等獸心難信 若 授以甲仗 是資寇兵也" 仁軌曰 "吾觀相如ˊ 常之皆忠勇有謀 感恩之士 從我則成 背我必滅 因機立效 在 於茲日 不須疑也" 於是給其糧仗 分兵隨之 遂拔任存城 遲受信棄其妻子走投高麗 於是百濟之余燼悉平

⑪-11. 常之御下有恩 所乘馬爲士所箠 或請罪之 答曰 "何遽以私馬 鞭官兵乎" 前後賞賜分麾下 無留貲 及死 人皆哀其枉

백제 역사의 통곡

초판 1쇄 발행 2018년 10월 15일
초판 2쇄 발행 2019년 9월 30일

지은이 정재수
펴낸곳 논형
펴낸이 소재두
등록번호 제2003-000019호
등록일자 2003년 3월 5일
주소 서울시 영등포구 양산로 19길 15 원일빌딩 204호
전화 02-887-3561
팩스 02-887-6690
ISBN 978-89-6357-207-9 03910
값 18,000원

이 도서의 국립중앙도서관 출판예정도서목록(CIP)은 서지정보유통지원시스템 홈페이지(http://seoji.nl.go.kr)와 국가자료공동목록
시스템(http://www.nl.go.kr/kolisnet)에서 이용하실 수 있습니다.(CIP제어번호: CIP2018030820)